国家社会科学基金重大项目

非洲阿拉伯国家通史

王铁铮　主编

阿尔及利亚史

邵丽英　慈志刚　著

商务印书馆
创于1897 The Commercial Press

国家社科基金重大项目
西北大学“双一流”建设项目资助

献礼西北大学建校120周年

《非洲阿拉伯国家通史》总序

王铁铮

当今的阿拉伯世界由22个阿拉伯国家所构成，其中12个国家[①]分布在亚洲西部和西南部，10个国家分布在非洲北部和东北部，即阿尔及利亚、利比亚、突尼斯、摩洛哥、毛里塔尼亚、埃及、苏丹、吉布提、索马里和科摩罗。这些国家均以伊斯兰教为国教，国民的绝大多数是信奉伊斯兰教的穆斯林。由于种种局限，国内世界史学界对阿拉伯国家的研究，通常主要聚焦于西亚和西南亚诸国，以及北非的埃及；从事非洲研究的学者，其侧重点则是撒哈拉以南非洲国家。这种状况导致国内学界对非洲阿拉伯国家历史的研究长期处于边缘化地位，以至于国内至今尚无一部全面反映非洲阿拉伯国家的综合性通史著作，同时也缺乏比较系统的非洲阿拉伯国家国别史研究的专著。

2010年底，以北非突尼斯的"布瓦吉吉事件"为导火线及以埃及"一·二五"革命为发端，西亚北非地区引发的政治剧变迅速在阿拉伯国家蔓延，最终导致突尼斯、埃及、利比亚和也门四个阿拉伯共和制政权的垮台和更迭，而叙利亚则处于旷日持久的血腥内战

① 这12个阿拉伯国家为伊拉克、叙利亚、约旦、黎巴嫩、沙特阿拉伯、巴林、卡塔尔、科威特、阿拉伯联合酋长国、阿曼、也门和巴勒斯坦。

中。此次阿拉伯变局折射出的内生性、突发性、连锁性和颠覆性这四大特点出人意料。但可以肯定的是，它是由阿拉伯国家多年来累积的各种内外矛盾所酿成。人们需要从历史的维度对其进行多层面、多视角的解读和反思，从而凸显了非洲阿拉伯国家通史研究的必要性和迫切性。

几乎在阿拉伯变局爆发的同时，即2010年12月下旬，我作为首席专家申报的国家社科基金重大项目“非洲阿拉伯国家通史研究”，在北京京西宾馆顺利通过答辩，获准立项。真是恰逢其时！2011年3月，项目组正式启动研究工作。历经八年磨砺，终于完成项目设定的目标：推出总篇幅近300万字的八卷本《非洲阿拉伯国家通史》这一最终研究成果。该成果包括：

《埃及史》

《阿尔及利亚史》

《利比亚史》

《摩洛哥史》

《突尼斯史》

《苏丹史》

《毛里塔尼亚史》

《索马里、吉布提和科摩罗史》

《非洲阿拉伯国家通史》是我国学者撰写的第一部比较全面反映非洲阿拉伯国家自古迄今的通史著作，各卷作者努力追求“通古今之变”，并以打造“信史”和“良史”为目标。首席专家负责全书的规划和统编，并对各卷初稿进行审阅和提出修改建议。后经作者反复打磨而成书。我们真诚希望这部八卷本的著作能够填补我国学界在非洲阿拉伯国家通史研究上的空白，从而丰富我国的世界史研究。

马克思主义认为，历史学是一切学科的基础。通史研究则被喻为历史学学科建设的龙头。通史研究不仅是衡量学科发展的一个重要标志，而且也在不同侧面代表一个国家史学研究的综合学术水平。[①]通史研究的特殊功能决定了其撰著的难度，而就非洲阿拉伯国家通史来说尤为如此。究其原因：一是国内学界对非洲阿拉伯国家历史研究的积淀极为有限，尚未形成一种可供借鉴的比较成熟的理论和研究体系；二是非洲阿拉伯国家历史研究的资源，特别是有关非洲阿拉伯国家古代史研究的文献史料十分匮乏。出现这种状况的一个重要因素是，阿拉伯人大都不太重视伊斯兰教诞生前的阿拉伯历史研究，称之为“贾希利亚”[②]，即蒙昧时期。这便造成阿拉伯人有关伊斯兰教诞生前阿拉伯历史论著的稀缺。而非洲阿拉伯国家中的一些小国，诸如吉布提和科摩罗等国，更是被国内学界喻为学术“盲区”，关注者和探究者亦属凤毛麟角。这就进一步加大了非洲阿拉伯国家通史研究的局限。

非洲阿拉伯国家通史的整体和系统研究涉及诸多问题，一部能够比较客观地把握和勾勒非洲阿拉伯国家历史演进脉络的撰著，需要对其中的一些重大问题进行审慎的梳理和辨析。这些问题主要可归纳为以下几方面：

一、非洲阿拉伯国家通史研究的理论指导。史学研究离不开理论指导，理论指导也是强化历史学科学性的前提。非洲阿拉伯国家通史属于综合性研究，涉及面宽广，包括历史、政治、经济、社会、外交、军事、民族、宗教、文化教育、妇女问题和生活习俗等诸领域。用理论来指导研究的重要性不言而喻。对于非洲阿拉伯国家通史研究来说，它首先面临的是选择或依据何种理论来带动历史研究。1978年之前，中国的世界史研究先后受“西方中心论”和“五种经济形态说”的影响和制约，特别是“五种经济形态说”作为苏联史学的主要模式而被中国的世界史研究所效仿。“苏联史学研究模式是一个完整的体系，虽然学术性很强，但缺点也很明显，即过分简单化，把一部丰富多彩的人类历史过程压缩成僵硬的发展模式，这就

① 彭树智主编：《阿拉伯国家史》，高等教育出版社2002年版，第3页。

② “贾希利亚”为阿拉伯语的音译，阿拉伯人将伊斯兰教诞生前的时期泛称为蒙昧时期。

否定了历史发展的多样性。”[①]故此，这一时期问世的中国世界史研究成果不可避免地带有类似的缺憾。

1978年后，伴随改革开放，中国的世界史学者开始围绕史学理论和方法论不断进行开拓性的探索，努力构建世界史研究的新体系。20世纪90年代以来，中国世界史学者通过深刻反思，并在吸纳西方新史学流派和“全球历史观”[②]有益养分的同时，着力于马克思主义唯物史观基础上的理论创新，先后提出了三种新史观，即吴于廑先生提出的“世界史纵横发展整体史观”、罗荣渠和钱乘旦教授提出的“现代化史观”、彭树智和马克垚先生提出的“文明史观”。“三大世界史观的提出是中国世界史学界20多年来的进步和成熟的标志，体现了中国世界史学界与世界史学的交流和融会，以及史学理论和方法应有的丰富性和多样性。”[③]

三大新史观的建构在理论上对非洲阿拉伯国家通史研究的路径和方向具有指导意义。非洲阿拉伯国家多达10个，这些国家的国情独特而复杂，呈现多元的色彩：一是非洲阿拉伯国家中既有历史悠久的文明古国和大国，也有历史短暂的蕞尔小国；二是各国普遍带有自身浓重的家族、部落、宗教习俗和族群文化的烙印，彼此在社会基础、经济禀赋、文化传统和价值取向等方面存在明显差异；三是多数非洲阿拉伯国家自古以来在不同历史阶段都曾长期经受轮番而至的异族王朝或帝国，以及列强的统治和奴役，强权和殖民枷锁对这些国家造成的严重创伤和后遗症，致使各国的历史进程迥然不同。三大新史观对世界史研究的新认知和新构架，不仅拓宽了世界史的研究范围和研究思路，而且开创性地对世界史的概念进行了再

---

① 钱乘旦：《中国的英国史研究》，《历史研究》1997年第5期。

② “全球历史观”兴起于20世纪50年代，代表人物是英国历史学家杰弗里·巴勒克拉夫、美国历史学家L.S.斯塔夫里阿诺斯和威廉·麦克尼尔等。该派为适应全球一体化发展所带来的新的时代特征，突破西方学术界根深蒂固的“欧洲中心论”，主张建立一种“将视线投射到所有的地区和时代”，“超越民族和地区的界限”，并从宏观的、联系的角度考察和分析人类社会历史演变走向的方法、观念和理论体系。

③ 李学勤、王斯德主编：《中国高校哲学社会科学发展报告1978—2008：历史学》，广西师范大学出版社2008年版，第273页。

界定，从而为我国的世界史研究注入新的活力。因此，三大新史观的创新理论亦可对非洲阿拉伯国家通史的研究提供理论上的借鉴和指导，并以此为杠杆，从不同层面和维度来探讨非洲阿拉伯国家不同时期历史演进的基本规律和主要特点，以及非洲阿拉伯国家通过何种途径，怎样由相互闭塞逐步走向开放，由彼此分散逐步走向联系密切，最终发展成为整体世界历史的一个有机组成部分。

二、多元文明的流变与古代北非历史。古代北非的历史实际上就是非洲阿拉伯诸国历史的源头。北非曾是多种古文明汇聚、碰撞与融合之地，不同文明在互相杂糅和兼容并蓄过程中所凝聚的强大能量，不仅推动着北非的历史演进，并使其成为人类社会生活最早实践的地区之一。古代北非的多种文明大致经历了三个发展阶段，每一个阶段都彰显出各自文明在古代北非历史上留下的极其深刻的烙印。

首先是古埃及和古波斯文明对古代北非历史的影响。埃及地处北非的十字路口，它把非洲和亚洲连接起来。埃及文明的历史发展具有“沉淀性”的特点，埃及也是多种文明层层累加而成的国家。[①]埃及古文明形成于公元前4000年左右，古埃及人借助母权制、传统宗教制度和“神授王权”的意识形态，先后经历了早王朝、古王国、中王国、新王国和后埃及等多个发展时期，建立了31个王朝，延续时间长达3000年之久。在漫长的历史进程中，古埃及人以其卓越的智慧创造了绚丽多彩的独特的传统文化：象形文字、金字塔和狮身人面像、卡纳克神庙、帝王谷、孟农巨像等遗存，以及发达的数学、建筑学、天文星象学和医学等，无不浓缩着古埃及人为人类文明做出的伟大贡献。因此，一些学者称埃及是非洲历史的真正精华。[②]古埃及文明构成了古代北非历史演进的一条鲜明的主线。

---

① 〔美〕菲利普·C.内勒：《北非史》，韩志斌等译，中国大百科全书出版社2013年版，第3页。

② 〔美〕埃里克·吉尔伯特、乔纳森·T.雷诺兹：《非洲史》，黄磷译，海南出版社、三环出版社2007年版，第42页。

古波斯人是雅利安人的后裔，大约在公元前2000年前期进入伊朗。[①]公元前550年左右，阿契美尼德人在伊朗高原崛起，建立了当时版图最大，也是世界上第一个地跨亚欧非三大洲的古波斯帝国，从而奠定了古波斯文明的根基。古波斯文明的辉煌，表现为宏伟华丽的新都——波斯波利斯、精美的浮雕和岩雕、连接帝国各地的被称为“御道”的交通网络，以及沟通尼罗河和红海的运河等基础设施。同时，它还集中体现在政治、经济、军事、法律和文化等典章制度建设上，尤其是波斯帝国的政治制度和法律体系成为后来中东地区出现的各个帝国和王朝纷纷效仿的样本。由于波斯帝国长期以琐罗亚斯德教为国教，古波斯文明又彰显出鲜明的宗教特征。如同古埃及一样，其对君权神授和正统观点的强调，深刻影响了波斯的发展。波斯曾一度是几乎囊括整个古代近东文明地区的奴隶制大帝国，它吸收了多种文明的先进性，表现出古波斯文化的多样性和一定的包容性特征，而且它超越了原有的文明中心，即两河流域和古埃及文明，成为主导文明。所谓“波斯帝国的文明秩序”，就是以生产力大发展所提供的强大经济、政治和军事力量为后盾，并通过更大规模的对外交往建立起来的。古波斯文明的重要价值还在于，在波斯帝国统治埃及大约130多年的时间里[②]，它完全打破了地域性单一文明交往的局限，实现了亚非两大古文明的互动性交往，推动了古代北非历史空前的跨越式演进。

古代北非文明的第二个发展阶段是古希腊、迦太基和古罗马文明对北非历史的再塑造。从公元前334年亚历山大东征，到公元前30年罗马消灭托勒密王朝，在300余年的时间里，北非进入“希腊化时代”。希腊人创造的文明是一种综合了古代东西方文明诸多因素而发展起来的独特的、新型的阶段性文明。它使古代北非原有文明区域的语言、文字、风俗、政治制度等都受到了希腊文明的洗礼。

---

① 〔美〕埃尔顿·丹尼尔：《伊朗史》，李铁匠译，东方出版中心2010年版，第3、27页。

② 自冈比西斯二世起，波斯人先后在古埃及建立了两个王朝，即第27王朝（前525—前404年）和第31王朝（前343—前332年），两个王朝在埃及的统治共计长达130余年。

希腊化时期的埃及经历了辉煌和繁荣，亚历山大城不仅是各种商业活动的中心，而且引领西方文明，兴起了第一次“科学革命”。[①]关于太阳系的理论、解剖学的诞生，以及物理学和地理学方面的诸多新成就，如阿基米德定律的创立、圆周率的划分、运用经线和纬线计算出的地球周长的近似值等，都陆续出现于亚历山大城。同时，这个时期的埃及也成为北非历史上跨文化主义的典型案例，马其顿人的宗教信仰与埃及的宗教信仰交融在一起。[②]但从根本上说，东方文明仍是希腊化文明的根基，正如美国著名科学史家乔治·萨顿所说：“希腊科学的基础完全是东方的，不论希腊的天才多么深刻，没有这些基础，它并不一定能够创立任何可与其实际成就相比的东西。”[③]

迦太基是作为马格里布地区第一个文明单元出现在古代北非舞台的又一个重要国家，大致位于今天的突尼斯。它是由来自地中海东南沿岸黎凡特地区[④]的腓尼基人在公元前1000年左右建立的殖民地。后来，历经几个世纪的发展演变，它成为一个独立的城市国家，并控制着从利比亚的的黎波里塔尼亚到伊比利亚的地中海沿海和大西洋海岸线的广大地区。腓尼基人通过不断与操柏柏尔语的当地居民的交往和通婚，创造了一种叫作“布匿”[⑤]的混合语言文化。腓尼基移民建立的迦太基城展示了古代人强大的适应性，而创建一个混合了腓尼基和非洲柏柏尔人要素的“布匿”社会，又说明了民族文化具有变通性。迦太基人主要从事海上贸易以及跨越撒哈拉大沙漠的黄金和象牙交易。及至公元前1000年的后半期，迦太基成为覆盖西地中海大部分地区的强大贸易帝国，是当时的政治和农业中心之

---

① 〔美〕菲利普·C.内勒：《北非史》，韩志斌等译，第22页。

② 同上书，第24页。

③ 〔美〕乔治·萨顿：《科学史和新人文主义》，陈恒六等译，华夏出版社1989年版，第64页。

④ 黎凡特是指现今的黎巴嫩、叙利亚、巴勒斯坦和约旦等地，另有“肥沃新月带”之称。

⑤ 布匿（Punic），即“古迦太基的”，是迦太基的腓尼基人和北非人混居而形成的文化和语言的称谓。

一。有研究者评论:“作为城市国家的迦太基试图像一个帝国那样进行统治,并能够维持几个世纪之久,在世界历史上还是第一次。”[①]亚里士多德赞扬迦太基的“政体”,实际上是一个贵族寡头制政体。雇佣兵由柏柏尔人和伊比利亚的辅助兵补充,构成了贵族政府的武装力量。[②]

但是,随着迦太基人在与罗马人争夺地中海西部霸权的三次布匿战争[③]中的败北,迦太基古城终被罗马人夷为平地。罗马势力迅速向北非拓展,陆续征服希腊化时代的埃及和柏柏尔部落,统一了北非,先后设阿非利加(即突尼斯)和埃及两个行省,北非的沿海地区与内陆在不同程度上又实现了所谓的“罗马化”。罗马人对北非的统治长达近6个世纪(公元前146—公元439年),在罗马人的治下,罗马文明继承了希腊文明、迦太基文明、腓尼基文明、日耳曼文明和埃及文明的精华,更具多样性特征。北非的农业和商业得到迅猛发展,发达的农业不断为罗马提供大量给养,成为帝国的粮仓。同时,罗马人还在北非修建了上百座城市,这些城市大都以罗马的商业区、竞技场、运动场和浴室等为建筑风格。故此,北非的罗马遗迹也是世界上现存最闻名的历史古迹。[④]

古代北非文明的第三个发展阶段是早期基督教在北非的扩张和影响。基督教是继犹太教之后在公元1世纪发源于巴勒斯坦的第二个一神教,具有跨文化的突出特点,它反映了希伯来人的一神论、古埃及宗教死而复生的永恒观念和希腊人的哲学思想。同时,基督教的普世主义和平等主义教义深深吸引着追随者。北非、尼罗河流域和非洲之角等地区的各民族是世界上最早的基督教信仰者群体之

① B. H. Warmington, *The North African Provinces from Diocletian to the Vandal Conquest*, Cambridge: Cambridge University Press, 1969, pp.47-48.

② Stephane Gsell, *Histoire Ancienne de l'Afrique du Nord*, 8 Vols, 4th ed., Paris: Librairie Hachette, 1920—1928, p.389.

③ 布匿战争指古罗马和迦太基两个奴隶制国家之间为争夺地中海西部统治权而进行的著名战争,前后共三次:第一次于前264—前241年,第二次于前218—前201年,第三次于前149—前146年。布匿战争的结果是迦太基被灭,古罗马争得地中海西部的霸权。

④〔美〕菲利普·C. 内勒:《北非史》,韩志斌等译,第9页。

一。公元2世纪，埃及和北非其他地区的一些城市中已出现众多基督教团体，而且基督教在穷人和政治上受压迫的人中间传播得最快。2世纪末，非洲基督教徒在亚历山大创办的教理学校——迪达斯卡利亚，成为早期的基督教学术中心，并培养了一大批对基督教早期发展起决定性作用的神学家和理论家。

早期基督教的不同教派围绕耶稣在多大程度上是神或人这个本质问题曾展开激烈争论，参与争论的两个重要派别，即阿里乌主义派和基督一性论派①，都以埃及为据点。由于这两个派别的教义同基督教主张的圣父、圣子、圣灵三位一体的正统教义相左，先后被罗马教会和帝国宣布为“异端”和“异教徒”。基督一性论派在公元451年的卡尔西顿会议被宣布为异教徒后，经受住了罗马教会和帝国权力旨在取缔和摧毁其信仰所发动的进攻，形成了埃及新的基督一性论的科普特教派。较之其他地区，科普特教派改变了北非和尼罗河流域的基督教发展轨迹，其内部产生了一种有别于罗马天主教教会或东正教教派所辖领地的宗教形式。②

公元7世纪上半叶，另一新的一神教——伊斯兰教在阿拉伯半岛诞生，并迅速向北非扩张，最终确立其主流宗教的地位。伊斯兰教并非简单地取代北非的地方宗教和基督教，而是逐步与这些宗教体系彼此混合，也就是经历了一个体系适应另一个体系，从而创造一种新的独特的宗教思想意识的所谓“调和”过程。③作为征服者，初创时期的伊斯兰教“顺应现世”，大量基督徒纷纷改宗。同时，阿拉伯帝国实行伊斯兰教的低税制，与拜占庭对北非属地的强制高税形成明显反差，扩大了伊斯兰教的吸引力。与此相反，基督教却因

---

① 阿里乌主义派（Arianism）亦称阿里乌斯派，是以生活在公元3世纪后期的亚历山大基督教司铎阿里乌命名的基督教派别。阿里乌坚持基督在各方面都与天父的本体和特性不同，基督也与人不同，基督没有人的灵魂，耶稣次于天父，是受造物，圣灵更次于圣子，并反对教会占有大量财产。该派在公元325年的尼西亚会议上被确定为“异端”后逐步向罗马以北地区扩张。基督一性论派（Monophysite）认为耶稣的神性超过人性，耶稣并非兼有全神和全人的本性，而是完完全全的神，故而只有一个本性。

② 〔美〕埃里克·吉尔伯特、乔纳森·T.雷诺兹：《非洲史》，黄磷译，第91页。

③ 同上书，第109页。

不同教派之间的长期内斗和分裂不断削弱着自身力量，特别是其教义始终未能真正融入北非大多数本地人的社会生活和意识形态中，无法应对伊斯兰教强劲的拓展之势，基督教因而经历了由盛转衰的变化。唯有科普特教派在埃及扎下根，时至今日，科普特教派仍是代表埃及、埃塞俄比亚基督教团体和信仰的教派。

多种文明的汇聚、碰撞、融合和更替，构成了古代北非历史流变波澜壮阔的画卷，并为北非古代史的探究提供了不可或缺的源泉和重要线索。它们不仅能够弥补阿拉伯人因忽略伊斯兰教诞生前古代北非史研究所造成的文献史料方面的缺憾，而且启迪人们从文明交往的视阈来进一步认识和领悟不同文明间交往的内涵、类型、因素、属性、规律和本质等，以及文明交往作为人类社会发展的动力，又是如何在具体的社会生产实践中，使不同文明的交往由低级向高级演进，由野蛮状态向文明化升华，尤其是如何从物质、精神、制度和生态等层面来实现文明交往自身的价值，推动社会历史的进步。简言之，文明交往论也是研究和解读古代北非历史的一把钥匙。

三、非洲阿拉伯民族国家构建中的氏族（家族）、部落、部族与民族国家认同问题。这是非洲阿拉伯国家历史研究中一个不可回避的重要课题。氏族、部落和部族通常被视为民族共同体发展中的一种历史类型，属于不同历史时期的社会政治形态。氏族和部落均以血缘关系为纽带来维系其存续，氏族是组成部落的基本单位，在氏族内部又可分为血缘家庭。氏族和部落观念根深蒂固，其成员对所属氏族和部落的忠贞是无止境、无条件的。[①]而部族已不再以血缘为纽带，它主要以地域为联系，建立在私有制的基础上，并有一套适合本部族的社会和政治制度。美国著名人类学家摩尔根将部落定义为“一种组织完备的社会”，其功能和属性是：具有一块领土和一个名称，具有独用的方言，对氏族选出来的首领和酋帅有授职和罢免之权，具有一种宗教信仰和崇拜祭礼，有一个由酋长会议组成的

① 〔美〕希提：《阿拉伯通史》，马坚译，商务印书馆1979年版，第29页。

最高政府，在某种情况下有一个部落大首领。[①]另一位人类学家约翰·霍尼格曼认为部落是“具有共同的领土,共同世系的传统,共同的语言,共同的文化,以及共同的族称,所有这一切就构成了连接诸如村落、群居、区域或世系等较小集团的基础”。[②]

北非的部落组织主要包括两大类：一类是由土著的柏柏尔人或是已被阿拉伯同化的柏柏尔人组成的部落；另一类是伴随伊斯兰教的兴起及对外扩张，大规模进入和分散到北非各地区的阿拉伯部落。阿拉伯著名学者伊本·赫勒敦认为，部落中的每一个小区域、每一个小部分，都属于同一个大的部落，它们又可分为许多小的族群和小的家族，比大的宗谱血统团结得更紧密、更牢固。部落的领导权就属于它们中间的核心族群，掌握领导权的族群必须具备优势和控制能力。[③]由于历史和社会发展的局限，非洲的多数阿拉伯国家都是由不同的部落或部族发展而来，这些部落或部族历史悠久，血缘谱系关系密切，部落社会基础牢固，内部结构庞杂，社会政治影响极大。在非洲各阿拉伯民族国家构建过程中，家族和部落因素始终是困扰其实现民族和国家认同、确立公民意识的难以消除的障碍。在一些国家，家族和部落甚至扮演着决定国家稳定、左右国家发展方向的关键角色。

以利比亚为例，利比亚国内有140多个部落，其中影响较大者有30多个。但在国家社会、政治和经济生活中真正发挥主导作用的则属于三大部落联盟，即东部地区的萨阿迪部落联盟、中部地区的阿瓦拉德-苏莱曼部落联盟[④]、西部和西南部地区的巴哈尔部落联盟。历史上，利比亚的各家族、部落和部落联盟之间积怨很深，矛盾重重，难以形成所谓国家层面的公共权力。因此，以血缘关系和共同

---

① 〔美〕路易斯·亨利·摩尔根：《古代社会》上册，杨东莼等译，商务印书馆1977年版，第109页。

② 转引自〔法〕莫·戈德利埃：《部落的概念》，沈静芳译，《民族译丛》1984年第4期。

③ 〔突尼斯〕伊本·赫勒敦：《历史绪论》，李振中译，宁夏人民出版社2015年版，第163—164页。

④ 卡扎菲家族所属的卡扎法部落和利比亚最大的部落瓦拉法部落都属于该部落联盟。

祖先凝聚而成的家族和部落以及伊斯兰传统，始终是处理政治和社会问题的主要方式和依据，致使利比亚在历史上有部落无国家，呈现出“碎片化”的政治地理特征。[①] 1969年卡扎菲发动军事政变夺取政权后，采取一系列措施和“革命手段”，试图对利比亚的部落社会进行自上而下的彻底改造，以便打破部落藩篱，并以国家认同取代部落意识，强化国家的内聚力，但收效甚微。根据民调，及至20世纪90年代末，利比亚民众对部落的认同仍高达96%，城市人群对部落的认同也有90%。[②]正是由于利比亚强大的部落势力，迫使卡扎菲在其统治利比亚近30年后不得不改弦易辙，转而重新回归传统，更加仰赖利比亚的三大部落势力来维系其统治，直到2011年垮台。时至今日，政权更迭近10年后的利比亚，依然处于互不统属、一盘散沙式的部落割据态势，由此折射出部落因素对利比亚政局的根本性影响。

再以苏丹为例，根据考古学和人类学的研究成果，苏丹可能是世界上最早的人类诞生之地。早期的人类在苏丹经历了从氏族到部落再到部族的发展过程。在漫长的历史演进中，苏丹古老的部落体制经久不衰，并呈现多样化的特征，亦即以氏族部落构成的原始公社形态，或是以主体部落与不同血缘部落组成的酋邦，乃至大、小王国交替出现。因此，氏族部落自古以来始终是苏丹社会的基本单元和细胞。现今的苏丹大约仍有将近600个部落，使用2000多种语言。[③]苏丹的部落有南北之分，北方主要为阿拉伯部落和非阿拉伯部落。两者的区别有二：一是苏丹阿拉伯人必须以阿拉伯语为母语；二是其祖先必须来自阿拉伯半岛，或是具有阿拉伯的谱系关系，或是其部落已完全阿拉伯化。然而，所谓苏丹纯正的阿拉伯部落之说很可能只是一个历史虚构，它实际上反映了苏丹阿拉伯人对阿拉伯

---

① 闫伟、韩志斌：《部落政治与利比亚民族国家重构》，《西亚非洲》2013年第2期。

② Amal Obeidi, *Political Culture in Libya*, London: Routledge, 2001, p.121.

③ Mawut Achiecque Mach Guarak, *Integration and Fragmentation of the Sudan: An African Renaissance*, Bloomington: Authorhouse, 2011, p.12.

半岛谱系关联的强烈认同。这与出生于黎巴嫩的美籍历史学家希提的看法如出一辙：血缘关系，不管是虚构的，还是真实的，总是维系部族组织的重要因素。[①]苏丹北方规模最大、分布最广的阿拉伯部落是贾阿林部落，此外还有丹拿格拉和朱海纳部落。苏丹南方的部落主要为黑人部落，丁卡人构成了原苏丹的第二大部落，占原苏丹全部人口的10%，[②]约310万。[③]苏丹南北双方庞杂的部落结构，使它在独立后构建民族国家进程中屡遭挫折，内战绵延不绝，以至于在2011年苏丹南北双方分裂，南苏丹宣告独立。显然，苏丹的南北分裂同种族或部落冲突相关，但这只是一种表象，透过表象可以发现其中更深层的原因：一是南北双方明显存在伊斯兰教宗教文化和基督教宗教文化的差异，特别是当彼此的穆斯林和基督徒身份在强制性的伊斯兰化过程中被不断放大时，必然会导致矛盾的激化；二是苏丹土地贫瘠，自然条件恶劣，经济资源分配的不均衡致使不同部落和部族之间经常为争夺牧场、水源和其他生活物资而兵戎相见；三是苏丹南北双方政治权利方面的不平等。苏丹长期存在阿拉伯人和非阿拉伯人、白人和黑人之间的种族不平等，阿拉伯文明被人为地凌驾于黑人文明之上，北方隶属贾阿林部落的阿拉伯河岸部落[④]始终主导和控制着苏丹的政治和经济政策，并通过强制推行阿拉伯化和伊斯兰化把持国家大权，致使其他部落处于边缘化状态。家族和部落因素在苏丹民族国家构建中表现出了另一种特点。简言之，苏丹的家族和部落不过是民族国家构建过程中凸显各种矛盾冲突的一个载体。

---

① 〔美〕希提：《阿拉伯通史》，马坚译，第28页。

② John Obert Voll and Sarah Potts Voll, *The Sudan: Unity and Diversity in a Multicultural State*, Boulder, Colo.: Westview Press, 1985, p.13.

③ Mawut Achiecque Mach Guarak, *Integration and Fragmentation of the Sudan: An African Renaissance*, p.635.

④ 阿拉伯河岸部落是指那些生活在尼罗河河谷和青白尼罗河之间热带草原东、西部的部落，他们几乎都说阿拉伯语，均为穆斯林，并尽可能将自身谱系与阿拉伯半岛先知时代的圣裔家族联系在一起。参见R. S. O'Fahey, "Islam and Ethnicity in the Sudan", *Journal of Religion in Africa*, Vol.26, No.3,1996, p.259。

摩洛哥的部落社会，较之其他阿拉伯国家则有所不同。摩洛哥的部落社会主要由土著柏柏尔人构成，其人口约占摩洛哥全国总人口的40%，主要生活在摩洛哥南部的苏斯地区、中部的阿特拉斯山区和北部的里夫地区。尽管摩洛哥柏柏尔人人口众多，但摩洛哥柏柏尔部落社会与摩洛哥中央政府的关系却相对平稳，彼此之间总体上维持较好的融合度，代表了非洲阿拉伯国家部落与政府关系的另一类型。事实上，摩洛哥于1956年独立后，在民族国家的构建过程中同样经历了柏柏尔部落社会与中央政府长期的紧张对抗时期，双方为此都付出了沉重代价。直到20世纪80年代后，摩洛哥政府和柏柏尔部落在认真的反思中，渐次向理性回归，相互不断调整策略，管控矛盾和冲突，努力实现和解。促成这种变化的根本原因在于：摩洛哥作为一个“平民化”的君主制政体（摩洛哥阿拉维王朝国王的妻子、母亲、祖母和外祖母通常均来自平民，故而有平民化君主制之称），王权对柏柏尔部落的治理表现出适度的变通性和宽容性。例如，摩洛哥君主在政治上与柏柏尔部落上层和精英建立恩庇关系；在经济上实施安抚政策，承认柏柏尔部落土地的集体所有权；在文化上倡导将共同的宗教信仰，而不是单一的阿拉伯族群认同，作为摩洛哥的国家认同。而柏柏尔人的基本诉求也以温和的文化运动为主要内容，谋求柏柏尔语言文化应赋予的权利等，并不追求摆脱中央政府的自治、分立或独立。2011年，摩洛哥宪法修订案规定柏柏尔语和阿拉伯语享有同等的语言地位，从而为摩洛哥中央政府与柏柏尔部落关系的进一步发展创造了条件。然而，从长远看，如何解决柏柏尔部落社会内部不断扩大的贫富差距，以及柏柏尔偏远山区与摩洛哥城镇之间在社会经济发展方面存在的明显断层，依然是考验摩洛哥中央政府与柏柏尔部落关系深度融合的关键。

家族和部落因素在非洲阿拉伯民族国家构建中的影响无疑是多元而复杂的。其他国家诸如毛里塔尼亚、索马里和吉布提等国的家族和部落组织也都有自身发展演变的路径和规律，它们对各自民族国家构建的影响自然也是不同的。探究非洲阿拉伯国家的家族和部落问题必须把握两个维度：一是应该厘清非洲阿拉伯诸国主要家族和部落的基本情况，包括家族和部落的区域分布、成员的构成、生态环境和经济生产方式、组织结构和运作机制、内生矛盾冲突的调节、对外交往原则、文化传统和习俗的维护，等等；二是在全面认识非洲阿拉伯各国的家族和部落基本情况的基础上，需要运用经济基础决定上层建筑的唯物史观来阐释和解读非洲阿拉伯各国的家族和部落长期存续的原因。总体来说，非洲阿拉伯国家在获得独立和建立民族国家后，大都经历了不同程度的现代化发展，并对部落社会进行了相应改造，各国的部落呈现一定的萎缩之势。但家族和部落依然在国家的政治、经济和社会生活等领域发挥着重要影响，甚至是决定国家稳定的关键因素。而关于部落意识向国家认同的转化，也是一个双向度的问题。非洲阿拉伯国家滞后的社会发展和固有的传统文化，决定了各国根深蒂固的部落意识的转换将是一个缓慢的渐进过程。部落意识的弱化有赖于部落民众能够充分感受到他们在没有或失去部落庇护的情况下，同样能够享有更多的权益和更好的生活。这是一个不可替代的前提条件。而要实现这样的目标，不仅仰仗各国社会和经济发展所能提供的雄厚财力和物质基础，同时还依靠各国政府能够有效实施各种有利于协调部落与国家关系，促使部落民众生成国家认同的一系列相关手段和政策。因此，对上述问题的考量和辨析是探究非洲阿拉伯国家家族和部落问题的一种新的尝试。

四、列强对非洲阿拉伯国家的殖民统治及其影响。在近现代历史上，非洲阿拉伯国家不论大小，几乎都曾长期饱尝西方列强残酷的殖民掠夺和统治。法国率先在北非的马格里布地区建立了以阿尔及利亚为中心的殖民统治圈。1830年，阿尔及利亚沦为法国的殖民地；1881年，突尼斯成为法国的“保护国”；1888年，法国占领吉布提全境，并于1896年，在吉布提建立“法属索马里”殖民政权；[①]1912年，摩洛哥沦为法国的“保护国”，同年科摩罗四岛也成为法国的殖民地；1920年，毛里塔尼亚成为“法属西非洲”管辖的领地。英国紧步法国的后尘，它在奥拉比领导的埃及反英起义失败后，于1882年占领埃及，并将其变为“保护国”；1899年，在英国操纵下，苏丹成为英国和埃及的共管国；1887年，英国将索马里北部地区作为它的“保护地”，并于1941年控制整个索马里。1912年，意大利在意土战争后将利比亚变为它的殖民地；1925年，在索马里南部建立“意属索马里”。1943年，英国取代意大利，占领利比亚南、北两地区。西班牙在列强瓜分北非殖民地的浪潮中也分一杯羹。1912年，摩洛哥沦为法国的“保护国”后，西班牙旋即与法国签订《马德里条约》，摩洛哥北部地带和南部伊夫尼等地划归为西班牙的“保护地”。至此，非洲阿拉伯诸国陆续被西方列强纳入各自的殖民体系中。

马克思在《不列颠在印度统治的未来结果》一文中评价英国在印度的殖民统治时指出：“英国在印度要完成双重的使命：一个是破坏性的使命，即消灭旧的亚洲式的社会；另一个是建设性的使命，即在亚洲为西方式的社会奠定物质基础。”[②]但是，以法国为首的西方列强对非洲阿拉伯国家的长期统治只是完成了其破坏性的使命，即各国原有的传统社会经济结构在西方势力的冲击下遭到了毁灭性的破坏；而殖民者要完成的建设性使命则成了一个虚幻之梦。

以阿尔及利亚为例，马克思在马·柯瓦列夫斯基所著《公社土地占有制》一书摘要中揭露，自1830年法国入侵阿尔及利亚后，法国的殖民统治“手段有时改变，目的始终是一个：消灭土著的集体财产，并将其变成自由买卖的对象，从而使这种财产易于最终转到

---

① 在历史上，吉布提和索马里同属一个文化圈。法国于1850年前后入侵吉布提，1885年法国同吉布提地区的酋长们签订条约，确认法国在吉布提的统治地位。1888年，法国又同英国达成协定，两国以吉布提和泽拉之间的中线划分势力范围，吉布提一侧为“法属索马里”，泽拉一侧为“英属索马里”。1896年，法国在吉布提正式建立“法属索马里”殖民政府。

② 中共中央马克思、恩格斯、列宁、斯大林著作编译局编：《马克思恩格斯选集》第2卷，人民出版社1972年版，第70页。

法国殖民者手中”[1]。恩格斯撰写的《阿尔及利亚》一文，也对法国在阿尔及利亚的殖民统治进行了针针见血的深刻描述：“从法国人最初占领阿尔及利亚的时候起到现在，这个不幸的国家一直是不断屠杀、掠夺和使用暴力的场所。征服每一座大城市或小城市，每一寸土地都要付出巨大的牺牲。把独立视为珍宝、把对外族统治的仇恨置于生命之上的阿拉伯和卡拜尔部落，在残暴的袭击下被镇压，他们的住宅和财产被焚毁和破坏，他们的庄稼被践踏，而幸存的受难的人不是遭到屠杀，就是遭到各种奸淫和暴行的惨祸。”[2]

利比亚被形象地喻为第二次世界大战后由联合国“制造”出来的一个国家。实际上，这也是域外大国之间相互博弈、各自谋求在利比亚权益的一种妥协的产物。美国驻利比亚首任大使亨利·赛拉诺·维拉德（Henry Serrano Villard）曾指出，利比亚的历史基本上是征服与占领交替更迭的历史。[3]据统计，1912年利比亚被征服后，在意大利殖民统治的30年间，大约有11万利比亚人被关押在集中营，4万人死于疾病、虐待或者饥馑。最新的利比亚解密档案显示，意大利殖民者处死的囚禁者多达7万人。[4]而本土人口则从1907年的140万降至1933年的82.5万人。[5]

西方列强长期的殖民统治，造成非洲阿拉伯国家的贫穷和落后，社会发展异常缓慢。同时，被置于殖民体系中的非洲阿拉伯国家不得不在屈从或服务于各宗主国殖民权益的前提下，实施自身的政治、经济、外交和文化政策等，致使这些政策普遍带有明显的殖民依附色彩。例如，科摩罗的许多现代政治和法律制度就源于殖民时代，一位科摩罗律师比喻：“科摩罗国家是从法国复制而来的，它是复印

---

① 《马克思恩格斯全集》第45卷，人民出版社1985年版，第316页。

② 《马克思恩格斯全集》第14卷，人民出版社1964年版，第104页。

③ Henry Serrano Villard, *Libya: The New Arab Kingdom of North Africa*, New York: Cornell University Press, 1956, p.11.

④ Ronald Bruce St. John, *Libya: From Colony to Independence*, Oxford: Oneworld, 2008, pp.73–74.

⑤ Ibid., p.81.

件。”又如，吉布提独立后，法国在此长期驻扎4000人的军队，并宣称为吉布提提供所谓的“安全保障”。

此外，西方列强对非洲阿拉伯国家实施的殖民手段和方式，也因对象国不同而有所区别：对于那些战略和经济利益重要的国家，通常采取直接统治的方式；对于那些小国或经济权益有限的国家，它们往往通过挑选代理人，诸如当地的封建主和有名望的部落酋长、首领等实行间接统治。非洲阿拉伯国家对于西方列强的殖民统治一直进行着顽强抗争，但各国谋求独立和解放的途径，则因国情和殖民者统治方式的不同而呈现反差。一般来说，在那些殖民统治最残酷的国家，民众浴血反抗的斗争就更加激烈。阿尔及利亚是一个最典型的案例。阿尔及利亚人自1954年在奥雷斯山区打响武装斗争的第一枪后，经过七年艰苦卓绝的反法解放战争，最终粉碎了法国强加于阿尔及利亚人长达132年之久的殖民枷锁，于1962年赢得独立。科摩罗、吉布提和毛里塔尼亚这些小国基于自身的局限，以及它们同前宗主国法国的无法割断的各种联系，因而选择了非暴力的和平方式走向独立。利比亚历来是大国逐鹿争雄之地，它的建国彰显了大国在联合国舞台上折冲樽俎、不甘舍弃已有权益的博弈。故此，西方列强在非洲阿拉伯国家的殖民史是非洲阿拉伯国家近现代史的重要研究内容。殖民统治对各国历史进程所衍生的各种关键问题及影响，都需要依据可靠的史料做出尽可能符合客观事实的更深层次的再分析和全新的解读。

五、现代化运动与阿拉伯社会主义的治国实践。现代化源于西欧，是伴随近代工业革命所聚集的强大内动力而兴起的。“二战”结束后，作为新生的现代民族独立国家，非洲阿拉伯国家在战后世界现代化浪潮的冲击和驱动下，陆续走上现代化发展道路。外源性和后发性是非洲阿拉伯国家推进现代化的基本特点。非洲阿拉伯国家启动现代化的原动力、经济结构、资源禀赋、社会基础和价值取向等完全不同于西方，由此决定了它们不可能照搬西方模式。

现代化是人类文明发展和演进的最复杂的过程。世界各国的现代化实践，按经济形态来区分，大致可归纳为三大类，即资本主义类型、社会主义类型、混合类型，而每一种类型都有多种发展模式。[①]但任何一种发展模式都要适应一定的生产力发展水平，符合本国的具体国情。非洲阿拉伯国家的现代化总体上都属于混合类型，是一种尚未定型的现代化选择。它兼采资本主义现代化和社会主义现代化两种模型的不同特色，是将两大对立模型合成而产生的一种中间发展形式；在本质上是一种边缘资本主义的发展模式。[②]

阿拉伯社会主义的发展道路堪称战后多数非洲阿拉伯国家推进现代化的一种主流。这一现象的出现同战后西亚北非地区盛行的阿拉伯社会主义思潮密切相关。阿拉伯社会主义主要由阿拉伯民族主义、伊斯兰传统和科学社会主义的个别原理所构成，是一种带有浓厚阿拉伯-伊斯兰特色的社会思潮。非洲阿拉伯国家的所谓社会主义主张，名目繁多，形式不一。其中包括埃及的纳赛尔主义、阿尔及利亚的自管社会主义、突尼斯的宪政社会主义、利比亚的伊斯兰社会主义，以及索马里西亚德总统自封的“科学社会主义”[③]等。阿拉伯社会主义有几个共同点：一是把社会主义等同于伊斯兰教的教义精神，认为伊斯兰教是社会主义原则的渊源；二是把社会主义作为一种发展经济和振兴民族，进而实现国家现代化的纲领和手段；三是拒绝科学社会主义，明确反对无神论，强调以伊斯兰教信仰为基础，尊重民族和宗教文化传统，主张阶级合作和私有制的永恒性。[④]纳赛尔就曾表示，他的阿拉伯社会主义与马克思主义存在根本

---

① 罗荣渠：《现代化新论——世界与中国的现代化进程》，北京大学出版社1993年版，第150页。

② 〔埃及〕萨米尔·阿明：《不平等的发展》，高铦译，商务印书馆1990年版，第169页。

③ 索马里总统西亚德·巴雷自称奉行“科学社会主义”，但从不提以马克思主义为指导思想。他宣称其“科学社会主义”是与伊斯兰教“和谐一致”的，“伊斯兰教义中有社会主义的基础”。参见唐大盾等：《非洲社会主义：历史·理论·实践》，世界知识出版社1988年版，第37页。

④ 黄心川主编：《世界十大宗教》，社会科学文献出版社2007年版，第310—311页。

性差异，并且具体表现在五个方面。[①]这便昭示了阿拉伯社会主义的特殊属性。

阿拉伯社会主义之所以能够成为多数非洲阿拉伯国家选择的现代化发展模式，一方面是由于非洲阿拉伯国家长期深受殖民主义之害，导致其本能地排斥西方发展模式。亦如研究者所言，当资本主义与殖民国家和剥削特权联系在一起后，社会主义作为一种相反的意识形态，在非洲无疑成为普遍的诉求。[②]自20世纪50年代中期到70年代中期，阿拉伯社会主义在多数非洲阿拉伯国家的实践，确实取得了一些不容否认的成效。一些数据也可说明这一点。例如，埃及的工业总产值从1952年的3.14亿埃镑增加到1979年的61.6亿埃镑，增长了近19倍。同一时期，农业总产值由3.87亿埃镑提高到36.6亿埃镑，增长了8.46倍。[③] 阿尔及利亚在1967—1978年国民经济保持年均7.2%的增长率，十多年间人均国民收入从375美元增至830美元。[④]突尼斯经过十年的建设，基本形成自身的民族工业体系，国有企业从1960年的不足25家发展到1970年的185家，国有经济在国民收入中的比例从1.8%上升到33.7%。[⑤]

然而，由于内外和主客观多种因素的局限，非洲阿拉伯国家在现代化进程中遭遇的挫折与失败远大于成功，是一种不成功的现代化尝试。它们面临一系列难题，诸如政治发展明显滞后于经济发展，经济发展对外的严重依赖性，生产结构的单一性与脆弱性，社会经济的二元性与对立性，工业分布的条块性与不均衡性，过度城市化和人口增长失控，生态环境不断恶化，等等。这些问题使非洲阿拉

① 1962年5月30日纳赛尔在全国人民力量代表大会上的发言，《金字塔报》，1962年5月31日。转引自唐大盾等主编：《非洲社会主义新论》，教育科学出版社1994年版，第96页。

② E. A. Alport, "Socialism in Three Countries: The Record in the Maghrib", *International Affairs*, Vol.43, No.4, Oct. 1967, p.692.

③ 唐大盾等：《非洲社会主义：历史·理论·实践》，第116页。

④ Massoud Karshenas, Valentine M. Moghadam, ed., *Social Policy in the Middle East: Economic, Political and Gender Dynamics*, New York: Palgrave Macmilian, 2006, p.42.

⑤ I. William Zartman, ed., *Tunisia: The Political Economy of Reform*, Boulder: Lynne Rienner Publishers, 1991, p.111.

伯国家在全球化时代难以摆脱被边缘化的命运。20世纪70年代中期以后，以阿拉伯社会主义为主导的非洲阿拉伯国家的现代化实践，无不经历了趋于衰势的变化。80年代末期，伴随东欧剧变和苏联解体，有关阿拉伯社会主义的议题在多数非洲阿拉伯国家逐渐成为一种历史记忆。从反思的角度看，理性处理宗教与现代化的关系问题，仍是非洲阿拉伯国家在现代化实践中不能回避的课题。宗教地域特征和传统文化使非洲阿拉伯国家的现代化之路充满了“悖论”。由于近代以来伊斯兰世界尚未真正出现比较彻底的宗教改革运动，未能在人的解放和价值取向等问题上实现跨越性的突破，伊斯兰世界在近代的各种社会改革基本上都没有超出改良范畴，其主轴大都以捍卫伊斯兰教传统价值观和巩固当权者的统治为目标。其所触及的仅仅是应对外来挑战的表象问题，而回避对其政治和思想体系的批判性内省与更新，从而制约着各国的文明演进和现代化进程。

阿拉伯社会主义作为一种民族主义思潮在战后的非洲阿拉伯国家盛行20年之久，它是独立后的非洲阿拉伯各国选择的一种现代化模式和社会制度。因此，其核心仍是国家定位和发展道路的问题，也是一个具有重大现实意义和理论价值的问题。对这些问题的深入研究和探索，将有助于充实和丰富马克思主义关于经济落后国家发展道路选择的相关理论。

六、早期的伊斯兰教和当代非洲阿拉伯国家的伊斯兰潮。恩格斯在《论早期基督教的历史》一文中指出：“伊斯兰这种宗教是适合于东方人的，特别是适合于阿拉伯人的。”[①]早期伊斯兰教在非洲的传播肇始于第二任哈里发时期穆斯林军队于公元639—642年对埃及的征服。非洲本土人最早的伊斯兰教皈依者大多为社会的上层，其中又以统治者和成功的商人最愿意改信伊斯兰教，穷人和乡村居民的改宗要晚得多。故此，早期的伊斯兰教在非洲被称为“宫廷和商业宗教”[②]，这一宗教首先在政界及商界权势人物中传播开来。后来埃

① 《马克思恩格斯全集》，第22卷，人民出版社1965年版，第526页。

② 〔美〕埃里克·吉尔伯特、乔纳森·T.雷诺兹：《非洲史》，黄磷译，第109页。

及人纷纷皈依伊斯兰教，这在很大程度上是因为当时的拜占庭统治者强加于埃及人的各种赋税过重，而新的伊斯兰政府所征税率很低。同时它对宗教自由的态度也比拜占庭要更宽容。科普特基督教徒直到11世纪依然占埃及人口的大多数，便是一个颇具说服力的佐证。

在伊斯兰教创立的初期，北非实际上也是那些发现自己与中央伊斯兰国家日益强大的逊尼派正统观念不合的穆斯林的庇护所。[①]伊斯兰教初期的两个重要少数派教派——什叶派和哈瓦利吉派[②]都在北非找到了避难地。哈瓦利吉派落脚于北撒哈拉沙漠中的小绿洲，以及卡比利亚和阿特拉斯山脉中的丘陵地带，他们同土著柏柏尔人建立了比较亲密的关系。什叶派在北非的势力和影响更大。什叶派首先在阿尔及利亚东南部站稳脚跟，并不断向外拓展。10世纪初，他们先后推翻了阿巴斯王朝在突尼斯的统治和打败柏柏尔-哈瓦利吉派。公元909年，什叶派首领奥贝德拉在突尼斯以先知穆罕默德之女法蒂玛的苗裔自居，被拥戴为哈里发，建立法蒂玛王朝，这是伊斯兰教什叶派的第一个王朝。国都为马赫迪亚。[③]随后，法蒂玛王朝征服摩洛哥，进而占领整个马格里布地区。969年攻占阿拉伯帝国统治下的埃及，973年迁都开罗，并在埃及实施了长达200余年的统治，直到1171年被推翻。基督教和伊斯兰教的初期，在北非的一个共同现象是：无论是基督教的少数派阿里乌斯派和一性论派，还是伊斯兰教的少数派什叶派和哈瓦利吉派，都把北非或是作为大本营，或是作为庇护地，这一现象的历史蕴含令人深思。或许正因为如此，近代以来北非阿拉伯诸国出现的各种伊斯兰复兴思潮或运动，都按

① 〔美〕埃里克·吉尔伯特、乔纳森·T.雷诺兹：《非洲史》，黄磷译，第95—96页。

② 哈瓦利吉派（Khawāridj），伊斯兰教早期派别之一。哈瓦利吉意为“出走者”。657年隋芬之战期间，穆阿维叶在面临失败时提出“以《古兰经》裁判”的停战要求。当时阿里营垒内分为主战和主和两派，阿里倾向和解，遂接受穆阿维叶的要求，引起主战派的极端不满，约有12 000人离开阿里的队伍出走，组成哈瓦利吉派。此外，该派认为哈里发应由穆斯林公选，当选者不应只限于古莱什人；同时主张在所有穆斯林中共同分配土地和战利品，故又称军事民主派。

③ 法蒂玛王朝初建都拉卡达，即今突尼斯的凯鲁万，后于920年迁都马赫迪亚，位于凯鲁万东南海岸。

照其自身的逻辑发展。就地缘政治来说，它不像西亚阿拉伯国家那样，处于中东各种矛盾的旋涡中，因而受外部影响相对较少。就对外交往来看，北非诸国毗邻欧洲，在历史上多为法、英等国的殖民地，与西方有密切的联系，故此对东西方文化和价值观差异的体验也比西亚阿拉伯国家更深刻。这些因素凝聚了北非伊斯兰复兴运动的多元化色彩。

20世纪80年代以来的北非伊斯兰复兴运动主要在埃及、苏丹和阿尔及利亚等国形成几个中心。一般来说，北非阿拉伯国家伊斯兰复兴运动的主调趋于温和与理性。这里并不否认在某些特定时空下出现的极端倾向。以埃及为例，由哈桑·班纳于1928年组建的穆斯林兄弟会（以下简称为“穆兄会”）是埃及最大的民间伊斯兰组织。20世纪70年代，虽然穆兄会分裂出一些激进组织，包括“赎罪与迁徙组织”和“圣战组织”等，但总体上看，埃及历届政府基本能够掌控来自宗教势力的挑战。纳赛尔时期，埃及政府与穆兄会的关系在合作、利用和打压中轮换。萨达特和穆巴拉克时期，穆兄会基本放弃暴力手段，转而采取和平、合法和半合法的斗争策略。穆兄会中占主导的温和派强调，以和平和渐进的方式实现伊斯兰化，以理性和现代的角度看待伊斯兰法和伊斯兰政府的功能。[①]由此，政府与穆兄会之间形成了容忍、妥协、限制和反限制关系的动态性变化，从而维持埃及社会的稳定。

哈桑·图拉比是20世纪90年代苏丹最有影响力的宗教政治思想家，有“非洲霍梅尼”之称。图拉比同1989年发动军事政变掌权的巴希尔合作，在苏丹建立了伊斯兰政权。图拉比主张实行政教合一，全面实现社会生活的伊斯兰化，并于20世纪90年代在苏丹实施所谓的“伊斯兰试验”。图拉比认为，他的伊斯兰试验是“建立在人民价值观基础之上，由知识分子引导，动用宗教资源促进不发达国家发

① R. H. Dekmejian, *Islam in Revolution: Fundamentalism in the Arab World*, New York: Syracuse University Press, 1985, p.181.

展的新尝试"[①]。他还认为，伊斯兰复兴最理想的情况是在没有内部压制和外部干涉的形势下通过和平、渐进的方式发展。[②]因而，一方面，他反对暴力，强调伊斯兰教的温和与宽容，认同与时俱进的宗教改革，倡导妇女解放和提高妇女地位等。这些都体现了图拉比伊斯兰试验的温和性。另一方面，图拉比的伊斯兰试验始终被限定在其合作者世俗的苏丹总统巴希尔设定的轨道内，巴希尔决不允许图拉比的宗教权势凌驾于其权力之上。事实上，代表国家政权的巴希尔与代表伊斯兰势力的图拉比的政教结合，从一开始就是一种权力借重和彼此利用的关系。在苏丹这种多部落多宗教的复杂的政治环境下，教权显然无法与世俗政权相抗衡。

阿尔及利亚是北非伊斯兰复兴运动的另一个类型，体现了阿尔及利亚宗教政治化和政治暴力化的双重特点。1989年诞生的阿尔及利亚"伊斯兰拯救阵线"（以下简称"伊阵"）是阿尔及利亚国内最大和最具影响力的伊斯兰复兴组织，其主要领导人阿巴斯·迈达尼是一个拥有英国教育学博士学位的大学教授，另一个是清真寺的伊玛目阿里·贝尔哈吉。实际上，他们分别代表阿尔及利亚伊斯兰复兴运动中的温和派与激进派两大势力。尽管存在思想意识上的分歧，但这并未成为双方合作的障碍，有研究者将他们对外发出的不同声音形象地喻为"双头性领导"下的"多声部合唱"[③]。两人迥然不同的风格，相得益彰，吸引了大批不满的阿尔及利亚人。[④]伊阵主张维护穆斯林共同体的统一，捍卫伊斯兰历史和文化遗产。[⑤]其最高目标是通过和平斗争的策略，实现阿尔及利亚的伊斯兰化。但是，军队作

---

① Hassan Al-Turabi, "U.S. House Foreign Affairs Africa Subcommittee Hearing on the Implications for U.S. Policy of Islamic Fundamentalism in Africa", www. Islamonline.net/iol-english/qadaya/qpolitic-14/ qpolitic1.asp.

② 王铁铮主编：《全球化与当代中东社会思潮》，人民出版社2013年版，第269页。

③ 蔡佳禾：《当代伊斯兰原教旨主义运动》，宁夏人民出版社2003年版，第132页。

④ Robert Motimer, "Islam and Multiparty Politics in Algeria", *Middle East Journal*, Autumn 1991.

⑤ John Ruedy, *Modern Algeria: The Origins and Development of a Nation*, Second Edition, Bloomington: Indiana University Press, 2005, p.252.

为阿尔及利亚独立战争胜利者的象征，不允许伊斯兰势力改变国家的世俗发展方向。当伊阵通过市政和议会选举即将掌控国家政权时，军队毫不犹豫地予以干涉，终止了其迈向权力舞台的步伐。而伊阵内部和政府内部对事态的不同认知，最终酿成了一个分裂的政府与一个分裂的伊斯兰反对派之间对抗的危机。[①]据统计，在随后四年多的时间里，暴力冲突和相互残杀此消彼长，约有6万平民和军人死亡。[②] 阿尔及利亚被打上了暴力政治的特有符号。这种状况一直持续到1995年11月泽鲁阿勒赢得阿尔及利亚历史上首次自由选举的胜利，由此证明了阿尔及利亚人最终抛弃了困扰国家政治的宗教和世俗极端主义。[③]

从北非三国的伊斯兰复兴运动来看，尽管其目标和行动手段有相似之处，但三国互不统属，几乎不存在彼此的协调和支持。这种状态表明北非伊斯兰复兴运动的分散性和多样性，因而外溢影响有限。同时，它也揭示了北非伊斯兰复兴运动所聚集的能量和张力，无论是在同世俗政权合作还是在抗衡方面，都不足以占上风的总趋势，更无法改变世俗政权主导国家政治秩序和发展方向这一历史事实。

七、政治剧变和北非阿拉伯国家的未来走向。北非是2010年底2011年初阿拉伯政治剧变的发源地，诱发了整个阿拉伯世界的震荡。从本质上看，此次阿拉伯剧变的根源在于，阿拉伯威权主义政权在政治上的极度僵化和现代化发展的“错位”，以致无法满足阿拉伯民众对民生、民主、民权的期盼。换言之，阿拉伯变局实际上也是阿拉伯民众谋求重新选择现代化发展道路的一种抗争。

然而，旧政权的垮台并不意味着新制度的建立。早在政治剧变之初，巴林思想家贾比尔·安莎里在一篇文章中就写道：“一层厚厚的浪漫主义之膜，正裹绕阿拉伯国家当前的变革要求。这种情形，

---

① William B. Quandt, *Between Ballots and Bullets: Algeria's Transition from Authoritarianism*, Washington, D. C.: Brookings Institution Press, 1998, p.58.

② 蔡佳禾：《当代伊斯兰原教旨主义运动》，第135页。

③ Martin Stone, *The Agony of Algeria*, London: Hurst & Company, 1997, p.120.

我们这一代人也曾经历过，我们曾经梦想过统一、自由和社会主义，但我们等来的却是专制，它带给我们的只有挫败和失望。”[①]另一位阿拉伯政治家指出，变革不应止于改变统治者，而应致力于改变社会，即改变社会的经济、文化基础。问题是：如何让变革从表面及于纵深，从形式过渡到实质？[②]这些担忧和发问似乎已预感到阿拉伯变局前景的迷惘。而后来阿拉伯变局的走向也印证了这一点：埃及经历了翻烧饼式的政权“轮回”，从穆巴拉克的垮台，到穆兄会的穆尔西在权力之巅的昙花一现，再到穆尔西被军人政权所取代，民主政治似乎离埃及依然遥远；卡扎菲之后的利比亚陷入四分五裂的武装割据状态，各派系之间的混战绵延不绝，新的政治秩序的重建渺无音讯；唯有突尼斯的局势让人看到了一缕“阿拉伯世界微弱的曙光”。2014年12月，突尼斯诞生首位民选总统，国内局势趋于相对稳定。但突尼斯的腐败之风并未得到有效遏制，根据国际组织提供的数据，2010年突尼斯在“透明国际”清廉指数中位列178个国家的第59位，2016年则在176个国家中名列第75位。[③]因此，突尼斯的社会改造和政治变革任重道远。

与此同时，阿拉伯国家的政治生态因政治剧变而发生明显变化，一些地区和国家出现权力“真空”。为抢占地盘和扩张势力，不同派系之间的恶斗持续升温。北非马格里布地区和非洲之角的索马里成为两个恐怖主义的渊薮。利比亚境内的恐怖活动日甚一日，它们所释放的破坏力对近邻突尼斯的稳定构成威胁；索马里青年党作为东非臭名昭著的恐怖主义组织，在阿拉伯政治剧变后进一步扩大活动领域，频繁制造一系列暗杀和暴恐事件，破坏索马里和平进程与民

---

① 〔巴林〕贾比尔·安莎里：《只有革命浪漫主义还不够》（阿拉伯文），《生活报》，2011年4月25日。转引自马晓霖主编：《阿拉伯剧变：西亚、北非大动荡深层观察》，新华出版社2012年版，第437页。

② 〔叙利亚〕阿多尼斯：《布阿齐齐的骨灰》（阿拉伯文），《生活报》，2011年4月28日。转引自马晓霖主编：《阿拉伯剧变：西亚、北非大动荡深层观察》，第438页。

③ Sarah Yerkes, Marwan Muasher, “Tunisia’s Corruption Contagion: A Transition at Risk”, https://carnegieendowment. org/2017/10/25/tunisia-s-corruption-contagion-transition-at-risk-pub-73522.

权社会。同时，索马里猖獗的海盗劫持活动[1]，也在严重干扰着国际水道的航行安全和各国间的经贸交往。

阿拉伯政治剧变距今已有十余年，反观非洲阿拉伯诸国的社会、政治、经济和意识形态的现状，多数国家仍然在过去的老路上徘徊不前，尚未在探寻新的发展道路中取得突破性进展，也没有找到能够理性化解长期困扰国家的社会、经济和族群割裂问题的有效策略。非洲阿拉伯国家的发展和创新之路如此之艰难，可从两个层面来解析：一是缘于自身的局限。多数非洲阿拉伯国家实际上都没有经受过现代大工业血与火的洗礼，迄今还不能形成一个真正能够体现或代表先进生产力，领导民众并得到民众广泛支持的社会阶层。这表明非洲阿拉伯国家仍处于由传统农业社会向现代工业社会转型的过程中。二是基于非洲阿拉伯国家固有的宗教地域特点。宗教被人为地承载了过多的非宗教因素，因而需要不断理顺信仰与理性、宗教与世俗、传统文明与现代文明等方面的关系，并且必须防止伊斯兰教义被随意曲解和“工具化”，从而挑起宗教狂潮，使国家的正常发展迷失方向。“伊斯兰社会民主演进的障碍不仅是政治层面的，而且在根本上还与价值观念有关。因此，要建立相对性、多元化的民主理性，就必须撼动神学与教法的基本结构。”[2]由此可见，实现与时俱进的宗教变革和激活人的创造力，将是非洲阿拉伯国家长期和不可懈怠的使命。

八、关于国外文献史料的使用。任何一项研究都离不开相关资源的支持，丰富可靠的史料是完成非洲阿拉伯国家通史研究最重要的前提条件。因此，这一研究必然要借助国外的各种文本资源。从语种来说，以英语为主，并且尽可能地吸纳阿拉伯语、法语、俄语等，以及中译本的文献史料；从文本来说，包括有关非洲阿拉伯10国各个时期

---

① 据国际海事署报告，在索马里海域发生的海盗袭击次数为：2006年18起，2007年48起，2008年111起，2009年215起，2010年219起，2011年236起。参见Elwaleed Ahmed Talha, *Political and Economic Impact of Somalia Piracy during the Period (1991–2012)*, The University of Tokyo, 2013, p.14 (http://www.pp.u-tokyo.ac.jp/courses/2013/documents/5140143_9a., 2014–10–2)。

② 〔突尼斯〕本·阿舒尔：《民主派和神学派的政治活动》，阿拉伯联合酋长国《联合报》，2011年3月14日。转引自马晓霖主编：《阿拉伯剧变：西亚、北非大动荡深层观察》，第438页。

的历史著作，重要人物的传记和回忆录，对重要政策和重大事件的专题研究，相关国家陆续解密的档案资料，新媒体和网站的各种述评，以及国内外学者发表的一系列相关学术论文等。项目组在研究和写作过程中，对于这些庞杂的文献史料，都须经过审慎筛选、相互比对和甄别，以便使所用史料客观、可靠和可信。项目组遵循的原则是，注重对文献史料的合理吸纳和消化，确保研究成果的质量和应有水准。

如前所述，非洲阿拉伯国家作为一个国家群，各国国情独特而复杂，呈现纷繁和多元的色彩。但非洲阿拉伯国家同样存在共性，在历史演进中面临的许多问题也是相同的。按照传统观点，对于国别通史的研究，通常的聚焦点大多是诸如政治制度、经济模式、社会结构等这些显性要素在历史发展进程中的演化。毋庸置疑，这些要素是通史研究不可或缺的核心内容。但本项目的作者并不仅仅拘泥于这些显性要素，而是审慎地选择更贴近客观社会现实，且能折射事物本质的一些问题来解析非洲阿拉伯国家的历史发展。这实际上是力图从一个不同的新视角，来探讨非洲阿拉伯国家综合性通史的一种尝试。而这种尝试完全取决于非洲阿拉伯国家的固有的独特国情，也是非洲阿拉伯国家历史进程中必须直面的重大议题。它有利于突破惯性思维的窠臼或定式，从更深层次认知非洲阿拉伯国家的变迁。更重要的是，这些问题能够从根本上深刻反映不同时期非洲阿拉伯各国社会、政治、经济和宗教文化等领域的独特样貌及嬗变，凸显非洲阿拉伯国家历史演进的脉络和轨迹。从一定程度上讲，它们构建了非洲阿拉伯国家通史研究的一个总体框架，也提供了一种宏观的视野和路径，以便在纵横维度的比较研究中揭示非洲阿拉伯国家历史发展的基本规律和主要特点。我们企盼八卷本《非洲阿拉伯国家通史》的问世能够为读者和研究者深度了解非洲阿拉伯国家的历史提供借鉴，并发挥其应有的社会效应。同时，对于书中的不足之处，恳请行家不吝指正和赐教。

2022年3月于西北大学中东研究所

目　录

Contents

绪论 阿尔及利亚自然概况

地名由来

阿尔及利亚的国名来源于阿拉伯语，据传，阿拉伯人来到阿尔及尔后，称此地为“阿尔·贾扎伊尔”（El Djazair），即阿拉伯语“白色的群岛”之意。在法国人统治时期，该词法语化，即在该词词尾后加上拉丁语的地名结尾词 ia，称为阿尔及利亚地区，后进而称这个国家为阿尔及利亚。[①] 白色是阿尔及利亚人最喜欢的颜色，他们认为白色象征着洁白无瑕的心灵和安居乐业的生态。阿尔及利亚的国旗一半是白色，阿尔及利亚国民的服饰大多为白色的阿拉伯长袍，首都阿尔及尔全城的建筑主体都是白色。20 世纪 80 年代，阿尔及利亚风行阿拉伯化时，曾提出要恢复“贾扎伊尔”的称呼，但由于阿尔及利亚已在世界上通用，所以至今仍用此名。

地理位置

阿尔及利亚位于非洲西北部，东起东经 12° 20′，西至西经 8° 30′；南北介于北纬 19°—37°之间。南接毛里塔尼亚、马里和尼日尔；西邻摩洛哥和西撒哈拉；东部与突尼斯和利比亚毗连；北濒地中海，

① 参见张宗谔主编:《世界通览》第二卷，吉林人民出版社 1998 年版，第 61 页; 张良军:《阿尔及利亚经商指南》，中国经济出版社 2005 年版，第 3 页;〔法〕夏尔－安德烈·朱利安:《北非史》第二卷下册，上海新闻出版系统“五·七”干校翻译组译，上海人民出版社 1974 年版，第 481 页；刘少才：《阿尔及尔——地中海南岸璀璨的明珠》，《西亚非洲》2007 年第 4 期，第 74 页。

隔海与西班牙、法国相望，是非洲通向地中海的重要门户，也是非洲连接阿拉伯世界的纽带。历史上，阿尔及利亚与摩洛哥、突尼斯、利比亚、毛里塔尼亚合称为马格里布，即阿拉伯西部，也称大马格里布。现今通行的狭义马格里布概念则仅指阿尔及利亚、突尼斯和摩洛哥。

阿尔及利亚的海岸线长约1200公里，海港都在地中海南岸，由于拥有得天独厚的地理位置，阿尔及利亚历来是大国尤其是海上霸权的必争之地，不断遭受外族的入侵和统治。历史上，迦太基人、罗马人、汪达尔人、拜占庭人、阿拉伯人以及土耳其人都在这里留下足迹①，并给这个国家带来了各自独特的印记。阿尔及利亚也是法国在非洲最早最大最重要的殖民地，法国统治这里132年，以至于法国人认为，如果不是因为有伊斯兰教这一障碍，“阿尔及利亚本来可以完全统一于法国，成为一个海外的加斯科尼省或贝里省”②。当然这也是阿尔及利亚摆脱法国、争取民族独立运动的过程漫长而艰难的原因。

历史要览

在马格里布地区早期国家形成之前，地中海上的腓尼基人就出现在了阿尔及利亚的土地上，早在公元前1250年前后，他们就开始在阿尔及利亚的北部沿海地区进行殖民活动，并建立了许多居留地。后来随着腓尼基人的衰落，迦太基城邦逐渐强盛，其在沿海地区建立的居留点后来很多发展成为贸易城镇，如现代阿尔及利亚的城市安纳巴和斯基克达，就是在早期迦太基城镇的基础上发展而来的。在布匿战争期间，阿尔及利亚的土著居民柏柏尔人建立了自己的国家，马西利王国国王马西尼萨与罗马结盟，最终建立了阿尔及利亚

① 参见 Alistair Horne, *A Savage War of Peace: Algeria 1954—1962*, Viking Press, 2006, p. 29。

② 〔法〕马塞尔·佩鲁东：《马格里布通史》，上海师范大学《马格里布通史》翻译组译，上海人民出版社1974年版，第510页。

历史上第一个王国——努米底亚。随着迦太基的溃亡，罗马帝国将其势力扩展到北非，努米底亚在与罗马的斗争中失败，阿尔及利亚成为罗马帝国的一个行省，并由于其丰富的农业条件而在罗马的粮食供给中占有重要地位。到了公元5世纪，罗马帝国开始瓦解，原来生活在波罗的海的汪达尔人来到北非，并开始挑战罗马帝国在这里的地位。439年，汪达尔人最终征服了罗马帝国的北非行省。随即，拜占庭帝国结束了汪达尔人在这里长约一个世纪的统治，由于民政腐败、宗教压迫、经济剥削和军队混乱，帝国对北非的控制能力日渐削弱，许多边远山区重归柏柏尔人的掌控之下。到阿拉伯人进入北非之前，拜占庭帝国已放弃了对部分地区的统治权。

642年，阿拉伯帝国开始跃出埃及，进军马格里布地区，由此开始了这一地区伊斯兰化和阿拉伯化的进程。到8世纪初，马格里布地区完成了伊斯兰化，而直到10世纪以后，阿拉伯人才在这一地区得以立足。随着移民的涌入、阿拉伯化完成，在这一过程中，柏柏尔人进行了顽强的抵抗。随着阿拉伯征服的完成，在马格里布地区形成了三个阿拉伯王国，其中鲁斯图姆王朝就建都阿尔及利亚中部的提阿雷特城。921年，法蒂玛王朝建立，并于10世纪初灭亡了鲁斯图姆王朝。法蒂玛王朝在马格里布的统治始终伴随着持续不断的冲突、动荡及经济衰落，随着其政治中心迁移到埃及，法蒂玛王朝逐渐丧失了其在马格里布的领地。

到了11世纪，阿拉伯王国相继丧失了对马格里布地区的统辖，柏柏尔人先后建立了两个帝国：穆拉比特帝国（1054—1147）和穆瓦希德帝国（1100—1269）。穆拉比特帝国最终因分裂而灭亡，穆瓦希德帝国因持续的军事战争而衰落，继之而起的是三个柏柏尔人王朝：哈夫斯、阿卜德瓦德和马林王国，这一时期也被历史学家称为“柏柏尔人复兴”的时期。由于三个王国间攻伐不息，最终被奥斯曼帝国消灭。

著名的土耳其海盗巴巴罗萨兄弟开启了对阿尔及利亚的征服，赫尔丁宣誓效忠奥斯曼素丹，被委任为马格里布地区的最高埃米尔。

1587 年，奥斯曼素丹将阿尔及利亚地区改为摄政国，由帕夏进行统治。在奥斯曼帝国统治下，阿尔及利亚成为地中海海盗的基地，阿尔及尔就是一个靠海盗劫掠而繁荣的城市。到 17 世纪末，奥斯曼帝国在阿尔及利亚的统治逐渐衰弱，繁荣的阿尔及尔成为西方殖民者垂涎的目标。除了虎视眈眈的西班牙以外，英、法、荷等国都在此建立了殖民据点。

法国对阿尔及利亚的觊觎可谓历时已久，但是直到 1830 年，法国政府才找到发难的理由。以扇击事件为借口，法国军队在阿尔及利亚登陆。初期的占领非常顺利，阿尔及尔城陷落，阿尔及利亚德伊被送出国。随着法军侵略的深入，阿尔及利亚人民进行了顽强的抵抗，在卡德尔领导下的抗法斗争使法军损失惨重。直到 1849 年，法国才象征性地完成了对整个阿尔及利亚的征服。

最初，法国的侵略目标只是军事占领，以便掠夺阿尔及利亚的农业资源，为此通过组建公司、圈占土地和建立农场等方式向阿尔及利亚移民。随着欧洲移民的大量涌入，到 1876 年其总数已达 34.4 万人，占阿尔及利亚人口的 1/10。法国在阿尔及利亚站稳脚跟以及对阿尔及利亚价值的重新发现，使法国最终改变了其武装占领的政策，开始推行完全同化的策略。法国殖民当局颁布法典，禁止阿尔及利亚居民使用本土语言，禁止成立本地人社团和政党，禁止发行本地人的刊物等，法语成为阿尔及利亚的政府办公语言。特别是法国政府还制造阿拉伯人与柏柏尔人间的矛盾，以达到将本土人分而治之的目的。1905 年，法国占领撒哈拉地区，最终实现了对阿尔及利亚的全面征服。

阿尔及利亚人民对法国殖民统治的抗争从未停止过，特别是进入 20 世纪，一些受到法国文化教育的精英分子开始传播民族主义思想，伊斯兰贤哲会、青年阿尔及利亚人和北非之星就是这一时期成立的民族主义组织。到了“二战”以后，阿尔及利亚的民族主义运动发展到了新的阶段，法国殖民当局也采取强硬的措施，结果导致双方矛盾的升级，阿尔及利亚问题最终通过暴力的形式解决，1962

年，阿尔及利亚赢得独立。

独立后的阿尔及利亚选择了社会主义道路，同时将伊斯兰、民族等问题整合入国家主导的轨道，本·贝拉时期对社会主义道路的探索过于激进，布迈丁发动政变，国家进入稳定发展时期。布迈丁后期，僵化的计划经济开始暴露出其弊端，社会结构也逐渐分化，沙德利政府时期，国家开始进行调整，各种社会力量被释放出来，伊斯兰复兴、柏柏尔人问题、妇女问题等开始困扰政府的日常运行，特别是经济的不断恶化，导致这些问题越来越尖锐。沙德利在进行经济改革失败后，试图在政治领域有所突破，多党制在宪法中予以确立。伊斯兰拯救阵线在多党选举中距获胜仅一步之遥的情况下，军队干预了政治，选举被取消，由此引发长达10年之久的内战。时至今日，全国和解仍是国家面临的重要难题。1998年，布特弗利卡当选总统，国家开始调整，各项国家生活步入正常轨道，经济快速发展、政治较为稳定，外交相当活跃，是阿尔及利亚独立后最好的发展时期。

地形地貌

阿尔及利亚国土面积238.1741万平方公里，南北苏丹分裂后，阿尔及利亚成为非洲面积最大的国家，相当于法国国土面积的四倍还要多。由北向南可将全国划分为五大地形区：（1）沿海地区。由沿海山地和沿海平原组成。山地直逼海岸，形成岩岸并多岬角，海岸线长约1200公里。滨海平原多被山地分割开来，呈断续分布。较为主要的平原有瓦赫兰平原、米蒂贾平原、安纳巴平原等。由于这些平原多为河流冲积而成，所以其土壤肥沃，是阿尔及利亚的主要农业区。（2）泰勒阿特拉斯山区。该区位于沿海地区以南，东西走向，西部地势高峻，山峦和盆地较多，河流多呈南北流向；东部山体宽广，地势平缓，河流多呈东西流向。（3）大高原区。介于泰勒阿特拉斯山脉和撒哈拉阿特拉斯山脉之间，海拔高度约1100米，呈西南—东北绵亘状，总长700余公里。（4）撒哈拉阿特拉斯山区。位于大高原和撒哈拉沙漠之间，是阿尔及利亚南北两大地区的界山。其山势西高东低，阿尔及利亚北部最高和最著名的山峰奥雷斯山即在此。（5）沙漠地区。自撒哈拉阿特拉斯山向南，阿尔及利亚的南部国土几乎全是沙漠，其面积约占阿尔及利亚国土总面积的4/5。这片沙漠地区中沙丘广布，十分荒凉。其西部和中部各有海拔500米以上的石质高原，东南部的阿哈加尔高原海拔多在1000—2000米，其最高点塔哈特山的高度为2918米，也是阿尔及利亚的最高点。沙漠的东北部为一片低地，多在海拔200米以下，其间分布有盐湖。在沙漠的中部和北部，散布着姆扎卜、苏夫、图瓦特、吉拉拉等绿洲。

气候与河流

与地形特点相对应，阿尔及利亚的气候呈北湿南干型。北部沿海平原和泰勒阿特拉斯山脉属地中海型亚热带气候。泰勒阿特拉斯山以北，冬季温和多雨，夏季干燥炎热。大高原地区和撒哈拉阿特拉斯山脉一带，属亚热带草原型气候。在撒哈拉阿特拉斯山脉以南的撒哈拉沙漠地区，气候属热带沙漠型。最热月（7月至8月）平均气温由北向南从20℃递升到30℃以上，最冷月（1月）平均气温，山地2℃—8℃，其他地区8℃—14℃。年平均降雨量从北往南由300—500毫米递减到十几毫米，有些地方少至几毫米，甚至还有数年不雨的记录。东北部山区雨量最多，可达1000毫米以上。由于降雨量的年变化愈向内地愈不稳定，因此，南部大高原地区和农业区要比北部地区受到干旱的威胁更大。阿尔及利亚大部分地区还经常受到来自撒哈拉的干热风的危害，它对植物的生长极为不利。

受地形和气候的影响，阿尔及利亚的河流形成几类，其中分布在南部广大地区的河流多属内流河、间歇性河流和蒸发型的干涸河谷。外流型河流多数分布在北部地区，这些河流发源于泰勒阿特拉斯山或撒哈拉阿特拉斯山，向北注入地中海。发源于泰勒阿特拉斯山脉中的阿姆尔山的谢利夫河，是阿尔及利亚最长的河流，全长约

700公里，流域面积3.5万平方公里。谢利夫河的上游谷深流急，中、下游流经山间盆地和沿海平原，在奥兰附近注入地中海。阿尔及利亚的许多河流往往雨后水量充足，而平时干涸见底，所以都不能通航，但适于人工灌溉和水力发电。

矿产资源

阿尔及利亚的矿产资源较为丰富，主要有石油、天然气、铁、磷酸盐、汞、铅、锌、铜、铀等。其中石油、天然气和磷酸盐的产量最高。阿尔及利亚的石油探明储量为84亿吨，1997年石油探明剩余可采储量为12.55亿吨，居世界第14位；天然气探明剩余可采储量为3.7万亿立方米，居世界第8位①，可开采储量占世界总量的3%，是石油输出国组织中第二大天然气生产国。阿尔及利亚的油气田主要分布在撒哈拉沙漠偏北地区，因其储量较巨又属低硫优质油，所以具有较高的开采价值和经济价值。铁的储量约为30亿吨，一般含铁量达50%—60%，属高品位铁矿。主要铁矿分布在廷杜夫附近的杰比勒夫、奥兰、科隆贝沙尔一带。磷酸盐矿的储量约为5亿吨，居世界前列，主要磷酸盐矿分布在东部山地一带。铀的储量相对要少，约有5万吨。②阿尔及利亚的石油及原材料类产品主要出口欧洲，欧盟一直是阿尔及利亚的最大贸易伙伴。欧盟对阿尔及利亚出口产品主要为工农业机械设备和食品及农副产品等。

林业和农牧渔业

阿尔及利亚国土虽辽阔，但由于气候干旱、水土流失和沙漠化现象严重，加之特殊的历史原因，所以林业、畜牧业和农业均不十分发达。在殖民者入侵前，阿尔及利亚地中海沿岸一带原本有一片大森林，但法国人来了之后，一方面，为了种植他们所需要的农业

① 参见中国石油天然气集团公司信息研究所、外事局编印：《世界产油国·非洲地区》1998年版，第22页。

② 参见张宗谔主编：《世界通览》第二卷，第62页。

原料，森林遭到砍伐；另一方面，为了易于清剿阿尔及利亚游击队，让他们无藏身之所，森林被毁严重。从 1830 年法国殖民者占领阿尔及利亚起，被毁的森林面积达 100 万公顷。①

在地中海沿岸地区有栓皮栎树和橄榄树，栓皮栎林面积达 46 万公顷，居世界第二，其栓皮年产 20 万立方米，排世界第三。阿尔及利亚有八家以栓皮为原料的软木塞加工厂和三家压缩软木厂，产品主要出口欧洲及美国。阿尔及利亚高原地区有阿尔法草和矮棕榈，其中，阿尔法草的种植面积约 400 万公顷，超过栓皮栎、松树及乔木种植面积的总和，产量居世界第一。阿尔法草全部供出口，其中 80% 出口英国和法国，20% 销往德国和意大利。② 沙漠绿洲上有根系发达的阿月浑子和椰枣树等植物。

草原上有瞪羚、瞪羊、撒哈拉狐，荒漠地区有骆驼、沙土鼠等动物。

阿尔及利亚可耕地只占全国土地面积的 3%，北部平原农业条件较优但面积极其有限，东西长约 1000 公里的狭长滨海平原土地肥沃，是传统的农业区，曾有“罗马帝国粮仓”之称，现在也是重要的工业区。阿尔及利亚主要农产品有小麦、大麦、燕麦、马铃薯、葡萄、柑橘、橄榄等。

南部撒哈拉沙漠上点缀着无数个绿洲，阿尔及利亚人便在这绿洲中栽培农作物，其中最为重要的就是椰枣。一棵椰枣树每年可以收获 30—200 公斤果实，因而成为阿尔及利亚农民口粮的一部分。

由于人口增速较快，加之石油工业的发展，阿尔及利亚自身的农业满足不了国家的需求。目前，阿尔及利亚是世界粮食、奶、油、食糖的十大进口国之一。

阿尔及利亚海岸线较长，渔业资源丰富，水产品年产量超过 12 万吨，主要捕捞鱼类是沙丁鱼等。由于捕鱼设施陈旧老化，捕捞技术也较为落后，所以，目前尚有约 2000 平方公里的海域未得到有效

---

① 参见丁山：《阿尔及利亚的植树运动》，《世界知识》1965 年第 12 期，第 32 页。

② 参见赵慧杰编著：《阿尔及利亚》，社会科学文献出版社 2006 年版，第 17 页。

利用。在殖民统治时期，阿尔及利亚几乎没有淡水渔业，独立后才开始开发淡水养殖业。

人口、民族与宗教

阿尔及利亚是世界上人口出生率高的国家之一，1962 年独立时只有 1000 万人，2013 年已达 3790 万人。阿尔及利亚各地的人口密度差异较大，全国人口的 96% 集中在仅约占全国总面积 12% 的北部沿海地区，其中阿尔及尔省的人口密度高达每平方公里 2500 人，而南部的瓦尔格拉、阿德拉尔、贝沙尔和塔曼拉塞特四个省，每平方公里的人口密度却不足 1 人。

阿尔及利亚主体民族是阿拉伯人，其次是柏柏尔人，约占总人口的 20%。其他少数民族还有姆扎卜族和图阿雷格族。

阿尔及利亚以伊斯兰教为国教，天主教徒和犹太教徒极少且呈减少趋势。

阿尔及利亚的官方用语是阿拉伯语，通用法语，在柏柏尔人集居的地方流行柏柏尔语。

首都、国旗、国徽、国歌

阿尔及利亚宪法将全国划分为 58 个省，下设 1541 个市镇，首都阿尔及尔。

阿尔及尔是北非著名的疗养旅游胜地，由于位处阿尔及利亚北部，地中海阿尔及尔湾，泰勒阿特拉斯山脉北麓，优越的自然条件使得这里水天相依，气候温和，常年绿树成荫。马克思在逝世前一年曾因健康状况恶化而到这里治疗休养，从 1882 年 2 月 21 日到达阿尔及利亚，到 5 月 2 日离开阿尔及尔港共 70 天时间里，马克思从病榻上给恩格斯和家人共发出了 16 封信，其中对阿尔及尔风光倍加赞赏，他写道："这里的环境好极了：我的房间面对着地中海的一个海湾，阿尔及尔港，以及像罗马剧院那样沿着小山坡层层高起的别墅（这些小山的山脚下是谷地，上边是另外的一些小山）；远处是群山；而且可以清清楚楚地看见麦提福角后面——卡比利亚山脉中——的雪峰，朱尔朱腊山脉的最高峰。（上面所说的小山全是由石灰石构成的。）再也没有比这里早晨八点钟的景致、空气、植物——欧洲和非洲奇妙的混合——更迷人的了。”[①]“在近似半椭圆形的美丽的海湾里，海浪色调的变化非常有趣：雪白的浪花拍打着海岸，由蔚蓝变成碧绿的海水给浪花镶上了边。”[②]“对于我来说，再没有比阿尔及尔市，特别是它的郊区的夏天和春天更具有魔力的了……我会感到自己如同在《一千零一夜》中一样。”[③]

阿尔及利亚国旗于1962年7月3日获得批准，7月5日独立日时在阿尔及尔第一次升起。国旗由竖排的绿白两色组成，中间镶嵌红色月牙和五角星图案。绿色象征伊斯兰教，白色象征纯洁，月牙与五角星源于奥斯曼帝国统治时期权威的标志。

阿尔及利亚国徽制定于1976年。中央是“法蒂玛之手”，手掌的拇指和小指形成两只和平鸽，另三个手指直指向上，象征工业、土地和文化革命；山峦象征国家的两大山脉；朝阳象征独立和希望；厂房、石油井架、树林象征工矿、石油和林业；麦穗、油橄榄象征农业；星月象征伊斯兰国家。

阿尔及利亚的国歌《誓言》，歌词取自阿尔及利亚当代著名诗人姆夫迪·扎卡里亚，由埃及作曲家穆罕默德·法乌齐谱曲，在阿尔及利亚争取民族独立的武装斗争时期广为传唱，1962年独立时被定为国歌。原诗较长，作为国歌一般只演奏其中一段，大意如下：

凭着纯洁无垢的身躯
凭着震撼大地的雷霆

---

① 1882年3月1日马克思致恩格斯的信，《马克思恩格斯全集》中文版第35卷，人民出版社1971年版，第41页。

② 1882年3月28—31日马克思致恩格斯的信，《马克思恩格斯全集》中文版第35卷，第46页。

③ 1882年3月16日马克思致燕妮·龙格的信，《马克思恩格斯全集》中文版第35卷，第284页。

凭着迎风招展的旗帜
它自由飞舞，满怀豪情
为了捍卫祖国阿尔及利亚
我们发誓起义，不惜流血牺牲
天作证！天作证！天作证！

第一章　阿拉伯人征服前的阿尔及利亚

人类在马格里布地区最早活动的踪迹，可追溯到大约 1 万多年前的旧石器时代，现代柏柏尔人的祖先迁居至此，并占据了从尼罗河三角洲到大西洋的广阔区域。在迈入文明时代之后，柏柏尔人建立了早期国家。努米底亚王国的诞生促使部分游牧的柏柏尔人开始转入定居生活。与此同时，外来文明开启了阿尔及利亚历史上多元文明交往的重要时期。腓尼基人、罗马人、汪达尔人、拜占庭人接踵而来，并在阿尔及利亚的历史进程中留下了各自鲜明的文明印迹。特别是在近四个世纪的罗马化时期，阿尔及利亚产生了繁荣的城市经济，罗马的文化和宗教通过努米底亚人向更广范围传播。然而，在经历了多个王朝和帝国的更迭后，阿尔及利亚在拜占庭统治时期逐渐走向政治分裂、经济倒退、文化衰败和危机四伏的窘境。

一、史前阿尔及利亚

旧石器时代的文明

阿尔及利亚同世界上其他国家一样，经历了漫长的史前时期，但由于资料匮乏，这一时期的状况有些模糊不清，目前所发现的最原始可靠的遗迹是人类使用的如石镰等工具。

阿尔及利亚的旧石器时代可上溯至约公元前12000年。在进入新石器时代之前，人类居住在洞穴里，利用石制的刀、斧等作为武器和猎取肉类食物的工具。在阿尔及利亚以及马格里布地区发现了石器时代的人类遗骸，还存在距今8000年前的雕刻，由此证明，很早就有人类生活在这片土地上。1947年，法国古生物学家卡米勒·阿拉姆伯格在阿尔及利亚东北部塞提夫附近发现了艾因哈奈什遗址。该遗址是北非地区最古老的考古发现。[①]遗址发现猿人型化石有下颌骨三个，右侧顶骨一块，牙齿九枚，另外还发现一百多件石器。其中，手斧的发现证明北非这一时期的史前文化与欧洲的阿舍利文化有直接的联系。旧石器时代的早期居民从非洲迁徙到欧洲，并带去了相同的石器技术，而阿尔及利亚地中海沿岸及岛屿可能是涉渡的桥梁。[②]旧石器时代早期和中期，这一地区缺少智人化石的出土，因此缺乏相应的考古资料梳理当时的发展脉络。中石器时代的阿提尔文化是以阿尔及利亚东部边境城市比尔阿提尔命名，该类型的文化遗址分布在从大西洋海岸到埃及西部沙漠的整个北非。公元前1.5万年至前1万年，奥兰地区出现了伊比利亚莫鲁斯文化，也称奥兰文化。1928年至1929年在阿尔及利亚阿尔法卢的一个墓地发现30具尸骨，属晚期智人，形态基本与同时代欧洲人相似。在马格里布地区分布最广的旧石器时代晚期文化是卡普萨文化，进入新石器时代以后，卡普萨文化形成了自己的文化系统。从奥兰地区新石器时代卡普萨遗址中可以看到一些起源于埃及的特征，其文化中的一些元素具有前后传承的关系。[③]

吸引人类在阿尔及利亚定居的原因是这里适宜的气候、肥沃的

① 参见 Mohamed Sahnouni, "The Site of Ain Hanech Revisited: New Investigations at This Lower Pleistocene Site in Northern Algeria", *Journal of Archaeological Science*, Vol. 25, Issue 11, Nov. 1998, p. 1083。

② 参见陆庭恩、彭坤元主编：《非洲通史·古代卷》，华东师范大学出版社1995年版，第19页。

③ 参见 M. R. Vaufrey, "Chronological Problems in the Prehistory of North Africa", *Nature*, Vol. 139, Issue 3515, 1937, pp. 432—434。

土壤和众多的山川河谷。古时的撒哈拉与今日不同，它曾是个宜居之地。当时这里有许多谷地、河流和湖泊，供狩猎和驯养的动物也很多。从这一时期岩画的内容来看，有马、骆驼、鹿、狮子和大象等，这些野兽到罗马时代初期消失了。当时不存在今天这样的国家边界，人们可以选择任何适宜的地方，自由地从一个地方迁移到另一个地方。

旧石器时代出现在北非的文明有乌苏里亚文明和阿塔利亚文明。后者源于塔巴萨附近的阿塔尔井，该文明蔓延并连接到法国的穆斯替利文明，二者所使用的工具相似。之后出现的是阿比鲁姆利亚文明和哥法索文明，前者在地中海沿岸，后者在突尼斯的哥法索城，并延伸到阿尔及利亚东部，可上溯至约八千年前。

新石器时代的文明

中石器时代以前的人类集中在内陆地区，尚不知稼穑，不过已有信仰出现，人类折服于自然的力量，崇拜太阳和月亮，将死后的尸体埋入土里，并把一些家具和饰品作为陪葬，还在掩埋尸体的坟丘上雕刻印记。在阿尔及利亚，居民的社会生活也是如此，家庭是社会的基本组织，有游牧民，也有定居居民。石器时代终结后，阿尔及利亚人和世界上其他居民一样，在生活方式上实现了飞跃，他们掌握了金属的使用方法，并且开始用金属制造战车和武器来捍卫自己的财产和家园。

新石器时代来临后，阿尔及利亚和世界上的大部分地区都向城市化发展，人类开始定居并形成群落，彼此之间进行商贸往来；开始使用火；在依靠采集和渔猎后懂得依靠农业而存活，开始驯化马、牛、羊、狗等动物。这时的人类出现了雕刻图画，有了迷信崇拜的意识，此前曾以兽皮遮掩下体，现在已会织布。根据阿杰尔高原的塔西利岩画所反映的内容看，撒哈拉地区居住着众多部落。他们驯养动物，并辅以少量农业，这是其生活的主要方式。

在阿尔及利亚石器时代的人类遗址中，房舍遗址主要分布在靠近泉眼和河谷的高处以及洞穴里。利用丘陵高处和洞穴能防范野兽保护自己，阻挡来犯之敌。选择易于获取地表水源的这里，源于他们生活简朴，很少经历自然的考验。这种类型的房舍遗址在阿尔及利亚分布范围较广，在奥兰（瓦赫兰）、阿尔及尔、塞伊达、艾因·玛丽莱、塞提夫、艾因·贝达和泰贝萨各地均有发现。在村落或城市的周围是使用简单雕磨的石块垒砌的围墙，围墙之内是使用木料搭建的房舍，以利于搬迁。当时的阿尔及利亚人使用狩猎获取的动物皮革制作衣物，考古发掘出的鞣制皮革的工具、钻孔的锥子和缝制皮革的骨针等能够提供相应的佐证。他们的食物来源主要是采集的豆类、树上的果实和地上的爬虫，此外还有猎获的羚羊、羱羊、鸵鸟和猪等动物肉。当时的人们已经开始驯养动物，主要包括驴、山羊和绵羊等。考古学家们在伯尼·拉希德山、艾耶塔勒河谷和边远荒地发现了一些图案，呈现出使用土制陶器烧煮食物的场景（这证明人类已会用火）。人们学会制作木制器皿、搬运武器和木屋的马车。人类已精通复制图像，勾画动物形象和狩猎场景，把握历史基础知识，在陶器上绘制几何图案表示文字。

这一时期的墓葬形式较为简单，墓穴修筑于洞穴或丘陵之上，使用未经加工或经轻微打磨的石块垒砌而成，石块间不使用泥土黏结。墓穴之上修建倒漏斗型尖顶房舍，且多以长列排列，并码上一排石块。下葬方式分为两种：一种是将死者尸体暂放至骨肉分离，再将其尸骨收殓下葬；另一种是人为将死者尸体进行骨肉分离，然后以坐姿将其腹部贴住大腿，去除双膝掩埋死者。随葬物品包括存放粮食的器皿、武器和装饰物等。生产生活工具主要以加工粗糙的石棍、石铲和切削工具为主。除了上述工具外，在莱姆西（蒙塔尼亚克）考古中发现了武器，在塞提夫、艾因·玛丽莱和艾因·贝达地域考古发现了许多加工细致的石斧和精制的骨针，还有装饰图像的陶制器皿。[①]另外，在奥兰、阿尔及尔和塞伊达等地的人类遗址中

① 参见〔阿尔及利亚〕穆巴拉克·本·穆罕默德·米利：《阿尔及利亚古代与近代史》上卷，阿尔及利亚“纳赫多书店”2004年版，第66页。

发现了使用海中贝壳做成的佩饰和使用河马、犀牛和大象等动物骨骼制作的工具。

柏柏尔人和努米底亚王国的建立

马格里布地区最早的居民目前尚不确定，柏柏尔人是至今研究所及的北非最古老的居民。希罗多德称北非居民为“利比亚人”，罗马人后来称他们为“柏柏尔人”，这个名称一直沿用至今。欧洲史家认为“柏柏尔”一词源自拉丁文，意为没有文化的人，指生活在罗马地区之外未开化的民族。而柏柏尔人则自称为“阿马齐格人”，即“自由的人”。①

目前可以肯定的是，柏柏尔人不是具有纯净血统的种族，而是由数个种族混血后的结果。从他们的外貌和生活方式可以看出不同的种族特征，有白色柏柏尔人，有棕色柏柏尔人，还有金发柏柏尔人，但他们所使用方言的出处是一样的，都属于古利比亚语，与古埃及语一样同属闪含语系。在埃及的西奈地区和尼罗河三角洲地区确已发掘出用古柏柏尔语标示的利比亚碑文。柏柏尔方言主要有扎纳塔、马苏穆达、桑哈贾三大分支，在阿尔及利亚、突尼斯和摩洛哥的许多地方都使用柏柏尔方言。

对于柏柏尔人的来源问题，欧洲史家和阿拉伯史家之间有些许分歧。欧洲史家认为，西亚南部的一些部落从中东迁徙到埃及，由于埃及人口稠密，他们又迁往利比亚方向，到“黑卡勒—哈尔格勒”停下来，建立起一些城市，修建了努米底亚的一些港口，然后定居下来，开始生息繁衍。他们说腓尼基语。罗马人则记载说，这些部落的首领哈尔格勒死于西班牙。之后，其队伍发生了分裂，摩尔人、阿拉米人和波斯人迁入伊非里基亚后与土著居民融合，被称为努米底亚人和摩尔人。努米底亚人成为统治者。②

---

① 参见〔阿尔及利亚〕阿慕尔·奥马尔:《阿尔及利亚简史》，雷哈纳出版社2002年版，第6页。

② 同上书，第7页。

阿拉伯史家中有人认为柏柏尔人源自也门，是易卜拉欣的后裔；有人认为他们来自加萨尼；也有人认为他们来自哈米尔、古莱氏、阿马拉格和格卜托等几个部落；还有人说柏柏尔人是阿马拉格人和迦南人的混血。历史学家伊本·赫勒敦则在对各种观点进行综合研究后给出了最接近事实的说法："柏柏尔人是迦南人，即闪米特人，诺亚是他们的祖先。这些人被称为'马齐格'，是源自生活在两河流域的亚洲人，他们经埃及迁徙到北非。"[①]也就是说，柏柏尔人的出生地是在沙姆，然后迁徙至利比亚。远离故乡迁居至此的还有其他民族。在这片以柏柏尔族为名的故土上，所有居民交融相处，浑然一体。自此，柏柏尔民族拥有了一个由多种姓组成、按照柏柏尔人模式铸造的统一民族。[②]关于柏柏尔人迁居利比亚的时间，伊本·赫勒敦转述伊本·盖提巴的说法，柏柏尔人的外迁是在巴勒巴赖时期。巴勒巴赖取自不同的方言和语种，大意是在书写与文字出现之前。历史学家也认为，柏柏尔人是在史前时代移居利比亚的。

柏柏尔人分为两种：一种是"佩特拉人"，他们是阿卜特拉·本·柏尔·本·马齐格的后裔；另一种是"巴拉尼斯人"，他们是巴拉尼斯·本·柏尔·本·马齐格的后裔。佩特拉人的部落有马达尤纳、卢瓦塔、扎纳塔、祖瓦瓦、内富萨、马托厄拉、马托马托、祖瓦加、穆侬拉和尼富扎；巴拉尼斯部落有库塔马、乌拉巴、桑哈贾、马苏穆达、拉马托、杰朱勒、阿吉萨和哈斯库拉等。这些部落的三分之一分布在阿尔及利亚，大多数部落至今仍讲阿马齐格方言。因为只能口口相传，随着时间的流逝，这种方言的使用范围也日益缩小。在阿尔及利亚定居的柏柏尔部落中较大的有三个，分别是库塔马、阿吉萨和艾兹达杰。库塔马是柏柏尔人中人数最多、最强悍和资产最雄厚的部落之一，主要居住在从布纳到贝贾亚的沿海地带，向内陆延伸到阿特拉斯山边界。库塔马人居住的城镇有巴勒宰麦、巴嘉亚、赛推夫、君士坦丁、吉杰勒、

① 〔阿尔及利亚〕阿慕尔·奥马尔：《阿尔及利亚简史》，第7页。

② 参见〔阿尔及利亚〕穆巴拉克·本·穆罕默德·米利：《阿尔及利亚古代与近代史》上卷，第91页。

科洛和斯基克达等。阿吉萨是巴拉尼斯部落联盟中一个较大的部落，居住在萨纳哈杰以东、麦西赖山脉的宰瓦沃以南的地区。艾兹达杰部落主要聚居地是中部马格里布的奥兰地区。

柏柏尔人在石器时代来到马格里布，建设自己的第二故乡，受周边相邻文明的影响，逐渐过渡到铜器和铁器时代。柏柏尔人有的过着游牧生活，有的过着定居生活。柏柏尔人很早就饲养山羊、牛和马，后来还学会了驯养骆驼。栽培、耕作和冶炼技术则是从腓尼基人、埃及人和地中海岛屿上的居民那里学来的。长期以来，柏柏尔人社会以部落为单位生活，部落酋长（埃米尔）和族群首领（赛伊德）居领导地位。阿尔及利亚学者穆巴拉克·米利认为柏柏尔人家庭权利掌握在男人手中，因而他们的谱系属于父系。但希罗多德认为，母系制也是柏柏尔社会状态之一，权利归母亲，父亲不被合法承认，后代则过继给孩子的舅舅。伊本·赫勒敦提及柏柏尔部落谱系也认为权利归属母亲。柏柏尔人信仰万物有灵的自然崇拜。与其他多神崇拜不同的是，古代柏柏尔人把神称作阿蒙（Ammon），它是一个灵魂，附着万物。① 柏柏尔人本身是由多个民族混合形成，其宗教信仰也具备这样的特点，古埃及人的宗教、腓尼基人的宗教、古罗马人的宗教等都掺杂其中。大约在公元前4世纪，柏柏尔人在阿尔及利亚的北部建立了东努米底亚和西努米底亚两个王国。阿尔及利亚的柏柏尔人因此也称努米底亚人。努米底亚王国的对外贸易比较发达。在对外交往方面，他们首先与迦太基文明和罗马文明相接触。

二、腓尼基时期（公元前1200—前264年）

腓尼基人进入地中海西部

腓尼基人也源自闪米特人，是迦南人的一支，约在公元前2000

① 参见〔阿尔及利亚〕穆巴拉克·本·穆罕默德·米利：《阿尔及利亚古代与近代史》上卷，第92、98、110、116、121页。

年左右。他们的祖先最初从阿拉伯半岛迁往沙姆地区北部，定居在今黎巴嫩和叙利亚海岸，称自己建立的家园为腓尼基。他们利用当地生长的材料造船航海，成为地中海东部航海业和商业均极为发达的势力。

腓尼基人建立了一个个独立的城市，重要的城市有的黎波里、阿拉瓦达、杰比勒、绥达、苏瓦尔、贝鲁特和阿卡。每个城市都有自己的海港。其中，苏瓦尔城被认为是沿海最重要的腓尼基人城市。它立足扩张，寻找商站，势力远达地中海西岸。腓尼基各城市之间因商业竞争而纠纷不断，导致他们向海外寻求市场，因而与其他地区的人，特别是埃及人在商业领域产生摩擦。商业竞争的参与者有商人、水手，也有产品生产者。他们出口雕刻产品、糖、陶器、玻璃和木材以换取金属。商业竞争练就了腓尼基人的经商技艺，也促使他们进一步追求制海权以牟取更大的利益。他们的船只周游了大部分古代世界的海岸，商业冒险抵达黑海。甚至早在公元前 611 年，腓尼基人就已经实现了环航非洲。①

腓尼基人的社会由高至低依次分为几个等级：统治阶级、祭司阶级、贵族和公民大会。腓尼基人最重要的历史功绩在于将世人划分成不同的群体，如阿拉伯人、拉丁人、希伯来人等。他们还发明了字母文字，这是人类历史上真正成形的拼音字母文字，后来以此为基础发展出了希腊文字、拉丁文字和阿拉伯文字。② 腓尼基文学包括叙事诗和宗教诗，其中一些在迦太基发现的石刻上能够读到。腓尼基人的宗教是集体性的偶像崇拜，要在祭司的引领下献祭。

腓尼基人之所以向海外扩张，首先是由于自身所处的位置及其与邻国的关系使然。当时与腓尼基邻近的国家有埃及、亚述和小亚细亚的哈斯帝国等，其中埃及的势力较强。由于公元前 3100 年时，尼罗河流域就完成了统一，形成了埃及王朝，因此，当埃及文明向东北扩展到地中海东部沿岸时，腓尼基人无法回避埃及的扩张。其次，

---

① 参见周时奋：《地中海的秩序》，华东师范大学出版社 2007 年版，第 16 页。

② 同上。

可供农耕的土地面积狭小使得腓尼基人垂涎邻国，同时，他们又有丰富的木材造船，得以了解远洋线路，有条件给自己的产品寻找可以出售的市场。为此，腓尼基人在地中海岸边建造了许多商站和定居点，如萨尔迪尼亚、马勒托、奥提卡、迦太基等。腓尼基人也随着这些城市的建立逐渐向地中海西岸迁移，荷马时期之前，他们已在伊比利亚半岛和利比亚生活，并与当地居民混居。

迦太基人占领努米底亚

腓尼基人一般只做贸易，不介入所到之处的内部政治事务。他们无论走到哪里，与当地任何政治势力都保持友好关系，然后建立商站，与当地居民进行商业贸易。但是，希腊城邦开始扩大商贸后，与迦太基在意大利南部和西西里岛冲突，迦太基不得不致力于应对希腊舰队并与其在西班牙南部展开争夺。

与希腊及其后的罗马交战都需要军队，腓尼基人除了依靠自己的国民外，开始从当地土著居民中征集雇佣军，迦太基城也因位于战略前沿成为领导腓尼基各城市的要地。起初，迦太基与母国城市苏瓦尔联系紧密，援军都由苏瓦尔派出，后因大量腓尼基移民迁往迦太基，加之公元前 6 世纪亚述人摧毁了苏瓦尔城，腓尼基人涌向北非海岸，腓尼基文明的中心因而转向了迦太基。自此，腓尼基商站从迦太基城以西一直延伸到苏尔特湾以东，布满整个东马格里布海岸。通过这些商站，腓尼基人与当地土著进行商业贸易，交换各种货物。这时的商站和定居点局限于海岸，尚未深入北非内陆。

迦太基城位于今突尼斯首都突尼斯城北部约 18 公里处一个丘陵起伏的三角半岛上。这里处东、西地中海要冲，扼守突尼斯湾，据此地可以掌控地中海，乃一方战略要地。作为古代腓尼基人的一个强盛的帝国——迦太基帝国势力鼎盛时期，疆域囊括了北非沿岸、西班牙中部、巴利阿里群岛、科西嘉岛、撒丁岛、西西里岛和马耳他岛，迦太基城作为首都曾富极一时。

迦太基城的建立可追溯至公元前 814 年，这一年，腓尼基蒂尔王国的国王穆托死后留下遗言，他的王权由儿子皮格马利昂与女儿艾丽萨共同继承。但是，皮格马利昂想独占王位，于是他设计先杀死了担任大祭司的富有的姐夫。在他将对其姐姐动手之前，艾丽萨带上忠于自己的亲信和丈夫留下的财物乘船出逃。他们漂洋过海，最后在奥提卡城附近登陆。这里土地肥沃，物产丰富，是一个优良的港湾。艾丽萨请求当地土著首领马西塔尼卖给自己一小块土地，"哪怕是牛皮大的一块地，让我们有个栖身之地"。马西塔尼给了她一张牛皮，让他们照此丈量，艾丽萨将牛皮剪成一条条细带，然后在靠近海边的山丘上围起来一块土地。这块地有315公顷，足以容得下她带来的所有人。[①]后来在努米底亚土著人的帮助下，他们扩建了建筑物、港口和进行宗教仪式的场所，就在这里逐渐建起了一座城市。艾丽萨将这座城市命名为迦太基，在腓尼基语里，迦太基是"新城"之意。自然，这里的人奉艾丽萨为女王，周边的人们则称他们为"布匿人"。有了这座新城，腓尼基人移民潮相继涌来，人口剧增，迦太基很快成为该地区第一支海洋和商贸劲旅，迦太基城也成为北非最繁华的城市。围绕着迦太基，腓尼基人还在周边建起了许多城市，如奥提卡、哈德拉毛（今突尼斯的苏斯）、直布罗陀海峡两岸的迦底斯和拉克苏斯。

迦太基人最初要给当地的利比亚部落交纳年税，后来势力不断壮大，他们打败这些部落，不再纳税，并且向内陆扩张，很快占领了努米底亚。随着拥有的土地面积增加，他们开始从事农业种植，并形成了系统的农业科学，著有数千本农书，最著名的如《农业科学读本》。[②]迦太基人种植的作物有橄榄、葡萄、石榴、无花果、小麦、大麦、豆类作物以及蔬菜等。他们生产橄榄油，会酿酒，还驯养羊、牛、马、驴、骡等家畜。同时，迦太基的制造业也很发达，如制造船只、玻璃和陶器产品、纺织和皮革制品、木制品和象牙雕刻等。这些工作需要大量人手，包括努米底亚人在内的当地土著柏柏尔人也因此

① 参见周时奋：《地中海的秩序》，第158页。

② 参见〔阿尔及利亚〕阿慕尔·奥马尔：《阿尔及利亚简史》，第15页。

融入迦太基，学习布匿人的语言，接受布匿人的习俗，并将孩子送到迦太基的学校。布匿人对柏柏尔人最重要的影响是在他们之间广泛传播腓尼基语。腓尼基语作为演讲用语一直使用到罗马时代晚期。布匿人的宗教也对柏柏尔人产生影响，迦太基崇拜的一些神因被柏柏尔人信奉而具有双重性。但是，柏柏尔人政治上受迦太基的影响不大，他们一直保持部落制度，不追求政治统一。迦太基人对此也不强求改变，他们与土著和平相处，并不介入部落内部事务。迦太基的社会是开放的，许多外族人如希腊人、马耳他人、西西里人等都自由居住在这里。迦太基人可以与外族妇女通婚，不仅如此，迦太基人还在生活习惯上受柏柏尔土著的影响，如穿长袍，有时披斗篷；留短发，头戴红毡帽；喜好用深蓝色和深绿色饰物做装饰等。

由于迦太基殖民的方式是商业和经济，不是政治和战争，所以他们没有正规的军队。随着帝国版图扩大需要军队时，他们招募土著雇佣兵，战争结束即遣散。但迦太基的海军是当时最为强大的，数百艘舰船将迦太基及其殖民地的产品运送到海外。他们出口的货物种类繁多，有橄榄油、酒、谷物、糖、腌肉等食品，也有家具、瓷器等工业品。海上贸易给布匿人带来的利润极其丰厚，更为重要的是，他们可以从英格兰、西班牙等地进口铜、铅、锡和金、银等金属原料，制造剑、矛等武器。此外，他们的国库收入还有停泊在迦太基港口的船只缴纳的港口税。迦太基人这种优势一直持续到公元前 146 年第三次布匿战争，此后罗马人取代了迦太基在北非地区的地位。

三、布匿战争和罗马时期（公元前 264 年—公元 430 年）

罗马人与迦太基交锋

在罗马人之前，迦太基人对抗的是希腊人。希腊人占领西西里岛东部时，迦太基人控制着该岛的北部和西部。从公元前 7 世纪到前 3 世纪，双方经过数百年的争战，战场从西西里到北非，希腊始终未能战胜迦太基。罗马崛起后也与迦太基为敌。实力不敌迦太基时，公元前 509 年和前 348 年两次与迦太基缔结和约。和约确认迦太基在地中海西部的贸易权，罗马人未经迦太基许可不得在该海域进行贸易活动。该和约一直维持到迦太基失去西西里岛和西班牙。

罗马人从公元前 264 年至前 146 年，通过三次布匿战争击溃了迦太基，占领了伊非里基亚。在第二次布匿战争期间（公元前219年—前 201 年），迦太基国王汉尼拔·本·阿米尔卡能征善战，对罗马构成威胁。罗马人担心被迦太基摧毁，加之对伊非里基亚大陆缺乏了解，于是向东努米底亚国王马西尼萨和西努米底亚国王西法克斯提出结盟请求。西法克斯因与布匿人联姻已达成与迦太基的同盟，未同意与罗马结盟。马西尼萨虽也与迦太基人联姻并结盟，但是他有野心，他的理想是收复整个努米底亚地区，赶走外族人，由伊非里基亚人控制伊非里基亚。罗马人投其所好，许其占有迦太基的殖民地，诱使马西尼萨同意与罗马结盟，这决定了第二次布匿战争的结局。汉尼拔率领的迦太基军队被消灭。公元前 201 年，迦太基与罗马签订条约，迦太基放弃伊非里基亚之外的权益，销毁大部分船只，解散军队，未经罗马许可不得在伊非里基亚内外挑起战事，向罗马交纳战争赔款等，迦太基因而退守伊非里基亚。

东、西努米底亚王国的统一

在布匿战争期间，东努米底亚国王马西尼萨乘机扩展疆域，将一些迦太基的殖民地收归己有。因帮助罗马有功，在战后签订的条约中确认了马西尼萨应得的土地权益。从公元前 201 年到前 150 年，马西尼萨用半个世纪的时间收复失地，并战胜西努米底亚，将其领土纳入自己的王国，建立起统一的努米底亚王国。统一的努米底亚王国继续采用迦太基的制度。

马西尼萨时期，努米底亚经济繁荣。他强化努米底亚人与土地的联系，鼓励努米底亚人务农，学习迦太基人改良土地和生产工具的经验。在马西尼萨的坚持下，努米底亚人逐渐学会了如何利用肥沃的土地进行农耕，并在农业上取得了成功。随着粮食产量增加，努米底亚开始向罗马出口大麦和小麦，国库也因此日益丰盈。马西尼萨开始建立自己的海军舰队，组建正规军，他的王国与当时所有的周边国家——迦太基、罗马、西班牙和希腊都建立起商业联系。马西尼萨去世于公元前148年，葬于他的王国首都西拉塔城，即今阿尔及利亚的君士坦丁。

第二次布匿战争后，努米底亚继续与罗马合作对付迦太基，罗马担心迦太基复苏，也乐于帮助柏柏尔人。公元前149年，努米底亚人包围迦太基城。困城一年后，迦太基求和，罗马不想让努米底亚给迦太基喘息的机会，于是出兵给了迦太基最后的致命打击。公元前146年，罗马攻下迦太基城，迦太基变成罗马的一个行省。

罗马统治努米底亚

马西尼萨有许多孩子，他担心这些孩子为争夺王位而威胁到努米底亚的未来命运，所以留下遗诏请罗马人来制衡自己儿子们的冲突，这使得罗马人可以随意操控努米底亚。在马西尼萨的子孙们争夺努米底亚统治权的过程中，罗马人一直避免让强势又不驯顺者获胜，始终保持对努米底亚局势的控制权。到公元前46年，恺撒废除努米底亚王国，将其并入罗马殖民地，称之为新伊非里基亚。公元41年，罗马结束对努米底亚的保护制度，将其作为罗马的一个行省，实行直接统治。

罗马人从公元42年到430年，前后统治努米底亚长达四个世纪。罗马人将伊非里基亚看作粮食来源地，他们从踏上这片土地开始就重视发展这里的农业。罗马人将占领的土地系统地划分给贵族、官员、军官和士兵，鼓励罗马国民向这里移民定居，对从事农业的罗马国民免除赋税。罗马在这里进行了大量的农业投资，尤其是在小麦的种植和加工方面。为储存粮食建起粮仓，为加工面粉建起磨坊，为方便运输，投资修路，发展交通工具。公元2世纪，伊非里基亚干旱，谷类种植严重受损，罗马人用种植橄榄树和葡萄作为替代，并饲养家禽。其农产品的大部分用于出口到意大利。与农业发展相联系，罗马人还吸取迦太基人的经验，兴修水利。他们通过建堤坝、挖水井、修蓄水池和水渠来引水、储水和分水。阿尔及利亚境内至今最长的水利管线——谢尔谢勒水管就是在那时修建的。[①] 这些措施给这里带来了繁荣，村落和城市崛地而起，城市中的工厂如橄榄加工厂、织布厂、制革厂等越来越多。罗马对诸如杰米勒、舍尔沙勒、泰姆格达等城市的影响至今仍存在。

在罗马占领努米底亚期间，许多罗马人移民过来。他们从事农业、商业、教育和医疗等行业，大部分人定居在有饭店、澡堂和市场的城里。他们带来的奴隶多在城市和乡村从事服务业。

罗马人治下的努米底亚人，大部分在罗马贵族的庄园里劳作，其地位要低于罗马人，他们要承担各种赋税。虽然，罗马法律规定努米底亚人有权获得公民权，但是，只有极少数知识阶层和富裕阶层的人能够获益。由于罗马人在北非统治的时间比较长，所以，拉丁语在柏柏尔人中得到广泛传播。宗教方面，罗马人初到这里时传播他们的官方宗教，但是并不强迫努米底亚人改宗，努米底亚人因而得以保留自己古老的宗教信仰。基督教传播到罗马后，约公元2世纪，基督教通过马什里克商路，经由阿尔沙累姆（今巴勒斯坦）、埃及和利比亚，进入北非。虽然犹太教早在基督教之前已传入北非（腓尼基人带来的），但出人意料的是，基督教得到许多柏柏尔人，特别是市民的拥护。而乡村和山区的柏柏尔人固守自己原始的宗教信仰即偶像崇拜，基督教的渗透并不深入。努米底亚人在基督教中寻找到对罗马长期压迫所造成的压抑的解脱道路。努米底亚基督徒分为两派，一派是支持帝国的天主教徒，一派是反抗政权和天主教徒的“杜纳派”，名称源于其领袖的名字。早期杜纳派是通过和平途径传播自己的理念，但到公元316年，罗马决定要统一伊非里基亚的基督教，杜纳派与帝国的矛盾加剧。公元347年伊始，他们和“里

① 参见赵慧杰编著：《阿尔及利亚》，第39页。

夫”起义结成同盟，共同对抗罗马政权、天主教和富人。对于柏柏尔人的起义，在汪达尔人到来之前，罗马尚能镇压。

四、汪达尔和拜占庭时代（429—647 年）

汪达尔人取代罗马统治北非

约公元 1 世纪，日耳曼族的汪达尔人从波罗的海海岸南下欧罗巴，在西班牙站住脚后，进军北非，428 年占领罗马的伊非里基亚，在此建立王国直至 534 年。

努米底亚人欢迎汪达尔人的到来，他们希望借助汪达尔人的帮助摆脱罗马人，杜纳派也看到了抵抗天主教的机会。

431 年，汪达尔人进入安纳巴并以此为首都。435 年，罗马与汪达尔人签约，同意后者留在努米底亚土地上，条件是汪达尔人要缴纳土地税。汪达尔人很快撕毁和约，439 年占领迦太基，之后，组建起庞大的舰队，顺利攻占巴利阿里群岛、撒丁岛和西西里岛。455 年，进军并占领罗马，在罗马逗留了半个月后回到伊非里基亚，取代了罗马对北非的统治。

汪达尔人在北非的统治与罗马人统治时期并没有大的变化。汪达尔人保留了罗马人的行政体系，继续使用拉丁语。汪达尔人占领肥沃的土地，驱逐柏柏尔土地所有者，将繁重的赋税强加给他们。汪达尔人将雅利安人的宗教作为官方宗教，驱逐、压迫天主教徒。而且由于汪达尔人的主要精力放在地中海上，努米底亚的经济较罗马时期退步了。

汪达尔王国对北非的治理

汪达尔王国以哈斯丁家族作为统治集团，形成了治理北非地区的权力中心。在地区治理层面，汪达尔人更多地继承了罗马帝国在北非的行政管理体系。首先，国王及其亲随处于王国核心，通过王权世袭维持统治集团的稳定。其次，在行省，罗马帝国时代形成的制度化的行政管理体系仍然运行，总督地位虽然不如罗马帝国时期地位显赫，但仍占据重要地位。最后，在地方层面，法官掌握地方行政权，负有政治和法律职责。汪达尔王国依靠军事力量实现对王国领土的有效控制，但军队内部成分复杂，有汪达尔人、阿兰人和苏维汇人等。为了加强统治集团的凝聚力，盖萨里克开始建立一种新的效忠体系，这一体系的核心便是土地分配。汪达尔人将被征服地区的富饶土地予以没收，然后由国王进行分配。土地占有形式分为两种：一种是王室土地，主要分布在伊非里基亚行省、拜扎凯纳和努米底亚东部地区。土地经由国王在其家族中分配，通过对土地的支配树立国王的权威；另一种是汪达尔人的土地，是指从原罗马土地所有者手中剥夺来的土地在汪达尔人中进行再分配，分配的原则是要为国王提供兵役，这些土地可以世袭继承。根据普洛科皮乌斯《战争史》记载，盖萨里克送给自己儿子和其他汪达尔人的土地都不用缴纳任何种类的租税。那些他认为不肥沃的土地则由当地人继续耕种，但要承担巨额税负。①

盖萨里克将宗教作为统治的手段。汪达尔人信奉基督教的阿里乌斯派，对罗马基督教持敌视态度。在占领希波后不久，盖萨里克便驱逐了三名正统派主教，分别是卡拉玛的波斯迪乌斯、塞提夫的诺瓦图斯和米拉主教塞沃利安努斯。②同时，他还清除了一些不信仰阿里乌斯派的亲随侍臣。439 年 10 月 19 日攻陷迦太基后的几个月，一些正统派教堂被移交给阿里乌斯派或被封闭。到了胡内里克统治时期，仍延续汪达尔人传统，将宗教视为统治者必须履行的义务，因此，这一时期的宗教问题也成为焦点问题。他与其前辈一样，坚决反对尼西亚信条，并试图将自己装扮成全世界阿里乌斯派信仰的

---

① 参见〔拜占庭〕普洛科皮乌斯：《普洛科皮乌斯战争史》，王以铸、崔妙因译，商务印书馆 2010 年版，第 241 页。

② 参见 Andrew Merrills, Richard Miles, *The Vandals* (*The Peoples of Europe*), Wiley-Blackwell, 2010, p.61。

保护者。[①]

汪达尔王国与罗马帝国的战争

汪达尔王国控制的区域是从毛里塔尼亚行省到利比亚的广阔区域，但其领土始终处于变动之中，如奥雷斯山区并未被长期有效控制。实际上，盖萨里克也鼓励摩尔人仿效汪达尔人，驱逐仍停留在北非地区的罗马人。特别是5世纪以后，摩尔人开始建立国家，使得汪达尔人的有效控制边界逐渐在北非内陆缩减，但其对地中海沿岸具有战略意义港口的控制丝毫没有放松。更重要的是，汪达尔王国控制着北非狭长的谷物带，从而也就控制了能够挑战西罗马帝国的“粮仓”。有100多万罗马居民日常生活依赖从这一地区运输而来的谷物，这些谷物不仅用来供应市场销售，还是众多罗马市民从政府免费获取食物的重要来源。[②]

占领迦太基获得的造船基地为盖萨里克提供了进一步扩张的军事资源。440年春，汪达尔人第一次进攻西西里，使意大利半岛南部为之震动。鉴于汪达尔人对意大利半岛南部的威胁，西罗马帝国皇帝瓦伦提尼安三世再次向盖萨里克提出议和。442年双方签订和约，对双方所拥有的领土进行了划分，并订立婚约，罗马将公主欧多西亚嫁与盖萨里克长子胡内里克。在以往的和约中涉及的土地划分皆为罗马皇帝将土地赏赐予日耳曼诸部，而442年和约则是西罗马帝国对汪达尔王国权威的正式承认。这份婚约还引发了西罗马帝国、西哥特王国与匈奴人的混战。这场战争的结果是阿提拉战败，匈奴人的影响从欧洲消退，西罗马帝国和西哥特王国两败俱伤，这在客观上反而造成了对汪达尔王国有利的国际局势。455年，西罗马帝国宫廷发生分裂，皇帝瓦伦提尼安三世死于暗杀，从而造成帝

---

① 参见 Andrew Merrills, Richard Miles, *The Vandals* (*The Peoples of Europe*), Wiley-Blackwell, 2010, p.71。

② 参见 Thomas J. Craughwell, *How the Barbarian Invasions Shaped the Modern World: The Vikings, Vandals, Huns, Mongols, Goths, and Tartars who Razed the Old World and Formed the New*, Fair Winds Press, 2008, p.88。

国权力真空。佩特罗尼乌斯自立为皇帝，并迎娶瓦伦提尼安三世遗孀，随后有传闻王后向盖萨里克求援，这为汪达尔国王提供了入侵罗马的天赐良机。瓦伦提尼安三世逝世两个月后，盖萨里克统帅的，由汪达尔人、阿兰人和摩尔人组成的军队在台伯河口登陆并包围罗马。皇帝佩特罗尼乌斯死于逃亡路上，教皇利奥一世出城会见盖萨里克以寻求拯救罗马城。但盖萨里克并未信守承诺，在罗马城门打开后，汪达尔人血腥屠城。经此一役，西罗马帝国遭到重创，地中海世界形成了汪达尔王国与拜占庭帝国分庭抗礼的格局。464 年，双方矛盾逐渐激化。466 年，拜占庭帝国派马赛林攻击汪达尔王国控制的萨丁尼亚。468 年，巴西利斯库斯统帅罗马帝国海军进攻汪达尔人，西西里重归罗马人，盖萨里克率军迎战。双方经过激烈争夺，皆损失惨重。战争的结果是拜占庭帝国失去地中海的制海权，汪达尔王国重新收复萨丁尼亚和西西里，势力达到鼎盛。

努米底亚易手拜占庭帝国

在汪达尔人占领伊非里基亚的一个世纪里，努米底亚人不断起义。为镇压柏柏尔人的起义，汪达尔人向拜占庭求助，拜占庭军队便直接向汪达尔人宣战，并且结束了汪达尔人在北非的统治。

拜占庭帝国的出现归功于君士坦丁，他将政府从罗马迁移到拜占庭，将这座都城作为基督教的中心。拜占庭人占领北非后，派苏莱曼统治努米底亚。这一时期的柏柏尔人起义不仅未减弱，还越来越难以对付，起义大多发生在今阿尔及利亚的奥雷斯和图卜萨地区，苏莱曼最后也在与起义者的战斗中被杀。除了要镇压柏柏尔起义者，拜占庭人还要与杜纳派、犹太教徒和雅利安人进行宗教战争。在这种消耗中进入公元 7 世纪，拜占庭帝国逐步走向衰落。与鼎盛时期的罗马相比较，拜占庭已没有更多的精力用于管理殖民地，更谈不上发展。这一时期的阿尔及利亚，王国林立，每个王国都由柏柏尔人统治，事实上独立于拜占庭政府。这种局面直至公元 646 年阿拉伯人进入北非才得以改变。

第二章　阿拉伯人和奥斯曼人统治时期的阿尔及利亚

阿拉伯帝国建立后不断向外扩张，倭马亚王朝时期的向西征服运动，完成对阿尔及利亚的占领。帝国对阿尔及利亚的征服与统治导致两大结果。一是阿尔及利亚实现了伊斯兰化。柏柏尔人在阿拉伯人军事征服前就皈依了伊斯兰教，从而加速了军事征服进程。柏柏尔人将伊斯兰教与本土宗教信仰相结合，催生了阿尔及利亚独特的宗教信仰与实践。二是柏柏尔人与阿拉伯人的融合。在共同宗教信仰下的柏柏尔人与阿拉伯人在生产生活中和平共处，共同为丰富和发展伊斯兰—阿拉伯文明做出了重要贡献。但由于阿尔及利亚地处帝国边缘，无法对其进行有效的政治管控，因此，阿尔及利亚境内出现多个柏柏尔小王朝。西班牙人对阿尔及利亚的觊觎则为奥斯曼人提供了契机，他们以奥斯曼近卫军集团为核心在阿尔及尔建立半独立的摄政国，这深刻影响了地中海世界西方与伊斯兰世界的交往关系。

一、阿拉伯人征服阿尔及利亚

伊斯兰教西进北非

阿拉伯穆斯林世界在先知穆罕默德死后，从他早期的战友中挑选出四位作为继承人，其中除第一任哈里发伯克尔因年长任期短而幸免外，另三位——欧麦尔、奥斯曼和阿里都遭到暗杀。阿里死后，叙利亚总督穆阿维叶篡权，他是当年为守卫麦加城而与穆罕默德英勇作战后归顺的领袖阿布·絮福扬的儿子。穆阿维叶于661年在耶路撒冷自称哈里发，以大马士革为驻地及政府所在地。穆阿维叶效仿罗马—拜占庭传统的行政管理方式，努力摒弃阿拉伯的部族酋长作风。他依靠有能力的省督们来治理各省区，同贵族讨论国家政策，向民众公开说明政府的方针等。①

穆阿维叶在去世前，希望帝国的领导者们承认自己的儿子亚齐德为继承人，于是亚齐德被带往麦地那和麦加，让圣城接受他为下一任哈里发。这意味着哈里发将成为世袭，这种做法不符合阿拉伯和穆斯林的传统。麦地那的穆斯林贵族宣称这是邪恶的创举，拒绝效忠，以此作为回击。穆阿维叶公然建立倭马亚帝国，这个帝国一直延续到750年。期间，倭马亚家族将穆斯林组成了一个有集中领导力量的国家，并把伊斯兰教的旗帜再度插向远方。

倭马亚时期，伊斯兰教展开了最大的西进运动，其中埃及省督阿穆尔派遣的穆斯林军队向西进入北非，670年在凯鲁万建立了一座驻兵城市，作为司令部。到公元7世纪末期，穆斯林将希腊人赶出迦太基，从而结束了拜占庭在沿海地区的统治。708年被任命为非洲省督的穆萨，从柏柏尔部族中征募新军，加强军力，巩固了对从埃及到大西洋的北非的控制。这期间，柏柏尔人中改宗伊斯兰教的人数极多，他们期冀通过成为穆斯林而获得与阿拉伯人平等的地位和待遇。到8世纪初，北非地区基本完成了伊斯兰化。

由于北非处在哈里发统治中心的西边，阿拉伯人因而称北非为马格里布，意即西边的地方，并将马格里布分为伊非里基亚（即今突尼斯和阿尔及利亚东部）、中马格里布、远马格里布（即今摩洛哥的中、西部）三个区，后来分别在这三个地区出现了三个王朝，

① 参见〔美〕西·内·费希尔：《中东史》上册，姚梓良译，商务印书馆1979年版，第87页。

即西部的伊德里斯王朝（788—974）、中部的鲁斯图姆王朝（776—908）和东部的阿格拉布王朝（800—909）。中马格里布即今阿尔及利亚西部和摩洛哥东部，阿尔及利亚因此被指称为中马格里布。阿拉伯人在北非统治了近半个世纪，到8世纪中叶，他们在马格里布整个西部的统治就终止了，150年后伊非里基亚也发生了同样的情况。

哈瓦利吉派的产生与阿尔及利亚的鲁斯图姆国

倭马亚的哈里发对马格里布鞭长莫及，加之阿拉伯人的优越感又使得柏柏尔人很难实现与阿拉伯人之间的平等，所以，柏柏尔人往往通过叛乱来表达不满。

早在先知去世之初，伊斯兰世界围绕哈里发职位的传授方式产生分歧，进而形成分裂派别，哈瓦利吉派便是其中之一。哈瓦利吉派主张教徒平等，哈里发应通过选举产生，即任何一个“操行和信仰纯一的信道者”都可以当选为哈里发[①]，认为经典应该以最严格的方式去解释。哈瓦利吉派被看作伊斯兰教中的清教徒，这一派原是正统主义者，后来变成了民主主义者。这种变化使得他们从原来拥护阿里转变为背叛并谋杀了他，后又遭到倭马亚王朝的迫害。尤其到8世纪二三十年代，哈瓦利吉派所遭受的迫害日盛，他们被迫向马格里布迁移。公元776年，原在伊非里基亚地区起义的哈瓦利吉派中的一个支派——伊巴迪亚派的领袖伊本·鲁斯图姆，在阿巴斯军队的追击下进入阿尔及利亚地区，在哈瓦利吉派的中心塔哈尔特建立起一个民主的神权国家——鲁斯图姆国。

由于哈瓦利吉派希望建立自己心中正义的理想政府，反对任命或世袭原则，秉持选举原则，主张候选人的阶层不局限于某一集团，而应该没有种族歧视地面向所有人，甚至允许黑奴担任伊玛目，只

---

① 参见〔法〕马塞尔·佩鲁东：《马格里布通史》，上海师范大学《马格里布通史》翻译组译，上海人民出版社1974年版，第136页。

要他具备资格。[①] 所以，鲁斯图姆国以政策宽容、伊玛目廉洁公正闻名。民众因塔哈尔特“伊玛目的正直行为和对待民众的公正态度、所有居民及其财产的安全所吸引，无不纷纷定居下来，建造住房”。[②]

鲁斯图姆国的商业享誉北非和伊斯兰世界，有两条商道汇集于此，一条是东西方向，沟通马什里克和安达卢西亚；另一条南北方向，连接地中海沿岸和非洲内陆。塔哈尔特成为伊斯兰世界西方贸易的中间站，来自伊斯兰各地的商人在此聚集，各方商品在这里交换。

鲁斯图姆国的存在使得哈瓦利吉派和伊巴迪亚派的政治理念有了实践的机会，它在阿尔及利亚的立足也为伊斯兰教在马格里布的传播创造了条件，成为东西方伊斯兰世界进行文化交流的桥梁。当然，过于理想化的追求不可避免地在现实中遭遇挫折。公元 787 年伊本·鲁斯图姆去世后，鲁斯图姆国不再公开选举伊玛目，改由氏族世袭，并由此导致家族内讧，于公元 908 年被法蒂玛王朝灭亡。

阿巴斯派崛起后，在推翻倭马亚王朝的过程中，奉先知女儿法蒂玛、女婿阿里为正统的什叶派加入阿巴斯家族，成为阿巴斯家族的主要同盟军。然而，阿巴斯王朝建立后，什叶派却遭到迫害。在什叶派的重要政治中心麦地那，阿巴斯总督严密清查，将大批阿里家族成员囚禁起来，并敉平了阿里派的起事。[③] 什叶派的主要支派——伊斯玛仪派的处境最为悲惨。该派为秘密组织，秘密发展教徒。他们在伊斯兰东方无法立足后，9 世纪末，其首领赛义德·伊本·侯赛因率教士阿布·阿卜杜拉·侯赛因等人从也门到远离阿巴斯首都巴格达的北非东部传教。公元 909 年，阿布·阿卜杜拉率领的伊斯玛仪派的武装力量兵临塔哈尔特城下，鲁斯图姆王朝灭亡。伊斯玛仪派在莱嘎代城建立政权，赛义德自称是阿里和法蒂玛之子侯赛因的后裔，所以新王朝称为“法蒂玛王朝”（909—1171）。公元 911

---

① 参见〔埃及〕萨阿德·扎格卢勒：《阿拉伯马格里布史》第一卷下册，上海外国语学院翻译组译，第 538 页。

② 〔法〕夏尔－安德烈·朱利安：《北非史》第二卷上册，上海新闻出版系统“五·七”干校翻译组译，第 47 页。

③ 参见沈敏华、程栋：《十字军东征》，上海书店出版社 2009 年版，第 29 页。

年，鲁斯图姆家族被法蒂玛派驱逐后逃到沙漠地区姆扎卜。

法蒂玛王朝在局势稳定后开始向伊斯兰教中心进逼，从公元913年开始，用半个多世纪的时间，连续四次从海陆两路进攻埃及，最终于公元968年占领亚历山大港和埃及穆斯林古都福斯塔德城，并在福斯塔德城边建造新都——卡西拉，即今天的开罗，然后以此为基地向叙利亚、巴勒斯坦和希贾兹扩展势力，成为与阿巴斯哈里发对峙的东地中海最强大的伊斯兰国家。

作为阿巴斯王朝宗教上的对抗中心，与鲁斯图姆王朝同时代的西边的伊德里斯王朝也因其奠基者是先知的直系后代而遭到阿巴斯王朝哈里发的迫害。东边的阿格拉布王朝的历代君主，则与哈瓦利吉派主张接近。这两个阿拉伯王国也和鲁斯图姆王朝一样于10世纪先后灭亡。

在法蒂玛人之后，南部的柏柏尔游牧人从西部侵入马格里布，建立了一个统一的柏柏尔国家，中经穆拉比特王朝（1054—1147）和穆瓦希德王朝（1147—1269）。在穆瓦希德王朝灭亡后的两个多世纪内，分化出三个柏柏尔人统治的王国，西部（定都非斯）的马林王国，国土相当于伊德里斯王朝统治过的地方；东部（定都突尼斯）的哈夫斯王国，位置在阿格拉布王朝原所在；而在原鲁斯图姆王朝所在的中部城市特莱姆森建立的是阿卜德瓦德王国，奥斯曼土耳其崛起后，三王国为其所灭。

二、奥斯曼土耳其人在阿尔及利亚

西班牙人侵犯马格里布海岸

影响阿尔及利亚政治、经济和社会发展的一系列因素中，最具代表性的就是西班牙侵略阿尔及利亚海岸的尝试，和从那里向内陆地区渗透的意图，西班牙的威胁迫使阿尔及利亚人求救于奥斯曼土耳其帝国，土耳其人由此入主阿尔及利亚。

阿拉伯人与西班牙的关系缘起于倭马亚王朝时期。阿拉伯人西进北非行动成功后，在那里任命了阿拉伯人的非洲省督。公元711年，非洲省督穆萨手下的柏柏尔副官陀立克率领几千人越过海峡，在一处坚固的高冈上建立一个根据地，即陀立克山——直布尔·陀立克，或称直布罗陀。陀立克击溃西班牙的西哥特军队，随即占领马拉加、科尔多瓦和托莱多。公元712年，穆萨亲自出兵同陀立克会合，在两年之中横扫整个西班牙。阿拉伯人称西班牙为安达卢西亚，意思是汪达尔人的土地。阿拉伯人前后仅用六七年的时间便完成了对西班牙的征服，但是却在这里存在了八个世纪之久，并以此为据点北上攻击法兰西。当然，这期间基督教徒反击穆斯林的行动也从未停止过。

从公元718年开始，基督徒开始了从穆斯林手中收回伊比利亚半岛的事业，经过八个世纪的收复失地运动，几经挫折。到了斐迪南和伊莎贝拉分别成为阿拉贡和卡斯蒂利亚国王时，他们立志要统一西班牙。1481年，剑指穆斯林在伊比利亚半岛的最后一个据点——格拉纳达。十一年后，1492年1月2日，格拉纳达素丹穆罕默德十二世（西班牙人称其为博阿布迪）投降，西班牙人解放了他们与葡萄牙人共同居住的伊比利亚半岛。将穆斯林势力赶出欧洲后，地中海海盗的侵扰成为其入侵北非的理由，西班牙的势力扩展因而进入了新的阶段。

伊莎贝拉决定首先攻击特莱姆森王国。为收集必要的情报，她派洛伦佐·德·帕迪亚扮成阿拉伯商人，在特莱姆森住了一年多。与此同时，红衣主教选择对北非海岸极为熟悉的基洛·尼姆·菲纳里（一个来自威尼斯的意大利人）伴随洛伦佐身旁，督促他制定侵略计划。

伊莎贝拉女王得到充足的信息之后，集结了12000名士兵，以德·坦迪拉伯爵（此前，他是格拉纳达的掌权者）为统帅，准备进犯特莱姆森王国。但是，1504年她却带着梦想未能实现的遗憾去世了，在她的遗训中强烈要求后继者坚持入侵北非，继续对穆斯林作战。[①]

斐迪南决定执行伊莎贝拉的遗训，他选择顿·迪胡·菲尔坦迪兹作为总司令，给他上万士兵，同时由顿·拉蒙·德·卡尔都率领7艘战舰和140艘不同排水量的小艇。西班牙统帅原准备于1505年8月末从马拉加出发。但是一场风暴迫使其行程推迟，军队集结于阿尔梅里亚港，在此逗留至9月9日傍晚才得以出发。

西班牙人行程的被迫推迟却使其从中受益。本来米尔斯－克比尔的居民在得知西班牙进攻的消息后便组织反击，但是西班牙人迟迟不动使他们以为西班牙人放弃了袭击和占领米尔斯－克比尔的计划或是另寻目标了。不料，9月10日晨，西班牙人突袭米尔斯－克比尔，战舰上的炮弹呼啸着飞向这个港口，士兵们蜂拥而至。由于事发突然，西班牙人没有遇到有力的抵抗力量，进攻期间只遭到小股力量的抵抗。西班牙士兵将该城围得水泄不通，米尔斯－克比尔的守城长官在被连续包围了50天后投降。西班牙人获胜，他们将米尔斯－克比尔清真寺改成了基督教教堂。

西班牙人获悉他们的军队已经占领米尔斯－克比尔的消息后狂欢八天。国王要求顿·迪胡回到西班牙接受嘉奖。于是他凯旋而归，把他的位置留给了顿·罗伊·洛克斯。当进攻米尔斯－克比尔的西班牙舰队起航返回西班牙时，留在阿尔及利亚这个港口的还有800人左右的士兵[②]，目的在于巩固和扩展西班牙的势力，拓宽他们与外部要塞的联系网。顿·罗伊·里亚兹占领了位于通向瓦赫兰（今奥兰）路上的水源，在那建立堡垒，派有常驻小分队。他试图与周边的居民“睦邻友好”，以获得补给，为此还在要塞附近开发了一个市场。

然而，当地居民经常侵袭和围攻西班牙人，所以，顿·罗伊·里亚兹要求他的国王给他派足够的士兵来进攻瓦赫兰。为此，1507年，

① 参见〔阿尔及利亚〕穆巴拉克·米利亚：《阿尔及利亚古今史》第三卷，阿尔及利亚复兴书店1964年版，第21页。

② 同上书，第24页。

顿·迪胡返回西班牙，他成功地说服了胡安娜女王给自己派了5000名士兵。顿·迪胡将这些新兵囤于米尔斯－克比尔，他决定以奇袭的方式占领瓦赫兰。为做战争准备，他通过与周围居民的小规模战斗来训练他的士兵，让士兵们在战斗中了解阿尔及利亚人的传统，通过交战熟悉阿尔及利亚人的作战方式，同时还可以获得他所需要的战利品。

顿·迪胡决定袭击驻地山后不远处一个大村庄——“马苏基”，但由于周边居民防范严密，他的士兵们一无所获。顿·迪胡留下少部分士兵归罗伊·迪亚兹·德·罗克萨斯统领，他亲自率兵前行。

从米尔斯－克比尔到马苏基有两条路：其一与海洋平行，这条路的路况好，但在瓦赫兰的火力范围之内；其二不易被发觉但需翻山越岭。顿·迪胡选择了第二条路，以致穆斯林毫无察觉，其进军从始至终未受阻断。

次日拂晓，西班牙人包围了村庄，虽然遭到了居民们的抵抗，但是，首轮战斗以顿·迪胡的获胜而告终。然而，顿·迪胡犯了一个重大军事错误，他高估了自身的实力。获胜后，他没有计划好撤退，在其后翼没有安排兵力救援，结果在顿·迪胡满载战利品而归时遭到了来自内地的居民的袭击，迫使顿·迪胡重又投入新的战斗。

与此同时，瓦赫兰守军出动，切断了西班牙人的退路，轻而易举地斩获了他们意欲带走的米尔斯－克比尔的战利品和俘虏。西班牙人前后受袭，陷入一片恐慌，此一役损兵3000人①，遂告大败。

顿·迪胡乔装打扮成士兵逃走，余下的西班牙士兵皆成阿尔及利亚人的俘虏。此次失败之后，顿·迪胡再次回到西班牙。斐迪南国王在听取了顿·迪胡的报告后，任命一直渴望亲征的红衣主教为进攻瓦赫兰的军队总司令。1509年5月16日，主教亲率33艘战舰和51艘小艇离开格拉托杰，18日抵达米尔斯－克比尔，19日进攻瓦赫兰。

① 参见〔阿尔及利亚〕穆巴拉克·米利亚：《阿尔及利亚古今史》第三卷，第26页。

红衣主教进入瓦赫兰后，下令尽可能地屠杀穆斯林。主教在将清真寺改成教堂之后，离开了瓦赫兰。他将领导权交给了顿·彼得·罗纳法利·德·奥利弗。11月末，罗伊·迪亚兹继任。但待顿·迪胡返回瓦赫兰后，“瓦赫兰总司令、米尔斯－克比尔和特莱姆森的守护者”这一西班牙人的赞誉仍给予了顿·迪胡。

占领瓦赫兰和米尔斯－克比尔只不过是征服特莱姆森王国的序曲，1510年，西班牙人又侵占了贝贾亚和阿尔及尔等城市，这已威胁到阿尔及利亚的存亡。由于阿尔及尔位置重要，西班牙人便在阿尔及尔城外修建了用作瞭望和炮击的堡垒。阿尔及尔城附近肥沃的麦提扎平原的埃米尔塞里姆·库泰米无力抗击强大的征服者，于是求助于奥斯曼土耳其人，土耳其人由此入主阿尔及利亚。

土耳其人在阿尔及利亚

在土耳其人之前，北非就有海盗，又称柏柏尔海盗。这个词由阿拉伯语演变而来，指那些在从北非出发的战舰上从事捕捉基督徒船只和俘虏的人。俘虏或被贩卖为奴，或用来勒索赎金。这些海盗以打击异教徒的“圣战”为名四处劫掠，成为欧洲人的心患。随着巴巴罗萨兄弟的到来，北非海盗的活动达到顶峰。

巴巴罗萨兄弟四人，由于大哥阿鲁杰蓄有红色胡须，因此被称为巴巴罗萨——“红胡子”兄弟。巴巴罗萨兄弟能够在北非横行，得益于奥斯曼帝国的支持，同时他们的活动又强化了奥斯曼土耳其人在这里的势力。

奥斯曼土耳其人占领拜占庭后，穆罕默德决定开拓疆土，为自己的舰队开拓航路。1457年，土耳其军队占领爱琴海的米提伦岛（古称列斯博斯）。为了控制这个地区，奥斯曼帝国素丹命令他的士兵驻扎在米提伦岛上，并允许他们与当地的基督教女子通婚。

在这些士兵中，有一个名叫雅各布的阿尔巴尼亚士兵。他是一个来自鲁米利的青年，早年在陶瓷厂做工。他与希腊女基督徒卡塔丽娜相识并结婚后，她给他生了四个儿子。他利用自己以往的手艺经营了一家陶瓷厂，在海岸边把这四个儿子抚养成人，并将自己的陶瓷手艺传给他们。然而，在该海域及其周边地区，海盗被当作英雄在传扬。痴迷于倾听战争和海盗故事的雅各布的儿子们酷爱海洋，从小就渴望着去冒险。

随着雅各布的陶瓷厂日益兴隆，他购置了一些船，将自己制作的陶瓷制品运到米提伦附近的岛屿去卖。他将船只交给他的两个儿子——阿鲁杰和伊勒亚斯，安排另外两个儿子伊勒赫德拉和伊斯哈格经营陶瓷厂。阿鲁杰和伊勒赫德拉性格冲动，雅各布就将他们分开，并在他们各自身边安排了一个性格沉稳的兄弟。四兄弟按照父亲的安排继续工作着：阿鲁杰和伊勒亚斯操舵将陶瓷运到附近的海岸，伊勒赫德拉和伊斯哈格管理着工厂。

时光流逝，雅各布的工厂财源广进，引来了一些人的忌恨，雅各布家的货船开始遭遇袭击。老大阿鲁杰决意报复他的敌人。他武装完船队便和他的敌人开战，结果两战两胜，还使他获得了战利品。这让阿鲁杰尝到了胜利的甜头，更加酷爱冒险。但在第三次战斗中，阿鲁杰在数倍于己的敌人面前失去了他的兄弟伊勒亚斯。阿鲁杰本人受伤被俘，并被卖到罗得岛做奴隶。伊勒赫德拉得知这一消息后，立即筹集巨资，去救他的兄弟。两个奴隶主之一答应将他释放，将阿鲁杰的所有权转到了另一个奴隶主的手里，这样，阿鲁杰就仅为一人所有了。但这个奴隶主想要更多的赎金，于是便给他戴上了镣铐，扔入黑牢，后又将他与穆斯林俘虏一起装船卖给塞里姆一世素丹的兄弟格尔古底汗。阿鲁杰趁着狂风大作之时，从船中逃了出来，并定居在阿多利亚市。在那里，他遇到了一个慷慨待之并成为他的伙伴的人——阿里·拉耶斯。两人一同前往埃及，去收集造船所需的木料。但是他们遭遇了海盗，船只被焚毁。于是，阿鲁杰返回阿多利亚市，重又投到格尔古底汗麾下，并搞到了船只。

在此期间，伊勒赫德拉也放弃了陶瓷厂，在素丹塞里姆一世与他的兄弟格尔古底汗交战时，他加入了塞里姆一世的队伍。伊勒赫德拉后来以“赫尔丁”的名字闻名于世。约在 1502 年前后，阿鲁杰打下杰尔巴岛（属突尼斯），与赫尔丁在此相会。在这里，两兄弟知道马格里布地区比马什里克地区更适合他们对于冒险的追求，于是他们又投到素丹穆罕默德·哈非斯的麾下。

这一时期正是成批的穆斯林从安达卢西亚半岛逃出，把惨痛与悲剧带到马格里布的年代。阿克拉姆·拉希德在他的著作中写道，有一天晚上，赫尔丁与一个从格拉纳达郊区逃出来的女子谋面。她告诉他关于西班牙人如何袭击她们，她的父亲如何被害，幼小如何被杀，以及她如何由于母亲把她带到海边而奇迹般地得以逃脱等等。这些传述准确与否并不重要，重要的是从安达卢西亚逃到马格里布的逃亡者不胜其数，他们中的每一位都背负着惨痛经历和悲伤故事，这些故事令听者痛恨西班牙人在反抗穆斯林时所犯下的野蛮行径。在这种情况下，阿鲁杰和赫尔丁决定帮助滞留在半岛上的穆斯林，把他们从基督教的魔爪中解救出来。从此，他们在那里劫掠罗马天主教徒和西班牙的船只。在与异教徒进行战斗的过程中，阿鲁杰有时借助于奥斯曼帝国军事力量，有时带领由摩尔人、当地部落以及被西班牙驱逐的北非人组成的松散联盟，在北非沿岸向西班牙的属地发动攻击。[①]

阿鲁杰和赫尔丁所进行的这些活动为他们赢得了极大的声誉。经过不长时间，他们便在马格里布大地立足，兄弟俩的名字在地中海海岸各港口传颂。

由于阿鲁杰和赫尔丁在马格里布的声名，1512 年，贝贾亚人求助于他们，以驱逐西班牙占领军。在贝贾亚的战斗中，阿鲁杰失去了左臂。由于一时难以拿下贝贾亚，赫尔丁便收复了邻近贝贾亚的另一个港口城市——意大利人控制的吉杰勒，后阿鲁杰也驻兵于此，二人以此作为发展的基地。

阿鲁杰返回吉杰勒城后，塞里姆一世素丹给他派来满载士兵的 14 艘军舰，阿鲁杰借此进袭安达卢西亚沿岸和西属意大利。不久，

① 参见〔加拿大〕提姆·特拉弗斯：《海盗史》，李晖译，海南出版社 2010 年版，第 245 页。

西班牙和意大利的商船队伍便有许多处于阿鲁杰的支配之下，他也因此控制了部分地中海水域。阿鲁杰曾打算前往埃及，从马木鲁克手中将它收入囊中。然而，阿尔及尔人欲借土耳其人帮助摆脱西班牙而独立一事，使他改变了想法。可以说，这是阿尔及利亚和阿鲁杰—赫尔丁历史新篇章的开始。

柏柏尔王国的衰落导致外国人侵占部分沿海地区，致使西班牙将“真理之路运动”向马格里布内部扩展。在这一时期，中马格里布，即阿尔及利亚，已经摆脱特莱姆森的控制。特莱姆森王国已是千疮百孔，只剩下其首都，偏居西隅，成为外国人觊觎的目标。

至于阿尔及利亚其余的地区，则已被划分成诸多小国和埃米尔公国，也就是众多没有确定边界的独立小国，彼此之间没有统一的建制、强势政权和雄厚的军力。苏菲主义的传播和各种独立政权的建立为菲吉格各绿洲上形成独立国家发挥了极大的作用。瓦塞利斯的一些部落按照自己的方式组织起来；朱瓦地区受库科王国（在米施列东面八公里）统治；哈夫斯王朝君士坦丁的谢赫控制安纳巴和科洛之间的地区；姆扎卜与霍德纳处于达瓦维达族阿拉伯人的怀抱之中，在图古尔特则建立了新的王朝，统治的地区一直扩展到里尔河各绿洲。

至于港口城市，则在安达卢西亚灭亡之后，成为基督徒和西班牙人侵略的目标，海盗活动也因此猖獗。不只是阿尔及利亚，从杰尔巴岛到摩洛哥，各港口城市都形成了一种海盗帮，阿尔及尔、贝贾亚、突尼斯、宾泽特、瓦赫兰和胡嫩成了海盗劫掠的目标。14世纪和15世纪的海盗不仅是像土耳其人那样的掠夺者，而且是与基督徒进行“圣战”的士兵。他们首先考虑的不是买卖俘虏，而是掠取异教徒作俘虏。以贝贾亚为例，它规定的释放基督徒的赎金金额，是俘虏或其家属不可能支付得起的。[①]

西班牙自1505年侵占米尔斯—克比尔之后又获得一连串的胜

① 参见〔法〕夏尔－安德烈·朱利安：《北非史》第二卷下册，上海新闻出版系统“五·七”干校翻译组译，第475页。

利，打破了地中海的力量均衡。1509 年，占领瓦赫兰；1510 年，占领内贾亚；1510 年又占领的黎波里。至于那些未被西班牙占领的城市，如特纳斯、舍尔沙勒、德利斯和穆斯塔加纳姆，则需向其交纳保护税。

位于阿尔及尔城内港的一个岛已臣服于西班牙。在这个岛上，佩德罗·纳瓦罗——一个西班牙的海盗——建立了一个要塞，即法纳尔要塞，也称佩尼翁要塞。从这个要塞的炮孔中可以向 300 米以外的城市开炮。

早在 1438 年，当阿尔及尔人杀害了他们的新国王时，他们便处于赛阿莱伯人——占领了穆提贾平原的最大部分——的保护之下。此时，阿尔及尔城是一个自治政体，第一个总领全城事务的人是阿卜杜·拉哈曼·赛阿莱比谢赫。阿卜杜·拉哈曼死后，政权转移到了赛阿莱伯人的敌人萨利姆人的手中。萨利姆人严酷地压迫阿尔及尔的市民，市民们希望摆脱萨利姆·图米的残暴统治，于是致信阿鲁杰请求他的帮助并宣布愿意效忠于他。

当阿尔及尔市民的请愿信到阿鲁杰手中时，他正在吉杰勒城考虑进占埃及。他认为机会来了，是时候在阿尔及尔建立专属于自己的政权了。于是，他致信赫尔丁——此时正率领着由 18 只小艇和 3 艘军舰组成的舰队在海中游弋——要求他与之一起挺进阿尔及尔城。阿鲁杰率 800 土军循陆路前进。途中阿尔及尔部落的阿卜杜·阿齐兹和艾哈迈德·本·格底加入了他的队伍，人数扩充到数千人。

当阿鲁杰进入阿尔及尔时，萨利姆·图米谢赫和市民们开城相迎。阿鲁杰很快建起几个面对西班牙人要塞的炮台，并派出使者命令西班牙防卫司令向他投降。但是，西班牙司令拒绝投降。于是，阿鲁杰向西班牙人的堡垒开火，但其火力过于微弱以致无法获得预期的胜利，结果导致阿鲁杰和土耳其的声望下降，阿尔及尔市民们又开始谋划反叛阿鲁杰和土军。几乎是在赛阿莱伯人、萨利姆·图米谢赫、阿尔及尔市民和西班牙之间达成了摆脱土耳其人的盟约。阿鲁杰嗅到了反叛的味道，于是他独自闯入萨利姆·图米的官邸，在浴室里将其砍杀后，宣布自己就是阿尔及尔的素丹。

在这种情况下，阿尔及尔市民转而向西班牙人求救，希望他们进驻阿尔及尔城，赶走阿鲁杰。与此同时，被杀的埃米尔萨利姆·图米的儿子也跑去向西班牙人求援来抗击阿鲁杰——他被形容成霸占了王位的人。在此期间，阿鲁杰继续用他的大炮轰炸西班牙堡垒，但并不强迫它投降，因为已经切断了该堡垒来自阿尔及尔的供给，其供给已不得不从巴利阿里群岛运过来。

西班牙进攻阿尔及尔

1516 年 9 月，红衣主教决定派遣海军进击阿尔及尔港，组织了 35 艘舰艇、3000 名士兵，由迭戈·德·贝拉统领。12 月 30 日，西班牙军队从瓦迪—穆厄西勒（靠近后来建造巴布—阿逊要塞的地方）东边的巴布—瓦迪方向进军。另一支由尼古拉·德率领的军队则出动其全部士兵投入这次战斗，他占领了很宽广的战线区，从海岸一直延伸到后来建立格索巴要塞的地方。

阿鲁杰静观事态发展，不出两日，西班牙军队就改变了从东面进军的行程，西班牙舰队处于危险之中，西班牙军队统帅刚一接到撤回舰队的命令，阿鲁杰就打开城门出城迎战。与此同时，萨利姆族的阿拉伯人——西班牙军队曾有赖于他们的支持——决定支持阿鲁杰的队伍打击西班牙人。同时，已与瓦赫兰的西班牙长官取得联系并答应适时给予有效帮助的特纳斯的谢赫穆拉·阿布·阿卜杜拉也未兑现承诺。阿鲁杰击败了西班牙军队。这场战役，西班牙军队只有 1000 名左右的士兵得以逃生，至于军舰，更是遭遇了狂风巨浪的摧残。

此时正在吉杰勒城的赫尔丁接到胜利的消息后，立即率领 10 艘军舰抵达阿尔及尔与其兄弟会师，准备进攻特纳斯。阿鲁杰将阿尔及尔托付给赫尔丁，自己领兵 15000 人——由土耳其人、格拉纳达的逃亡者和一些柏柏尔勇士组成——进军麦迪亚和米利亚纳。特纳斯谢赫率领强大的队伍，与阿鲁杰两军之间爆发了瓦底斯保卫战，阿鲁杰获胜。他继续追击溃军直至特纳斯境内。同时，留在阿尔及尔城的赫尔丁也占领了德利斯及其周边地区。

阿鲁杰挺进特莱姆森

在此期间，特莱姆森爆发了严重的动乱，动乱缘起于埃米尔阿布·哈姆三世囚禁了自己兄弟的儿子阿布·齐雅尼。阿布·哈姆是西班牙在该国的“守护者”，他已经将他的权力拱手让给了瓦赫兰的西班牙守军。特莱姆森的贵族们派代表致信阿鲁杰求援，以伊斯兰之名抗击与西班牙结盟的阿布·哈姆三世。阿布·齐雅尼支持反对其叔叔阿布·哈姆的运动，他在狱中也给阿鲁杰写了信。

阿鲁杰从陆路进军特莱姆森以防备西班牙舰队，并在本·拉希德要塞留有600名士兵以保护撤退路线。阿鲁杰几度梦想着建立一个辽阔的王国，现在，在他眼前，拓展势力范围的希望之门敞开了。在他的行军途中，几大股怨恨阿布·哈姆与西班牙结盟的居民加入到他的队伍。

当阿鲁杰进军的消息传到特莱姆森，阿布·哈姆三世在其军队败北之后，求庇于非斯，然后是瓦赫兰守军。特莱姆森人乘机将阿布·齐雅尼从狱中释放出来，并拥戴他为埃米尔。当阿鲁杰进入特莱姆森时，市民们就像迎接救世主一样迎接他。但是，土耳其士兵粗鲁地对待特莱姆森人，阿鲁杰在特莱姆森肆无忌惮地行动，致使特莱姆森人后悔向阿鲁杰求救。阿布·齐雅尼以此向阿鲁杰抱怨，阿鲁杰下令将阿布·齐雅尼绞死于他的宫殿前。据说，阿鲁杰并不满足于此，他还溺死了70个阿布·齐雅尼的家人。①

阿鲁杰同时还规定阿米尔部落和斯纳森部落成员要支付粮食税，以给他的军队提供给养，因为他正处于西班牙和阿布·哈姆联军的包围之中。为求外援，阿鲁杰致信非斯素丹，表明结盟立场，以使他站在西班牙和阿布·哈姆的对立面。

---

① 参见〔法〕夏尔－安德烈·朱利安：《北非史》第二卷下册，上海新闻出版系统“五·七”干校翻译组译，第485页。

非斯素丹则处于两难境地：如果公开拒绝阿鲁杰的提议，阿鲁杰战胜西班牙人后必来报复；倘若派兵增援阿鲁杰并阻止西班牙围攻特莱姆森，那么他将面临两个危险——西班牙的愤怒和阿鲁杰像控制其他与之结盟的素丹那样牢牢地抓住自己不放。经过权衡，非斯素丹决定采取一种两边都讨好的策略：他一方面接受了结盟，准备向阿鲁杰派出一定量的援军；另一方面他又拖延援军的派遣，以观望局势发展，看哪一方胜算的可能性大，然后按照新的力量平衡情况来确定他最后的立场。

阿鲁杰被西班牙军队围困，西班牙的瓦赫兰长官试图说服自己的政府派一支一万人的军队以"收复"特莱姆森王国。瓦赫兰长官向他的政府呈上诉请，称土耳其人侵占本·拉希德要塞后，挺进特莱姆森，这阻断了海岸的西班牙殖民者从该地区内部获取供给的路线。瓦赫兰的供给曾来自本·拉希德要塞，这里被认为是该农牧产地最为富饶的地方。

按照瓦赫兰长官的要求，顿·马丁·达拉古斯领兵三百挺进本·拉希德要塞，跟随这支队伍的还有阿布·哈姆、阿布·齐雅尼的一些残余幸存者和一些对土耳其人的行为愤怒不已的居民。顿·马丁·达拉古斯和本·齐雅尼迅速包围了本·拉希德要塞。阿鲁杰的兄弟伊斯哈格英勇抗击，在与敌人的战斗中损失了三分之一的兵力之后，他决定放弃堡垒，带上武器和装备去与特莱姆森的伙伴们会合。但是，伊斯哈格离开堡垒后，遭到了阿布·哈姆军队的袭击。阿布·哈姆大开杀戒，战况十分惨烈，伊斯哈格和他的一个高级将领伊斯肯达尔·库拉绥均被杀害。

此后不久，西班牙的瓦赫兰长官进军并包围了特莱姆森，包围持续了六个月之久。阿鲁杰退守米什瓦尔，继续与西军厮杀，希望非斯素丹能够伸出援手，率军与他会师一齐击败西军，但非斯素丹背弃了援助他的约定。长期的围困不仅加剧了市民的厌烦情绪，阿鲁杰身边的人也越来越少。开斋节来临，市民们趁机要求阿鲁杰允许他们进入米什瓦尔做节日祷告。阿鲁杰允许了。他们刚一通过米什瓦尔的城墙就拔出藏在衣服中的剑和土耳其军人厮杀。双方爆发了惨烈的战斗，土军损失惨重，最后只剩下很少几个土耳其人追随阿鲁杰得以逃脱。阿鲁杰认为他已无力再面对这种局势，决定撤退到海边，尽可能快地与赫尔丁会合。他深夜携带阿布·齐雅尼的财宝出逃。几小时后，西班牙获悉了他的计划，立即派一队骑兵追击他。这队骑兵直到第二天傍晚才在里奥萨拉多附近追上了他。阿鲁杰发现，跟随自己的少量土耳其军人无力抵抗西班牙骑兵，便把携带的财宝散落在西班牙骑兵经过的路上。但是不起作用，西班牙骑兵继续攻击他，把他逼到了一个古堡里。尽管他的手已断，但他拒不投降，顽强抵抗，直到跟随他的士兵一个个被斩尽杀绝，最后他也被杀死。这个独臂海盗阿鲁杰结束了自己传奇的一生，那一年是 1518 年，他 44 岁。西班牙骑兵队指挥官砍下他的脑袋，带回瓦赫兰。后来，西班牙人又将他的头颅带到西班牙。同时，西班牙人还把他的用金子装饰的红绒衣裳带到科尔多瓦的吉隆圣殿。那里的宗教人士仿制后，称其为“巴巴罗萨的标志”。

赫尔丁与阿尔及尔摄政国的建立

阿鲁杰一生致力于抗击基督徒的攻击，在马格里布各王国的对抗中寻求建立强大的伊斯兰国家的机会。他动摇了泽扬王朝的统治，征服了米提贾、谢里夫谷地、提特里、达赫腊、瓦塞尼斯、特莱姆森，为阿尔及尔奠定了雄厚的实力基础。阿鲁杰死后，他的兄弟赫尔丁继续他的事业，并且出色地将其进行到底。为了纪念自己的兄长，赫尔丁用棕红色的染料把自己的头发和胡须染成红色。他原本是一名工程师，能够讲六七种语言，比他的兄长更能干，不仅具有不屈不挠的意志，而且具有极其敏锐的政治嗅觉。阿鲁杰生前更多的活动是在陆地上进行的，主要是征服西班牙在北非的属地以及阿拉伯和柏柏尔人的部落，赫尔丁则掌控了海洋势力。

阿鲁杰被杀后，各地反对土耳其政权的暴动风起。守在阿尔及尔的赫尔丁情势危急，他预料到西班牙在消灭了阿鲁杰后必然进军阿尔及尔，以彻底剿灭他们兄弟。此时，他面对的局势极其复杂：内部，各王国乘机摆脱土耳其人争取独立，他在中马格里布树敌众多，仅凭一己之力根本不可能战胜诸多意欲建立独立政权的反叛者。尽管这些反叛者彼此之间并不能够协调，但他们将会联合起来抵抗他。外部，此时他无任何援军可依靠，可是，如果没有外来势力的支援，他不可能长期地对内进行统治，也就保不住阿尔及尔这个根据地，更谈不上控制整个中马格里布。凭借自己敏锐的政治嗅觉，经过深思熟虑后，赫尔丁决定投靠奥斯曼帝国。此时的奥斯曼帝国已占领麦加、麦地那、埃及和沙姆地区，并享有“两圣地的仆人”的美誉。所以加入土耳其阵营必能增加自己的威望，而且奥斯曼帝国有能力给他提供军事和财政援助。

鉴于此，赫尔丁向阿尔及尔的乌勒玛、谢赫和贵族们示好，并重提自己反抗西班牙的斗争以及自己的那些兄弟们将安达卢西亚的穆斯林从异教徒与叛教者的魔爪中解放出来的成就。对于赫尔丁委身于土耳其政权，愿意做奥斯曼帝国属国的欲求，奥斯曼帝国素丹塞里姆一世毫不犹豫地答应了他，并委任他为最高埃米尔，即“贝勒贝伊”（Bey）①，允许他铸造钱币，并给他拨去大量武器、补给与火炮，调给他 2000 士兵和约 4000 志愿兵。塞里姆一世允许这些士兵享有同等于土耳其政府军的待遇和特权，②赫尔丁成为阿尔及尔摄政国的建立者。有了奥斯曼帝国强有力的支援，赫尔丁踌躇满志地应对来自内外各方面的威胁。

西班牙军队本打算在阿尔及尔市民奋起反抗土耳其人时侵入该城，可是，塞里姆一世的援军在他们到来之前就已帮助赫尔丁将阿尔及尔市民的暴动扼杀在摇篮之中，从而使得赫尔丁可以腾出手来处理所有威胁到他的地位的事情。

此时的阿尔及尔港不能隐藏船只和战舰，只能不断地遭到来自

---

① 贝伊：“头目”之意，奥斯曼土耳其用作各省总督的称号。参见〔美〕西·内·费希尔：《中东史》上册，姚梓良译，商务印书馆 1979 年版，第 226 页。

② 参见〔阿尔及利亚〕穆巴拉克·米利亚：《阿尔及利亚古今史》第三卷，第 53 页。

西班牙的威胁。因此，战船停泊在位于巴布—瓦迪和瓦迪—穆加斯勒河口之间的沙滩上。

1519年夏，西班牙舰队到达阿尔及尔港，由承载5000士兵的40艘船组成，以西西里岛的国王代表顿·西弗迪·蒙卡德为统帅。停靠瓦迪—胡拉什河岸后，蒙卡德迅速将队伍驻扎在阿尔及尔城西。随后西班牙军队挺进到卡迪—索布纳，在那里蒙卡德与他的副官昆扎勒夫·马利努发生了分歧。蒙卡德认为，不应坐等受西班牙之命从陆路进攻的阿布·哈姆军队的到来，而应马上发动进攻；但是，马利努认为应该等待援军。

赫尔丁抓住时机，派出部分兵力到海边，纵火焚烧西班牙军队及其舰队的船只。当西班牙人忙于拯救他们的舰队时，根据既定计划，赫尔丁出击，突袭了西班牙军队的中心营地，占领他们的粮仓和军火库。他成功地将西班牙军队赶到海边，强迫他们回到船上。西班牙人被迫放弃了港口。但此时海上狂风肆虐，将26艘船重又抛向海岸。阿尔及利亚人和土耳其人劫掠了船只，砍杀了西班牙人。

赫尔丁这次对西班牙战争的胜利，挽救了他的政权。但就在此时，他的下属伊本·格底（艾哈迈德·本·格底）倒戈，与突尼斯素丹合作反抗赫尔丁。赫尔丁左右逢敌，遂大败。土耳其军遭到屠杀，只有赫尔丁及少数人得以逃脱。

这次失败切断了赫尔丁返回阿尔及尔的路线。于是，他求庇于吉杰勒，把他的战舰和船只驶到吉杰勒。同时，伊本·格底通过穆提贾进军阿尔及尔。

在吉杰勒，赫尔丁得以重组他的军事力量。他重新开始海盗活动，以此弥补在此前战争中损失的兵员。赫尔丁花了五年时间（从1520年到1525年）来控制地中海。在此期间，他获得了许多胜利，招募到了大量志愿兵。同时，还占领了科洛和安纳巴两座城市，并将它们置于忠诚于己的守军的控制之下。

赫尔丁不断招兵买马，因为他了解到阿尔及尔的人民已开始恼怒伊本·格底的统治，他认为是时候收复阿尔及尔了。他循瓦迪－

布格杜里的道路进击伊本·格底，击败了试图在本·阿伊莎山伏击他的伊本·格底。随后，战局发生了新的变化，伊本·格底的军队发生叛乱，部从将他砍死并将其首级交给赫尔丁。虽然，艾哈迈德的兄弟哈桑继承他的遗志，继续反抗土耳其人的战争，并持续了两年，但终究未能获得决定性的胜利。

赫尔丁战胜伊本·格底，顺利进入阿尔及利亚。他镇压叛乱，任命特纳斯和舍尔沙勒的新谢赫，镇压卡比利亚和霍德纳的叛乱。1527年，君士坦丁反叛土耳其守军，将守军司令砍杀。1528年，赫尔丁便镇压了君士坦丁叛乱。1529年，库科素丹侯赛因投降后，每年向赫尔丁纳贡换取安全，其他人亦纷纷效仿。

法纳尔要塞的坍塌

赫尔丁稳定了阿尔及尔及其他内部地区的秩序之后，开始考虑摧毁建在阿尔及尔的象征着西班牙权力的法纳尔要塞。因为，赫尔丁需要一个海港停泊船只和舰队，同时形成控制地中海的强劲力量。赫尔丁凭借其政治、军事天赋和经验，认为阿尔及尔是最合适的地方。

管理法纳尔要塞的是一个名叫马丁·德·法尔加斯的经验老到的军官。赫尔丁重返阿尔及尔时，他就预感到了危险，并致函西班牙要求援军和火药。

1529年5月初，赫尔丁开始攻击要塞，将炮口对准它持续轰炸了20天。西班牙守军在此等攻势面前顽强坚守，但未如愿。5月27日，赫尔丁打开了该要塞的一个裂缝。在占领之后，攻入要塞。在城中激战了整整一天之后，阿尔及尔人完全占领了要塞。1533年，奥斯曼素丹苏莱曼大帝将赫尔丁封为自己舰队的司令。胜利之后，赫尔丁将阿尔及尔港周边的几个小岛连接起来，在北边和西北边建造了港湾的防护码头，阿尔及尔港因此变得既安全又能抵挡风暴。得益于此，在随后的时间里，赫尔丁又连续击败基督徒的舰队，从而使土耳其人和阿尔及利亚人在近30年的时间里得以控制东地中海。

其他处于西班牙人占领之下的地区在得知西班牙人已失法纳尔

要塞的消息后纷纷起事，卡比利亚人民迅速赶往贝贾亚以驱逐西班牙人。阿鲁杰被杀后，受西班牙委任统治特莱姆森的阿布·哈姆的兄弟阿布·穆罕默德·阿卜杜拉也断绝与西班牙的来往，遣使请求归顺于赫尔丁。

赫尔丁获胜的消息给西班牙以强烈的震撼。安达卢西亚海岸的居民们致信他们的皇帝，强烈要求将他们从阿尔及尔穆斯林——他们一直侵扰安达卢西亚海岸——的手中解救出来。西班牙当局借此"正当理由"准备进攻阿尔及尔。西班牙人制定了侵占阿尔及尔的计划，任命经验丰富且与西班牙结盟的意大利人安德烈·杜里为司令，计划以舍尔沙勒港作为基督军团的登陆地点。当时，安德烈从意大利的吉诺城出发，率领战舰 20 艘，突袭舍尔沙勒附近海岸的居民，释放了 700 名基督徒奴隶。这些人随即加入了安德烈的军队。但是，舍尔沙勒防卫军重整旗鼓，回应攻击，与基督军团混战。同时，城中炮火射向安德烈的舰队。这个意大利人确信自己损失惨重，于是扔下士兵们，自己忙于奔命，在其身后有 600 名士兵沦为俘虏。

在对西班牙人的战斗连连获胜后，赫尔丁要与站在自己对立面的突尼斯素丹算一算旧账，以便将势力向东扩展。为支持他的行动，奥斯曼政府给他调拨了 40 艘战舰以及 8000 名士兵和大量火炮。赫尔丁领兵 8900 人——其中有土耳其人、希腊人、阿尔巴尼亚人以及背离了他们本来的信仰而皈依了伊斯兰教的西班牙人——循海路前进。

他在君士坦丁的路上停了下来，以镇压初露端倪的叛乱，然后挺进安纳巴，从该处进军突尼斯，很快便在哈尔吉—瓦迪登陆。

与此同时，在中马格里布各地都爆发起义。就在西班牙面临着将要失去这些占领地的情况下，西班牙皇帝派遣沙尔里肯入侵突尼斯以遏制并消灭制造这些叛乱的赫尔丁及土耳其人。沙尔里肯也在哈尔吉—瓦迪登陆。于是，西班牙和土耳其两军爆发了大混战。由于始料未及的袭击，土军遭到惨败，许多基督徒俘虏得以获释。

面对西班牙人的攻势，赫尔丁决定后撤。于是，他在西班牙人认为他已求庇于君士坦丁堡的时候，携带财宝逃到安纳巴。他从安纳巴向梅努拉格进发，占领了西属马宏，获200名基督徒俘虏，并打算将他们悉数带进阿尔及尔。

他没有从海路返回，因为他担心——事实上确已发生——与西班牙人达成谅解以图共同占领贝贾亚的库科素丹来报复他，从而在贝巴切断他的撤退路线。他出乎意料地偷袭了基督徒的海岸，满载俘虏回到了阿尔及尔。塞里姆一世授予他阿尔及尔帕夏（Pasha）[①]封号，并继续派军队给他，使他能够击退西班牙人，最后成为阿尔及尔的主宰。后由于他在地中海抗击基督徒有功，又是奥斯曼帝国舰队的组织者，苏莱曼一世封他为卡普坦－帕夏（舰队司令）。1535年10月15日，赫尔丁前往君士坦丁堡受领此职。1546年7月4日，年近八旬的赫尔丁逝世，其子哈桑承袭其阿尔及尔埃米尔的职位。1587年，奥斯曼素丹决定将阿尔及利亚、突尼斯和的黎波里塔尼亚三个地区设为三个摄政国，由奥斯曼帝国定期更换帕夏进行统治，奥斯曼土耳其人的势力影响因此而持续了三个世纪。在一直觊觎马格里布的基督教世界，三个世纪后，步西班牙的后尘而来到这里的法国人不无醋意地评论道：“土耳其政权致使柏柏尔地区的对外贸易（即西方的）推迟了三个世纪。”[②]

三、奥斯曼土耳其统治时期阿尔及利亚的行政体制

迪万[③]的构成

奥斯曼土耳其在阿尔及利亚实行的是迪万制度，包括特别迪万，

① 帕夏：原为奥斯曼帝国军事统帅的最高称谓，后又用以称呼在他统治下的各省总督。此官衔于1934年在土耳其被宣布为非法。参见〔美〕西·内·费希尔：《中东史》上册，姚梓良译，第227页。

② 参见〔阿尔及利亚〕穆巴拉克·米利亚：《阿尔及利亚古今史》第三卷，第27页。

③ “迪万”是“德伊”的复数，在此根据惯例采取音译。

即国会；公共迪万，即众议会。迪万的主要构成为：德伊（dey）①；德伊任命的五个大臣：司库大臣（赫兹纳吉）、陆军司令（阿加·阿勒－迈哈拉）、海军大臣（瓦基勒·阿勒－哈尔杰）、德伊宅邸和无主户产监督官（贝特·阿勒－马勒吉）以及称作“司马官”的贡税征收官（胡贾特·阿勒－赫勒）。其中海军大臣下辖海军埃米尔、里亚斯和格依杜－米尔斯（意为“码头管事”），以及12个掌管海军军需库钥匙的布鲁克－帕夏。德伊的私人司库（哈兹纳达尔）、秘书（胡贾）和警官（沙维什）协助五位大臣的工作。此外由卡黑负责阿尔及尔的安全与防卫，卡黑的部下称作雅巴什。

国库

阿尔及利亚的国库，是位于地下的弧形走廊，其门开在迪万聚集的庭院里，门边设有木质长凳，16个人不停地轮班坐在上面。赫兹纳吉是被允许待在金库内的人。钥匙掌管在德伊手里，每天早上，他将钥匙交给赫兹纳吉。赫兹纳吉管理两个从阿尔及利亚人中挑选出来的特定职员。此二人被称为“索巴耶哈”，由他们计算从金库进出的钱物。在该金库中存有黄金剑、宝石刀以及当某个大迪万死后收归国有的“耶瓦冀图”。

阿尔及利亚地区每年的岁入由贝伊掌管，岁入主要包括对外经商所得、犹太人的“杰拉耶”、里亚斯从他们的侵略中所获“穆加尼姆”和欧美国家支付的预防海盗袭击的款项“穆阿利姆”等。

居民的分类

奥斯曼土耳其时期的阿尔及利亚居民主要被分成两类：一类是穆赫兹尼人，即统治阶级，主要由以下部分组成：

1. 特权者。他们享有特权，由拥有大片田地和牧场并具有公职

① 德伊：亦即贝伊，原来称贝伊的后来有些称德伊，本文指1671—1830年间奥斯曼帝国属地阿尔及尔统治者的称谓。参见〔美〕西·内·费希尔：《中东史》上册，姚梓良译，第329页。

的人组成。

2. 配备有武器和坐骑的国家管理者，以及土地免税者。

3. 直接为贝伊里克服务的人，他们可以被授予“贝伊里克卫士”，其他阶级的人无权享有此尊号。

第二类是拉阿耶人，即为穆赫兹尼人服务、当兵的那些人，他们受穆赫兹尼人支配。

在奥斯曼土耳其人的政治、社会划分和体制中，每一部分都安排有穆赫兹尼人和拉阿耶人。

除这两类居民之外，还有部分人不直接隶属于德伊政权，而是归属于独立的埃米尔——他们给德伊交税，保有相对独立的自治权。如卡比利亚的部分地区（布斯阿达、塔厄拉特、阿加瓦托和艾因－马迪等）；再如一些迁徙的部落——他们给土耳其政府缴纳罚金换取许可，允许他们迁徙到土耳其政府管辖的归顺地区去经商。

这些地区的社会成员鱼龙混杂，难以精确地计算出来，也不存在精细的行政体制来管理，大致可以归纳为以下几个部分：

1. 卫兵或骑士。他们常常属于埃米尔或谢赫家族。

2. 不属于埃米尔或谢赫家族的骑士。

3. 勇士。谢赫依靠他们保卫自己的特权，由于只有在谢赫的府邸才有，所以他们的数量并不多。

4. 农民大众。他们给埃米尔或谢赫交税，是埃米尔或谢赫的兵源。

5. 第五个阶层由被称为“阿达米耶”的部落组成，它是低于农民阶层的社会阶级。这类人只缴纳罚金和例银，不参与杀戮和战争。

很难用一个词来描述这部分人，其称呼多如西迪－谢赫人、谢赫－阿慕尔人、穆赫塔尔人、玛格拉尼人、布阿卡兹之家和谢赫－哈纳那沙人等。这类人有时与土耳其人结盟，有时又与之发生冲突、战争。这些四分五裂的埃米尔或谢赫们可以保有自治权，但他们不能摆脱土耳其人的控制。

奥斯曼土耳其政府知道这些埃米尔形成统一是一种危险，于是用尽政治手腕来阻止埃米尔们会合，阻挠他们进行统一的努力，制造各种仇恨让他们互相残杀，以此将统一的尝试扼杀在摇篮里。土耳其人经常采取的办法是在一个家族成员内部制造纠纷，竭尽其所能削弱民众的力量，直到自己所控制的一方获胜，再以谋反等罪名对其发动战争。

行政划分

奥斯曼土耳其时期，阿尔及利亚作为摄政国，其行政区域主要划分为阿尔及尔的素丹宫和中部的贝伊里克－提特里、西部的贝伊里克－瓦赫兰、东部的贝伊里克－君士坦丁四部分。阿尔及尔由德伊管理。另外三部分——提特里、瓦赫兰和君士坦丁由贝伊管理。

德伊由奥斯曼帝国谘议会的60名成员选举出来后，再经帝国政府波尔特批准。其权力不受限制，但德伊平时要住在宫里，每周只有一天一夜可以回到自己的家里。在宫内时，官员一步不离地紧随其后。德伊死后财产要交回国库，不能留财产给继承人。

为德伊配备的武装力量包括常备军和民兵两部分。常备军兵员选自伊斯坦布尔纯正的土耳其人，在阿尔及利亚出生的土耳其人等组成近卫军。和平时期，常备军被分成三部分：一部分保持战备状态，一部分是驻防军即卫戍部队，还有一部分休假。这些军队分成营和连，由阿加指挥。民兵则由各部落抽出的人构成，政府不支付开支。

（一）素丹宫

素丹宫是德伊直辖区，它包括五个城市：阿尔及尔、卜利达、格利阿、舍尔沙勒和德利斯。还包括以德伊军队的指挥官阿加为首的土耳其军官的辖区“奥托努”。

奥托努的情况各不相同。阿尔及尔城郊奥托努的社会构成不以部落或血缘为基准，它有精细的行政划分。首都附近的行政划分有自由民或军事首领或一个里亚斯，同样由许多等级构成，贫苦农民只占小部分。此外还有阿加或骑兵长直辖的部落或团体。这些部落由德伊直接保护，避免贝伊权势的干扰。

（二）贝伊里克 - 提特里

贝伊 - 提特里是礼法体制上的首任贝伊。贝伊 - 提特里有自己的私人卫队，并配备有城防队、巡逻队、预备队等。但是贝伊里克 - 提特里的首府麦迪亚不归属其管辖，土耳其政府将其划归阿尔及尔大迪万领导下的特别行政院。

贝伊里克 - 提特里分成格耶达 - 朱哈拉维、格耶达 - 格比利耶、格耶达 - 迪鲁或格耶达 - 苏尔 - 厄兹勒努、格耶达 - 杰努比四个部分。真正掌握贝伊里克 - 提特里地方实权的不是贝伊 - 提特里，而是谢赫家族。土耳其政府将这些家族分成“西队”和“东队”，使他们经常互相敌视。有时，德伊倾向于西队首领，派发给他所有的贝伊里克 - 提特里事务；同时，将东队首领赶到撒哈拉，不让他碰触德伊军队。有时，德伊偏向于东队首领并将其对手赶到撒哈拉。这种策略成为提特里政治生活的一部分。

（三）贝伊里克 - 瓦赫兰

由于西部的瓦赫兰接近远马格里布，是奥斯曼土耳其人对抗在瓦赫兰和米尔斯 - 克比尔西班牙军事基地以及奥斯曼土耳其政府与远马格里布的素丹们相抗衡的重要战场。因此，贝伊里克 - 瓦赫兰的行政体制带有特殊的军事色彩。一方面使得贝伊里克 - 瓦赫兰的体制更加简单，另一方面加强了它的军事力量。

在贝伊里克 - 瓦赫兰，税收由握有军权的阿加 - 达瓦耶尔、阿加 - 扎马勒和哈里发 - 贝伊三人负责。他们的工作要相互协调。土耳其政府通过这种内部的互相牵制来制止他们萌发反叛的思想。倘若一人反叛，可以通过另外的几人进行权力制衡。

军队时刻准备好防护与战斗，这种情况严重影响了当地的农业，自然也影响了其文化。由于大城市之外没有易守难攻的群山，又不适宜建定居点，所以其基本财富就是畜牧业，当发生战争或遭到侵略时，畜牧业可以迅速转移。

瓦赫兰城自 1792 年始变成西贝伊里克的首府，派有驻军，阿加 - 达瓦耶尔掌管的军队主要是骑兵。

（四）贝伊里克－君士坦丁

贝伊里克－君士坦丁行政区直属于奥斯曼土耳其政权，因此，阿拉伯谢赫们或部落首领们不停地组织反抗奥斯曼土耳其政府的起义。

由于起义者经常躲到崇山峻岭或广袤沙漠之中，令奥斯曼土耳其政府深受这些军事力量的伤害，必须依靠各种手段去分化他们。奥斯曼土耳其政府所运用的瓦解手段是将土地分割成块，然后授予贝伊军官和穆赫兹尼人的首领们，结果便在君士坦丁的周围形成了隶属于贝伊里克的诸多公国。

在贝伊和归顺土耳其的部落首领或与奥斯曼土耳其结盟的谢赫之间没有正式的调解者。哈里发－贝伊是一个无关紧要的人，他的作用只是将税收所得运到首府。而纳税体系也是按照行政划分而定。

除了上述这些划分和社会分类之外，还有个别难以精确地界定其政治地位的地区。它们不受首都的束缚，这些小公国名为“赫勒国”（意为“细胞小国”）和“巴鲁达国”（意为“受冷落之国”）。它们是行政中心的延伸或是谢赫或埃米尔“政权”的延伸。

奥斯曼土耳其人在阿尔及利亚实行的行政制度，由于没有先例可资借鉴，只能根据不同的情况进行适时的尝试，因而具有灵活多变的特点。所定制度往往在隶属于素丹宫的地区和部分贝伊里克－提特里地区——奥斯曼土耳其最先入主的地区——先行施行。在承认奥斯曼土耳其素丹具有最高权威的前提下，土耳其政府允许建立自由处理内部事务的王国，并与坚持独立的一些埃米尔和部落谢赫达成谅解。

土耳其人用确切的边界概念来代替在他们之前通行的大致的边界概念，从而使阿尔及利亚实现了一定程度上的统一，也就是说，土耳其行政的灵活性实现了阿尔及利亚疆域的统一。16 世纪末，阿尔及尔摄政国就达到了在 1830 年以前一直保持着的疆界①，等到法

① 〔法〕夏尔－安德烈·朱利安：《北非史》第二卷下册，上海新闻出版系统“五·七”干校翻译组译，第 507、554 页。

国人来到这里并占领阿尔及利亚时所见到的边界，基本上就是奥斯曼土耳其时期的边界。

尽管奥斯曼土耳其的这些灵活政策本身并没有使得阿尔及利亚在土耳其时期实现完全意义上的统一，但在这个时期确实存在一个行政中心，权力集中在由德伊委任或选出的迪万手中。欧美国家与这个德伊进行交往，它们与阿尔及利亚之间签订的条约，都证明了奥斯曼土耳其时期的阿尔及利亚已经发展成具有现代意义的国家。

当然，不能否认，奥斯曼土耳其人的努力目标不在于使社会融合，而是推行各种王位体制、团体制度和城市联邦。但这并不意味着阿尔及利亚没有行政设施。奥斯曼土耳其推行的行政制度被认为是行政集权和实现行政统一的尝试，只是由于奥斯曼土耳其的政策是将阿尔及利亚人从行政和政府的职务中剔除出去，加之，奥斯曼土耳其不停地从外部调入军队，使得政府的军士阶层代代更新，从而阻碍了奥斯曼土耳其人与阿尔及利亚社会的相互融合，也就阻碍了阿尔及利亚真正意义上的统一的实现，阻碍了阿尔及利亚获得自我的和谐发展。

土耳其时期所尝试的集权制度事实上也不利于中央政府，因为财政收入的大部分流进了居于人民和中央政府之间的中间阶层的口袋。君士坦丁贝伊或瓦赫兰贝伊的收入都超过德伊。据在君士坦丁的法国人透露：1837 年全年的岁入是 940,130 便士，但能够进入德伊库房的不足 296,000 便士。美国驻阿尔及利亚领事沙利尔也确证，1822 年，贝伊们从他们的收入中支付给德伊的岁入还不到 20%。①

每一个等级的掌权者，比如军官、部落首领、谢赫和贵族职员，都从税收和天课中拿走了属于他们的份额，这导致了贿赂风气的蔓延。特别是奥斯曼土耳其政府规定不给其职员发薪饷，这更加加剧了贪污腐化之风。而这一切的后果是德伊库房中的岁银逐年减少。土耳其政府获得的普通岁入，如商业税、海盗利润、欧美国家的保

① 〔阿尔及利亚〕穆巴拉克 · 米利亚：《阿尔及利亚古今史》第三卷，第 303 页。

护费，都在减少，政府不得不考虑增加税收。而提高税收导致民众反奥斯曼土耳其情绪激增，人民普遍抗税，这除了带来政治恶果，还给经济和社会造成了不良后果，进一步削弱了国家的凝聚力，为奥斯曼土耳其制度的灭亡和外国的入侵埋下了伏笔。

土耳其人对海上的关心胜过对阿尔及利亚这个国家本身的关心，对外国进行海盗式掠夺和收取保护费，是在特定历史时期形成的制度。但是，其后发生的对欧洲的海盗行为和向其收取保护费已引起了欧洲人强烈的不满。欧洲人后来利用奥斯曼土耳其帝国制度上的可乘之机，满足部分人的贪欲而免交保护费。奥斯曼土耳其政府忽略了这一点，失去了一大块应得的利润。可以说，奥斯曼土耳其人对自身发展意识的疏忽，导致了欧洲国家聚焦阿尔及利亚和法国殖民的开始。

第三章　法国占领阿尔及利亚

西班牙和葡萄牙率先启动近代欧洲对海外领土的争夺。19 世纪初，阿尔及利亚进入西方殖民主义的视野。法国以“扇击事件”为借口，发动对阿尔及利亚的征服战争。1830 年至 1870 年为法国的武力征服时期，这一时期依照法国的殖民策略可划分为两个阶段：第一阶段是 1830 年至 1841 年，法国遭遇顽强抵抗，仅占领沿海的少数飞地；第二阶段是 1841 年至 1870 年，法国殖民战略从有限占领调整为全面征服，阿尔及利亚全部沦为法国的殖民地。同一时期阿尔及利亚境内也先后出现了两次土著居民对殖民主义的反抗：即 1830 年至 1847 年以阿卜杜·卡德尔为首的苏菲教团领袖领导的吉哈德运动；1847 年至 1870 年苏菲教团领导的马赫迪运动。法国在基本完成对阿尔及利亚的征服后，在阿尔及利亚构建完整的民政体系，以实现对阿尔及利亚本土文化的殖民化改造。

一、法国入侵阿尔及尔

阿尔及利亚重新进入欧洲人视野

神圣罗马皇帝查理五世试图重新建立西班牙人在阿尔及利亚的统治，于 1541 年派遣一支由 370 艘战船和 3 万人组成的强大远征军横渡地中海。但因遭遇凶猛风暴和地震而未成功，舰队被风暴打散后，与陆军失去联系。部队没有掩蔽所，又受到勇猛的敌人的顽强攻击，因而只得回到船上逃走，损失了8000人、15艘军舰和140只运输船。此时，法王弗朗西斯一世为了对付西班牙，决定与奥斯曼帝国联手。赫尔丁和他的舰队在1543年至1544年间进驻土伦港，帮助法国作战，回国后，1546年赫尔丁死于伊斯坦布尔。

巴巴罗萨兄弟及其后的北非海盗当时对欧洲人造成的伤害主要在于他们捕捉基督教徒俘虏，然后把他们充作奴隶。这些基督教徒，少部分用来交换穆斯林俘虏，一部分用金钱赎回，其余的卖做奴隶，在北非做苦力。这些欧洲奴隶在阿尔及尔从事最辛苦的工作是修建防波堤。因为阿尔及尔防波堤常年处于海水冲击之下，所以经常被冲垮。要把重达20到40吨的巨大石块从距离城市两英里外的采石场拖上滑车或撬板，拉到防波堤，再投向大海，需要600到700名奴隶，所以奴隶的数量必须得到保证。据估计，1530年至1780年间，约有100万到125万欧洲人被抓到北非为奴，他们主要分布在阿尔及尔、突尼斯和的黎波里，也有一些在伊斯坦布尔和萨利。这一活动在1605—1634年间达到顶峰。此间，共有600艘欧洲船只被来自阿尔及尔的海盗掳去。①

阿尔及利亚海盗在地中海造成很大的恐慌，他们要么在海上攻击基督徒的船只，要么沿着意大利、西班牙的海岸线以及地中海中的各个岛屿进行劫掠。海盗的袭扰活动导致意大利和西班牙沿海地区人口数量大幅减少。

基督教国家在很长时期内不得不屈服于这种海盗行为，尽管欧洲国家也曾不断进行抵抗，但是海上掠夺行为仍然继续存在，成千上万的基督教徒被掳到阿尔及利亚作为奴隶来使用和贩卖。

在这种情况下，一些虔诚的基督教徒建立起一种宗教机构，专门为了每年往返阿尔及尔，用俘虏亲属拿出的钱把俘虏赎回来。如创立于1193年的团体“三一会”和创立于1203年的团体“慈悲社”等都成为著名的赎救北非奴隶的组织。

---

① 参见〔加拿大〕提姆·特拉弗斯：《海盗史》，李晖译，海南出版社2010年版，第247、253页。

从16世纪30年代到18世纪40年代，因十字军宣告失败而最终退往马耳他的骑士团，成为中东地区主要的基督教军事力量。他们反制北非海盗，劫掠穆斯林的船只，直到1798年拿破仑占领马耳他。拿破仑认为如果法国不占领马耳他，马耳他就会成为英国人的基地，所以，他抢先行动。马耳他陷落后，拿破仑释放了大约两千名穆斯林和北非的奴隶。[①] 在此之后，马耳他海盗一蹶不振。

与此同时，北部俄罗斯帝国的崛起致使奥斯曼帝国遭受更为直接的打击，自16世纪便控制北非的奥斯曼土耳其人在阿尔及利亚的统治日渐式微。1671年，阿尔及尔的控制权从土耳其帕夏处转移到德伊手里后，这些德伊纷纷宣布脱离伊斯坦布尔的奥斯曼帝国政府而独立。1705年，易卜拉希姆德伊把最后一个土耳其帕夏赶出阿尔及尔，经常性的贡赋也完全停止了。而此时的奥斯曼帝国则疲于应对与俄国人之间无休止的战争。

俄国对马格里布的最初兴趣源起于彼得一世。这位俄国外交方向的制定者最初便将目光投向黑海，他的第一次军事行动就是进攻通向黑海的亚速海北部的亚速，并初见战果。但当他想进一步巩固俄国在黑海岸边的影响力进而获得地中海以及遥远的大西洋的出海口时，南部的奥斯曼帝国阻碍了其计划的实现，迫使彼得将注意力从黑海移向波罗的海。直到女皇叶卡捷琳娜二世即位后，重拾彼得夙愿，着力打击奥斯曼帝国，且成效卓著。尤其是通过1774年俄国与奥斯曼帝国之间签订的《库楚克—凯纳吉条约》，俄国除了在黑海立足外，取得了对奥斯曼帝国东正教徒的庇护权。从此以后，包括奥斯曼帝国在北非的摄政国的信仰东正教的希腊人都享有俄国的庇护权，但因顾忌到路途遥远以及这里的海盗问题等因素，俄国长时间没有派代表前往驻扎。直到1866年，俄国才任命一位荷兰人倪塞恩作为俄国在突尼斯的领事，此后多年都是由倪塞恩家族代表俄国在这一地区处理东正教徒遇到的问题，以确保当地东正教徒的利

① 参见〔加拿大〕提姆·特拉弗斯：《海盗史》，李晖译，第270页。

益不受侵害。[①]

俄国的不断征战和打击，导致奥斯曼帝国应对不暇，没有力量去镇压远方省份的暴乱，致使法国乘此时机入侵阿尔及尔。

18 世纪初，法国马赛的一家商号首先获得了阿尔及利亚粮食贸易的垄断权，这为法国的殖民扩张奠定了基础。法国复辟王朝时期，曾对阿尔及利亚进行了考察，拟定了侵略扩张的计划。1807 年至 1808 年间，拿破仑国王在与俄国沙皇会晤时，曾两次提出“阿尔及利亚将归属法国”的主张。[②]法国大革命和拿破仑战争期间，有地中海的强大舰队保护贸易，因而阿尔及利亚人不得不暂时停止他们非法的勒索行为。恢复和平以后，阿尔及利亚人又从事掠夺。

欧洲人对北非海盗的致命打击开始于 1815 年，这一年，曾在 1795 年为了维持和平不得不仿效欧洲各国向德伊纳贡的美国不再支付贡款了。1815 年，海军准将迪凯特在与阿尔及利亚分舰队的战斗中掳获了一艘巡航舰和一艘两桅横帆船，并且进入阿尔及尔港口，迫使德伊交出所有被抓为奴的美国及美属租借地的俘虏，并放弃以后对贡款的任何要求。在美国人这种勇敢行为的鼓舞下，第二年 8 月，一支由 26 艘战舰组成的大型英国—荷兰联合舰队在埃克斯莫斯爵士的指挥下来到阿尔及尔。舰队共发射了五万枚球弹和各种燃烧弹、炮弹，几乎将阿尔及尔夷为平地，迫使阿尔及尔的统治者释放了所有还没有逃脱的英国俘虏。但是这些毕竟只是惩罚措施，只能暂时震慑，并不能根本杜绝海盗的活动。十年后，阿尔及利亚人又公开在地中海掠夺意大利的船只，甚至侵入北海。

在这个年代，海军力量是基本的军事力量，它在面对基督徒入侵马格里布海岸时能够给予坚强的抵抗，并将欧洲人驱逐出去。当年，促使阿尔及利亚人求助于奥斯曼帝国以抵抗西班牙的主要原因，就是土耳其人拥有的海军力量和舰队。

---

① 参见 Сапронова М. А., “Страны Магриба в военных обзорах и путевых заметках русских путешественников XIX века”, *Российская история*, 2009. № 2, с.35。

② 参见赵慧杰编著：《阿尔及利亚》，社会科学文献出版社 2006 年版，第 48—49 页。

拥有海军舰队为土耳其人入主阿尔及利亚提供了可能性条件，而且土耳其人依靠其在阿尔及利亚的影响进而在地中海获得了各种胜利。这一优势的负面影响是导致土耳其完全依赖海军力量而忽视陆军。自素丹塞里姆一世（1512—1520年在位）始，阿尔及尔的驻军就依靠在伊斯坦布尔招募的志愿兵补充。这些志愿兵多数出身普通人，如码头工人、船夫、鞋匠等。他们来到当地后形成封闭的圈子，不与当地居民往来。这种隔绝导致他们没有阿拉伯化，同时也很难消除阿拉伯人和柏柏尔人对他们的敌视。这些奥斯曼帝国的所谓的军队仅控制着现代阿尔及尔的六分之一疆域。其余大部分地区，每个宗族都是独立的王国，由自己的族长领导着。而那些远在撒哈拉的游牧部落和卡比利亚山地的柏柏尔人更是完全不承认土耳其人的政权。所以奥斯曼帝国能够在阿尔及利亚动员的陆军力量是微不足道的，当欧洲人侵袭阿尔及利亚时，土耳其人只能依靠海军力量保卫阿尔及利亚。而法国侵略军来袭时，奥斯曼帝国舰队因木材问题正处于困境。

在奥斯曼帝国，用来建造船只或战舰的木材一直由布什纳格和布赫利索两大家族垄断经营，这两大家族根据他们卖给阿尔及利亚海军的木材来规定其价格，因而控制了定价。这是德伊哈吉·穆斯塔法于1702年规定的，此后一直如此。另外，木材盈利的20%还要支付给布什纳格和布赫利索的垄断公司。即便这样，布赫利索和布什纳格仍不满足于所获利润，想要实现更大的利润。于是他们从森林樵夫那里购进木材时竭力压低价格，付给樵夫的价格甚至低于木材的保本价格。卖木材的部落群体愤怒了，禁止布赫利索和布什纳格以这样的低价运走木材。于是，木材大量堆积于海岸，不能正常进入造船厂。在这种情况下，尽管1799年德伊穆斯塔法帕夏开始禁止布赫利索和布什纳格这两个家族中的任何一个有权垄断木材贸易和森林开采，但是，阿尔及利亚的造船厂随之纷纷倒闭。这也是1821年和1826年对希腊海战时，奥斯曼帝国战舰不足，需要阿尔及利亚舰队支援的原因。而阿尔及利亚舰队的情况又如何呢?

早在1816年夏，英国人已将部分阿尔及利亚舰队摧毁。不久，尚未恢复元气的阿尔及利亚舰队，又应奥斯曼素丹马哈茂德二世的要求，于1821年年末，派出了几艘搭载4000名士兵的军舰，去帮助奥斯曼帝国对付希腊人革命及其欧洲盟友。此后1827年，阿尔及利亚根据君士坦丁堡的要求派出舰队增援奥斯曼舰队抗击由英国、俄国、法国组成的基督教国家联盟，在纳法令爆发了重要海战，战况激烈。在此次战役中，土耳其方面除了有6000名左右的士兵丧命外，土耳其舰队的大部分被毁，只剩三十几艘军舰，其中阿尔及利亚十艘。阿尔及利亚用于抵抗欧洲势力的舰队因而遭受严重削弱。

对于奥斯曼帝国来说，海军力量的削弱意味着用以驱逐外国侵略者、庇护阿尔及利亚的军事能力下降。自从西班牙两次入侵阿尔及利亚失败，在很长的一段时期内抑制了欧洲国家考虑组织类似行动的欲望，然而，法国人看穿了奥斯曼帝国的虚弱。

法国入侵阿尔及利亚沿海地区

法国入侵前的阿尔及尔事实上仅仅在名义上是属于奥斯曼土耳其素丹的疆域，实际统治者德伊也不再受控于伊斯坦布尔。从1689年开始，推选德伊的权力落到土耳其近卫军(即奥贾克)军官们手里，摄政国变成了选任的君主专制，而德伊的选举是个漫长的过程，无法达成一致时便诉诸武力。1672年到1816年期间，25个德伊中14个是通过军事政变取得权力的[①]，其乱局可见一斑。

阿尔及利亚是法国最早殖民并且是面积最大的殖民地，对阿尔及利亚的军事征服始于波旁王朝的查理十世。1815年，拿破仑的“百日王朝”结束后，资产阶级政权被推翻，王党复辟。1824年，查理十世登上王位，为整肃国内乱局，巩固王朝统治，发起了对阿尔及利亚的战争。当时的经济学家预言称：“阿尔及尔王国将不仅仅是

---

① 参见Сапронова М. А., “Страны Магриба в военных обзорах и путевых заметках русских путешественников XIX века”, *Российская история*, 2009, № 2, с. 35。

征服的对象，它还将成为殖民地。愿非洲的大门为法国敞开！离法国海岸仅两、三天航程，土地辽阔，十分之九的土地没有业主，像普罗旺斯、意大利、西班牙……那样水土很好的地方可以任凭选择。它正在召唤法国工业，法国工业也将被热心地带到这里。不需几年，它将创造出富裕、安宁和幸福。非洲特别需要一些立志发展实业和保障实业的人。”①

早在拿破仑实行大陆封锁政策期间，主要由阿尔及利亚供给法国小麦、食盐、皮革等，法国则借给阿尔及利亚数百万法郎充实国库，这笔钱到查理十世即位时仍未还清。加之1823年，法国领事的住宅被抢劫和悬挂法国国旗的船舶受到多次袭击，法国向阿尔及尔的德伊侯赛因（1818年起，侯赛因任此职）提出赔偿损失的要求，也没有结果，法国便开始寻找事端。1827年4月30日，阿尔及尔的德伊侯赛因在其官邸举行的招待会上，因法国政府未偿还欠阿尔及利亚臣民的债务而与法国总领事德瓦尔发生争执，并且为了反击德瓦尔的无礼，用蒲扇打了他的脸，还对法国国王使用了不尊敬的语言。为了迫使德伊道歉，法国派出分舰队封锁了阿尔及尔，并要求将沿海的几个港口交由法国使用，并给予法国经营珊瑚业的权利。

由于1821年至1829年期间希腊独立运动引起的纠纷以及法国国内政治上的困境分散了查理十世政府的精力，法国封锁阿尔及尔22个月后，与奥斯曼政府的谈判仍无结果。1830年2月，查理十世政府决定大规模远征阿尔及利亚。3月12日和5月12日，法国首相兼外交大臣波利亚克亲王给法国驻伦敦大使拉瓦尔公爵的两封信中对此辩白说：“德伊已经破坏并彻底摧毁了我们在非洲海岸的所有产业；为期三年的封锁只是使他的蛮横变本加厉，不但没有向我们赔偿，反倒提出了自以为更有利于反对法国的要求和借口。……国王因此不得不承认，无法实现与德伊的和解。……我们相信进一步升级以

① 〔法〕马塞尔·佩鲁东：《马格里布通史》，上海师范大学《马格里布通史》翻译组译，上海人民出版社1974年版，第275页。

致开战是必要的。……国王不再使他的计划仅限于为法国所受到的不公正待遇取得赔偿，而是决定为一切基督教徒的利益而进行征伐，他正下令为此而做准备。陛下作为目标而要努力实现的有：完全消灭海上劫掠；绝对废除基督徒奴隶制；取消基督教国家向摄政区交纳的贡金。”在这些目的达到之前，法国“决不放下武器，或从阿尔及尔召回军队”。[①]经过三个月的准备，5月25日，海军上将迪佩雷的舰队从土伦出发。6月13日，布尔蒙将军统率38,000名步兵和4000名骑兵在阿尔及尔城附近登陆。随军有700艘战舰和商船，战舰搭载了足以使其士兵维持两个月的给养。西班牙政府允许法国从西班牙购买其所需物资，亦允许他们租赁劳动力，甚至建立医院。由此，法国人的重要后方基地得到了保证。至于其他的欧洲国家，则给法国军队以援手，除了持续与法对抗的英国之外，英国担心法国占领阿尔及利亚后将阻断英国在马耳他岛和直布罗陀这两个基地间的联系，但是“英国的反对并不可怕，因为它没有权利，也没有能力，更没有利益阻止法国这样干”。[②]

法国人选择从西迪—法拉吉进发，他们认为西迪—法拉吉是入侵阿尔及利亚的最好地点。当时，在欧洲领事馆的阿尔及利亚官员把一些情报通知了土耳其政府。但是，土耳其政府并未警惕这个攻击，他们还沉浸在沙尔勒三世时代西班牙军队失败的记忆里，他们忘记了当年能够战胜西班牙归因于此前政府所做的充分准备和穆罕默德·奥斯曼帕夏武装全民的总体策略。

1830年时阿尔及尔的常备军只有16,000人[③]，而且德伊没有料到法国人会在西迪—法拉吉登陆，认为他们会选择哈拉什河口，也就是西班牙此前进攻阿尔及尔时所选择的地方。基于这个判断，德

① 潘光、朱威烈主编：《阿拉伯非洲历史文选》，华东师范大学出版社1992年版，第25—26页。

② 〔法〕马塞尔·佩鲁东：《马格里布通史》，上海师范大学《马格里布通史》翻译组译，第275页。

③ 参见 Сапронова М. А., “Страны Магриба в военных обзорах и путевых заметках русских путешественников XIX века”, *Российская история*, 2009, № 2, с. 35。

伊将驻扎在西海岸的大部分军队向东调遣，准备迎击法军登陆。这是一个错误。法军的登陆地点靠近西迪—法拉吉港，所以，登陆时未遇抵抗，6月14日即控制了该地。

德伊责成他的女婿易卜拉欣率领军队抵抗法军。于是，易卜拉欣将他的军队驻到库德耶—萨托维利，试图包抄法军左翼，将它与半岛分离开，斩断其后备部队。易卜拉欣阿加的用兵是高明的，因为法军左翼与其海军之间的空隙长达500米左右。但是，法军后备部队很快增援其左翼，竭尽全力反击易卜拉欣的进攻，占领了他曾占领的库德耶。与此同时，君士坦丁贝伊与法军右翼开战，瓦赫兰贝伊抗其中锋。

德伊女婿在丢掉了库德耶—萨托维利之后，也失去了他的领导权，其位置由贝伊-提特里穆斯塔法·布玛兹拉格代替。穆斯塔法网罗残军，试图组织起来保卫帝国要塞，24日开始进攻法军阵地。战况激烈，法军遭到重创，因为阿尔及利亚人占领着从这个地方到布兹里阿之间的高地，战斗在从西迪-法拉吉到达易卜拉欣控制区域之间的漫长战线上持续进行。但是，28日，法军的巨炮和重装备登陆战场，此时，法军决定发动总攻，其目标在于占领帝国要塞。

7月4日，法军将其重炮对准要塞。要塞保卫战在赫兹纳吉的领导下惨烈地进行。当赫兹纳吉看到他无法在法军面前坚守，他就下令放火烧掉了军火库。要塞城墙失守，只有城堡没有倒塌。

法军占领要塞后，阿尔及尔就暴露在法军的炮口之下了。德伊知道已无法坚守阿尔及尔，于是派穆斯塔法与法国人谈判。7月5日，阿尔及尔摄政府与法国签订了《法国政府与阿尔及尔德伊关于移交城市及要塞的协定》，将所有属于阿尔及尔的要塞及港口移交给法国军队，但居民的私人财产和他们的宗教信仰受到尊重。德伊和他的土耳其侍从们必须离开。[①] 奥斯曼土耳其人自1518年便在阿尔及

① 参见潘光、朱威烈主编：《阿拉伯非洲历史文选》，第27页。

尔建立起来的体制就此终结。协定换文后，德伊流亡意大利，法国在整个摄政区取代了土耳其人，法军开始向阿尔及利亚全境推进。除占领城市外，他们的掳获物还包括12艘军舰、1500门铜炮和价值约1000万美元的硬币。[①]至此，法国人实现了自己的诺言，废除了基督徒奴隶制度，这里的奴隶交易才最终停止，长达三百年之久的北非海盗活动也随之结束。

法国军事占领阿尔及尔

查理十世政府原本打算在法国政府实际控制阿尔及利亚，而且使奥斯曼帝国本身在财政上更加依赖法国的条件下，形式上将阿尔及利亚交给奥斯曼素丹管理。为此，素丹应付给法国2000万法郎[②]，以示感谢。事实上，由于奥斯曼帝国政府的软弱和没有管理远方领地的能力，按照法国的条件在阿尔及尔建立的这个特别政府必然成为法国的傀儡。而在形式上由土耳其人的军队征服阿尔及利亚，也有利于法国的声誉。但法国的这一指令还在去君士坦丁堡途中的时候，1830年7月27日，法国爆发资产阶级“七月革命”，奥尔良王朝替代了波旁王朝，查理十世被推翻，同奥斯曼帝国政府的谈判就此停止。那些曾占领过瓦赫兰和波尼（即今安纳巴）的部队被召回到阿尔及尔，七月王朝（1830—1848）打算在阿尔及利亚建立法国的直接统治。所以，查理十世的继承者路易－菲利普首先采取的一个行动，就是决定保留已征服的地方，并且任命克洛塞尔为法国驻阿尔及利亚总司令（1830年9月—1831年2月）前往阿尔及尔接替布尔蒙。当时的法国陆军部长希拉尔曾说明征服阿尔及利亚的目的是“为了解决我们的人口过剩和推销我们工厂的产品来交换由于我们的土壤和气候关系以致我们所没有的其他产品，必须开辟一个广泛的出口市场”。1832年3月，克洛塞尔在议会演讲时也公开

① 参见〔德〕弗·恩格斯：《阿尔及利亚》，《马克思恩格斯全集》第14卷，人民出版社1964年版，第104页。

② 同上书，第800页。

宣称："占领会使这一殖民地能在十年后殖民地产品的贸易超过两亿法郎以上。"①

法国人占领阿尔及尔后，废除了奥斯曼土耳其人统治时期的德伊政权，配置了驻防军，并且实行军事管制。法国人用了近30年的时间，将阿尔及利亚的沿海地区、城市及其郊区殖民地化，当时总督管辖区分为三个省：东部的君士坦丁省、中央的阿尔及尔省和西部的奥兰（即瓦赫兰）省。国家由兼总司令的总督管辖；他的助手是秘书和民政长官；在总督下面还设有由内务部门的领导人、海军司令、陆军司令以及司法部门的领导人组成的委员会，委员会的职责是批准总督的命令。讼事审理委员会负责审理民事和刑事方面的违法行为。在建立了民政管理机构的省，有市长、法官和警官。信奉伊斯兰教的部落有他们自己的法官，保留有传统的仲裁法庭制度，并且有专门负责在法国法庭上为阿拉伯人利益辩护的官员，即阿拉伯人的律师。

军事占领阿尔及利亚初期，囿于可靠资料的缺乏，法国并没有一项确定的政策。司令官克洛塞尔因擅自与突尼斯君主磋商，打算将瓦赫兰省和君士坦丁省交由当时臣属法国并向其纳贡的突尼斯治理而被撤职。继任者贝特泽纳在这个岗位上勉强坚持了不到一年（1831年2月—1831年12月）。期间，1831年6月5日，巴黎成立了阿尔及尔事务管理局，一个民政总监被派往非洲，领导那里的行政。法国在阿尔及利亚处理与当地居民直接有关问题的军事行政机关还有阿拉伯局，在每个被征服的阿尔及利亚的区都设有阿拉伯局，该机构拥有极大的权力。

为增强法国在阿尔及利亚的影响，1832年起，法国开始向阿尔及利亚内地扩张，因而导致法国与阿卜杜拉·卡德尔为代表的阿尔及利亚民族主义势力的冲突。由于军事管理制度受到当地人的强烈反对，法国人也在一些地区建立了民政管理机构，采取了一些发展

① 翟象乾：《法国侵占下的阿尔及利亚》，《历史研究》1958年第6期，第18页。

措施，如排干沼泽地、修筑铁路、建立地方警察。1833 年 7 月 6 日，又成立了阿尔及尔委员会，专门负责在阿尔及尔就地调查情况以决定阿尔及尔的命运。三个月后，委员会提交了报告，结论是不能放弃阿尔及尔。据此，政府于 1834 年 7 月 22 日颁布法令，合并军事指挥权和最高行政管理权，交由新设置的总督一职行使职权，并由若干民政和军事部门人员组成的一个行政委员会予以协助。这意味着，在阿尔及利亚问题上，法国不再局限于有限占领了，也就是说，这既不是阿尔及尔的问题，也不是前摄政区的问题，而是“北非法国属地”问题了。由此，阿尔及利亚殖民问题成为法国在外交领域面临的重大问题之一。

当时的国王路易－菲利普最为倚重的“左右手”是外交大臣基佐。基佐从接任外交大臣之初就展开积极的外交活动，力图扩大法国在海外的势力。他不甘于对阿尔及利亚的有限占领，也不打算扩大该殖民地，而是主张以战争为手段，整个占领阿尔及利亚。1841 年 2 月，贯彻这一思想主张的毕若被任命为总督，他坚持认为，只有军事殖民化才能保证开发阿尔及利亚。于是，法军在占领阿尔及利亚沿地中海地区后，大举向其内地进犯，期间甚至实行残酷的焦土政策，洗劫和焚烧村落。1847 年 11 月，基佐终于“如愿以偿”地占领了这个国家。[①] 在军事占领的同时，毕若还将殖民化同移民相结合，使欧洲移民开始在阿尔及利亚安家落户。到 1847 年 7 月 5 日他离职前夕，阿尔及利亚的欧洲人口已达 10.9 万人，其中法国人有 4.7 万人，其余主要是德国人、瑞士人和西班牙人。[②]

1848 年革命期间，前阿尔及利亚总督、时任法兰西第二共和国陆军部长的路易 · 卡芬雅克镇压工人的“六月起义”时，逮捕了 25,000 多人，其中大部分后来都未经审讯就被送往阿尔及利亚。[③]

---

① 参见吕一民：《法国通史》，上海社会科学院出版社 2002 年版，第 188 页。

② 参见〔法〕加布里埃尔 · 埃斯凯：《阿尔及利亚史》，上海师范大学《阿尔及利亚史》翻译组译，上海人民出版社 1974 年版，第 41 页。

③ 参见吕一民：《法国通史》，第 200 页。

为了安置这些“危险分子”，法国在阿尔及利亚设立了42个农业中心。[①]

移民被送到阿尔及利亚耕种土地，但是他们不是死亡就是厌恶地抛弃了已经开始的工作。在姆扎卜这个与沙漠接壤的富庶地区，由以歼灭法国人为宗旨的秘密组织“西迪·阿勃迭腊赫曼”鼓动的起义，击溃了1200名法国远征军；阿拉伯城市左阿德奇连续51天击退法国人的围攻，最后才被强攻占领。小卡比利亚直到1851年才投降，法国人得以建立起菲利普维尔和君士坦丁之间的交通线。

1852年底，路易·波拿巴恢复帝制，法兰西第二帝国建立，确立对外战争为国策。在帝国存在的18年时间里，战火从未停熄。在欧洲，1853年至1856年，发动克里木战争。1856年至1859年，发动旨在削弱奥地利的意大利战争。在亚洲、非洲、大洋洲发动殖民战争。1853年，占领大洋洲地区的新喀里多尼亚岛。1857年，与英国一道对中国发动第二次鸦片战争。1859年，攻占西贡，使越南沦为法国的殖民地。在这种形势下，在北非不仅完全征服了阿尔及利亚，还扩大了在埃及的势力，进一步染指西非和赤道非洲。到法兰西第二帝国末年，法国拥有的殖民地面积达90多万平方公里，人口650万，是仅次于英国的世界第二大殖民帝国。虽然在十几年的征战过程中也有如远征墨西哥的失利，但是所取得的成就让路易·波拿巴骄傲而轻敌。他不顾自己年老多病，亲赴前线指挥，结果与八万多法军在色当被俘，终致普法战争失败，帝国垮台，巴黎民众爆发武装起义。在镇压巴黎公社的“五月流血周”中，有1.3万人被判处流放阿尔及利亚和新喀里多尼亚。[②]

---

① 参见〔法〕加布里埃尔·埃斯凯：《阿尔及利亚史》，上海师范大学《阿尔及利亚史》翻译组译，第43页。

② 参见吕一民：《法国通史》，第232页。

二、法国进占阿尔及利亚内地

卡德尔抗击法国及《德米歇尔和约》

如果说奥斯曼土耳其人能够控制阿尔及利亚数世纪，那是因为帝国遥远且无为而治，更重要的还在于他们同是穆斯林。即便如此，当地居民仍对土耳其人的统治怀着很深的敌意，对近在咫尺的异教的法国人的占领，其深恶痛绝可想而知。从法国人占领阿尔及利亚沿海开始，阿尔及利亚人的反抗便未停止过。在20世纪获得独立之前，阿尔及利亚人民先后举行了50多次武装起义。在阿尔及利亚人民所进行的抗击法国殖民者的斗争中，最初形成规模并具影响力的是阿卜杜拉·卡德尔领导的西部地区反法斗争。

阿卜杜拉·卡德尔，1808年9月6日生于阿尔及利亚西部马斯卡拉省格里斯县西迪卡塔村。他的母亲出身名门，父亲毛希丁是哈希姆部落首领，多年领导与土耳其征服者的斗争。卡德尔在家里排行第三，从小接受典型的穆斯林教育，17岁即随父亲到麦加朝觐，沿途漫游突尼斯、埃及和西亚的一些阿拉伯国家。三年后返回故乡，潜心研究哲学、历史和伊斯兰教经文。成年后又再次游历麦加、麦地那和埃及，深受穆罕默德·阿里改革的影响。然而，法国人的到来改变了他的生活。

1832年10月底，一支法国远征军向西部城市瓦赫兰进发，试图夺取“菲利普”城堡。毛希丁命阿卜杜拉·卡德尔统率义勇军击退了法军。卡德尔表现出的英勇无畏和军事才能令父亲满意。在父亲的举荐下，年仅24岁的卡德尔被部落首领推举为埃米尔，从此肩负起抵抗法军的重任。

卡德尔所面临的是散漫的贝都因部落及其相互之间难以消弭的纠纷，而为了保卫民族独立，人民必须团结起来。卡德尔所受的良好教育使他不仅是“勇敢的军人、精巧的骑士、准确的射手、天才的军官”，他还是“以明朗和智慧的言辞使听众折服的动人的演说家、出色的作家和诗人、聪明的组织者”。[①]加之他生活简朴，作风端正，所以得到广大农民和牧民的支持，得以建立起一支正规的有效能的抗法起义军。据当时一位见过卡德尔的俄国军官回忆说：“尽管个子不高，衣着朴素，但是他的勇气盖过了一切。他一次次迎击法国人从堡垒里投出的炮弹和榴弹，用自己的行动培养阿拉伯人对危险的蔑视。”[②]卡德尔领导的抗法起义军从1832年到1834年，屡屡挫败法军。当时驻扎在瓦赫兰的法军统帅德米歇尔被迫与卡德尔进行谈判，并于1834年2月26日签订了和平友好条约，即《德米歇尔和约》，也称“瓦赫兰条约”。和约承认卡德尔为“山上的埃米尔”，规定法国人与阿拉伯人之间停止敌对行动，双方将尽全力“促进由上苍安排而生活于同一主宰之下的两国人民间应存在的团结和友谊”。[③]和约规定，除沿海的三个城市（阿尔及尔、君士坦丁和瓦赫兰）外，承认阿尔及利亚西部地区为独立的阿拉伯国家的领土，并且承认阿卜杜拉·卡德尔是这个国家的领袖。

法国毁约与《塔夫纳条约》

《德米歇尔和约》“是法国政府忍痛接受的最耻辱的条约之一”[④]，德米歇尔因此被撤职，由特雷泽尔接任。法国随即毁约。当踌躇满志的特雷泽尔将军率领法军连续向卡德尔发起进攻时，卡德尔被法国人的出尔反尔激怒了，痛击法军，法国政府在连续更换了数任统帅仍无力克敌后，无奈与卡德尔重开谈判。1837年5月30日，法国元帅毕若与卡德尔签订了《塔夫纳条约》。卡德尔承认法国在

---

① 参见〔苏联〕古柏尔等：《殖民地保护国新历史》上卷第2册，吴清友译，新中国书局1949年版，第108页。

② Сапронова М. А., “Страны Магриба в военных обзорах и путевых заметках русских путешественников XIX века”, *Российская история*, 2009, № 2, с. 32.

③ 潘光、朱威烈主编：《阿拉伯非洲历史文选》，第28页。

④ 〔法〕马塞尔·佩鲁东：《马格里布通史》，上海师范大学《马格里布通史》翻译组译，第328页。

阿尔及利亚的主权，双方划定了各自的势力范围，法国为自己保留的领土为“奥兰省的穆斯塔加奈姆、玛扎格拉姆及其附属地区；奥兰、阿尔泽加上以下述地带为界的地区：东面为玛克塔河及其源出之处的沼地，南面一线自上述沼泽开始，经湖的南岸朝西迪—赛德方向延伸至瓦迪—马拉赫（河），再从此河直达大海，凡在此线内的地方均为法国的领土”。“阿尔及尔省的阿尔及尔、沙希尔，玛提贾平原，东界临瓦第·卡达拉及其邻近地区；南界为小阿特拉斯山第一脉的山顶至契发（河），包括勃利达赫及其邻近地区；西边以契发（河）为界，直至玛扎弗兰（河）的弯曲处，再从那儿直达大海，包括考利赫及其附属地区；凡在此界线内的地方均为法国的领土。”法国则不仅承认卡德尔对阿尔及利亚西部地区的主权，还同意他对中部广大地区的管辖权。“由埃米尔治理奥兰省、提特利省，以及阿尔及尔省的部分地区，即不包括上述范围内的该省东部各地点。但不能进入摄政管辖区的其他任何部分”，法国人和阿拉伯人相互间可以在彼此领土上定居，也可以自由通商。“居住在法国领地内的阿拉伯人可自由信奉其宗教。他们可在那儿建造清真寺，服从其精神领袖的权威，遵循各方面的宗教戒律。”埃米尔允诺：“在没有得到法国授权的情况下，不将海岸上的任何地方割让给任何国家。”①

卡德尔在取得上述胜利之后，逐步整合各部落，将西部和中部广大地区统一起来，在马斯卡拉建立起自己的阿尔及利亚埃米尔国家。他致力于建立一个法治的、中央集权的国家，实行现代化政策，采取统一的行政管理制度，由政府委派行政长官进行管理，替代血亲和宗教关系。同时，他着力整编、扩充军队，组建起一支数千人的包括步兵和骑兵的常备军，以及由各部落组成的联合军，联军人数高达数万人。卡德尔还建立军工厂和纺织厂，生产枪炮、弹药和布匹，并兴建学校和图书馆，力促文化教育事业的发展。这些措施

① 潘光、朱威烈主编：《阿拉伯非洲历史文选》，第31页。

有利于卡德尔提高反击法国的能力，当然也引起地方封建势力的觊觎。

法国全面占领阿尔及利亚

是全面占领还是局部占领阿尔及利亚，在法国人内部始终是有分歧的，但局部占领基本上是无力全面占领时的权宜之计。《塔夫纳条约》签订后，一位参加过进攻阿尔及利亚的老战士瓦莱被任命为法军元帅和驻阿尔及利亚总督，他试图将西部从卡德尔手里夺回来。于是，法国人再次撕毁和约，1839 年 6 月重新发起对卡德尔的战争。对法国人的这种行为，卡德尔说："我已决定宣战，因为从法国人所做的准备工作中，使我懂得，他们所说的和平是不算数的。我养精蓄锐等待好几年，为的是要对付一个比我强大的敌人。再等下去我将一无所获。"①1839 年 11 月 18 日，他通知瓦莱，已经宣布"圣战"。他的军队越过阵线，侵入米提贾平原，劫杀欧洲人，摧毁他们的农业垦殖区。卡德尔的强力反击，逼迫法国政府不断增兵，但瓦莱仍无力应对，1840 年底，被迫辞职，毕若元帅接任。

毕若把路易·菲利普国王 1831 年 5 月 9 日在巴黎建立的法国外籍军团调到北非，同时加强其前任开始建立的土著民兵队伍，试图用非洲人来打非洲人。为了对付卡德尔的游击战术，毕若采用突袭的方法替代阵地战，实行轻装"扫荡"，大肆破坏水源，毁灭农作物和粮食仓库、畜群和饲料、武器制造所和军火库，以断绝卡德尔的物资供应。同时，法国的兵力不断增加，到 1844 年，达到九万人，而且法军拥有卡德尔所没有的新式武器。除此之外，法国人还收买地方势力，分化瓦解阿尔及利亚人。这一切使得卡德尔的处境越来越艰难，1841 年初，法国军队攻陷君士坦丁，镇压了东部的民族解放运动，随后撕毁《塔夫纳条约》，集中八万精兵，向西围剿卡德尔。由于实力悬殊，卡德尔的军队接连失利，从 1841

① 〔法〕加布里埃尔·埃斯凯：《阿尔及利亚史》，上海师范大学《阿尔及利亚史》翻译组译，第 31 页。

年到1842年初，卡德尔所有的重要根据地如马斯卡拉、塔格当普特、赛义达、特莱姆森、塞卜杜、博加里和塔扎等地区，都被法军占领。1843年5月16日，两千名法军在奥马尔公爵率领下，发动突然袭击，攻占了位于博加里以南160公里的卡德尔的营地塔吉纳井。卡德尔失去了在撒哈拉地区的最后一个据点，被迫退至阿尔及利亚和摩洛哥之间的边界地区。法国因担心卡德尔与摩洛哥素丹联合起来抗法，便在已俘获其家人的情况下，尝试收买卡德尔，许诺给他与其身份相匹配的生活待遇，希望他引退。卡德尔予以拒绝并继续抗法，直至1847年12月24日被俘，他所领导的起义才最后归于失败。[①]卡德尔失败后，加米安－加腊勃大部落随即表示归顺，这个国家才算是被制服了。从1830年占领首都阿尔及尔至此，法国用了近20年的时间，期间维持着五条补给线，花费了13亿法郎，牺牲了10万士兵和军官[②]，才镇压了当地居民的抵抗。

1848年年初，卡德尔被押送到法国，他在法国罗亚尔的监狱里度过了近五年的时光。1852年10月，离开法国到土耳其。三年后，拿破仑三世将其流放到叙利亚的大马士革，在那里他主要从事《可兰经》和阿拉伯文学艺术的研究，同时继续关注祖国的解放事业。晚年还曾亲赴巴黎（1863—1865），试图说服拿破仑三世改变法国对阿尔及利亚的殖民政策，但未成功。1883年，卡德尔在大马士革去世。恩格斯曾赞扬这位阿尔及利亚的民族英雄是“孜孜不倦和大胆无畏的领袖”。[③]阿尔及利亚人民始终铭记并感念这位民族英雄。1962年阿尔及利亚独立后，在首都阿尔及尔市中心迪杜什·穆拉德大街建有一个埃米尔阿卜杜拉·卡德尔广场，一座卡德尔手持宝剑的铜像屹立广场中央。1983年卡德尔逝世一百周年时，阿尔及利亚举行了隆重的纪念活动，后又在马斯卡拉市修建了一座纪念塔，并

---

① 参见许永璋：《1832—1847年阿尔及利亚的阿卜杜拉·卡德尔起义》，《史学月刊》1980年第1期，第91页。

② 参见Сапронова М. А.，“Страны Магриба в военных обзорах и путевых заметках русских путешественников XIX века”，*Российская история*, 2009. № 2, с. 32。

③ 〔德〕弗·恩格斯：《阿尔及利亚》，《马克思恩格斯全集》中文版第14卷，第108页。

在塔上竖立起英雄的雕像。

卡德尔被俘之后，阿尔及利亚各地断断续续爆发了几次起义。如 1851 年在卡比利亚山地，1852 年在拉古亚特，1854 年在图古尔特都爆发了起义，但这些起义都较卡德尔的斗争逊色。到 1857 年，法国军队征服了卡比利亚，终于完成了沿海地区的征服。19 世纪 50 年代，法国由沿海，从北向南扩大侵略，占领拉格瓦特绿洲、图古尔特与瓦格拉等地，达到北纬 32°线，即基本占领阿尔及利亚人口稠密地区，实际占领全国。[①]

1871 年，普法战争中法国的战败导致阿尔及利亚开始了新一轮民族起义高潮。1870 年 9 月，法国拿破仑三世被推翻的消息传来，阿尔及尔人民欢欣鼓舞，民众不仅冲上街头，而且成立起政治组织——阿尔及尔共和派协会，提出："社会革命"的口号，并在阿尔及利亚各城市纷纷成立共和派国防委员会。1870 年 11 月 7 日，阿尔及尔共和派协会要求将政权移交给共和派国防委员会，并选举律师维耶尔莫兹为国防委员会主席，同时成立国民卫队。革命形势发展之迅速迫使法国政府采取强力镇压措施，逼迫维耶尔莫兹交出政权，1871 年 4 月，法国新任阿尔及利亚总督基顿大将解散了阿尔及尔市政府及国民卫队。但在阿尔及利亚广大农村，农民和牧民的反法起义仍然此起彼伏。1871 年 3 月 14 日，由穆罕默德·莫卡拉尼领导的震动整个阿尔及利亚的大规模起义，有 30 个部落计 2.5 万人参加；4 月 8 日，拉哈马尼亚会社领导的更大规模的 250 个部落约 60 万农民和牧民（阿尔及利亚全体原有居民的三分之一）参加的起义，席卷了几乎全部东部领土。[②]

1871 年 5 月，法国的资产阶级镇压了巴黎公社之后，转而全力绞杀阿尔及利亚人民起义。在阿尔及利亚增派占领军，起义在 1871 年到 1872 年间陆续被平定。及至 1879 年奥雷斯山区和 1881 年乌勒－西迪－契伊克部落再次爆发起义已属强弩之末。在接连遭受打击之

① 参见郭华榕：《法兰西第二帝国史》，北京大学出版社 1991 年版，第 254 页。

② 参见〔苏联〕古柏尔等：《殖民地保护国新历史》上卷第 3 册，吴清友译，第 123 页。

后，19世纪末直至20世纪初相当长一段时期，阿尔及利亚人民再无力发动大规模的起义。

此外，早在1841年阿卜杜拉·卡德尔逃到摩洛哥时，法国追击至此，并开始进击撒哈拉。法国先在撒哈拉边缘设置据点，用以控制商队和劫掠者的通道，后希望依靠瓦赫兰、摩洛哥和撒哈拉边界的联盟的支持挺进撒哈拉，但由于谢赫管区联盟发生暴动而未能成行。暴动持续了20年，直到1882年法国兼并姆扎卜，1883年最后一批暴动者投诚才告结束。

平定叛乱期间，法国根据“撒哈拉铁路建设计划”，向撒哈拉派出探险队，1881年有队员被杀害后，计划暂停。1890年8月5日，法国与英国签订协定，英国承认法国在北非的属地以南地区为其势力范围。法国因此获得行动自由，不久即占领了提迪克勒特绿洲的主要城市亚因萨拉赫以及图瓦特绿洲和萨乌拉。1903年，设置阿尔及利亚—摩洛哥边界指挥官，开始向摩洛哥渗透，同时在中部撒哈拉训练图阿雷格人。1905年，占领了南部的撒哈拉地区，至此便占领了整个阿尔及利亚。到“第一次世界大战”爆发时，阿尔及利亚已通过汽车和飞机同法属西非洲连接起来，撒哈拉不再是一个障碍，而成了法国在非洲各属地之间的通道。加之法国分别于1881年和1912年对突尼斯和摩洛哥实行保护制，阿尔及利亚的疆界因而得到保证。

对法国人而言，阿尔及利亚成为法国将军和兵士们的军事学校，所有在克里木战争中获得荣誉的法国军官都是在这里受到军事训练并取得作战经验的。至于阿尔及利亚对法国的战略价值，俄国人的诠释更令法国人如遇知音。俄国人认为，尽管法国付出了高昂代价，但是征服阿尔及利亚是必要的，就像俄国必须征服外高加索一样。俄国如果不控制外高加索边区，就将陷入黑海和里海之间整个“半野蛮”的高加索部落的不断侵袭之中。而且，法国人如果不控制北非，意大利也会占据这里。1899年，一位访问北非归来的俄国人在随笔中写道：“在我们的时代，殖民政策不是无益的。欧洲国家的社会情绪认可殖民政策是文明国家的必然之举，因而，在法国政府看来，为了未来的财富，自己在阿尔及尔的巨大付出是必要的。”①

三、法国在阿尔及利亚殖民统治的巩固和发展

军事统治时期的移民政策

阿尔及利亚是法国在非洲建立的首块殖民地，对法国的政治、经济、外交等各方面都有着重要的意义，所以法国非常重视在阿尔及利亚的殖民统治。法国将阿尔及利亚作为其海外领地，自 1830 年到 1871 年实行直接的军事统治，并且规定法国的法律可以适用于阿尔及利亚。按照这种同化政策，阿尔及利亚并不是法国的海外殖民地，而是法国的延伸部分。

为了控制这一属地，自 1830 年开始，法国就致力于在阿尔及利亚进行殖民，通过组办公司、圈占土地、建立农场等方式向阿尔及利亚移民。殖民化的结果是土地投机；建立军事移民区的尝试难见成效，因为种地的移民只有在距离他们碉堡的火炮不远处才是安全的；同时，法国还试图通过向阿尔及利亚移民以期将阿卜杜拉·卡德尔从奥兰和阿尔及利亚西部赶出去。

1834 年，法国颁布法令，强行宣布阿尔及利亚为法国领土。至 1840 年，已有三万多欧洲人来到阿尔及利亚。1841 年，法国政府更是通过颁布法案鼓励法国人向阿尔及利亚移民。有了法案保护的移民来势更为汹涌，不仅法国人，欧洲其他国家，特别是地中海沿岸的西班牙人、意大利人等都纷纷加入移民浪潮。在此后一百年间，但凡遇到欧洲局势动荡或发生战乱，就会有大量的欧洲移民涌入阿尔及利亚。但由于水土不服、无法适应环境、疟疾流行等原因，许多移民或病死或辗转离开，并未能在这里长期居留，因此这一时期

① 参见 Сапронова М. А., “Страны Магриба в военных обзорах и путевых заметках русских путешественников XIX века” , *Российская история*, 2009, № 2, с. 34。

在阿尔及利亚的欧洲移民数量仍相当有限。[①] 到 1847 年 1 月 1 日，进入阿尔及利亚的欧洲移民达到 10.9 万人。[②]

1848 年，法国爆发的“二月革命”推翻了七月王朝，建立了法兰西第二共和国。在这一时期，法国不但没有改变向阿尔及利亚移民的政策，反而更加积极地宣传所谓的“同化政策”，即将法国的法律应用于阿尔及利亚以维护移民的利益。但广大的阿尔及利亚居民并没有权利享受到这种宣称人人平等的法律，这种“同化”不仅仅表现在律法和政治层面上。法国统治者也在宗教、文化、教育等层面强迫阿尔及利亚人接受法国人的观念，这种殖民方式激起了阿尔及利亚人的强烈反感。仅仅存在了四年时间的法兰西第二共和国便被法兰西第二帝国取代了。

法兰西第二帝国的开创者拿破仑三世很重视阿尔及利亚，他曾两度访问阿尔及利亚。1860 年 9 月 21 日，他在阿尔及尔发表演说，直言不讳地宣称：“阿尔及利亚不是一个普通殖民地，而是一个属地（possession）。”[③]

第二帝国征服的阿尔及利亚，是法国在非洲最大的殖民地，也是法国当时在世界上拥有的最大殖民地。所以，随着殖民垦殖企业工作的开展，欧洲移民不断涌入阿尔及利亚，1870 年，欧洲移民共 24.5 万人，其中 60% 是法国人。[④]1876 年，阿尔及利亚的移民数量达到了 34.4 万人，约占阿尔及利亚总人口的十分之一。[⑤] 而这一时期的移民政策与之前大不相同的是，相对于 1860 年之前带有强迫和鼓励性质的移民政策（例如 1848 年移民法案的颁布），1860 年之后，法国人逐渐在这里站稳了脚跟。阿尔及利亚这种欣欣向荣的发展对

---

① 参见 Benjamin Stora, *Algeria, 1830—2000: a Short History*, translated by Jane Marie Todd, Cornell University Press, 2006, p. 23。

② 参见〔法〕加布里埃尔·埃斯凯：《阿尔及利亚史》，上海师范大学《阿尔及利亚史》翻译组译，第 41 页。

③ 郭华榕：《法兰西第二帝国史》，北京大学出版社 1991 年版，第 254 页。

④ 同上书，第 255 页。

⑤ 参见〔法〕加布里埃尔·埃斯凯：《阿尔及利亚史》，上海师范大学《阿尔及利亚史》翻译组译，第 62、65 页。

于欧洲人而言很具有吸引力，于是大量移民接踵而来。随着移民数量的增加，拿破仑三世政府便开始明码标价地买卖土地。这种贩卖土地的做法致使阿尔及利亚的农民常年陷入饥荒和贫困之中。[①]

第二帝国后半期，法国在阿尔及利亚进行资本主义工商业扩张。1861 年陆续在阿尔及利亚成立银行和公司。1884 年，法国与阿尔及利亚订立海关同盟，法国工业由此取得了阿尔及利亚市场的垄断权，之后又逐步控制了这个国家的矿山开采权和商业以及对外贸易。

普法战争后的民政管理

1870 年的普法战争直接导致法兰西第二帝国垮台，战败后的法国不仅面临赔款、割地的挫折，还要面对法国在欧洲霸权地位衰落的现实。这种打击使得很多法国人选择离开祖国，选择来到离法国本土很近的殖民地——阿尔及利亚生活。于是，法兰西第三共和国时期，阿尔及利亚迎来了继 1848 年之后的又一次移民高潮。

普法战争后，1183 户阿尔萨斯—洛林工厂的工人移居到阿尔及利亚。为了安置这些移民，法国政府继续设立免费提供土地的农业中心和农庄，所使用的土地包括卡比尔人因暴动失败而被扣押的 50 万公顷土地。此外，自 1871 年至 1880 年，法国从摩洛哥到突尼斯，创设了拥有 40.1 万公顷土地的 264 个农业中心，用以进行殖民的活动。[②]与官方殖民化齐头并进的还有自由殖民，即通过购买老一代移民的土地而取得其地位。

大批法国平民特别是阿尔萨斯—洛林的难民涌向阿尔及利亚后，1871 年 6 月 21 日，法国政府颁布法令，废除了阿尔及利亚军政府，实行民政管理，由法国政府向阿尔及利亚的三个省派出总督进行治理，即在阿尔及利亚建立起“文官政府”，将掌管责任从陆军部转至内政部，结束了军事管理。作为过渡，最先两位民政总督仍是军人，

---

① 参见 Alistair Horne, *A Savage War of Peace: Algeria 1954—1962*, Viking Press, 2006, p. 31。

② 参见〔法〕加布里埃尔·埃斯凯：《阿尔及利亚史》，上海师范大学《阿尔及利亚史》翻译组译，第 60—61 页。

直至1879年，第一个真正的文官上任。

在法国政府这种殖民政策的鼓励下，阿尔及利亚的法国居民从1871年的13万人，增加到1880年的19.5万人；外国居民从11.5万人增加到18.1万人，其中欧洲籍的农业居民从10万增加到14.6万人。由于大部分移民把自己的土地出租给土著居民，然后在规定的五年居住期满后就卖掉，所以，土著居民的数量也从241.8万人，增加到1882年的331万人。1881年以后，官方殖民化的进展速度才降下来。到20世纪20年代，移民可以得到的土地面积更加扩大，但条件是必须在租让地居住，而且在20年内不能转让土地。[①]

1910年之后，欧洲的移民浪潮归于平静，此时的法国政府不再鼓励向阿尔及利亚移民，而是管理阿尔及利亚的移民事务。此时的阿尔及利亚人口构成基本定型，其中阿拉伯人占总人口的83%，包括卡比尔人、沙维亚人、姆扎卜人和图阿雷格人等多个民族；除阿拉伯人之外，还有古老传统的柏柏尔人，约占总人口的17%；此外阿尔及利亚的移民数量也很可观，大约有几十万外国人，排第一的是法国人，其次是摩洛哥人，接下去是美国人、西班牙人、意大利人等。[②]这些在阿尔及利亚定居的欧洲移民被阿尔及利亚当地人称为“黑脚仔”。黑脚仔的起源有两种说法：一是因为法国军人总是穿着黑色的皮靴；二是因为这些白皮肤的欧洲人在田间赤脚劳作时被烈日晒黑了，与他们白色皮肤形成强烈的对比，故称“黑脚”。他们中的大部分都是来自意大利、西班牙和法国偏远山区的农民，还有一些是被法国流放至此的政治犯。这些在祖国生活不如意的人，在移民政策的鼓励下，来到阿尔及利亚定居。起初，法国政府将掠夺来的土地分给他们，鼓励他们在此安居乐业。黑脚仔们也开始享受在阿尔及利亚的特权——不用缴纳赋税，拥有沿海的大面积肥沃土地，逐渐建立起工厂、医院，甚至开始从事商业活动，剥削阿尔

① 参见〔法〕加布里埃尔·埃斯凯：《阿尔及利亚史》，上海师范大学《阿尔及利亚史》翻译组译，第63页。

② 参见赵慧杰编：《阿尔及利亚》，第20—21页。

及利亚的廉价劳动力。[①]黑脚仔在阿尔及利亚的存在是法国的一种殖民策略，目的是为了加快阿尔及利亚与法国的“同化”进程。黑脚仔仍保留法国国籍，他们维护法国的根本利益，希望阿尔及利亚能永久性地成为法国的一部分。

由于阿尔及利亚的移民不断要求在政治上享有宗主国法国人那样的自由和保障，并受到总督的保护，法国于1896年12月31日颁布法令，取消了附属制度，即从此以后，作为法兰西共和国代表的总督，在内政部长的节制下行使其行政管理权，包括仍然附属于巴黎的各部门，如穆斯林的司法和教育管理部门。最高议会由总督任命的高级官员和居民代表组成。这意味着阿尔及利亚在法律上已成为法国的一部分，其地位以及对法国的重要性都要高于其他法属殖民地。

为使穆斯林愿意遵守法国的法律，1881年8月26日，法国颁布实现阿尔及利亚与法国“同化”的法令，决定将“法国公民”的资格给予穆斯林。但“事实上穆斯林居民不承认任何隶属关系：他们认为自己既不是‘臣民’，也不是‘被管理的人’，除了在政治问题上以外，没有任何权威——这正是欧洲人所不能理解的。”[②]他们在政治问题上所服从的权威，始终体现在这样一种信念中：

> ——伊斯兰教是我们的宗教；
> ——阿拉伯语是我们的语言；
> ——阿尔及利亚是我们的祖国。

穆斯林认为，接受法国公民资格会使他们承担屈从于异教徒法律之下的义务，从而要放弃自己的个人法权，而他们希望也许有一

① 参见 Helen Chapin Metz, *Algeria: a Country Study*, U. S. Government Printing Office, 1994, p.24。

② 1882年4月13—14日马克思致劳拉·拉法格的信，《马克思恩格斯全集》中文版第35卷，人民出版社1971年版，第298页。

天能够重新成为自由的民族，以便保证自己的民族特性，因此，他们很少要求成为法国公民。[①]

1880年和1884年通过的两个法令规定，伊斯兰教居民可以有权选举市议会议员，但选出的议员只能占总数的五分之二，伊斯兰教议员不能竞选市长。1894年，阿尔及利亚最高议会里由总督任命的30名议员中有7名伊斯兰教议员。这种对阿尔及利亚穆斯林的限制到“第一次世界大战”结束后才有所改善。

法国垄断阿尔及利亚经济

阿尔及利亚的贸易从被法国占领时起发展迅速，到1857年，进口价值约为2200万美元，出口价值约为300万美元。[②]进口的是棉织品、毛织品、丝织品、谷物、面粉、石灰和精制糖；出口的是未加工的珊瑚、皮革、小麦、植物油、原毛以及其他一些小商品。

从第二帝国后半期起，法国开始对阿尔及利亚进行资本主义工商业的扩张。1861年起，陆续在阿尔及利亚成立了银行、抵押公司、矿业公司、海运公司等。1867年，巴黎银行联盟的分支阿尔及利亚总公司因贷款给阿尔及利亚行政当局而得到君士坦丁最好的森林区的十万公顷林地。1884年，法国通过与阿尔及利亚签订海关同盟，法国工业因此而获得了在阿尔及利亚市场上的垄断权。

由于阿尔及利亚的降雨量极不正常，粮食产量只能听天由命，所以当地人一直在寻求种植一种适宜本地气候条件的作物，如棉花和烟叶等，但都不长久。1870年至1878年间，法国的葡萄种植业因连年遭受虫灾而趋于凋零，于是大批移植到阿尔及利亚，法国的一些葡萄种植者随之来到阿尔及利亚，一部分老垦殖区被改为葡萄产区。这一新作物的种植成功，使得一些城市和居民中心得到了发展。

---

① 参见〔法〕加布里埃尔·埃斯凯：《阿尔及利亚史》，上海师范大学《阿尔及利亚史》翻译组译，第70页。

② 参见〔德〕弗·恩格斯：《阿尔及利亚》，《马克思恩格斯全集》第14卷，人民出版社1964年版，第110页。

从1900年起，阿尔及尔和一些军队驻地及外省小城市都变成了巨大的贸易市场。1905年，阿尔及利亚的葡萄虫害迫使移民改用美国育种的葡萄苗代替法国的葡萄树。到1914年“第一次世界大战”前夕，葡萄种植面积已由1878年的2万公顷增加到15.5万公顷。[①]

“第一次世界大战”期间，阿尔及利亚的经济发展速度减慢。大战结束后，葡萄种植面积继续扩大，部分原来的谷物种植者转而种植葡萄，导致阿尔及利亚葡萄种植面积大增。1938年，达到40万公顷。葡萄种植者中94%是中小业主，但6%的欧洲大生产者占有半数以上的葡萄生产。葡萄产量达2200万公石，葡萄酒的出口量占全部出口额的半数还多。但阿尔及利亚作为关税同盟的成员，只能向法国销售葡萄酒，又因影响法国南方葡萄种植者的利益，因此只能削价销售。所以到“第二次世界大战”前夕，葡萄种植面积加速扩大的趋势停止了。[②]

法国银行业也在“第一次世界大战”中获得巨额利润，战后更加强了对阿尔及利亚公司及万萨铁矿公司（占阿尔及利亚铁矿生产的四分之三）的监督权，法国矿业联盟也加强了对科义夫磷酸盐公司（占阿尔及利亚磷酸盐生产的80%）的监督权。法国垄断组织掌握了阿尔及利亚全国的所有地下蕴藏，尤其是铁矿和磷酸盐，法国垄断资本因而得以控制阿尔及利亚的重要经济命脉。[③]

---

① 参见〔法〕加布里埃尔·埃斯凯：《阿尔及利亚史》，上海师范大学《阿尔及利亚史》翻译组译，第65页。

② 同上书，第67页。

③ 参见翟象乾：《法国侵占下的阿尔及利亚》，《历史研究》1958年第6期，第22页。

第四章　阿尔及利亚民族解放运动与法兰西第四共和国的垮台

法国殖民统治对阿尔及利亚土著居民的压迫加速了殖民地社会的分化。20 世纪初期，由于受欧洲先进思想的影响，阿尔及利亚民族主义萌生。各种思潮主导的政治组织纷纷成立，并通过重新确认阿尔及利亚人的身份，为阿尔及利亚的民族解放寻求出路。鉴于法国殖民主义的强大影响力，同化主义成为当时民族主义运动的主流。然而，1945 年的塞提夫大屠杀改变了阿尔及利亚民族进程，民族主义运动走向激进化，最终导致 1954 年阿尔及利亚民族主义者在奥雷斯山区打响武装反抗殖民统治的第一枪。武装斗争促进了民族主义的融汇，各派别的民族主义组织加入民族解放阵线，实现了对民族主义力量的整合。法国殖民当局不仅未能借助系统的社会和经济改革来缓解殖民地人民的基本诉求，反而采取强硬态度，并以军事手段回应殖民地的民族解放斗争。另一方面，阿尔及利亚人民的正义斗争也得到国际社会的有力支援，阿尔及利亚问题被国际化。在阿尔及利亚问题的困扰下，进退维谷的法兰西第四共和国以垮台告终。

一、阿尔及利亚民族解放运动的兴起

法国移民政策的后果

自法国殖民者踏上阿尔及利亚土地开始，大量法国移民的涌入破坏了阿尔及利亚原有的发展状态。到 1896 年，阿尔及利亚的欧洲移民已达 53.6 万人，其中法国人占 31.8 万人。政府鼓励移民的措施是剥夺阿尔及利亚人的土地分给移民。1850 年殖民者所占土地为 11.5 万公顷，到 1900 年增加到 168.2 万公顷，[①] 大批当地农民被驱逐到高原和沙漠，其结果就是占总人口八分之一的欧洲移民占有全部土地的 55%，且是沿海的肥沃土地，而占人口八分之七的阿尔及利亚人只占 45% 的土地。[②] 同时，这些欧洲移民有权选举自己的代表参加法国议会，并依照法国的法律行事，对阿拉伯—柏柏尔人则执行 1881 年由法国颁布的“土著法典”。按照该法典，阿尔及利亚人不仅被剥夺了选举权，而且“阿尔及利亚人组织政党和社团、用本民族文字发行报刊、在欧洲人机构中供职等等权利都被禁止了，甚至殖民者可以不经任何审讯，就逮捕、处罚或流放一切‘可疑的’阿尔及利亚人”。[③] 这种境遇使得阿尔及利亚人感到自己被剥夺了政治权利和自由。

法国的同化政策

法国在阿尔及利亚强制推行“同化”政策，致力于使阿尔及利亚在政治、经济、文化等层面都更加趋向法国化[④]，尤其是在文化教育方面努力泯灭阿尔及利亚的民族宗教特征。1830 年，法国政府与阿尔及尔德伊签署移交协定时，曾保证“伊斯兰教可继续自由活动；各阶层居民的自由、宗教信仰、财产、工商业活动将不受损害。”[⑤] 但在征服阿尔及利亚的过程中，为打击阿尔及利亚人的反抗，迫使

---

① 参见马彤：《阿尔及利亚的民族解放斗争》，《历史教学》1959 年第 1 期，第 23 页。

② 参见〔阿尔及利亚〕卡迪尔·阿里：《阿尔及利亚地理：自然、人文、经济》，唐裕生等译，商务印书馆 1978 年版，第 69 页。

③ 罗洪彰：《阿尔及利亚民族解放战争的几个问题》，《西南师范学院学报》1984 年第 4 期，第 64 页。

④ 参见 Benjamin Stora, *Algeria, 1830—2000: a Short History*, translated by Jane Marie Todd, Cornell University Press, 2006, p. 111。

⑤ 参见潘光、朱威烈主编：《阿拉伯非洲历史文选》，华东师范大学出版社 1992 年版，第 27 页。

阿尔及利亚人认同基督教，他们烧毁清真寺，建立天主教堂，破坏穆斯林墓地。这些行为伤害了穆斯林们的宗教感情，加剧了阿尔及利亚人的反抗情绪[①]，加深了伊斯兰教文化和基督教文化之间的激烈对抗，致使阿尔及利亚穆斯林与法兰西民族之间的矛盾更加尖锐。

法国军事镇压引起的仇恨

面对阿尔及利亚人民的反抗，法国殖民当局只能以充满血腥的军事手段予以镇压，如恩格斯所说："这个不幸的国家一直是不断屠杀、掠夺和使用暴力的场所。征服每一座城市，无论是大城市还是小城市，每一寸土地都要付出巨大的牺牲。把独立视为珍宝、把对外族统治的仇恨置于生命之上的阿拉伯和卡拜尔部落，在残暴的袭击下被镇压，他们的住宅和财产被焚毁和破坏，他们的庄稼被践踏，而幸存的受难的人不是遭到屠杀，就是遭到各种奸淫和暴行的惨祸。"[②]压迫越深，反抗越激烈。阿尔及利亚人从未停止过反抗，但每一次反抗都引起法国政府更残酷的镇压，而每一次残酷的镇压又激起阿尔及利亚人更强烈的反抗。法国殖民者的野蛮征服在阿尔及利亚人心中埋下了仇恨的种子，他们逐渐认识到："没有革命运动，他们什么也得不到。"[③]

早在19世纪中期，法国人就曾尝试在阿尔及利亚创办一些阿拉伯人和法国人的学校，但由于欧洲人的偏见和阿拉伯人的敌意，加之校址、师资力量的缺乏等问题，导致效果并不理想，所以，有条件的阿尔及利亚人就把孩子送到法国学校读书。这些接受法国教育的"青年阿尔及利亚人"，毕业后成为律师、医生和商人等。他们承认法国的主权，也不抗拒成为法国公民，但是他们不愿放弃伊斯

---

① 参见 Helen Chapin Metz, *Algeria: a Country Study*, U. S. Government Printing Office, 1994, p.23。

② 〔德〕弗·恩格斯：《阿尔及利亚》，《马克思恩格斯全集》中文版第14卷，人民出版社1964年版，第104页。

③ 1882年4月13—14日马克思致劳拉·拉法格的信，《马克思恩格斯全集》中文版第35卷，人民出版社1971年版，第302页。

兰教。1911 年，他们成立了第一个自己的政党——阿尔及利亚青年党，提出增加议会里伊斯兰教议员的名额、消除欧洲人同穆斯林之间纳税不平等的状况即废除阿拉伯税、废除“土著法典”、普及教育等民族主义要求。①

二、两次世界大战加剧阿尔及利亚民族解放运动高涨

第一次世界大战后东方民族解放运动的影响

第一次世界大战爆发后，无数阿尔及利亚人作为“祖国的孩子”参加了法国军队的作战并为之流血牺牲。法国也在第一次世界大战中遭受严重打击，损失了 140 万人，占军队总人数的 17.6%，整个成年男子的 10.5%；还有 110 万法国人成为战争的受害者，终身残废。②战争结束后，法国政府于 1919 年取消了阿拉伯税，对那些参加法国海陆军作战又懂法语的阿尔及利亚人，给予法国公民权。同时，市议会的伊斯兰教议员被允许参加市长竞选。③

阿尔及利亚人用自己的鲜血和生命换来了法国人对其平等权利的让步，所取得的成果激励了他们的民族自信心。而此时，1917 年俄国的“十月革命”为世界各被压迫民族国家开启了一个反帝反殖民的新时代；土耳其凯末尔革命的成就，以及其他中东国家在俄国“十月革命”的影响和支持下民族解放运动的进展，都鼓舞了阿尔及利亚人民；尤其是美国总统威尔逊发表尊重殖民地人民要求、大小国家互相保证政治独立及领土完整的“十四点和平原则”，更令殖民地人民神往，威尔逊提出的民族自决权思想的广泛传播强化了民族意识的觉醒；战后阿拉伯国家陆续摆脱奥斯曼帝国，纷纷建立

---

① 参见〔法〕加布里埃尔·埃斯凯：《阿尔及利亚史》，上海师范大学《阿尔及利亚史》翻译组译，上海人民出版社 1974 年版，第 76 页。

② 参见〔英〕保罗·约翰逊著：《现代——从 1919 年到 2000 年的世界》上卷，李建波等译，江苏人民出版社 2001 年版，第 150 页。

③ 参见翟象乾：《法国侵占下的阿尔及利亚》，《历史研究》1958 年第 6 期，第 24 页。

民族国家的事实更胜于雄辩，这一切都对阿尔及利亚民族主义运动产生了划时代的影响，他们将斗争目标指向了法国的宗主权，提出要建立一个独立的阿尔及利亚民族国家，于是出现了具有影响力的民族主义组织。

首先是在国外成立的组织“北非之星”（L'Etoile nord-africaine）。“北非之星”是1926年3月由侨居巴黎的阿尔及利亚土著居民在法国组织成立的第一个阿尔及利亚民族主义组织，致力于引导法国境内的阿尔及利亚人参与争取祖国独立的事业。其主要领导人是梅萨里·哈吉（Messali Hadj）。该组织的斗争方向起初不甚明确，1927年要求在法国主权范围内建立阿尔及利亚议会，1933年提出阿尔及利亚完全独立的要求，但没有制定出具体的行动纲领。“北非之星”因与共产党有联系，数度遭到解散，然后又重新恢复，后与共产党决裂，也因此脱离了国际工人运动。1937年，法国殖民当局宣布解散“北非之星”。同年，该组织的成员改组成立了阿尔及利亚人民党，继续活动。直至1939年，第二次世界大战爆发前夕被殖民当局解散。

在阿尔及利亚国内从事民族主义活动的组织则以“伊斯兰教贤哲会”（Association Des Sages Musulmans）为代表。1931年，经总督府批准成立的由伊斯兰教神学家组成的带有宗教性质的政治团体“伊斯兰教贤哲会”，提出的口号是“伊斯兰是我们的宗教，阿拉伯语是我们的语言，阿尔及利亚是我们的祖国”。[①] 该组织的主要目的是反对法国在文化、宗教方面的压迫，提出要建立阿拉伯—柏柏尔人的民族国家。该组织的主席本·巴迪斯（Ben Badis）认为，建立一个国家所凭借的是宗教、语言和对过去的自豪感。只要一个民族没有丧失掉这些，即使沦为奴隶，仍然是富有生命力的。所以，“阿尔及利亚祖国”始终是伊斯兰教贤哲会宣传运动的主题。他们强调：“我们不愿意同化，因为同化是不可能的，因为同化使我们丧失个性”，

① 〔法〕加布里埃尔·埃斯凯：《阿尔及利亚史》，上海师范大学《阿尔及利亚史》翻译组译，第82页。

不过也不是完全独立，“因为我们的力量还不足以保卫我们的独立”，所以，希望“阿尔及利亚在法国保护下成为一个民主国家”。[①]

与阿尔及利亚人民党和伊斯兰教贤哲会同时代的民族主义运动组织还有阿尔及利亚共产党。阿尔及利亚共产党缘起于20世纪20年代，当时由于共产国际号召争取阿尔及利亚和突尼斯的解放，所以，1924年在法国共产党内成立了阿尔及利亚支部。初期只吸收有法国籍的阿尔及利亚人参加，到1928年才开始吸收阿拉伯工人，1936年正式成立阿尔及利亚共产党。阿尔及利亚共产党向阿尔及利亚人民指出，阿尔及利亚获得解放的唯一正确道路就是俄国十月社会主义革命的道路。由于当时法西斯主义成为各国主要威胁，1939年阿尔及利亚共产党被解散。

在阿尔及利亚各派民族主义组织要求的压力下，1936年5月，刚就任法国总理的勃鲁姆与时任国务部长维奥莱特一道制定出一项法案。根据该法案，21,000名有大学文凭或有官阶的穆斯林可以在法国议会中占有议席，但同时强调阿尔及利亚是法国本土延伸的一部分。如果回到上一个世纪，或许阿尔及利亚人民会接受这个法案，然而法国在此时做这样的让步为时已晚。阿尔及利亚各派民族运动组织共同行动，反对该法案，迫使法国议会否决了勃鲁姆—维奥莱特法案。这次斗争的胜利是阿尔及利亚争取民族独立运动史上的重要事件，显示出阿尔及利亚民族运动内部各派势力在反对殖民主义共同基础上广泛团结的力量，为以后的统一战线做了初步准备。

第二次世界大战与戴高乐在阿尔及尔的临时政府

第二次世界大战前夕，对希特勒极权统治的赞赏在法国大有人在，法国人普遍不理解进行一次新的世界大战的必要性，所以战争爆发时，举国上下均无应战积极性，前线节节败退。1940年6月

---

① 〔法〕加布里埃尔·埃斯凯：《阿尔及利亚史》，上海师范大学《阿尔及利亚史》翻译组译，第81页。

16日，主战的保尔·雷诺总理被主张停战议和的贝当元帅所取代。次日中午，已年逾八旬的贝当向全法国发表广播讲话，宣称“必须停止战斗”，“体面地寻求结束军事行动的方法”。[①]6月20日，贝当政府正式向德国请求停战投降，22日，法德双方签订停战协定，法国随后被分成两部分：“占领区”和“自由区”。前者由德国控制，后者因以维希为首都，所以贝当时期的法国也称维希法国。与维希法国对立的是反对贝当与希特勒“合作”政策的另一支力量——戴高乐领导的“自由法国”运动。在贝当发表停战讲话的第二天，即1940年6月18日，戴高乐在伦敦通过英国广播公司向法国人民发出著名的宣言：“无论发生什么情况，法兰西抵抗的火焰决不应该熄灭，也决不会熄灭。”[②]戴高乐随即以伦敦为基地，筹建法兰西民族委员会。此后，一批又一批法国的爱国志士投奔戴高乐，“自由法国”运动日益壮大。为了与国内的抵抗运动建立起联系，1942年1月，戴高乐把到伦敦投奔他的前埃尔—罗亚尔省省长让·穆兰空投回法国，让他以“自由法国”在国内的总代表的身份联络国内抵抗组织。同年7月，“自由法国”更名为“战斗法国”。

戴高乐虽然是寄居英国从事抵抗运动，但他桀骜不驯、坚守法国利益的性格使得他与东道国战时首相丘吉尔、美国总统罗斯福的关系都不乐观。尤其是美国人不愿与这位不驯顺的法国人打交道，因而美国在北非支持另一位法国抵抗德国运动的领导人吉罗将军，希望将他打造成法兰西民族领袖。1943年1月，美国联合英国向戴高乐施加压力，迫使戴高乐到卡萨布兰卡与吉罗和解。是年5月，戴高乐应吉罗的要求，来到阿尔及尔。6月3日，双方在阿尔及尔共同创立了由两人共任主席的法兰西民族解放委员会。该委员会宣告成立，随即获得美国、英国和苏联等国家的正式承认，从而成为实际上的法国临时政府。但不久，戴高乐顶住各方压力，在该委员

---

① 吕一民：《法国通史》，上海社会科学院出版社2002年版，第330页。

② 〔澳〕布赖恩·克罗泽：《戴高乐传》上册，西安外语学院英语系等合译，商务印书馆1995年版，第131页。

会中掌握了多数后，排挤掉吉罗，单独出任法兰西民族解放委员会主席，成为法国抵抗运动的唯一领袖，并领导着“战斗法国”的军队投入到祖国解放的战斗中，直至 1945 年 5 月，法国完全光复。

“塞提夫事件”与阿尔及利亚民族解放运动的转折

第二次世界大战期间，约 30 万阿尔及利亚人再度参加了保卫和解放法国的战斗，在北非抗击了数十万德国法西斯军队。戴高乐到阿尔及尔后，为动员阿尔及利亚人民为“自由法国”而战，1943 年 12 月在君士坦丁发表讲话，声称要颁布具有“革命性”的法令，允诺将法国公民身份给予更多的穆斯林，并将满足阿尔及利亚人民的民族要求。

阿尔及利亚人民的民族解放运动在大战期间也进一步发展，法国在 1940 年的暂时性失败让法国的国际地位一落千丈，这种状况使法国民众对自己的国家失去了信心，同时却让阿尔及利亚人民得到了争取独立的信心。此时的阿尔及利亚人民已经萌生了脱离法国的意图，但法国仍在专注于大战。而站在反殖民主义前列的美国也有意吸引阿尔及利亚。美国与阿尔及利亚民族主义人士费尔哈特·阿巴斯（Ferhat Abbas）频繁接触，并为阿尔及利亚的民族主义运动提供物资。1943 年 2 月 12 日，费尔哈特·阿巴斯联合 28 名穆斯林议员共同发表了“阿尔及利亚人民宣言”。阿巴斯在宣言中明确宣称：“法国殖民者只会在需要流血牺牲的战场上才会想起我们阿尔及利亚人。”[①]这对于阿尔及利亚人产生了直接而又深刻的影响。宣言反对法国殖民统治，要求在大战结束后建立一个阿尔及利亚国家，并由阿尔及利亚人民普选产生制宪议会，制定宪法，组建自己的议会、军队和财政，以平等地位加入法兰西联邦。随后，成立了拥护阿尔及利亚宣言民主联盟。[②]1944 年，阿尔及利亚三支主张以和平手段争取民族独立的力

① Alistair Horne, *A Savage War of Peace: Algeria, 1954—1962*, Viking Press, 2006, p. 42.

② 参见翟象乾：《法国侵占下的阿尔及利亚》，《历史研究》1958 年第 6 期，第 26—27 页。

量——阿尔及利亚民主联盟、阿尔及利亚人民党和伊斯兰教贤哲会联合组建起一个新的党派“宣言和自由之友”，共同投身民族独立运动。

1945 年 5 月 8 日是欧洲战场胜利日，这一天，在阿尔及利亚北部的塞提夫（Setif）也正在进行一场大规模的游行。阿尔及利亚人在此时举行游行的目的不是庆祝宗主国法国重获自由，而是要求法国结束在阿尔及利亚的殖民统治。对于阿尔及利亚人集会庆祝的请求，法国总督没有理由禁止，只能批准允许游行，允许他们向牺牲者献花圈。这天早上，一万五千人走向街头，打出的标语是“人人有民主”，“争取阿尔及利亚人民自己的代表机构”，“释放我们的领袖”等口号。法国警察在要求群众解散、撕掉标语无果的情况下开枪，将这次游行以武力镇压下去。外籍军团也在阿尔及利亚山区进行大屠杀。法国巡洋舰“杜格—特鲁安号”则从海上扫射阿尔及利亚的沿海村庄。法国空军出动俯冲式轰炸机将 44 个阿拉伯村庄夷为平地。据西方通讯社估计，在这次大屠杀中法国方面死了 120 人，阿尔及利亚人死了近三万。[①] 然而“塞提夫惨案”的后果却令法国始料未及，阿尔及利亚游行者开始对欧洲人进行报复性屠杀。法国驻军再次镇压了这场持续了五天的暴行。据统计，有 103 名欧洲人死亡，数百人受伤，一些欧洲妇女遭到强暴。不仅如此，这些暴徒还将尸体进行肢解，残忍至极。法军对此则报以更残忍的屠杀，根据法国的官方报道，一共有 1020 名到 1300 名阿拉伯人被杀[②]，但“开罗之音”报道称，约 45,000 名阿尔及利亚人遭到杀害。[③]

塞提夫事件令温和的阿尔及利亚民族主义者警醒，他们不再相信通过和解能够解决阿尔及利亚问题，开始投入武装斗争。后来成为阿尔及利亚民族解放战争领导人的本·贝拉（Ben Bella）就表示：“1945 年 5 月，康斯坦丁地区的恐怖让我意识到只有一条道路：阿

① 参见〔德〕恩·巴尔奇：《印第安人、黑人和阿拉伯人》，刘昭明、许昌菊译，中国青年出版社 1962 年版，第 218 页。

② 参见〔英〕保罗·约翰逊：《现代——从 1919 年到 2000 年的世界》下卷，李建波等译，第 608 页。

③ 参见 Alistair Horne, *A Savage War of Peace: Algeria 1954—1962*, p. 27。

尔及利亚人的阿尔及利亚。”[①] 后来他在给阿尔及利亚民族解放阵线的书面命令中要求“清除所有希望有所作为的调解人”[②]，不再致力于追求与法国和解。

三、阿尔及利亚战争与法兰西第四共和国的垮台

法兰西第四共和国初期的阿尔及利亚政策

戴高乐领导的法国临时政府1944年8月迁回巴黎之后，在国内各抵抗运动组织的强烈要求下，9月进行改组。鉴于法国共产党在解放巴黎期间的作用，两名共产党人分别担任了空军部长和公共卫生部长，法国有史以来第一次有了共产党部长。阿尔及利亚共产党也因而在战后赢得了公开活动的地位，影响力迅速扩大。

在制定第四共和国宪法时，戴高乐坚持制定一部加强总统和政府权力，使之不受政党制约的新宪法。他的主张遭到大多数政党的反对。1946年1月20日，戴高乐宣布辞职。4月，制宪议会通过了宪法起草委员会按照法国共产党和社会党的意图制订的宪法草案，但由于选民对该宪法草案与苏联苏维埃制度如出一辙的单一议会制心存疑虑，该草案在全民表决时未获通过。8月2日，人民共和党和社会党联合提出一个新的宪法草案，并同法共达成妥协。9月29日，制宪议会通过该草案。10月13日公民投票时，以微弱多数获得通过，第四共和国诞生。新宪法规定，第四共和国为多党议会制国家，即沿袭了第三共和国时代的议会制。由于三大党——法国共产党、人民共和党、社会党在议会鼎足而立，党派纷争不断，政府危机频发，内阁频繁更迭。在戴高乐复出之前，第四共和国先后有20届政府，每届政府的平均寿命仅半年左右，其中最长的一年多，最短的只有

① 〔英〕保罗·约翰逊：《现代——从1919年到2000年的世界》下卷，李建波等译，第608页。

② 同上书，第610页。

两天。[①]

第四共和国时期，阿尔及利亚人民争取独立的行动进入到一个新的阶段。本·贝拉、艾哈迈德·梅萨里、费尔哈特·阿巴斯等人开始成立新的政治组织、提出政治纲领、参加法国议会的讨论和选举。

早在1930年前后被放逐到撒哈拉沙漠的阿尔及利亚人民党领袖梅萨里，于1947年回到阿尔及尔，着手重新组织力量将阿尔及利亚人民党改组为“争取民主自由胜利党”，提出“结束法国在阿尔及利亚的殖民统治，允许阿尔及利亚独立”的主张。在阿尔及利亚人民反殖民主义的压力下，为巩固殖民统治，法国也采取了一些和解性措施，如赦免了一批阿拉伯“政治犯”，允许各民族主义政党恢复公开活动等。但1946年10月通过的第四共和国宪法仍然规定，阿尔及利亚是法国的行省，是法国本土的“延续部分”，意即阿尔及利亚将继续被置于法国的直接殖民统治之下。1947年9月20日，法国国民议会通过了一个关于阿尔及利亚的新法规，即迪布鲁计划，再次明确规定阿尔及利亚是法兰西联邦的组成部分，由总督代表法国政府直接管辖。但新法规对阿尔及利亚人民的政治权利做了一些让步，规定总督掌握行政权，实行普选，阿尔及利亚人民可以选出代表参加法国的国民议会，并设立阿尔及利亚议会。但选民分为两类，第一类是法籍居民和具有一定社会地位和文化程度的当地居民；第二类是占当地人口90%的普通居民。议会由120人组成，半数为阿尔及利亚人，半数是法国人。议员任期六年，三年改选一半。各省设省议会，由第一类选民选举五分之三议员，第二类选民选举五分之二议员组成。阿尔及利亚议会还有权选出参加法国国民议会的议员30名，参加法国共和国议会的议员14名及参加法兰西联邦议会的议员18名，均由两类选民各选举一半。但“即使对政府工作，甚至财务方面工作持不同意见，议会也不能立刻投票反对。议会的决议只有经政府的正式文件批准后才能生效”。[②]这意味着，阿尔及

① 参见吕一民：《法国通史》，第356页。

② 潘光、朱威烈主编：《阿拉伯非洲历史文选》，第198页。

利亚议会只不过是在法国总督监管下管理阿尔及利亚事务的一个咨询机构。

按照 1947 年新法规，阿尔及利亚开始筹备议会选举。10 月，梅萨里领导的“争取民主自由胜利党”在地方选举中获胜，但在参加 1948 年 4 月举行的阿尔及利亚第一届议会选举时遭到法国当局的粗暴干涉。法国当局中止了议会，并以“损害法国领土完整”的罪名逮捕并关押了梅萨里等人。同时被关进监狱的阿尔及利亚爱国人士达 3 万余人。[①]议会选举的结果是，民族主义党派及共产党一共获得 36 万张选票，18 个席次。法国代理人所控制的一方，获得 40 万张选票，却占得 100 个席次。而阿尔及利亚的阿拉伯—柏柏尔人有 850 万人，欧洲籍居民只有 120 万人，这种在议会所占议席的悬殊与不平等，让阿尔及利亚人民看到了以和平方式争取民族解放和独立的结局。“争取民主自由胜利党”的一批有识之士也开始考虑通过武装斗争，推翻法国的殖民统治，争取民族独立。为此，他们建立了“特别组织”（O. S.），成员很快发展到 1949 年的两千人。[②]而且在这过程中，一些重要的民族主义政党逐步加强了团结，为 20 世纪 50 年代初组成统一的“阿尔及利亚保卫自由阵线”奠定了基础。而第二次世界大战后各大国在北非的角逐以及世界民族主义运动的势不可挡，也极大地推动了阿尔及利亚人民反法斗争的进展。

美国和苏联向阿尔及利亚渗透

1914 年至 1940 年间，法国在阿拉伯国家的海外投资总额翻了四番，其中阿尔及利亚占据了最大的份额。[③]截至第二次世界大战爆发前，法国在阿尔及利亚投入的资本共 1490 亿法郎（1940 年币值），1949 年至 1953 年从阿尔及利亚各股份公司募集的资本是 700 亿法

① 参见赵慧杰编著：《阿尔及利亚》，社会科学文献出版社 2006 年版，第 60 页。

② 参见王绳祖主编：《国际关系史》第 7 卷，世界知识出版社 1995 年版，第 273 页。

③ 参见〔英〕保罗·约翰逊：《现代——从 1919 年到 2000 年的世界》上卷，李建波等译，第 161 页。

郎。法国四大垄断企业——巴黎—米拉波联合银行、洛希尔兄弟银行、北非奥尼翁公司、巴黎荷兰银行控制了阿尔及利亚全部的经济以及政治生活，巴黎—米拉波联合银行仅在君士坦丁一地就占有五万公顷软木林，从而拥有世界上最大的软木生产能力；法国财阀还垄断了全部芦苇草（造纸原料）的生产。[①]这些企业的利润在1951年至1954年间增加了425%，1952年的利润比1947年多至九倍。[②]

由于法国实际控制着阿尔及利亚的海关，所以对进出口货物是否课税、税额大小都由法国决定。法国因此得以用课重税的办法抵制其他国家的商品，而对法国货物均免税输入。第二次世界大战结束后直至20世纪50年代初，法国在阿尔及利亚进出口中一直保持着70%左右的比重。在法国商品的打击下，阿尔及利亚的民族工业发展缓慢，虽然在战后出现了几千家工厂，但规模普遍较小，50名工人以上的仅有600家。国家的经济带有深刻的殖民地性质，为法国垄断资本服务的酒类生产成为阿尔及利亚经济的基础。1949年，酒类输出占总出口额的一半。阿尔及利亚工会负责人安德烈·鲁意斯一针见血地指出："国家的全部经济都是为了增加殖民者的利润，而不是为了满足人民的需要。例如虽然绝大部分阿尔及利亚人信奉伊斯兰教而不饮酒，但国内的主要作物却是葡萄，因为这有利于殖民者。古代的'罗马谷仓'阿尔及利亚，现在却不能用自己的粮食养活自己的居民。"阿尔及利亚当时全部可耕地约为1500万公顷，法国人占了55%，这导致阿尔及利亚粮食产量逐年递减。1871年，阿尔及利亚人均粮食产量是500公斤，而到1955年只有200公斤。[③]

令阿尔及利亚殖民经济不堪重负的是美国也开始向阿尔及利亚渗透。美国向海外扩张的时间较晚，当19世纪初美国力图谋求北非利益时，只能向已控制地中海贸易的北非国家摩洛哥、阿尔及利亚、的黎波里（利比亚）及突尼斯交纳税款，以换取美国商人在这里的

① 参见〔德〕恩·巴尔奇：《印第安人、黑人和阿拉伯人》，刘昭明、许昌菊译，第218页。
② 参见翟象乾：《法国侵占下的阿尔及利亚》，《历史研究》1958年第6期，第28页。
③ 同上。

贸易权。由于没有自主权，美国商船经常遭到拦截，美国人员也时不时被俘。美国不甘于此，1801年至1803年向的黎波里开战，迫使的黎波里统治者签订给予美国"最惠国待遇"特权的条约。1815年，美国又向阿尔及利亚宣战，成功进入阿尔及尔港，迫使阿尔及利亚签订条约，给予美国"最惠国待遇"。同年，在突尼斯以同样的行动获得同样的特权。然而自从法国占领了阿尔及利亚之后，美国由于对这里鞭长莫及，其影响便逊于法国。

第二次世界大战爆发初期，法国在战争中失败，对北非殖民地的控制削弱，这让美国看到了机会。美国乘机大量运销商品到阿尔及利亚，进口额一度由原来的1.7%猛增到15.4%。1942年11月，美国在北非登陆，占领了法国的北非领地。1942年至1944年，美国通过同法国签订租借协定，获得法国允许，美国货物可以自由运入法国境内，美国公司可以参加法国殖民地原料资源的开发等。

第二次世界大战结束，冷战开始后，美国认为：苏联在北非没有特别重要的利益，无意染指这一地区；如果苏联在未来的战争中占领了欧洲大陆，那么北非将如在"二战"时一样可以作为盟国的反攻基地；而北非与法国隔海相望，它对于法国的战略、军事和政治意义都远重于美国，所以法属北非更重要。由于法国在北非为"自由世界"担负的使命，1948年6月28日，美国与法国签订双边经济合作协定，将阿尔及利亚纳入马歇尔计划，法国则要保证美国在法属殖民地的侨民享有法国公民同等的权利，供应美国战时经济所需原料，建立各种军事设施等。

鉴于阿尔及利亚的战略地位，1949年，美国伙同法国将阿尔及利亚纳入北大西洋公约战略防御体系。《北大西洋公约》明确规定："对缔约任何一方的攻击均被视为对缔约全体的攻击"，而"缔约任何一方"包括"任意缔约国的领土、法属阿尔及利亚、欧洲任何缔约国的占领军队、所有缔约国在北回归线以北的北大西洋地区的所有附属岛屿以及上述区域内任何缔约国的船舶或飞机。"1950年，美国又同法国达成协议，在摩洛哥修建四个战略空军指挥基地、一个军港和一个海军航空站，这意味着美国在北非具有了更加重要和直接的利益。[①]

1951 年初，美国国防部计划在阿尔及利亚修建公路、铁路、港口及机场。这些设施建成之前，法国将奥兰、阿尔及尔港供美军使用。奥兰附近的曼埃凯比港从 1951 年起被改建成供美国第六舰队使用的海军基地。

1956 年，在南部撒哈拉沙漠中发现了石油和天然气。这一年的 1 月，在厄德热累地的探井开始喷油；6 月，哈西—麦萨乌的探井喷油；随后坦冈土林的探井喷油，哈西—尔梅耳冒出天然气。当已经完全可以肯定撒哈拉石油蕴藏丰富时，法国欣喜至极，因为法国"因此将昂首由正门进入（欧洲）共同市场"，"这个新事实的重大意义超过经济上的意义。它将提供我们，而且还将继续提供我们高声说话的权利。首先是在欧洲。如果我们善于和德国、意大利以及其他国家合作，以便共同开采撒哈拉的丰富资源，那么我们参加欧洲经济集团是会有意义的。"[②]对于法国的这种考虑，美国不便过于露骨地对欧洲事务指手画脚，但撒哈拉石油的发现也为美国提供了介入当地事务的机会，美国石油公司迅即渗入。美国在北非全部资产的约 40% 是在阿尔及利亚，其中半数以上投资在石油领域。[③]

而在阿尔及利亚的穆斯林看来，美国是把阿尔及利亚变成了新的战争基地。阿尔及利亚此后面对的不只是法国，还有美国。只要阿尔及利亚没有独立，就没有自由，也不可能有和平。在这种情况下，阿尔及利亚民族独立运动再次兴起，而且在这次斗争中，阿尔及利亚共产党以及苏联的作用有所加强。

早在大战刚结束时，阿尔及利亚共产党就向国内各民族主义团体提出建议：组织阿尔及利亚民族统一战线，团结一切反帝力量抵

---

① 参见房建国编译：《美国解密档案 · 美国对阿尔及利亚战争的政策》，李丹慧主编：《冷战国际史研究》第 14 辑，世界知识出版社 2012 年版，第 293 页。

② 〔法〕亨利 · 克劳德：《戴高乐主义与大资本》，李元明、林立译，世界知识出版社 1963 年版，第 66 页。

③ 参见翟象乾：《法国侵占下的阿尔及利亚》，《历史研究》1958 年第 6 期，第 30 页。

抗法国的统治，而且向各民主党派提出要共同制定关于阿尔及利亚政治地位的纲领。在共产党的积极倡议下，1951年8月6日，由阿尔及利亚三个资产阶级民族主义政党——争取民主自由胜利党、阿尔及利亚民主联盟和伊斯兰教贤哲会——与其他无党派进步人士一道成立了“全阿尔及利亚保卫与尊重自由阵线”，共同投身民族独立运动，且有共产党员出任自由阵线领导成员。该组织制定出摆脱殖民制度，争取民族解放和自由，释放所有政治犯，满足人民的经济和社会要求，阿尔及利亚退出“北约”等斗争纲领。这个组织的成立标志着阿尔及利亚民族独立运动发展到一个新的阶段，也意味着阿尔及利亚共产党的影响力增大。阿尔及利亚共产党书记穆阿纳对此评价说：“对于我们来说，‘全阿尔及利亚保卫与尊重自由阵线’是工人阶级、农民、民族资产阶级反对一个敌人——殖民主义的坚固同盟”。[①]与此同时，苏联在赫鲁晓夫时期渗入埃及，以埃及为突破口，建立起与阿拉伯国家的密切关系，并同包括阿尔及利亚在内的非洲国家签订了各种军事援助协定。苏联当时向亚非国家提供的军事援助达数十亿美元[②]，极大地加强了阿尔及利亚民族解放力量的实力和信心。

在共产党的指导和自由阵线的鼓动下，阿尔及利亚工人运动蓬勃发展，进入20世纪50年代初，几乎每年都有数百次罢工，参加人数多则达到数十万人。1953年5月，全阿尔及利亚工人举行总罢工，奥兰和阿尔及尔的码头工人拒绝给开往印度支那、朝鲜和突尼斯等地的船只装卸货物。

感受到阿尔及利亚人的反抗情绪，美国决定采取“消极的中间偏右”政策，即支持法国控制北非。美国判断“法国人不希望看到美国对北非进行任何经济援助——这会使法国人担心阿拉伯人将认为法国无力给他们提供基本的需要和经济发展。”“北非问题尽管是一个国际问题，但归根到底法国应该对此负责，我们在北非的战

---

① 翟象乾：《法国侵占下的阿尔及利亚》，《历史研究》1958年第6期，第31页。

② 参见王绳祖主编：《国际关系史》第8卷，世界知识出版社1995年版，第289页。

略需要的实现也要依赖法国。”[①]但是，美国希望法国不要一直在阿尔及利亚实行镇压政策，而是进行改革，做到“事实上的控制”。然而，时局不再给法国机会，阿尔及利亚战争爆发了。

阿尔及利亚战争的爆发

20 世纪 50 年代初，在印度支那和北非不断遭受打击的情况下，法国国内反战情绪高涨。1954 年 6 月 12 日，因法军在越南奠边府的惨败，拉尼埃政府被迫下台，年轻的激进党左翼领袖皮埃尔·孟戴斯·弗朗斯（Pierre Mendes France）受命组阁。新内阁的许多举措带有左翼联盟政策的色彩，其中最为引人注目的政策就是 1954 年 7 月 21 日签订了“印度支那停战协定”，尔后在北非对突尼斯允诺“内政自治”。果断解决“印度支那”这一持续多年的问题固然提高了孟戴斯－弗朗斯的声望，然而这也激励了阿尔及利亚人民的斗志。可是，孟戴斯－弗朗斯否认阿尔及利亚存在民族问题，他声称，阿尔及利亚与突尼斯和摩洛哥不同，那里有 120 万法国人，阿尔及利亚是法国的一部分，不存在任何政治问题。这令阿尔及利亚人民忍无可忍，反对殖民主义的武装斗争爆发。

1954 年，阿尔及利亚“争取民主自由胜利党”出现分裂，梅萨里为首的一派成为右翼，主张走温和路线；本·赫达（Ben Khedda）为首的成为中央委员会派；本·贝拉为首的成为左翼，坚持以激进的武力斗争形式与法国战斗。本·贝拉与其组织中几个曾是 1947 年“特别组织”成员的青年一起，秘密收集“二战”后散落在民间的枪支弹药。1954 年 9 月，成立“统一行动革命委员会”，准备发起武装起义。此计划被殖民当局获悉之后，大部分领导者都被捕。

本·贝拉先到开罗，后来到了奥雷斯山区。10 月 31 日，本·贝拉在奥雷斯山区下达武装起义动员令。根据情报，当日深夜便在塔

① 《行动协调局关于美国对北非政策的进程报告》（1955 年 6 月 1 日），李丹慧主编：《冷战国际史研究》第 14 辑，第 301 页。

基夫特村的公路两侧埋伏下几支武装小分队。11 月 1 日凌晨，当法国人的汽车驶入伏击圈时，阿尔及利亚人击毙了两个法国官员，打响了反抗法国殖民统治的第一枪。奥雷斯山区的伏击震惊了法国殖民当局，他们立即派兵在飞机的掩护下对奥雷斯山区进行扫荡。阿尔及利亚农民起义军转入游击战，奥雷斯山区成为阿尔及利亚反法武装斗争的第一个革命根据地。同一天，阿尔及利亚各大城市爆发武装起义，起义者手持步枪、手榴弹等武器袭击法国殖民当局的警察局、宪兵队和军事哨所。法国总督府 11 月 1 日发布公告说："10 月 31 日深夜，在阿尔及利亚各地，特别是君士坦丁东部和奥雷斯山区，人数不多的小股恐怖分子采取了 30 多起严重程度不同的犯罪行动。"①

孟戴斯 - 弗朗斯政府关于阿尔及利亚的方案

阿尔及利亚起义爆发后，当时的法国人还未能够用六、七年后的发展眼光来看待这一事件，孟戴斯 - 弗朗斯政府立即做出强烈回应，在谴责阿尔及利亚叛乱行为的同时，政府下令强行镇压阿尔及利亚"叛乱"。11 月 6 日，法国政府宣布"争取民主自由胜利党"为非法。11 月 12 日，孟戴斯 - 弗朗斯公开发表宣言称："阿尔及利亚就是法国"，"我们对叛乱决不姑息，决不妥协……阿尔及利亚各省是共和国的一部分，长期以来它们一直是属于法国的……阿尔及利亚居民和法国本土决不可能分裂……法国，不论哪一届议会，哪一届政府，永远不会在这个基本原则上让步。"② 不论是在法国还是阿尔及利亚，甚至是全世界，都应该明白，阿尔及利亚与法国本土永远不会分离。

当然，孟戴斯 - 弗朗斯政府在镇压阿尔及利亚起义的同时，也试图通过改革的方式来解决阿尔及利亚问题。然而，武力镇压却让

---

① 任凤阁：《外国著名战争》，商务印书馆 1993 年版，第 503 页。

② 〔法〕雅克·夏普萨尔、〔法〕阿兰·朗斯洛：《1940 年以来的法国政治生活》，全康康等译，上海译文出版社 1981 年版，第 252 页。

法国自己“得不偿失”。法军对阿尔及利亚武装分子的游击战术一筹莫展，而且阿尔及利亚的寒冷气候也让法国军人吃尽苦头。于是，愤怒的法军开始采取极端的方式来镇压阿尔及利亚人民的反抗，例如残害当地穆斯林们并将他们折磨致死甚至碎尸，对抓捕的阿尔及利亚爱国人士施以酷刑等。法军的残忍做法不但没有起到镇压阿尔及利亚人民反抗的作用，反而更加激起阿尔及利亚人民的愤怒，越来越多的阿尔及利亚人踊跃加入到反法队伍中，展开更加全面和激烈的阿尔及利亚战争。

为了解决阿尔及利亚问题，孟戴斯－弗朗斯决定任命一个他认为能够胜任的权威人物做阿尔及利亚的总督（当时法国在阿尔及利亚的代表仍称总督）。他选择了一直主张“法国的阿尔及利亚”政策但又带着自由主义思想和单一选举团思想的雅克·苏斯戴尔（Jacques Soustelle）。1955 年 1 月 25 日，雅克·苏斯戴尔领命赴任。苏斯戴尔上任之后，开始对阿尔及利亚进行所谓的“一体化”改革，其宗旨是在尊重阿尔及利亚穆斯林在宗教、民族、律法等方面差异的前提之下，将阿尔及利亚真正纳入到法国的政治经济版图中来。[①] 苏斯戴尔的改革内容看似既讨好阿尔及利亚穆斯林，又不忘保护法国殖民权益，但这种做法并没有赢得移民和穆斯林的“好感”。相反，阿尔及利亚的民族主义者对苏斯戴尔的改革报以更大规模的袭击，而移民还因此责怪他这一政策给了阿尔及利亚人得以发动袭击的借口。在法国国内则有人将阿尔及利亚的“叛乱”归咎于孟戴斯－弗朗斯所采取的政策。1955 年 2 月 15 日，执政不到一年的孟戴斯－弗朗斯下台。

在接替孟戴斯的埃德加·富尔政府的任期内，“阿尔及利亚事件”变得更加严重了，屠杀、谋杀和镇压事件越来越多。4 月起，在阿尔及利亚实行“紧急状态法”，暂时剥夺公民自由权利，建立军事和警察独裁制度；限制迁徙自由，禁止集会、示威；驱逐危险分子

---

① 参见 Richard Brace, Joan Brace, *Ordeal in Algeria*, Peinceton, D.Van Nostrand Co., 1960, p. 116。

出境；对报纸、电影、戏剧和广播节目实行检查制度。[①]

8月20日，菲利普维尔港口附近一处黄铁矿的穆斯林矿工发动起义，他们袭击了港口附近欧洲移民居住的村庄，以“圣战”的名义屠杀欧洲移民。这些对欧洲人怀着仇恨的穆斯林矿工血洗了整个村庄，并将那些被杀的欧洲人进行肢解，遇难者中包括15名10岁以下的儿童。[②]作为回击，法国命令当地的伞兵枪杀阿拉伯人。他们杀害了1273名“反叛分子”，但民族解放阵线称共枪杀了1.2万人[③]，这就是“菲利普维尔事件”。这次事件令苏斯戴尔十分震惊，他此时真正感觉到最主要的事是反对叛乱。法国驻军也回应称，只有彻底的军事征服才能解决阿尔及利亚问题。也正是这一事件促使苏斯戴尔及法国政府开始转变对阿尔及利亚的政策——由“先镇压，后改革”转变为“全面武力镇压”。1955年9月，相继解散了阿尔及利亚共产党和其他进步的爱国组织。1956年1月，苏斯戴尔又提出他的新计划：取消总督府，取消阿尔及利亚议会，统一法国与阿尔及利亚的行政事务，逐渐统一社会制度，并在将来建立单一的选举集团，在法国国民议会中增加阿尔及利亚的议席等。计划一出笼，“拥护阿尔及利亚宣言民主联盟”在阿尔及利亚和法国议会中的议员宣布退出议会。4月13日，法国政府下令解散阿尔及利亚议会。[④]

居伊·摩勒政府的阿尔及利亚政策

在法国国内，处于困境中的埃德加·富尔政府被迫颁发的解散议会的法令于1955年12月2日获得通过后，第四共和国最后一任总统勒内·科蒂选择社会党人出面组阁。1956年1月31日，以社会党总书记居伊·摩勒（Guy Mollet）为首的共和阵线政府宣告成立。对居伊·摩勒政府来说，阿尔及利亚问题仍然是一个主要的问题。

---

① 参见翟象乾：《法国侵占下的阿尔及利亚》，《历史研究》1958年第6期，第32页。

② 参见 Alistair Horne, *A Savage War of Peace: Algeria, 1954—1962*, p. 119。

③ 参见〔英〕保罗·约翰逊：《现代——从1919年到2000年的世界》下卷，李建波等译，第612页。

④ 参见翟象乾：《法国侵占下的阿尔及利亚》，《历史研究》1958年第6期，第32页。

居伊·摩勒认为，阿尔及利亚战争是一场“愚蠢的和没有出路的”战争。他指出，只要有可能，立即在阿尔及利亚进行选举。[①]摩勒在就职演说中称要：（1）恢复秩序；（2）实行自由选举；（3）与通过选举产生的阿尔及利亚代表就制定新的阿尔及利亚法律进行谈判。但谈判的前提必须是阿尔及利亚人放下武器，否则法国将继续军事打击。法国国民议会也授予摩勒处理阿尔及利亚局势的全部权力。法国政府据此决定增强军事打击力度，包括抽调法国在德国驻军中的两个师部署到阿尔及利亚。北约理事会也于 1956 年 3 月 27 日予以批准。

为了解决阿尔及利亚问题，居伊·摩勒将自己的政府进行了革新，政府里增加了一位负责阿尔及利亚事务的驻节部长。此前在阿尔及利亚负责执行法国政策的是驻阿尔及尔的法国总督，他既不是部长，也不是政府成员。现在任命的这位部长是卡特鲁将军，此人被看作是一位以和解来解决阿尔及利亚问题的拥护者，这当然令在阿尔及利亚的欧洲人不快。任命驻节部长的同时，居伊·摩勒撤销了苏斯戴尔的总督职务。1956 年 2 月 2 日，苏斯戴尔在欧洲人的热烈欢送中离去。2 月 6 日，居伊·摩勒视察阿尔及利亚。这一天，当地出现了强大的示威游行，还有人向居伊·摩勒扔番茄和其他东西。卡特鲁将军当天从巴黎向居伊·摩勒提出辞呈，接替他的是罗贝尔·拉科斯特（Robel Lacoste）。阿尔及利亚之行让居伊·摩勒体会到了居住在阿尔及利亚的法国人的感情意味着什么。

苏伊士运河的惨败给法国造成严重伤害，这一事件让军队相信平民政府不可能取得战争的胜利，更为重要的是，罗贝尔·拉科斯特承认这一点。1957 年 1 月 7 日，他允许雅克·马素将军及其统帅的 4600 名官兵有绝对自由把民族解放阵线从阿尔及利亚清除出去。

---

① 参见〔法〕雅克·夏普萨尔、〔法〕阿兰·朗斯洛：《1940 年以来的法国政治生活》，全康康等译，第 279 页。

所有对军队的限制，包括禁止私刑拷打，都被取消了。[①]通过这种手段，法国暂时战胜了民族解放阵线，控制了阿尔及利亚的局面。但是随着法国军队在阿尔及利亚的行为不断被披露，许多法国人认为与其迫使法国公众良心完全泯灭，还不如让阿尔及利亚独立。[②]

突尼斯和摩洛哥问题作为孟戴斯－弗朗斯政府和埃德加·富尔政府海外政策的延续，也是居伊·摩勒政府必须要解决的问题。第二次世界大战之后，民族解放运动高涨，突尼斯和摩洛哥也开始加入到反对法国殖民统治的队伍中。1952 年，突尼斯人民展开大规模武装斗争，法国派兵七万前去镇压，仍无法控制局面。为了稳定法国在北非的殖民统治，集中力量对付阿尔及利亚民族解放运动，摩勒决定对突尼斯和摩洛哥做出政治让步。1956 年 3 月，先后承认了突尼斯和摩洛哥独立，当然是“有条件”地实现独立，即外交和防务都由法国掌控，以互相依存的长期联系与法国联合在一起。可是令摩勒始料不及的是，摩洛哥和突尼斯的独立给阿尔及利亚以巨大鼓舞，独立后的突尼斯和摩洛哥也支持阿尔及利亚争取民族解放，并成为阿尔及利亚民族解放阵线获得武器补给的稳定后方，为阿尔及利亚的军事活动提供援助和庇护。[③]阿尔及利亚民族解放军的军事行动在规模和强度上得以扩大和加强，“对阿尔及利亚游击队员来说，突尼斯和摩洛哥是安全的天堂和武器及其他物资的供应地”。[④]

面对阿尔及利亚问题，摩勒在处理方式上十分谨慎。起初，他提出在阿尔及利亚立即举行单一选举集团的自由选举，以选出谈判对象来讨论阿尔及利亚未来的政治制度。但在他 1956 年 2 月 6 日专程访问阿尔及尔，并在那里亲身感受到阿尔及利亚和法国殖民势力

---

① 法国从 1789 年 10 月 8 日起就废除了私刑拷打，“惩罚条例”第 303 章规定对任何实施私刑拷打的人判处死刑。见〔英〕保罗·约翰逊：《现代——从 1919 年到 2000 年的世界》下卷，李建波等译，第 613 页。

② 同上书，第 614 页。

③ 参见 Alistair Horne, *A Savage War of Peace: Algeria, 1954—1962*, p. 130。

④ 《国家安全委员会报告对突尼斯、摩洛哥和阿尔及利亚的政策陈述草稿》（1956 年 9 月 17 日），李丹慧主编：《冷战国际史研究》第 14 辑，第 314 页。

的强大压力后，改变了态度。为了安抚阿尔及利亚的欧洲移民，摩勒向移民们表示自己决不会放弃阿尔及利亚，强调说阿尔及利亚问题不能像突尼斯、摩洛哥那样解决。摩勒政府随即制订了“三步走”的阿尔及利亚政策——停火、自由选举、谈判[①]，即首先必须停止所有的军事行动，恢复秩序，然后在三个月后举行选举，法国政府再与选举产生的阿尔及利亚人民代表谈判。这项政策并没有得到阿尔及利亚方面的认可，阿尔及利亚方面认为所谓的“三步走”政策只是为了诱使阿方停火而已，民族解放阵线要求法国首先承认阿尔及利亚的独立，而此时无论国内战场还是国际政治局势都有利于阿尔及利亚。

民族解放阵线的斗争成果

“统一行动革命委员会”领导阿尔及利亚人民武装力量，将全国分为六个战斗地区，即奥雷斯山区、君士坦丁北部、卡比利亚、阿尔及尔、奥兰和南部地区，其中以君士坦丁省南部的奥雷斯山区的根据地规模最大。到 1956 年底，民族解放军已经控制了近一半阿尔及利亚国土，并在收复地区建立起自己的政权，制定自己的法律。与此同时，为了更好地组织全国各地的反法力量，“统一行动革命委员会”决定正式建立统一战线组织——阿尔及利亚民族解放阵线（F. L. N.）。阿尔及利亚的三大民族主义组织——本·巴迪斯领导的“伊斯兰教贤哲会”、梅萨里·哈吉领导的“争取自由民主胜利党”以及费尔哈特·阿巴斯领导的“拥护阿尔及利亚宣言民主联盟”也都加入了阿尔及利亚民族解放阵线。阿尔及利亚民族解放阵线成为民族解放运动的主力。8 月，阿尔及利亚民族解放阵线召开了第一次全国代表大会，因在卡比利亚的苏玛地区召开，故又称为苏玛大会。会议上确定了民族解放阵线的政治纲领、路线和方针，以及民族解放阵线对民族解放军的领导权。苏玛大会之后，阿尔及利亚民族解

① 参见 Irwin M. Wall, *France, the United States, and the Algerian War*, University of Califonia Press, 2001, p. 26。

放军的战斗力得到很大的提高。至 1957 年，民族解放军已发展成为拥有 20 多万人的军队，其中 10 万余名正规军，10 万余名遍及全国各地的民兵和武装小分队。[①]

在外交层面，阿尔及利亚民族解放阵线也取得成就。1955 年 4 月，阿尔及利亚获得了万隆会议的邀请，并作为无政府的非官方代表出席万隆会议。这次会议使阿尔及利亚问题开始引起世界人民的关注。同时阿尔及利亚也得到了第三世界的鼓舞，甚至还有一些国家提供武器和资金，支持阿尔及利亚进行反殖民斗争。除了邻国突尼斯和摩洛哥，"他们还可以通过埃及和利比亚的渠道获得武器。阿尔及利亚民族主义者们的斗争得到了阿拉伯国家的支持，其政治领导人们在开罗遥控指挥国内的军事行动。阿拉伯和亚洲的反殖民主义国家把阿尔及利亚看作是当前重要的殖民主义问题，只要问题得不到解决，他们将继续施加压力要求联合国反对法国的镇压。"[②]1955 年，第十届联合国大会将阿尔及利亚问题列入大会议事日程，以致法国代表团退出了联合国大会。至此，阿尔及利亚问题已经成为一个世界关注的问题了。

居伊·摩勒政府的危机

与阿尔及利亚民族解放运动蓬勃有序的进展相比较，这一时期的法国却处在一个焦头烂额的时期。首先，阿尔及利亚民族解放阵线这支拥有近 20 万民族解放军的武装力量对法国而言是一个巨大的威胁。正规军在战场上和法国军队战斗，那些分散在阿尔及利亚各个角落的小分队以各种极端的方式与法国斗争。除南部撒哈拉沙漠地区外，整个阿尔及利亚都已经成为战区。法国政府只能不断追加预算，源源不断地派遣增援部队，40 万法军陷入了阿尔及利亚战争

① 参见赵慧杰编著：《阿尔及利亚》，第 64 页。

② 《国家安全委员会报告对突尼斯、摩洛哥和阿尔及利亚的政策陈述草稿》（1956 年 9 月 17 日），李丹慧主编：《冷战国际史研究》第 14 辑，第 314 页。

之中。[①]法国虽投入数万名精锐的机械化部队和伞兵部队，但在民族解放军的有力打击下，法国殖民军惨遭失败，只能转变为“固守要点”的战略。

其次，摩勒在中东地区失利。1956 年 7 月 26 日，埃及总统纳赛尔宣布要将苏伊士运河的所有权收归国有，公司财产转交埃及，运河航运由埃及自己管理。这让西方世界和法国深感震惊。法国是苏伊士运河公司的主要股东，占运河公司一半以上股份（英国占股 45%），在中东地区拥有巨大的利益，它绝不愿意失去在中东的既得利益。而且，比控制运河更为重要的是，法国政府认为，纳赛尔是阿尔及利亚民族解放阵线的重要支持力量，埃及在为阿尔及利亚民族解放阵线训练军事人员、提供军事装备。所以，法国应利用运河事件打击埃及，搞垮纳赛尔，切断这条供应线，从而削弱阿尔及利亚民族解放阵线的实力。如 7 月 29 日，时任法国外长皮诺对英国外长劳埃德所言：“在埃及打一个胜仗，胜过在北非打十个胜仗。”[②]在苏伊士运河问题上，法国的国内舆论比英国的国内舆论更激进。法国人认为，如果纳赛尔在苏伊士运河问题上为埃及赢得了胜利，那么法国在阿尔及利亚问题上就没有获胜的希望了，所以，必须采取行动打击纳赛尔。在这种氛围下，法国国民议会以 422 票对 150 票的决议支持政府对埃及开战。于是，法国伙同英国，于 1956 年 10 月 31 日入侵埃及，发起了苏伊士运河战争。然而，战争以英法联军的失败而告终，这对于本就深陷在阿尔及利亚战争泥潭的法国而言可谓是雪上加霜。由于法国在苏伊士运河战争中失败而返，摩勒政府受到国内左翼和进步人士的猛烈攻击。法兰西第四共和国不仅没有为解决阿尔及利亚问题提供一丝转机，而是越来越难以自拔。

再者，法国在国际舆论上处于劣势，亲自葬送了与阿尔及利亚和谈的机会。1956 年 7 月至 9 月间，摩勒派社会党代理副总书记戈曼同阿尔及利亚民族解放阵线代表秘密接触，但五次均无结果。

---

① 参见 Frantz Fanon, *The Wretched of the Earth*, Grove Press, 2005, p. 64。

② 张锡昌、周剑卿：《战后法国外交史》，世界知识出版社 1993 年版，第 89 页。

1956年8月，在阿尔及利亚民族解放阵线召开的苏玛大会上，阿尔及利亚代表们达成了与法国进行谈判的决议。经过摩洛哥和突尼斯的斡旋，决定于10月23日在突尼斯举行会谈。10月22日，本·贝拉等五位阿尔及利亚民族解放阵线领袖乘飞机从摩洛哥飞往突尼斯，与法国代表商议阿尔及利亚问题。法国政府指示这架飞机上的法国机组人员中途转变航线，在阿尔及尔着陆，拘捕了本·贝拉一行五人，致使原定的谈判计划落空。[①] 当时法国舆论对此极为满意，报纸上立即出现了许多评论文章，如《群贼无首啦》等。然而，这一事件给法国带来的影响极其恶劣。北非地区举行大规模的游行示威活动表示抗议，国际舆论也都谴责法国这一不光彩的举动。此时的法国不仅孤立无援，而且自己葬送了与阿尔及利亚谈判的机会。

10月22日事件后，阿尔及利亚人对所在地欧洲移民进行的报复行动加剧，罗贝尔·拉科斯特被迫于1957年1月责令马素（Massu）将军和伞兵部队维持阿尔及尔秩序。

阿尔及利亚战争与第四共和国的倒台

阿尔及利亚人民争取独立自由的斗争得到越来越多国家的支持。1957年2月4日，第十一届联合国大会应15个亚非国家的请求再次将阿尔及利亚问题列入议事日程。联大共提出三个提案。2月5日，亚非18国提案呼吁法国满足阿尔及利亚人民实现民族自决权的愿望，建议法国与阿尔及利亚立即谈判，停止军事行动，根据联合国宪章和平解决争端。2月12日，日本、菲律宾和泰国提出三国提案，希望法国和阿尔及利亚人民设法通过适当的谈判来结束战争。同日，阿根廷、巴西、古巴、意大利和秘鲁又提出一个五国提案，希望阿尔及利亚问题能够找到一个和平民主的解决办法。后两个提案都未提民族自决权。

由于早在1955年9月第十届联合国大会通过将阿尔及利亚问题

---

① 参见 Alistair Horne, *A Savage War of Peace: Algeria 1954—1962*, p. 160。

列入联大议程时，法国代表团就以全体退出大会表示抗议，这次不能再施故伎，于是求救于英国和美国。2 月 13 日，在美国和西欧国家支持下，通过了五国及三国提案。2 月 16 日，又将两项提案综合成“九国折衷提案”，表示要根据合作精神，通过适当的手段，并按联合国宪章的原则，寻求一个和平、民主和公正的解决办法。虽然这是一个妥协性决议，并不能真正解决问题，但是其意义在于，它意味着，阿尔及利亚问题不再是“法国的内政”了。每次联合国大会开会前夕，法国政府都有种恐惧心理，不论是被迫出席这样的国际会议还是受到缺席审判，都是一件令人不快的事，因为“不知道怎样表白法国要摆脱它已经卷入的阿尔及利亚事件的意图和愿望”。[①]

居伊·摩勒认为必须发表正式声明，说明法国政府的意图。于是他宣布法兰西和阿尔及利亚两个民族权利平等、阿尔及利亚的行政机构享有广泛的自治权，它同法国的联系是不可分割的。这种含糊而又矛盾的声明除了招致反对派的攻击外，无济于阿尔及利亚问题的解决，加之经济和财政方面存在的问题，1957 年 5 月 21 日，坚持了 16 个月的摩勒政府倒台了，这是第四共和国时期维持最久的一届政府。继摩勒之后，先后上台组阁的无论是布尔热·莫努里，还是费利克斯·加亚尔，都对阿尔及利亚问题一筹莫展。

1958 年 2 月 7 日，法国空军侦察机在飞越突尼斯—阿尔及利亚边境地区的萨基艾特村上空时，遭到地面防空火力的拦截而迫降。由于这里一直被用作阿尔及利亚民族解放军的基地，所以，法国遂于次日出动重型轰炸机对该村实施打击。由于萨基艾特位于突尼斯境内，所以，突尼斯与法国的矛盾激化。这一事件给法国带来的更为不利的后果是与美国的关系恶化。

美国早在 1956 年 6 月 5 日突尼斯独立之初，即在突尼斯设立使馆，并通过突尼斯支持阿尔及利亚民族解放阵线。所以，法国空袭萨基艾特后，以美国为首的国际社会纷纷谴责法国，英国和美国联

① 〔法〕雅克·夏普萨尔、〔法〕阿兰·朗斯洛：《1940 年以来的法国政治生活》，全康康等译，第 282 页。

合对此事件进行斡旋，但因法国和突尼斯两国都持强硬立场，斡旋未果。法国也因此公开表明对美国的不满，美国则考虑停止在联合国支持法兰西第四共和国。

美国自阿尔及利亚战争爆发后并未给法国政府以强有力的支持，在美国看来，法国已没有能力维持在阿尔及利亚的占领。固然，“阿尔及利亚战争的持续，给美国在北非的利益以及更加广泛的国家利益带来了不利的影响，因此尽快解决这一冲突是符合美国的利益的。但是法国作为有直接利益关系的一方必须自己找到解决问题的方法，如果能够找得到的话。出于这一原因，同时考虑到我们在该地区实现和平的能力极其有限，我们应当尽可能地把公开卷入这一冲突的程度降到最低。”然而，为了增强自由世界的力量，“为了阻止埃及和苏联以及共产主义在北非扩张其影响”，美国还要与法国合作，实现其政治上和心理上的调整，使之接受其海外领地迅速丧失这一现实，“美国应该在最大程度上帮助法国调整自己的战略，以适应其殖民帝国衰落的现状”。[①] 为此，1958 年 4 月 11 日，美国政府直接要求法国加亚尔政府接受英美的斡旋建议，同时改变其在阿尔及利亚的政策。美国此举直接导致加亚尔政府倒台，费利克斯 · 加亚尔慨叹说：“保住阿尔及利亚是困难的，失去阿尔及利亚也是困难的，把它交出去更为困难。”[②] 阿尔及利亚战争已成为第四共和国政治危机的根源。

从加亚尔被赶下台的 1958 年 4 月 15 日到 5 月 13 日，法国陷入长达 28 天的无政府状态，法国政坛群龙无首。内阁危机持续数周之后，科蒂总统召请中间党派人民共和党领袖皮埃尔 · 弗林姆兰（Pierre Pflimlin）组阁。弗林姆兰被认为是阿尔及利亚自由政策的拥护者，主张首先加强对阿尔及利亚民族解放运动的军事镇压，

---

① 《国家安全委员会报告对突尼斯、摩洛哥和阿尔及利亚的政策陈述草稿》（1956 年 9 月 17 日），李丹慧主编：《冷战国际史研究》第 14 辑，第 316 页。

② 〔法〕雅克 · 夏普萨尔、〔法〕阿兰 · 朗斯洛：《1940 年以来的法国政治生活》，全康康等译，第 417 页。

然后再选择有利时机与之谈判，进而取得有利于法国的和平。然而，强烈反对任何和谈设想的阿尔及利亚殖民势力和法国驻阿尔及利亚军队中的极端分子不能容忍弗林姆兰的“放弃政策”。因此，5月13日，当国民议会讨论是否授权弗林姆兰组阁时，阿尔及尔的叛乱者占领了总督府大楼，因此引发了一场蓄谋已久的兵变，更由此直接导致了法兰西第四共和国的陷落。

第五章　戴高乐与阿尔及利亚的独立

第二次世界大战后，西亚北非兴起的民族解放浪潮，猛烈冲击着英法等国的殖民主义体系。阿尔及利亚战争对法国政坛酿成的危机，成为新上台的戴高乐政府面临的难题。由于阿尔及利亚对法国具有重要战略价值，确保“法属阿尔及利亚”依然是法国解决阿尔及利亚问题的首要选择。戴高乐政府试图在“法属阿尔及利亚”框架内通过谈判，和平实现既定目标。故此在军事和社会经济方面，推行一系列大规模的改革。但这些改革无法从根本上扭转阿尔及利亚日趋恶化的局势，戴高乐政府又被迫抛出“阿尔及利亚自决”的政策，并期盼彻底解决阿尔及利亚问题。这却遭到法国部分将军的反对，并在阿尔及尔发动叛乱，从而对阿尔及利亚的政治安全构成严重破坏。在内外多种因素的重压下，自 1961 年起，法国与民族解放阵线在埃维昂举行谈判，1962 年 3 月达成停火协议，阿尔及利亚赢得独立，结束了法国在阿尔及利亚 132 年的殖民统治。

一、戴高乐就任第五共和国总统及其阿尔及利亚政策

1958 年 5 月兵变背景

考虑到阿尔及利亚问题给法兰西第四共和国带来的困境，法国总统科蒂准备在“争取拯救和复兴法属阿尔及利亚联盟”组织队伍里挑选总理。这支组织的领导人有社会共和党的苏斯戴尔、激进党的安德烈·莫里斯（Andrie Morice），独立党的迪歇（Deshy）和

人民共和党的比多（Bido）。该组织竭力维护法国在阿尔及利亚的殖民利益，在选民中影响很大。然而，这四人却不能负担起组阁的重任。苏斯戴尔因为参与了推翻加亚尔内阁的事件而遭到激进党的反对；莫里斯是一个分裂派，并不能得到对立面的赞同；迪歇的名望不高，甚至在其本党内部都没能获得支持；比多本身所在的人民共和党并不赞同其出任总理。[①] 在此情况下，科蒂不得已找来了人民共和党的弗林姆兰，希望他能出任总理并组阁。由于弗林姆兰是中间党派的主席，且在阿尔及利亚问题上秉持“开明政策”，即准备与阿尔及利亚民族解放阵线谈判。[②] 在阿尔及利亚的移民和驻兵看来，任命弗林姆兰上台组阁的做法就是法国政府准备抛弃阿尔及利亚的信号。于是，移民、驻军与孱弱的法兰西第四共和国之间的矛盾被激化了，一场推翻法兰西第四共和国的运动正在酝酿，这也就是 1958 年 5 月 13 日兵变。

驻阿尔及利亚的法国军队本身的职责是为了稳固法国的殖民地位、镇压阿尔及利亚反抗力量、保护在阿尔及利亚的欧洲移民的生命财产安全。在法国历史上，除了 18 世纪拿破仑的“五月政变”外，很少有法国军队直接干预政治的做法。按照法兰西第三共和国沿袭下来的传统，军队也是不过问政治的，军权属于政权。但第二次世界大战爆发后，法国的败降改变了这一传统。从 1942 年 11 月美国人在阿尔及利亚登陆直至戴高乐到达阿尔及尔，贝当在维希、吉罗在阿尔及尔、戴高乐在伦敦所组建的政府同时认为自己是法国合法的政府。而在阿尔及利亚的驻军之所以在 1958 年选择发动兵变，是由当时驻军的特点决定的：首先，军队自 1945 年以来就同法国本土切断了联系。阿尔及利亚的驻军基本上与法国本土隔绝，常年从事海外作战。在阿尔及利亚战争中，他们节节败退，损失惨重。但是政府无视他们的疲惫不堪，既没有能力为他们增援，也不愿将他们

① 参见吴国庆：《战后法国政治史》，社会科学文献出版社 2004 年版，第 116 页。

② 参见 Crawford Young, “Decolonization in Africa”, in L. H. Gann & Peter Duignan (eds), *The History and Politics of Colonialism, 1914—1960*, Cambridge Universty Press, 1970, p. 472。

撤回本土。这种状况使得阿尔及利亚的驻军产生了被抛弃的感觉。其次，驻军不信任法国政府和政客，不愿服从政府的命令，他们并不愿意为政府的错误决策而承担责任。军队认为，法军的屡次失败应该归罪于政客，因为“他们总是指使军队去打没有胜算的仗而令军队蒙羞”。[①]再次，随着技术的发展，常备军人和某些兵种如号称“军队之矛”的伞兵的作用越来越重要，这支军队几乎变成了职业军队，驻军手中的权力越来越大。罗贝尔·拉科斯特担任阿尔及利亚事务部长期间，为了抵御阿尔及利亚民族解放阵线的恐怖活动，曾给马素将军及其领导的伞兵以极大的自主权。可以说，在阿尔及利亚，“没有军队是什么事也做不成的”。[②]最后，驻军不想放弃阿尔及利亚，因为一大部分驻军是从印度支那战场战败归来的；北非战场上，他们失去了在摩洛哥、突尼斯的殖民统治；在中东地区，苏伊士运河战争的失败让法国丢掉了在中东的这块“肥肉”，所以他们只能在阿尔及利亚战争中取得胜利以维护尊严。当弗林姆兰受命组阁的消息传来，驻军总司令萨朗（Salan）连同儒奥（Jouhaud）、马素等人都声称，阿尔及利亚军方是不会对此袖手旁观的。[③]这足以显示出阿尔及利亚驻军想要保住阿尔及利亚的坚定决心。

而最担心失去阿尔及利亚的是那些已经在阿尔及利亚扎根的欧洲移民——黑脚仔。100 多万的欧洲移民想要保住自己以及父辈苦心经营的阿尔及利亚。因为此时的黑脚仔已经不同于 100 多年前刚来到阿尔及利亚的黑脚仔了，他们不但与法国本土有着血脉相承的关联，与阿尔及利亚也有着千丝万缕的联系。他们很珍惜自己祖祖辈辈通过努力在这片土地上得到的一切。1830 年，阿尔及利亚的可耕地面积只有 2000 平方英里，而经过他们的开垦，到 1954 年可耕

---

① Crawford Young, “Decolonization in Africa”, in L. H. Gann & Peter Duignan (eds), *The History and Politics of Colonialism, 1914—1960*, p. 472.

② 〔法〕雅克·夏普萨尔、〔法〕阿兰·朗斯洛：《1940 年以来的法国政治生活》，全康康等译，上海译文出版社 1981 年版，第 303 页。

③ 参见 Alistair Horne, *A Savage War of Peace: Algeria 1954—1962*, Viking Press, 2006, p.282。

地已扩大到2.7万平方英里。[①]不论他们以前的身份如何低贱，在这片土地上，他们是高高在上的统治者。他们享有这里优越的资源，占有面积最大、最肥沃的土地。他们拥有最多的财富，享受最舒适的生活。同时，由于他们是生活在“海外”的法国人，所以他们的民族自尊心比本土的法国人更强烈，任何有损于他们利益的政策都被视为是法国本土对他们的“抛弃”。这些移民始终坚持“法国的阿尔及利亚”政策毫不动摇，他们也希望法国政府坚持这一政策。和驻军一样，当法国政府宣布让弗林姆兰组阁时，移民们也坚定地认为这是政府想要放弃阿尔及利亚的做法。此时，移民已不再相信政府了，他们只有依靠那些能在真正意义上保护自己的阿尔及利亚驻军。因为移民和驻军有着相同的处境：被宗主国抛弃；有相同的目标：保护阿尔及利亚仍然属于法国；有相同的决心和态度：坚持不渝。

移民和驻军虽然结成了事实上的联盟关系，但是移民很清楚，驻军只有兵权却不了解政治、对法国国内情况并不熟悉，而且驻军在印度支那战场和阿尔及利亚战场上连年战败，致使驻军中的大部分士兵缺乏信心，难成大事。所以，移民需要寻找一股强大的势力以弥补驻军政治方面的欠缺，并可以鼓舞士气。而在当时政局混乱的情况下，具备这样实力的只有戴高乐派了。

5月13日兵变的爆发

戴高乐派是指拥护戴高乐上台执政的一批政治人物，他们信任戴高乐，认为只有戴高乐才能挽救法国。即便是1946年戴高乐下野之后，这些人仍四处奔走，为戴高乐的再次执政做努力。而戴高乐本人也并没有完全隐退，仍旧时刻关注着国际形势及法国内政的发展。1957年12月至1958年5月，戴派的主要成员之一德尔贝克（Delbecque）频繁往返于巴黎和阿尔及尔之间达27次之多，目的

---

① 参见〔英〕保罗·约翰逊：《现代——从1919年到2000年的世界》下卷，李建波等译，江苏人民出版社2001年版，第607页。

是联络移民和驻军，为推翻第四共和国做努力，也为戴高乐的东山再起做准备。[①] 在 1958 年 4 月 26 日前后，戴高乐将军曾接见过他两次。戴高乐派弥补了移民和驻军在政治层面上的缺失，三方面力量共同协作，为推翻法兰西第四共和国做好了准备。

5 月 13 日，在巴黎举行的法国国民议会正在为任命弗兰姆兰为新一任内阁总理而投票的时候，阿尔及利亚在与巴黎完全不同的气氛笼罩下发生了一场名副其实的叛乱。移民在马素的伞兵的配合下攻占了阿尔及利亚政府大厦。这里以前是总督府，自 1956 年以来改为驻节部长的办公厅。当时正是驻节部长空缺期间，因为弗兰姆兰虽然任命了一位驻节部长，但是正在等待政府正式授权，还没来得及到阿尔及尔就任。而罗贝尔·拉科斯特坚决拒绝这几天重新回到阿尔及尔，他认为，既然他已不再是驻节部长，也就不用再负任何责任。

军队叛乱的消息使巴黎的国民议会乱作一团。有备而来的叛军们已经推举马素成立了“公共安全委员会”来管理阿尔及利亚，该委员会包括文职人员、军人、穆斯林以及法国人，其中包括戴高乐派和极端分子，他们的目的是组建一个坚决捍卫“法国的阿尔及利亚”政策的政府。面对这种局面，巴黎方面的反应是决定捍卫共和政体，并切断同阿尔及利亚的交通联系，同时建议将阿尔及利亚的民政和军政权力完全委托给萨朗将军。14 日，国民议会通过决议，任命弗林姆兰为新任内阁总理，这是法国在经过一个多月混乱之后成立的合法政府。然而，弗林姆兰根本无力平息乱局，科蒂总统也没能调遣驻扎在德国和法国的士兵前来平叛。此时的法兰西正如 1940 年所面临的情况一样，需要一位强权人物来主持大局了。15 日，萨朗将军在阿尔及尔议事广场发表了一篇声明，高呼“法属阿尔及利亚万岁”，“戴高乐万岁”。[②]

---

① 参见 Frantz Fanon, *The Wretched of the Earth*, Grove Press, 2005, p.63。

② 参见 Alistair Horne, *A Savage War of Peace: Algeria 1954—1962*, pp.287—289。

戴高乐上台的原因

法国人之所以在此时将希望寄托于戴高乐，主要是缘于他在1940年至1945年的“解放者”的威望。第二次世界大战爆发后，希特勒入侵波兰，发动西线战争，以强大的机械化部队攻破马其诺防线突入法国。法国当局昏庸无能，巴黎政府惊慌失措，在维希建立的贝当政府向德国屈膝求和。当时法国几近一半的领土惨遭纳粹占领，另外半个法国被压得喘不过气来。在这样的生死关头，戴高乐挺身而出，带领不屈的法国人民为国家而战。作为法国当时唯一主张抗战的领袖，戴高乐从政治上和军事上统一了国内外抗德运动。他周旋在国际舞台上，抵抗维希政府的压力，巩固法国在地中海东部的委任统治权，建立“自由法国”。不仅如此，他还勇敢地应对来自英、美等国家对法国主权的严重挑战。1943年6月，戴高乐建立法兰西共和国临时政府，领导法国人民打响了解放战争。同年10月23日，英、美、苏分别承认了法兰西共和国临时政府的合法性，使法国避免了惨遭侵占的命运，维护了法国主权和领土完整。戴高乐也因此受到法国人民的崇敬，被称为“拯救法兰西命运的英雄”。1946年1月20日，戴高乐因不满法国排他性的党派制度使得自己的政策无法贯彻实施而辞职。即便戴高乐的第一次执政只持续了短短两年时间，但戴高乐在国家危难关头所表现出来的爱国精神和维护法国主权独立的形象已经深入法国人民心中。法国人相信戴高乐能够答应、能够做别人不能够答应和不能够做的事。如总统科蒂后来在致议会书中所评价的：“这位最卓越的法国人，曾经在我国历史最黑暗的年代领导我们重新争取自由，并且在他周围实现了民族统一，以后他又拒绝个人独裁，并建立了共和国。”[①] 5月13日，阿尔及利亚移民和驻兵发生的兵变几乎引起法国的内战。当再次面临

---

① 〔法〕雅克·夏普萨尔、〔法〕阿兰·朗斯洛：《1940年以来的法国政治生活》，全康康等译，第313页。

国家生死存亡之时，除了戴高乐能给他们信心之外，法国人民别无选择。

积极争取独立的阿尔及利亚人民对戴高乐也寄予厚望。第二次世界大战期间，法国本土逐渐沦陷，而当时的维希政府却想要向德国纳粹屈膝以换取和平，英国趁机想在国际上充当法国保护人的角色，美国则虎视眈眈地紧盯法国殖民地。1943 年，为了维护法国的主权和威严，极力维持法属殖民地的统治，戴高乐选择将与法国隔海相望的阿尔及利亚作为基地，在此建立自由法国的临时政府，并将其作为有效的权力机构，领导民族力量进行抗战，以维护法国的主权。1944 年初，德国、意大利法西斯败局已定，而此时的法国却面临殖民地日益高涨的民族独立运动。不仅如此，美国也开始对法国的殖民地事务进行干预。在这样的国际形势下，戴高乐认为有必要明确殖民地在未来法国的地位。于是，1944 年 1 月，戴高乐在布拉柴维尔召开法属非洲代表会议并发表历史性演说。戴高乐宣称，法国政策就是“领导每一位法属殖民者走向独立，允许他们自己管理自己的事务……”[①]戴高乐第一次执政时期，针对阿尔及利亚殖民地的管理提出了多项措施，以保证阿尔及利亚人和在阿尔及利亚的法国移民们在经济和社会事务方面享有同样的权利。戴高乐拒绝一切叛乱活动，并于 1945 年 5 月镇压了君士坦丁暴动。[②]14 年后，阿尔及利亚人仍对戴高乐的布拉柴维尔演说寄予厚望，认为戴高乐的到来一定会改变现状，使阿尔及利亚走向独立。

戴高乐本人当然也希望重新执掌政权。纵观各类有关戴高乐的传记，无不提到戴高乐个人的雄心壮志和其炙热的爱国情愫。戴高乐出生在一个属于下层贵族但思想开明的家庭，少年时期就立志当一名军人，报效祖国。1909 年 8 月，戴高乐考入圣西尔军校，开始了他的军事生涯。1912 年毕业后在贝当元帅的麾下任职。第一次世

① Alistair Horne, *A Savage War of Peace: Algeria 1954—1962*, p.281.

② 参见〔法〕夏尔·戴高乐：《战争回忆录》第 3 卷，陈焕章译，中国人民大学出版社 2005 年版，第 222 页。

界大战时，他英勇作战，在凡尔登战役中三次负伤并受到表彰。但戴高乐性格孤傲寡合，所以他未能在军队中得到快速晋升的机会。即便他精于军事理论研究，却也只能在军队中为军官们演讲和提供参考。直至第二次世界大战爆发，当法兰西处于危难之际，戴高乐排除万难，发挥其军事作战才能，拯救法兰西免遭纳粹的践踏，维护了法兰西的尊严。1944 年，他组建法兰西临时共和国，不仅在政治层面确认了法国的地位，而且拯救和恢复了法国经济。在外交和国际事务上，戴高乐努力让法国重新跻身于大国行列。1946 年，戴高乐因为与政党之间政见不同而愤然辞职，选择隐居。然而处于逆境中，戴高乐在政治上更加成熟了。12 年的隐居生活中，下野的戴高乐仍时刻关注着法国的政治局势。他潜心思考，总结并撰写了三大卷《战争回忆录》，以此对自己在第二次世界大战和第一次执政期间的所作所为进行全面的反思。戴高乐也对第二次世界大战之后的世界形势和欧洲形势进行观察和思考，希望能在两极世界中为欧洲和法国找到合适的位置。同时，戴高乐也对法兰西第四共和国政局动荡不安、外交软弱无力的现象给予密切关注，深思出路所在。所有这些经历与思考，让戴高乐逐渐从一个军人成长为一个成熟且具有远见卓识的政治家。

萨朗将军发表声明的当天，戴高乐本人交给新闻界一份声明："当年，国家在危急存亡的关头曾赋予我重任，领导全国的救亡图存运动。现在，当国家再次面临考验的时候，我向全国人民宣布，我已经做好接管共和国权力的准备。"[①] 在这种危急时刻，戴高乐的声明受到了国内绝大多数势力的支持。19 日，戴高乐又一次在记者招待会上表示："目前在阿尔及利亚发生的关系到法国本土的事情以及在法国本土发生的关系到阿尔及利亚的事情，可能导致一次极端严重的民族危机。但是，它也可能是一种复兴的开端。这就是为什么在我看来，我可能再一次直接对法国有用的时刻已经到来。"[②]

---

① 〔法〕戴高乐：《戴高乐言论集（1958 年 5 月—1964 年 1 月）》，国际关系研究所编译，世界知识出版社 1964 年版，第 1 页。

② 同上书，第 2 页。

5 月下旬，由于兵变引发的暴动已经蔓延到科西嘉岛，法国内战一触即发，而弗林姆兰政府依旧束手无策。为挽救局势，法国当局只能向已获得包括移民、军队、右翼势力等在内的法国各界支持的戴高乐发出邀请，希望戴高乐能上台控制日益恶化的局势。1958 年 5 月 29 日，法兰西第四共和国总统勒内·科蒂向议会提交咨文，他说：“我认为我有义务吁请戴高乐将军担任内阁总理，如果议会拒绝给予信任并拒绝授权给他，这就是说我没有正确地表达全国人民的愿望，我就提出辞职。”① 戴高乐本人也发表声明，明确表示自己捍卫共和体制的决心和反对驻军与移民兵变的立场：“无论出自哪一方面的危及公共秩序的行动，都会产生严重的后果。即使我理解人们采取这种行动时的处境，我也不能表示赞同。”② 随即，弗林姆兰向总统科蒂递交了辞呈。6 月 1 日，国民议会授权戴高乐组阁，戴高乐正式接管了国家权力，这是继 1946 年戴高乐下野后的第二次执政。从此，阿尔及利亚问题也步入一个全新的阶段。当然，在戴高乐执政时期，阿尔及利亚问题最终获得解决，这个国家走向独立，其过程艰难曲折。

戴高乐延续“法属阿尔及利亚”政策

戴高乐执政初期基本上延续“法属阿尔及利亚”政策。虽然导致法兰西第四共和国垮台和戴高乐重新执掌政权的主要原因是阿尔及利亚战争，法国人因而首先要求解决阿尔及利亚问题，但是戴高乐认为应该先进行国家的改革，然后再解决阿尔及利亚问题。他认为被阿尔及利亚问题拖垮的法兰西第四共和国的现行制度存在种种弊端和缺欠，必然带来灾难。“党派政权始终漂浮在一个处在极端危险的世界中的、严重分裂的民族上面，它表明它自己无力管理事

---

① 〔法〕雅克·夏普萨尔、〔法〕阿兰·朗斯洛：《1940 年以来的法国政治生活》，全康康等译，第 326 页。

② 〔澳〕布莱恩·克罗泽：《戴高乐传》下册，西安外国语学院等合译，商务印书馆 1978 年版，第 571 页。

务。”[①] 因此，新政府第一要务就是修改宪法。1958 年 10 月 5 日正式颁布的新宪法赋予总统国家元首、三军统帅和共同体总统的权力。总统任命总理，并根据总理的提议任命部长，签署法令，批准国际条约，可以无须内阁联署单独采取某些重要的行动，如解散国民议会、举行全民公决等。特别是第 16 条规定，当共和国在内政外交上受到严重和急迫的威胁时，总统有权“根据形势需要采取多种措施”。[②] 这意味着行政权的地位高于立法权，从而使总统在行使权力时，实际上不受约束，而且共和国总统同时也是法非共同体的总统，“共同体的总统首先是在外交事务和经济事务方面可以发出不经部长签署而做出的决定，采取对政府和议会都具有强制性的重大措施”。即“戴高乐共和国的决定要素只是而且也只能是共和国总统”。[③] 这样，通过宪法的保护，在解决治理国家所遇到的问题时，戴高乐才可以逾越障碍去实现自己的抱负。

戴高乐能够再次走上政坛，成为法国本土、阿尔及利亚乃至全世界的焦点是因为阿尔及利亚战争。同意戴高乐上台的各方势力都有自己的目的和意图，尤其是支持他出山的势力，是希望借他的威望和强势来实现“法属阿尔及利亚”的理想。戴高乐自知这些力量既可以让他再次登上政坛，也有能力推翻他。所以，戴高乐政府上台之初需要做的就是运筹帷幄，在各种势力之间找到平衡点，获取支持，以稳固初生的政权。对于阿尔及利亚问题，戴高乐采取的办法是在试探中摸索，初期基本上延续法兰西第四共和国所奉行的“法属阿尔及利亚”政策。

首先是考虑阿尔及利亚的法国驻军和移民的意愿。作为军人出身的戴高乐十分清楚军队的重要性，他自身更是由兵变事件而获得重掌政权的机会。因此，戴高乐决定在军队中进行“大清洗”。其

---

① 〔法〕戴高乐：《戴高乐言论集（1958 年 5 月—1964 年 1 月）》，国际关系研究所编译，第 16 页。

② 吕一民：《法国通史》，上海社会科学院出版社 2002 年版，第 358 页。

③ 〔法〕亨利·克劳德：《戴高乐主义与大资本》，李元明、林立译，世界知识出版社 1963 年版，第 4—5 页。

结果就是戴高乐成功地“清洗”出了阿尔及利亚驻军中的“激进分子”，他们主张以暴力方式推翻一切有悖于“法属阿尔及利亚”政策的政府。约1500名士官都被调职甚至遭到开除。在驻军的高级将领层面，戴高乐只保留了两个官员——马素将军和德鲁瑞尔（Delouvrier）。他们都是坚定的戴高乐派。[①] 如此，戴高乐将军队的实际军权握在了自己手中。

占阿尔及利亚总人口十分之一的欧洲移民是一股强大的力量。“五·一三事件”之后，阿尔及利亚实际上成为了军队的王国。戴高乐明白，移民和驻军支持他重新执掌政权，是为了使法国继续维持在阿尔及利亚的统治权。他们表示：“只有当戴高乐毫不动摇地沿着这条路前进，我们才会继续支持他。”[②] 在这样的情况下，任何一个政客都不敢抛出有悖于“法属阿尔及利亚”这一观点的政策。尤其是得到移民和驻军支持而上台的戴高乐政权，在制订阿尔及利亚政策的时候更要顾及他们的感情和立场。

其次，必须维持法国政府内部政治势力之间的平衡。从法兰西第四共和国垮台的教训来看，阿尔及利亚战争导致法国政治分化、党派纷争。如果戴高乐无法平衡各政党之间的关系和利益，他很快就会陷入政党危机之中。从戴高乐组建的内阁可以看出，他已经很清楚地意识到了这一点。戴高乐的内阁中既包括主张结束阿尔及利亚战争的社会党人居伊·摩勒（Guy Mollet），也包括顽固的守旧派路易·亚基诺（Louis Jacquinot）以及他的亲信米歇尔·德勃雷（Michel Debre），同时也包括中间党派，主张谈判的人民共和党人皮埃尔·弗林姆兰（Pierre Pflimlin）。这样一个囊括不同政党的内阁足以显示出戴高乐的智慧，也让戴高乐获得了各党派的广泛支持。为维持这样“一团和气”的局面，在阿尔及利亚问题上，戴高乐不能轻易冒险发表有明确意图的观点。

戴高乐在一次私人会谈时，对美国总统艾森豪威尔说：“阿尔

---

① 参见 Alistair Horne, *A Savage War of Peace: Algeria 1954—1962*, p.309。

② 〔澳〕布莱恩·克罗泽：《戴高乐传》下册，西安外国语学院等合译，第578页。

及利亚从来就不是一个独立的国家”，“法国人在阿尔及利亚苦心经营了130年，这就产生了一些必须考虑的现实问题。比如那里有100万法国人、900万穆斯林。这是一个很难解决的复杂问题。这就好像假如加利福尼亚有4000万印第安人一样”。[①] 戴高乐认为“如果我在1958年6月就说出让阿尔及利亚独立的话，当天晚上我就会被推翻，我就会一事无成。”[②] 所以，戴高乐只能选择暂时不作明确表态，延续法兰西第四共和国的阿尔及利亚政策，让那些支持他的各方势力保持幻想，从而为自己巩固新生政权赢得时机，也为自己确定正确的阿尔及利亚政策争得时间。

戴高乐上台后仅1958年就五次视察阿尔及利亚。第一次是在6月4日，戴高乐来到阿尔及尔，面对阿尔及利亚人民以及黑脚仔的热烈欢迎，戴高乐在演讲中以一句“我了解你们。我知道这里所发生的事情。我看到了你们所要做的事情”[③] 开头，赢得了全场所有人的掌声和欢呼声。这句意味深长而又含糊不清的话语产生了不可估量的作用，阿尔及利亚人民认为戴高乐理解了他们对实现独立的渴望之情，而黑脚仔们认为戴高乐明白他们想要留住阿尔及利亚的苦心。就这样，戴高乐在一片欢呼声中开始了他的阿尔及利亚之旅。随后，戴高乐来到阿尔及利亚第二大城市奥兰。这里气候宜人、风景优美，大多数居民是法国人。戴高乐在奥兰的演讲中宣称：“阿尔及利亚是法国领土的一部分，现在如此，永远如此。”[④] 同样，当戴高乐来到阿尔及利亚的穆斯林城市——君士坦丁时，戴高乐对穆斯林们说：“必须对怀疑有祖国的人保证有一个祖国。”在穆斯塔加奈姆这样法国人和穆斯林数量各占一半的城市，戴高乐又宣称：

---

① 《艾森豪威尔与戴高乐私人会谈记录》（1959年9月2日），李丹慧主编：《冷战国际史研究》第14辑，世界知识出版社2012年版，第325—326页。

② 〔法〕让·莫里亚克：《戴高乐将军之死》，北京编译组译，商务印书馆1973年版，第83页。

③ 〔法〕戴高乐：《戴高乐言论集（1958年5月—1964年1月）》，国际关系研究所编译，第11页。

④ Alistair Horne, *A Savage War of Peace: Algeria 1954—1962*, p.302.

“不管怎样，阿尔及利亚人一律平等。”[①] 对于黑脚仔而言，戴高乐在演讲中传递给他们的信息是坚定不移地遵守“法属阿尔及利亚”方针；而对于阿尔及利亚穆斯林而言，从没有一个法国领袖这么直接地与他们正面接触，戴高乐这样做了，戴高乐让穆斯林们感受到了他的自信、权威以及个人魅力。1958 年夏，法国的民意调查显示，近 70% 的法国人对政府能够解决阿尔及利亚问题持信任态度。这正是戴高乐走访阿尔及利亚的意图——在法国移民和广大穆斯林之间周旋，以模棱两可的说法赢得所有人的赞同和支持，为自己能制订出切合实际的阿尔及利亚政策赢得时间。

在政治上暂时稳定住各方势力的同时，戴高乐在经济上推行君士坦丁计划，试图以此同化阿尔及利亚。1958 年 10 月 3 日，戴高乐在君士坦丁宣布了一个雄心勃勃的五年计划，即著名的“君士坦丁计划”。他说：“必须使整个阿尔及利亚享受到现代文明能够而且也应该给人类带来的幸福和尊严。”[②] 该计划允诺：（1）在法国本土进入国家各部门，包括进入行政部门、司法部门、军队、教育部门和公用事业部门的青年人至少要有十分之一的阿拉伯人、卡比尔人和莫扎皮特人，同时在阿尔及利亚服务的阿尔及利亚人的比例也将继续扩大。（2）今后五年内，阿尔及利亚的薪金和工资待遇将提高到同法国本土相近的水平。（3）将用五年的时间完成阿尔及利亚工业和农业开发计划的第一阶段。这一阶段的任务特别是要把撒哈拉的天然气和石油开发出来并加以分配，建立大型冶金和化学联合企业。（4）为 100 万人建筑居住房屋，相应地发展卫生设施、公路、港口和通讯设施。（5）要使 40 万新劳动者得到正常的就业机会。（6）在五年内要逐渐使三分之二的男女儿童就学，在以后的三年内，将使所有的阿尔及利亚青少年都能入学。为实现“君士坦丁计

---

① 〔法〕夏尔·戴高乐：《希望回忆录》，《希望回忆录》翻译组译，中国人民大学出版社 2005 年版，第 43 页。

② 〔法〕戴高乐：《戴高乐言论集（1958 年 5 月—1964 年 1 月）》，国际关系研究所编译，第 45 页。

划”，经济方面，法国政府会提供150亿法郎以完善阿尔及利亚的公共设施，促进阿尔及利亚的城市发展。这项计划会为阿尔及利亚创造40万个新的工作岗位，建造20万栋住房，提高阿尔及利亚工人的待遇，改善他们的生活。[①]“君士坦丁计划”的目的是援助落后的阿尔及利亚，将其转变为先进的工业化地区。但实质上这项措施却是戴高乐政府试图从经济上合并阿尔及利亚的方式——使阿尔及利亚的经济完全依赖法国，从而使阿尔及利亚在政治上完全从属于法国。政治方面，戴高乐许诺，保证阿尔及利亚人在政府管理部门中享有代表权和参与权，阿尔及利亚人民获得选举权的标准与宗主国居民的标准相同。同时规定，阿尔及利亚的选民中必须保证三分之二以上的人是穆斯林居民。此选举权的颁布从政治意义上确立了阿尔及利亚人民与欧洲移民享有平等的法律地位，但其本质与法兰西第四共和国时期所实行的“同化”政策大同小异。教育方面，鼓励阿尔及利亚的学龄儿童接受教育，并规定大多数欧洲移民所建立的学校可以接受穆斯林学生。表面上是提高阿尔及利亚的基础教育，其本意是为了以普及教育的方式来达到文化同化的目的。

如上所述，戴高乐的君士坦丁计划从各个方面拉拢人心，以获得阿尔及利亚人民的支持，削弱阿尔及利亚民族解放斗争的社会基础。戴高乐的这一意图，可以从1958年12月，他在北约委员会上的发言得以证实。戴高乐在发言中讲道：“法国正在担负着一项艰巨的任务，就是实施君士坦丁计划，这项计划将从政治、经济、文化等方面将阿尔及利亚改变成一个与西方相联系的国家……阿尔及利亚应该是与西方合作的国家，而不是反西方国家。”[②]

军事方面，戴高乐以军事打击为辅，政治协商为主。1958年9月18日，阿尔及利亚民族解放阵线的“阿尔及利亚革命委员会”在

---

① 参见Benjamin Stora, *Algeria, 1830—2000: a Short History*, translated by Jane Marie Todd, Cornell University Press, 2006, p.73。

② Irwin M. Wall, *France, the United States, and the Algerian War*, University of Califonia Press, 2001, p.176.

突尼斯成立了阿尔及利亚临时政府（G. P. R. A.），民族解放阵线领导人费尔哈特·阿巴斯任临时政府总理。阿巴斯同时宣称，这是代表阿尔及利亚共和国的临时政府。阿尔及利亚临时政府成立之后，一面继续组织武装力量进行斗争，一面积极争取以和平谈判的方式获得独立。对此，法国外交部长向所有驻法使馆发出声明，任何支持阿尔及利亚临时政府的行为都被视为是干涉法国内政的行为，任何承认阿尔及利亚临时政府合法性的国家都被认为是背离法国的做法。[①] 这个声明旨在宣告法国在阿尔及利亚的统治地位，也是法国镇压阿尔及利亚民族解放阵线的官方指示。

阿尔及利亚反殖民势力中包括很多力量，如民族解放阵线、极端主义组织、民间游击队伍等。这些反殖民势力都是法国的强劲对手，尤其是有一定群众基础并实力不断增强的阿尔及利亚民族解放阵线，它是阿尔及利亚最具代表意义的武装势力，也是阿尔及利亚战争中与法军正面对抗的最大规模的军事力量。当然，阿尔及利亚民族解放阵线成立之后，虽在战场上取得了小规模的胜利，但终因武器装备、军队实力等方面不敌法军而遭到镇压和逮捕。至 1957 年 5 月，战死的阿尔及利亚民族解放军达数 10 万之多，因酷刑而“失踪”的战士不计其数，数万人被逮捕，其领袖费尔哈特·阿巴斯、科里姆（Krim）以及本·赫达（Ben Khedda）都逃往国外。[②] 这一阶段，法军取得了战场上的绝对胜利。但阿尔及利亚民族解放阵线并没有因此消沉，在吸取失败教训的基础上，他们利用逃亡国外的机会在突尼斯、摩洛哥等地重新招募士兵，准备继续战斗。至 1958 年底，阿尔及利亚民族解放阵线的成员仅剩 45,200 余人，而此时法国在阿尔及利亚的兵力却增长至 42.6 万余人。[③] 戴高乐上任后任命莫里斯·夏尔（Maurice Charlle）为阿尔及利亚总司令。夏尔采取“重

---

① 参见李宏军：《阿尔及利亚战争与美国的反应和政策》，兰州大学硕士论文，2010 年，第 28 页。

② 参见 Alistair Horne, *A Savage War of Peace: Algeria 1954—1962*, p.206。

③ 参见 John P. Entelis, *Algeria: the Revolution Institutionalized*, Boulder Co., 1986, p.153。

点围剿，分段绥靖”的方法，对民族解放阵线实行全面封锁，以强大的军事力量进行镇压。在兵力如此悬殊的情况下，夏尔有信心能在战场上取得决定性的胜利。但戴高乐不同意这种做法，戴高乐希望利用法国军队在阿尔及利亚战场上的优势地位迫使民族解放阵线放下武器，在得到法国移民和广大穆斯林赞同的基础上，建立阿尔及利亚与法国的永久联合。因此，戴高乐希望在阿尔及利亚战场上以军事打击为辅，寻求政治协商为主。在这一点上，夏尔与戴高乐存在分歧，这也正是两年后夏尔加入到反叛者行列的原因。

为了以政治协商的途径来解决阿尔及利亚问题，戴高乐在 1958 年 10 月的一次记者招待会上发表题为“勇士的和平”的演说。其内容是希望那些在战场上的人停止战斗，回到自己的家里，回到原来的工作岗位上。戴高乐认为，只要双方实现停火或者通过民族解放阵线的“对外组织”与法国政府进行谈判，就可以实现和平。不仅如此，戴高乐还随即释放了一万余名被捕的阿尔及利亚爱国人士。[①]

尽管如此，戴高乐并没有获得与阿尔及利亚进行政治商谈的机会，相反，戴高乐的种种措施都遭到各方面的反对：经济上援助阿尔及利亚的君士坦丁计划，也被阿尔及利亚人称为是“贿赂阿尔及利亚农民”的计划；移民和驻军更是强烈反对戴高乐想要与阿尔及利亚进行政治商谈的做法；民族解放阵线的领袖费尔哈特·阿巴斯称“勇士的和平”只是一个谎言，民族解放阵线一定会战斗到阿尔及利亚真正获得独立的时刻。

“法属阿尔及利亚”政策陷入困境

戴高乐上台后的阿尔及利亚政策看似与法兰西第四共和国的有所区别，但其实质相同。所以，戴高乐也如同法兰西第四共和国那样，不可避免地陷入困境之中。

1958 年 6 月，戴高乐访问阿尔及利亚之行的确展现了他的个人

---

① 参见 Alistair Horne, *A Savage War of Peace: Algeria 1954—1962*, p. 306。

魅力和智慧，他根据实际情况的不同而进行不同内容的演讲也得到了大多数人的欢呼。但是随着时间的推移，人们就开始揣测戴高乐的话语到底蕴藏着什么样的含义，等待并观望戴高乐到底将如何将他的演说词变成实际行动。

1958年秋季，戴高乐先后四次来到阿尔及利亚，随着戴高乐特色的阿尔及利亚政策一步步实施，阿尔及利亚人民和黑脚仔们逐渐从幻想中清醒过来，认识到戴高乐的政策其本质上仍旧是法兰西第四共和国所施行的同化政策。

正如他在穆斯塔加奈姆演讲时提到的"法属阿尔及利亚万岁"，这句话让支持"阿尔及利亚属于法国"的人们对戴高乐满怀信心，认为戴高乐和他们的想法一致。但紧接着，戴高乐又表示这句话只是他"脱口"而出的，并没有什么特殊的意义。[①] 即使是那句为他赢得广大群众基础的"我理解你们"，戴高乐将其解释为"这句话看似是我无意识地说出来的，但事实上是我经过字斟句酌推敲出来的，其目的只是为了和听众们建立起感情联系"。戴高乐称这句话的实际意义就是"等到你们中的大多数能够决定自己的命运之时，你们期盼的时代就到来了。"[②] 然而，听到那句话的人们无法真正理解戴高乐言语后面的潜台词。当军人们听到街道的广播中说："法国所取得的伟大胜利并不是军队战胜阿尔及利亚游击队，而是清除了法国内部的敌人——叛徒、知识分子、犹太人……"这话让驻军们觉得自己再次"被欺骗"了。仿佛法国所取得的胜利是政治家们的功劳，驻军再次觉得政客们窃取了他们的劳动果实。当穆斯林们再次听到"法属阿尔及利亚万岁"的话语时，在巴黎的阿尔及利亚人高举起绿白条纹的旗子开始进行抗议游行。而黑脚仔在戴高乐的演讲中不断听到"只有法国人才有权力"这样的句子，这让他们开始怀疑戴高乐的言下之意是在暗示黑脚仔并不是真正的法国人。[③] 终于，戴高

① 参见布莱恩·克罗泽：《戴高乐传》下册，西安外国语学院等合译，第584页。

② Alistair Horne, *A Savage War of Peace: Algeria 1954—1962*, p.302.

③ 同上。

乐小心翼翼想要避免的情况还是发生了，移民、驻军、阿尔及利亚人都开始从幻想中清醒过来。

戴高乐在“勇士的和平”演讲中，鼓励人们放下仇恨，拒绝杀戮，共同合作。这场原本为了赢取民心的演讲却成为了戴高乐上台之后的首次失败。一些主张“法属阿尔及利亚”政策的人们纷纷加入“反戴”阵营之中，因为他们觉得“勇士的和平”是戴高乐向阿尔及利亚民族解放阵线抛出的“橄榄枝”。10 月 16 日，一部分主张“法属阿尔及利亚”的极端分子（莱盖拉德、奥提斯等人）准备发起一场类似“五・一三事件”的暴乱推翻戴高乐政权。[①] 虽然这场计划中的暴乱因为马素将军的阻止而中止，但是驻军中的极端分子已经播下了起义的种子。这场演说也让阿尔及利亚方面很愤怒，因为他们认为戴高乐的演讲是在告诫他们放下武器。在阿尔及利亚人眼里，武器是他们寻求独立的重要工具，所以阿尔及利亚人认为戴高乐“背叛”了他们。对此，阿尔及利亚人发动更猛烈的袭击来表示抗议。这时期，原本与阿尔及利亚同样沦为法国殖民地的一些非洲国家，如马达加斯加、马里、刚果（布）、乍得等，都纷纷取得了独立，并在法国的援助下，成为与法国保持特殊关系的独立主权国家。这种现象在阿尔及利亚引起了深刻反响，人们追求独立的愿望更加强烈。

1958 年，阿尔及利亚民族解放军的人数不断增加，达到四万人之多。虽然相比较法军而言，仍是一支小规模的军队，但民族解放阵线的基础是牢固的，正如本・赫达所言：“金字塔的基础还是结实的。”[②] 而且民族解放阵线已将战火蔓延至法国本土，他们在法国本土宣传法国驻军对阿尔及利亚民族解放军实施酷刑，号召在法国的阿尔及利亚人加入到反法战争中。至戴高乐上台时，在法国的阿尔及利亚人中，90% 都成为阿尔及利亚民族解放阵线的成员。他们在法国为阿尔及利亚战争筹集资金，购买战争所需的武器和物资。

---

① 参见 Benjamin Stora, *Algeria, 1830—2000: a Short History*, translated by Jane Marie Todd, p.118。

② Alistair Horne, *A Savage War of Peace: Algeria 1954—1962*, p.237.

不仅如此，法国本土一些反战人士也开始对阿尔及利亚表示同情，希望战争尽快结束。

此外，阿尔及利亚人还得到了社会主义国家越来越有力的支持。第二次世界大战加速了世界民族独立运动的发展。第三世界国家作为民族独立运动的主力军，不但唤醒了阿尔及利亚的民族意识，而且为戴高乐制订阿尔及利亚政策提供了方向。1955 年万隆会议之后，阿尔及利亚战争得到世界的关注，第三世界国家公开声明支持阿尔及利亚反殖民战争，支援阿尔及利亚民族解放阵线的行动。曾经作为法国殖民地国家的突尼斯和摩洛哥，于 1956 年取得独立。获得独立后的突尼斯和摩洛哥两国成为阿尔及利亚民族解放阵线的庇护所、情报站和训练中心。此外，1960 年，毛里塔尼亚、刚果（布）、加蓬、乍得等 12 个非洲国家获得独立。这些黑非洲国家在争取独立的道路上与阿尔及利亚具有共性，所以这些国家的独立也影响着阿尔及利亚人。在阿拉伯世界，埃及将苏伊士运河收归国有而引起的苏伊士运河战争中，法国战败，致使法国失去了在中东地区的有利地位。以苏伊士运河战争中威望大增的埃及为首的阿拉伯国家纷纷为阿尔及利亚提供物资援助，支持阿尔及利亚的反殖民战争，意图将法国赶出阿尔及利亚。

1958 年 9 月 18 日，费尔哈特·阿巴斯在没有事先通知纳赛尔的情况下贸然成立了阿尔及利亚临时政府，并将“首都”设在突尼斯而非埃及，这一事件让纳赛尔很是不悦，在对阿尔及利亚临时政府是否合法的问题上不置可否。纳赛尔的态度使得整个阿拉伯世界在是否承认阿尔及利亚临时政府具有合法性这一问题上表现出犹豫不决的态度。但是，中国和南斯拉夫等其他社会主义国家支持阿尔及利亚的民族独立运动，因此积极承认阿尔及利亚临时政府的合法性，并向阿尔及利亚民族解放阵线提供武器和医疗物资等援助。[①]

而这一时期法国的欧美盟友对戴高乐阿尔及利亚政策的态度却

① 参见陈晓红：《戴高乐与非洲的非殖民化研究》，中国社会科学出版社 2003 年版，第 179 页。

极其暧昧。

第二次世界大战结束后，美国和苏联两个超级大国崛起，英、法等老牌殖民主义国家被极度削弱。撒哈拉地区勘探出丰富的油气资源之后，美国、英国等西方国家不甘心法国独自占有，便鼓励阿尔及利亚摆脱法国的殖民统治，同时也为阿尔及利亚民族解放阵线提供物质上的援助，并在联合国和世界舆论上向阿尔及利亚倾斜。

1949年将阿尔及利亚纳入“北约”战略防御体系后，美国与法国达成协议，美国开始在北非修建军事基地，此后一直在背后支持法国控制北非。法国希望美国承认阿尔及利亚问题属于“北约”范畴，而美国则建议法国在北非实行改革，以“事实上的控制”代替占领或保护制度。对美国的这一建议，法国一直未予置否。阿尔及利亚战争爆发后，法国深陷其中不能自拔，1956年至1958年期间，又接连发生苏伊士运河危机、突尼斯武器危机和萨基艾特危机。阿尔及利亚临时政府成立后，法国情报中心获得的大量证据显示，美国在支持法国军队的同时也在支持着阿尔及利亚民族解放阵线。[①]美国这种“坐山观虎斗”的做法是因为：一方面，美国不希望法国独占撒哈拉的丰富资源；另一方面，美国必须与法国维持关系，以保护美国在欧洲的既得利益。美国希望法国通过改革旧的占领制度来巩固“北约”欧洲前哨，防止苏联介入阿尔及利亚问题。

由于对埃及的支持，苏伊士运河战争之后，苏联在阿拉伯世界的影响力加强。美国认为，在阿尔及利亚，苏联也“扮演了阿尔及利亚殖民地被压迫人民的支持者的角色”。由于苏联“在法国和阿尔及利亚的代理人们致力于在阿尔及利亚民族主义运动中获得支配地位”，阿尔及利亚战争“把法国的北约军队拖在了阿尔及利亚，牵扯了法国的政治精力”。例如，法国在德国驻军中的两个师已被调走，重新部署到阿尔及利亚。随着“共产主义渗透的危险将加剧”，尤其是如果阿尔及利亚这样的国家的“独立是通过暴力和极端方式

---

① 参见 Irwin M. Wall, *France, the United States, and the Algerian War*, University of Califonia Press, 2001, p.135。

获得的。……法国对该地区无法进行有效控制，以及新独立的阿拉伯国家的动荡和不稳定性，将形成政治上和军事上的真空，这会给苏联制造绝好的利用机会，特别是当苏联有可能同北非开展直接的外交关系的时候”。为此，美国必须“让法国做出调整，以适应自己已经是一个正在衰落的帝国这一事实”。[①]而与美国双边支持政策异曲同工的是，英国既不承认阿尔及利亚临时政府，也不支持戴高乐。[②]

国际环境不利于戴高乐领导的法国，而法国国内的状况也令戴高乐倍感棘手。第二次世界大战结束之后，法国的国际地位日益衰落，已不再是欧洲的陆上霸主。受阿尔及利亚问题拖累，法国政权更迭频繁，经济萎靡不振，军事力量薄弱，殖民形象授人以柄。戴高乐上台时，阿尔及利亚战争已拖延了四年，法国本土的人民早已厌烦了战争带给他们的伤痛，他们希望以和平的方式结束战争。但法国人发现，他们寄予厚望的戴高乐将军并没有结束战争，而是使战事更加激烈。对此，他们也开始对戴高乐政府报以怨言。

此时的戴高乐陷入了内忧外患的境遇。他明白，如果继续维持“法属阿尔及利亚”政策只会使法国在政治上、经济上和军事上陷入更为严重的危机。尤其是，未来国家所需要依靠的军队将会陷入一场徒劳无益、镇压殖民地战争的死胡同里。为避免出现这样的局面，戴高乐政府迫切需要尽快制订出阿尔及利亚政策，以维持法国本土和殖民地的安定，使法国摆脱负担，走出困境。

1959 年，是戴高乐开始取得进展的一年。1 月 8 日，戴高乐就任法兰西第五共和国总统。当天，戴高乐便采取了缓和局势的措施：释放了七千余名在阿尔及利亚被拘捕的穆斯林；为判处死刑的叛乱者减刑；并释放阿尔及利亚民族解放阵线的领导人梅萨里。这些措施让阿尔及利亚人民看到了戴高乐的诚意，让本就对和平抱有希望

---

① 《国家安全委员会报告对突尼斯、摩洛哥和阿尔及利亚的政策陈述草稿》（1956 年 9 月 17 日），李丹慧主编：《冷战国际史研究》第 14 辑，第 310、315 页。

② 参见 Alistair Horne, *A Savage War of Peace: Algeria 1954—1962*, p.316。

的阿尔及利亚人民看到了前景。4月29日，戴高乐对《瓦赫兰回声报》社长皮埃尔·拉丰发表了一项声明，其中有一段后来十分著名的表述：“‘父辈的阿尔及利亚’已经死亡了！如果谁不了解这一点，谁就将像它那样死去。”[①]

对于戴高乐的努力，阿尔及利亚方面也报以善意的回应。5月1日，费尔哈特·阿巴斯在贝鲁特发表声明称，愿在中立国境内与戴高乐进行会晤，而且“不事先提出什么条件……也不排除民族解放阵线派一个代表团到巴黎去的可能”。[②]当时大部分新当选的穆斯林参议员都宣称赞同戴高乐的政策。

在法国政界，很大一部分政治党派主张在原则上对戴高乐表示信任，支持戴高乐；一部分党派出于机会主义的考虑持观望态度；而热衷于传统的“法国的阿尔及利亚”主张的极右派势力则仍坚持强硬态度，举行示威活动表示抗议，反对戴高乐与阿尔及利亚代表会晤。法国民众则普遍支持戴高乐的这一做法，认为戴高乐正走在正确的道路上，同时也相信戴高乐能使法国早日从这种局面中摆脱出来。

军队方面，夏尔将军正率领法军在前线顽强奋战，且不断取得战果。对此，戴高乐分析当时战场状况指出，当法国有大约40多万人被派去占领城市和乡村并守卫边界封锁线时，进行军事进攻的则是特种部队。夏尔先派了伞兵第10师和第25师，以及配备直升机的空中突击队投入战斗，后又增派基本上是外籍军团和狙击部队的步兵第11师，这才凑够4万名战士，刚刚超过与他们相对抗的阿尔及利亚民族解放军的人数。戴高乐认为，虽然法军占据着绝对优势，但阿尔及利亚方面绝不会轻易放弃战争，他们即使损失惨重到全军覆没的程度也不会放弃与法军斗争。这种无谓地损失人力、物力的战事并不利于法国的发展，只有政治和谈才能带来永久的和平。因

① 〔法〕夏尔·戴高乐：《希望回忆录》，《希望回忆录》翻译组译，中国人民大学出版社2005年版，第62页。

② 同上书，第63页。

此，戴高乐开始在军队中做动员："不管怎样，即使正在进行的军事行动所取得胜利是主要的，阿尔及利亚问题也不能因此就算已经解决……只有在有朝一日阿尔及利亚人同我们达成协议的情况下，问题才算获得解决……除非他们自己同意，否则我们就永远不能和他们达成协议……欧洲人统治的时代已经过去……我们正处在地球上所有殖民地的人民都在争取解放的时代……因此，在阿尔及利亚，我们只能为阿尔及利亚并同阿尔及利亚一起行动，这种做法是全世界理解的……这是为了法国的利益，也是我们唯一应该做的事。"[①] 戴高乐的动员让士兵们清楚地听到了戴高乐的想法——和平才是解决阿尔及利亚问题的唯一出路，也是最有利于法国的道路。戴高乐对他的内阁成员们讲道："如果阿尔及利亚人不愿与我们同行，我们不应该强迫他们……。现在国际社会已经开始公开地批判我们的殖民行为了，如果我们不让阿尔及利亚走上正确的道路，我们将很难改变自己在国际上的形象和地位。"[②] 戴高乐坚定地认为，在阿尔及利亚问题上，只有和解才是最正确的途径。从戴高乐的言语中我们可以看出，现在的戴高乐不得不清晰地表达自己对阿尔及利亚问题的看法，而且戴高乐也开始坚定地向着自己的阿尔及利亚政策方向迈进了。

二、"阿尔及利亚自决"政策的提出

法国与美国协商的结果

戴高乐坚持阿尔及利亚问题是法国内政，所以，法国不会考虑在联合国讨论阿尔及利亚问题，那么哪个国家能在联合国为法国说话又有足够的分量呢？无疑是美国。

美国是将阿尔及利亚问题与整个北非局势综合起来加以考量的。

① 〔法〕夏尔·戴高乐：《希望回忆录》，《希望回忆录》翻译组译，第 66 页。

② Alistair Horne, *A Savage War of Peace: Algeria 1954—1962*, p.343.

突尼斯、摩洛哥和阿尔及利亚政治局势的变化对美国在北非的利益造成了影响。如在摩洛哥的空军基地和海空军通讯设施等仍是美国军事力量的重要组成部分。而阿尔及利亚乱局分散了法国的军事力量，对法国的国际地位和内政产生了深刻影响，导致法国在“北约”的作用日益缩减，“北约”在欧洲的军事力量受到削弱，进而影响到西方在非洲和亚洲的政治威慑力。

独立后的摩洛哥和突尼斯以各种方式支持和帮助阿尔及利亚人民的民族解放运动，成为阿尔及利亚民族解放军的庇护所。阿尔及利亚人从此可以取道邻国向国内运送武器，民族主义运动规模迅速扩大，强度也有所增长。不仅如此，1958 年秋天，“阿尔及利亚共和国临时政府”成立后，阿尔及利亚民族主义运动实现了国际化，越来越多的阿拉伯国家加入到支持阿尔及利亚人的独立事业中来，其他非阿拉伯国家如中国也承认了阿尔及利亚临时政府。亚非国家视阿尔及利亚问题为殖民主义问题，只要这一问题得不到解决，他们就继续施加压力要求联合国干预。

时局迫使美国既要支持盟国法国，又不能不顾及北非地区民族主义运动的趋势，以及与新独立的第三世界国家之间的关系，所以，美国只有向法国施加压力，使其顺应民族解放运动潮流，和平解决阿尔及利亚问题。

1959 年 9 月 2 日，美国总统艾森豪威尔在与戴高乐会见时提出，美国可以在联合国支持法国，但法国必须有一个解决阿尔及利亚问题的计划，而且越早发表这一声明，就越能为那些目前还在犹豫徘徊的国家提供考虑的时间，也就越有利于赢得其他国家对法国政策的支持。如果法国不能及时地明确阿尔及利亚政策，那就自己去面对联合国。在这种情况下，戴高乐允诺将在 9 月 15 日发表声明。艾森豪威尔又对声明的内容提出了要求，他说，美国非常想和法国站在一起，但是有两个障碍难以逾越，一是美国自独立伊始就拥有的反殖民主义传统；二是美国国内对使用武力解决问题的反感；有鉴于此，希望戴高乐将军的声明能够赞同逐步实现阿尔及利亚人民的

“自决权”，也就是说新计划应是迄今为止阿尔及利亚问题“最勇敢和最现实的解决方法”，如此，美国将怀着最大的同情去研究法国的方案。①

与美国沟通后，1959 年 9 月 16 日，在联合国大会开幕前，戴高乐如约在广播和电视上以他庄严的声音宣布了他的阿尔及利亚方案——这是戴高乐上台执政至今，他在阿尔及利亚问题上公开发表的第一个明确表明自己观点的方案。

戴高乐说："法国仍然面临着一个艰难的、还在使人流血的问题。这就是阿尔及利亚问题。我们必须解决这个问题！但是我们用这方面或那方面的、无益的、简单化的口号互相指责，是决不能解决问题的……我们要像一个伟大民族那样行动。我们将通过唯一值得采取的办法来解决问题，我是指通过阿尔及利亚人自己的自由选择来决定他们的前途的办法。"②"只要上帝给我生命，只要人民愿听我的话，我愿根据宪法赋予我听取公民意见的权力，以法兰西共和国的名义，一方面问一下阿尔及利亚 12 个省的居民最终究竟想怎么办；另一方面要求所有法国人赞成这个将要作出的选择。"③这个宣言意味着戴高乐决心允许阿尔及利亚人民实行自决。当然，他又提出，因为自古以来，历史上从未出现过一个统一且拥有独立主权的阿尔及利亚国家，所以，他提出先停火并将实行“自决”的日期定在“恢复和平”后的第四年。

戴高乐“阿尔及利亚自决”政策的内容

戴高乐为阿尔及利亚的“自决”提出了三种选择并分别加以评析：第一种选择是阿尔及利亚与法国“分离”。“某些人以为分离就会

---

① 参见《艾森豪威尔与戴高乐私人会谈记录》（1959 年 9 月 2 日），李丹慧主编：《冷战国际史研究》第 14 辑，第 326—327 页。

② 〔法〕戴高乐：《戴高乐言论集（1958 年 5 月—1964 年 1 月）》，国际关系研究所编译，第 96 页。

③ 〔法〕雅克·夏普萨尔、〔法〕阿兰·朗斯洛：《1940 年以来的法国政治生活》，全康康等译，第 423 页。

获得独立……（但）分离会导致难以想象的贫困、可怕的政治混乱、普遍的残杀。”第二种选择是“完全法国化”，即过去想要实现的阿尔及利亚与法国一体化的政策，也就是主张“法国的阿尔及利亚”的人所说的归并政策。阿尔及利亚人完全成为法国人，与法国人一样享有完全相同的权利，履行同样的义务，一起为法国奋斗。按照这个理想，将“真正从敦刻尔克到塔曼拉塞特”所有的人，权利和地位都相同。戴高乐描绘的蓝图是“阿尔及利亚人将能够担任国家各种政治、行政和司法职务，并能在所有国家机关中任职；在薪水、工资、社会保险、教育、职业培养各方面享受为法国本土所规定的各种待遇；可以在整个共和国的广大领土上，在他们认为合适的地方居住和工作；不论他们的宗教信仰如何，不论属于哪个居民集团，他们都能在各方面同其他公民，平均地说来在同样的基础上、在同样的水平上生活，并成为法国人民不可分割的一部分。”[①] 最后一种选择是与法国紧密联系的“自治”，即“在法国援助的支持下，在经济、教育、国防和对外关系方面同法国紧密地联合在一起、而由阿尔及利亚人自己治理阿尔及利亚”。[②]

这三条“道路”中，“完全法国化”已经不适应于当时的局势了。近 130 年的时间里都没能兑现的事，这时无论如何许诺，不仅阿尔及利亚人，就连法国人也不会相信了，况且坚持这一主张的法兰西第四共和国已经用事实证明其行不通。“分离”在戴高乐看来就是一场灾难。很显然，戴高乐希望阿尔及利亚选择与法国紧密联系的自治之路，因为在戴高乐看来，这条路不仅可以实现阿尔及利亚人寻求独立自主的政治愿望，也有利于法国能够继续保持与阿尔及利亚的特殊关系并维护法国在阿尔及利亚的相关利益。

戴高乐关于“自决权”的演讲正式宣告“法属阿尔及利亚”政策成为历史，这次讲话也是戴高乐第一次明确表明自己的阿尔及利

---

① 〔法〕戴高乐：《戴高乐言论集（1958 年 5 月—1964 年 1 月）》，国际关系研究所编译，第 100 页。

② 同上书，第 99—100 页。

亚政策。可以说，阿尔及利亚“自决”政策对于阿尔及利亚和法国都是一个新的进步和尝试，标志着他们已经跳出了“法属阿尔及利亚”这个“不切实际”的幻想，也可以说是法国从阿尔及利亚撤退的第一步。

各方势力对“阿尔及利亚自决”政策的反应及结局

戴高乐的“阿尔及利亚自决”政策一经公开，在法国和阿尔及利亚都引起巨大反响。

在法国本土，戴高乐的演讲获得了法国民众的普遍认同，法国人认为戴高乐让法国恢复了往日的尊严，成为了一个伟大而自由的国家。大多数法国人认为，结束战争是国家得以发展的前提。[①]10月16日，法国议会在大多数赞同票的情况下通过了“自决权”的提议。

阿尔及利亚方面，各派势力的反应不尽相同。阿尔及利亚民族解放阵线对戴高乐的“自决”政策提出批评和怀疑，认为这只是戴高乐诱使他们放下武器的新说辞而已。民族解放阵线要求法国同1956年被捕并仍被关押在法国监狱的本·贝拉等五位同志接触。而像梅萨里这样的“温和”民族主义者则对戴高乐的“自决”政策表示赞同，认为“自决权”就是他们长久以来的奋斗目标，而且认为此时是同法国进行谈判的最佳时机。阿尔及利亚临时政府也认为戴高乐的“自决”政策是一大进步，并相信戴高乐会将阿尔及利亚和法国带领到正确的道路上，同时，阿尔及利亚临时政府宣布自己也做好了与戴高乐进行谈判的准备。

对阿尔及利亚临时政府表示出的善意和谈判意向，戴高乐积极给予回应，并在记者招待会上重申了“阿尔及利亚自决”政策的内容和停火谈判的条件。然而，阿尔及利亚的法国驻军和黑脚仔们对戴高乐提出“自决权”的做法十分愤怒，这些坚定的殖民主义势力认为戴高乐无情地“背叛”了他们，并“抛弃”了阿尔及利亚。10

---

① 参见 Frantz Fanon, *The Wretched of the Earth*, Grove Press, 2005, p.166。

月，夏尔在给米歇尔·德勃雷总理的一封信中提道："如今在阿尔及利亚的法国军人，都是为了保卫法国的阿尔及利亚而流血牺牲的。"驻军明确表示"绝不撤出阿尔及利亚"。[①]于是，移民和驻军这两股势力再次决定在阿尔及利亚制造一场兵变，推翻戴高乐政权。

殖民势力中抗议规模最为壮大的是奥提斯（Ortiz）的法兰西民族阵线（F. N. F.）。该组织由奥提斯成立于1958年11月1日，其队伍中既包括军事组织，还包括多个"极端主义"组织。该组织的目标是以暴力行动守卫法国的阿尔及利亚。其组织成员为达目的不择手段，在阿尔及利亚发起大规模的暴力事件，例如炸学校、暗杀、绑架……该组织成为名副其实的恐怖组织。自该组织成立至1959年12月，共造成500多人死亡，600余人受伤，400余人遭到绑架。这些人中不仅有阿尔及利亚人，也有黑脚仔。[②]阿尔及利亚民族解放阵线将法兰西民族阵线看作恐怖组织，黑脚仔们则将该组织视为戴高乐政府为实现"自决"政策而采取的"策略"。

在驻军和黑脚仔惶恐不安的时候，"马素事件"成为导火索，引发了一场危机。1960年1月24日，法国驻阿尔及利亚伞兵部队司令雅克·马素因发表"法国的阿尔及利亚"及"法国军队永不撤离阿尔及利亚"等言论而被撤职。这一事件激怒了法国殖民势力的极端分子和极右势力。以保罗·拉加亚尔德（Paul Lagaillard）、奥提斯（Ortiz）和苏斯尼（Susini）为领袖的暴乱者在阿尔及尔街头筑起街垒，呼喊着"绞死戴高乐！"的口号，制造了"街垒事件"。与此同时，奥提斯下令将驻阿尔及利亚东部和北部的伞兵调来阿尔及尔，以配合法兰西民族阵线应对戴高乐政府的镇压。

戴高乐方面则命令夏尔和德鲁瑞尔率领在阿尔及尔驻扎的所有法军进行镇压。双方交火，互相扫射，屠杀持续了45分钟之久。戴高乐政府以强大的武力镇压了这场暴动。这场屠杀未造成大规模的

① Ramond F. Betts, *France and Decolonization: 1900—1960*, Macmillan Publishers Limited, 1991，p.166.

② 参见 Alistair Horne, *A Savage War of Peace: Algeria 1954—1962*, p.352。

人员伤亡：发动街垒暴动者中 6 人死亡，24 人受伤；戴高乐军队方面 14 人死亡，123 人受伤。[①] 此次事件很快传到了法国本土和政府内部，对法国而言，这场暴乱就是一个耻辱。因为这是阿尔及利亚战争以来首次爆发的法国人与法国人之间的战争。戴高乐认为，暴乱者的直接目的就是强迫他收回“自决”政策，但戴高乐决定不作任何妥协，直面威胁，以争取军队的绝对服从。

“街垒事件”期间，阿尔及利亚也陷入了四分五裂的局面：阿尔及利亚工人罢工、运输中断、商人罢市……戴高乐知道，也许还会发生更坏的情况，但他同时也明白，这样的局面实质是一种恐吓，而解决恐吓最好的方式就是直面它。

1 月 29 日，戴高乐通过电视和广播电台发表讲话。戴高乐首先肯定了“自决”是解决阿尔及利亚问题的唯一政策；谴责“街垒事件”期间发生的军事暴乱；对法国殖民者解释说“自决”并不是放弃阿尔及利亚；命令法国军队击败军事暴乱；并声称自己绝不会改变阿尔及利亚“自决”政策。戴高乐的讲话产生了巨大效果。许多叛乱者纷纷投降，“街垒事件”的首领奥提斯逃往西班牙，拉加亚尔和苏斯尼被捕，送往巴黎受审。2 月 1 日，一切都结束了。阿尔及利亚平静了下来，戴高乐政权经受了一次严峻的考验。

经历了“街垒事件”的戴高乐更加坚信，只有转变传统的殖民统治思想，才能减轻长久以来背负在法国身上的战争负担，为未来法国带来合作机会，更重要的是避免法国走向分裂和内战。因此，戴高乐更加坚定“阿尔及利亚自决”是正确的道路，是有益于法国的道路。

虽然平息了“街垒事件”，确定了阿尔及利亚“自决”政策路线，但戴高乐的 1960 年仍是困难重重。这一年，法国国内两极分化现象严重，社会矛盾尖锐。法国北部的农民开始大规模的罢工，以抗议戴高乐颁布的粮食价格政策；由于战争影响、法郎贬值、通货膨胀

---

① 参见 Alistair Horne, *A Savage War of Peace: Algeria 1954—1962*, p.363。

加剧，数百万工人涌上街头示威，要求提高工资待遇。动荡不安的局势致使民众间反战情绪日益高涨。为了走出困境，戴高乐加快了从阿尔及利亚撤退的步伐。

6月14日，戴高乐通过电视讲话向阿尔及利亚发出和谈信号，希望双方可以通过和平方式达成共识，早日结束战争。尽管阿尔及利亚临时政府在戴高乐发表“自决权”演说时就表示了与戴高乐和谈的意愿，但戴高乐此时却公开表示只愿意与奋战在前线的阿尔及利亚民族解放阵线进行商谈。因为，阿尔及利亚民族解放阵线是阿尔及利亚战争中的主力，只有与之进行和谈才能达到实质性的目的——实现停火，平息战争。6月25日，阿尔及利亚民族解放阵线的一个代表团飞往法国与戴高乐进行和谈，即默伦会谈。这次会谈的目的是要让阿尔及利亚共和国临时政府派出的代表了解，谈判应该在什么条件下才能进行。会谈中，双方在停火问题上各持己见，戴高乐政府主张先停火再谈判，而阿尔及利亚方面坚持除非提供实现自决的保证，否则绝不停火。这一分歧致使默伦会谈只持续了四天即告失败，未能达成任何协议。在随后的整个夏天到秋初，僵持局面持续了好几个月。

从1955年秋天到1956年春末，在知识分子和工会方面，发生了一阵剧烈的骚动。以阿尔及利亚战争为核心事件，法国知识分子被动员起来了，这期间出现了第一批关于阿尔及利亚的文章，呼吁在阿尔及利亚“停止镇压”、取消“海外和本国的种族歧视”、“展开谈判”，希望在阿尔及利亚“建立一种新地位，并实现一种得到同意的联盟的平等”，即通过给予阿尔及利亚人“有限度的自由”来保住法国人的“体面”。[①] 这些文章让法国民众意识到阿尔及利亚问题的激化，而在这种激化影响下产生的紧迫感又成为知识分子进一步介入的理由。一些知名人士甚至参加了反对继续北非战争行动委员会。知识界提出的看法也更为激进。1956年1月27日，在一

① 参见〔法〕让－弗朗索瓦·西里奈利：《知识分子与法兰西激情——20世纪的声明和请愿书》，刘云虹译，江苏人民出版社2001年版，第239页。

次四分之三与会者是阿尔及利亚人的大会上，让－保罗·萨特发表声明："殖民主义正在自行毁灭。但它还在空气中散发着臭味：它是我们的耻辱，它在嘲笑或者讽刺我们的法律；它在用种族主义毒害我们……我们的职责是帮助它死亡……我们唯一能做并且应该去做的——但也是今天的重要之处——是站（阿尔及利亚人民）一边进行战斗，把阿尔及利亚人和法国人同时从殖民主义专制中解救出来。"[①]4月21日，《世界报》刊登了一篇包括有雅克·苏斯戴尔签名的"为了拯救和复兴法国的阿尔及利亚"的呼吁。这篇呼吁揭露了"神权政治、狂热和种族主义的帝国主义所使用的工具"，并自问："除了维护人权的祖国，还有谁能给他们（即阿尔及利亚人民）开辟出一条通向未来的人道之路呢？"答案是"法国力量的发挥正是为了保护这些或那些人，使他们免受恐吓。而且，这种力量必须一直战斗到迎来真正的胜利：人心的安定。"为此，"只有大胆而猛烈地进行广泛的经济、社会和政治改革，才能在阿尔及利亚实现真正的共同体"，也才能"在共和国法制中民主解决阿尔及利亚问题"。到1956年春天，这个从此以后广泛介入到关于阿尔及利亚的辩论中的知识界开始分化，由知识分子签名的请愿书的主题逐渐形成两个对立的极端："谈判"或"绥靖"，稍后，辩论则演变为围绕阿尔及利亚应该继续属于法国还是应该独立的问题而展开。这一时期，虽然也有大学教授"赞同国家为了拯救和复兴法国的阿尔及利亚所要求的军事努力"，但是这种声音没能占上风。从1954年到1958年，属于"抗议—发展"类型的文章广泛地占有优势，而到1960年的夏末秋初，更是发生了一场请愿书之战。这一年，共有18篇关于阿尔及利亚的请愿书发表在《世界报》上，此前的1959年有9篇，此后的1961年有10篇。在1960年秋天的知识分子宣言之战中，让－保罗·萨特等121人签名的《121人宣言》在当时引起了剧烈的动荡不安，成为战后最著名的知识分子的文章之一。其全文如下：

---

① 参见〔法〕让－弗朗索瓦·西里奈利：《知识分子与法兰西激情——20世纪的声明和请愿书》，刘云虹译，第240页。

关于阿尔及利亚战争中拒绝权的声明

一场非常重要的运动正在法国展开，而且，有必要让法国以及国际舆论更好地了解这场运动，正当此时，阿尔及利亚战争的新转折应该引导我们去思考——而不是忘记——这次已有六年之久的危机的深刻性。

越来越多的法国人因为拒绝参加这场战争或因为帮助阿尔及利亚战士而遭到追捕、被投入监狱、被判刑。他们的理由既被对手们歪曲，又被应该保护这些的阿尔及利亚战士淡化，所以通常是不被理解的。然而，仅仅说这种对国家政权的抵抗值得尊重是不够的。人们的名誉和对真理形成的正确概念受到损害，他们的抗议有一种意义，这种意义超越了抗议本身所处的形势，最重要的是重新抓住这种意义——无论事件出于何种起源。

对阿尔及利亚人来说，不管使用军事方法，还是外交手段，战争都仍在继续，这一点毫不含糊。这是一场国家独立战争。然而，对法国人来说，这场战争的性质是什么呢？这不是一场对外战争，法国的领土从未受到威胁。更有甚者，使法国受到威胁的是被国家视为法国人的那些人，而这些人恰恰是为了不再做法国人而斗争。甚至，不能把这场战争仅仅说成是一场征服战争、一场伴随着种族主义的帝国主义战争。这些因素贯穿着整个战争，而且，仍然是含糊不清的。

事实上，出于一个决定——这是一种根本的恶习——国家首先动员了所有阶层的公民，动员的唯一目的是完成国家所指定的针对一个受压迫民族的警察的工作，而受压迫的人民只是为了他们最基本的尊严而起来斗争，因为他们要求最终被承认为独立的国家。

这不是征服战争，不是“国家保卫战”，也不是国内战争，阿尔及利亚战争已渐渐成为拒绝在一次起义面前退让的军队和社会等级观念的专有行为，甚至连国民力量都似乎因为意识到殖民帝国的全面崩溃而准备承认这次起义的意义。

今天，主要是军队的意愿使得这场罪恶而荒唐的战争继续着，而且，这支军队通过它的数位高层代表所赋予它的政治职责使国家本身受到损害并有堕落的危险——它强迫公民们在它的命令下成为一种恶劣的叛乱行为的共犯——这支军队有时公开而粗暴地做出违反法制的行为，背叛整个国家托付给它的任务。难道在希特勒统治被摧毁15年之后，由于这样一场战争的需要，法国军国主义终于要在法国恢复酷刑，并且再一次让它成为欧洲的一种制度吗？

正是在这样的情况下，许多法国人终于对传统的道德准则和义务提出了异议。当公民责任感在某些情况下成为可耻的屈从时，这种公民责任感又是什么呢？有时拒绝是一种神圣的责任，“背叛”象征着对真理勇敢的尊重，难道没有这样的情况吗？而且，出于那些要把公民责任感当作种族和意识形态统治的工具的人的意愿，军队表现出公开或暗中的对民主制度的反对，这时候，反抗军队的起义难道没有获得一种新的意义吗？

道德的情况从战争初期就被提出。战争继续着，这种道德的情况自然就由于总是很多的不服从、背弃的行为以及对阿尔及利亚战士的保护和帮助行为发生了具体的变化。自由运动在一切官方党派之外——不仅没有得到它们的帮助，最后还遭到它们的反对——发展起来。再一次，在领导人和预定的口号之外，一次抵抗运动因为一种道德意识的自发产生而出现了，寻求和创造着与新形势相适应的行动方式和斗争办法，而政治集团和新闻舆论或者出于迟钝或思想上的不果断，或者出于民族主义或道德上的偏见，串通一气不承认这种新形势的意义和真正的需要。签名者们认为每个人都应该对那些从此以后不可能再被说成个人冒险的各种事件的行为发表见解；认为他们本身在他们的位置上根据他们的方式也有参与的权利，这并不是为了给那些必须下决心亲自面对同样严重的问题的人提供建议，而是为了评判这些问题的人不要听任自己陷于词语和道德准则的含糊不清中。他们声明：

——我们尊重拒绝以武力对抗阿尔及利亚人民的行为并认为这种拒绝是合乎正义的。

——我们尊重这些法国人的行为——他们认为自己有责任以法国人民的名义保护和帮助那些受压迫的阿尔及利亚人——并认为这种行为是合乎正义的。

——阿尔及利亚人民坚决摧毁殖民体系的事业正是所有自由的人们的事业。[①]

请愿书从此造就了一种法国左派知识分子的传奇，在这篇宣言上签名的121人作为法国知识分子荣誉的"光荣榜"也被载入史册，而他们的主张对戴高乐的战略的帮助是"决定性的"。[②]

这一时期，法国本土出现了越来越多披露驻军对阿尔及利亚民族解放军实施酷刑的文章，"121名人宣传"组织在法国民众中的影响越来越大。[③]他们谴责驻军在阿尔及利亚的暴行，主张允许阿尔及利亚独立，希望尽快结束战争。他们为阿尔及利亚民族解放阵线提供资金支持，帮助民族解放阵线藏匿恐怖分子，让-保罗·萨特甚至宣称要为民族解放阵线效劳。"121名人宣传"组织让更多法国本土的反战人士聚集在一起，促使法国本土的反战情绪日益高涨。

与此同时，在阿尔及利亚实施了两年的君士坦丁计划也取得了进展。农业方面，建立"一千个村落"的计划已经完成了，农作物年产量也提高了12万吨。经济方面，阿尔及利亚的同期工业产出提

---

① 〔法〕让-弗朗索瓦·西里奈利：《知识分子与法兰西激情——20世纪的声明和请愿书》，刘云虹译，第253—256页。

② 同上书，第271页。

③ 参见 Benjamin Stora, *Algeria, 1830—2000: a Short History*, translated by Jane Marie Todd, Ithaca, p.79。

高了 10%，并再建了 400 多个企业，法国对阿尔及利亚的投资增长到 40 亿法郎。教育方面，自 1958 年到 1960 年，阿尔及利亚的小学生入学人数增长了近 35 万人。[①] 君士坦丁计划给阿尔及利亚带来了进步，使阿尔及利亚在法国的帮助下逐步得到发展。

1960 年 11 月 4 日，戴高乐再次强调阿尔及利亚自决政策。这次的不同寻常之处在于，他特别提到了“阿尔及利亚共和国总有一天会存在的”，而此前从未提到过“阿尔及利亚共和国”。11 月 16 日，正式宣布将举行公民投票。

12 月 9 日，戴高乐再次来到阿尔及利亚为即将到来的公民投票大会作动员。与此同时，联合国政治委员会也正在纽约开展“阿尔及利亚讨论会”。联合国的讨论会上汇聚了阿尔及利亚民族解放阵线的多位重要代表，会议达成由联合国监督阿尔及利亚公民投票的决定。对此，戴高乐与其西方盟友都表示反对，并称阿尔及利亚问题是法国的“内部事务”，无须联合国介入。阿尔及利亚人则“一致”要求将戴高乐的到访和联合国的会议安排在同一时间进行，这样可以争取将此次公民投票置于联合国的监督之下，避免法国的暗箱操作。所以，对于戴高乐的到访，本来就不赞成“自决权”的戴高乐反对派们认为新一轮的公民投票会危害到他们的利益，所以这些极端分子联合起来，动员人们反对戴高乐访问阿尔及利亚的活动。阿尔及利亚民族解放阵线也不愿戴高乐来阿尔及利亚，他们担心戴高乐会再次说服人们，并利用这次公民投票实现自己的目的。于是，民族解放阵线便发起恐怖行动阻止戴高乐。据记载，11 月共发生 710 起恐怖袭击活动（是 1955 年以来恐怖袭击最少的月份），12 月，恐怖袭击事件就增加至 1258 起。[②] 戴高乐在阿尔及利亚的所见所闻到处都是伤亡，到处都是敌视欧洲人的示威游行。阿尔及尔和瓦赫兰还出现了穆斯林和黑脚仔之间的暴力冲突事件。“秘密军队组织”也在这时成立了。局势的严峻性，更加坚定了戴高乐的决心。戴高

---

① 参见 Alistair Horne, *A Savage War of Peace: Algeria 1954—1962*, p.421。

② 同上书，第 425 页。

乐意识到："民族自决的投票即将揭开最后的帷幕了。……目前的局势再拖下去，只能给我们国家带来失望，也可能是苦难，总之，是应该结束这种局面的时候了。"[①]

1961 年 1 月，戴高乐再次呼吁为阿尔及利亚自决问题进行全民公投。参加投票的公民通过选票表示了自己对戴高乐政策的支持。法国公民支持戴高乐，阿尔及利亚公民支持阿尔及利亚民族解放阵线。在法国本土的有效票总数中，赞成票占 75%，反对票只占 25%；在阿尔及利亚的有效票总数中，赞成票占 70%，反对票占 30%（主要是"黑脚仔"）。[②] 最终，戴高乐宣布，绝大多数选民赞同并认可"自决权"。

三、法国与阿尔及利亚和谈及阿尔及利亚独立

和谈的准备与驻阿法军的抵抗

1961 年，法国本土的社会危机仍在持续：教师罢课；铁路工人、邮局相继罢工；通货膨胀；政府腐败……在这种情况下，法国左翼人员也开始劝说戴高乐与阿尔及利亚民族解放阵线进行和谈。除了那些想要推翻戴高乐而继续"挽救"阿尔及利亚的驻军领袖之外，法国本土人民的反战情绪十分明显。同年，联合国缩减了对法国的援助幅度。[③] 而 1961 年初的阿尔及利亚在政治上取得了胜利，获得了"自决权"；阿尔及利亚民族解放阵线也发现自阿尔及利亚战争"国际化"之后，第三世界也频频向阿尔及利亚代表们释放热情和善意。共产国际更增加了对阿尔及利亚临时政府的援助力度。由此可见，戴高乐政府在国内外压力的驱使下不得不进行和谈，以此安抚国民，缓解日益紧张的社会危机。而阿尔及利亚方面在当时的局势下，明

① 〔法〕夏尔·戴高乐：《希望回忆录》，《希望回忆录》翻译组译，第 84 页。

② 参见吴国庆：《战后法国政治史》，社会科学文献出版社 2004 年版，第 163 页。

③ 参见 Frantz Fanon, *The Wretched of the Earth*, p.78。

显占据优势地位。1961 年 1 月底，瑞士政府向戴高乐转达了阿尔及利亚临时政府想要与之进行和谈的意愿。阿尔及利亚临时政府刚成立时，法国认为这一组织既不能代表阿尔及利亚人，也不能代表一个国家或大多数人。戴高乐说："他不会承认一个只能依赖恐怖行动和机关枪才能存在的组织。如果这一组织在将来掌权，那么它们必定会用极权主义进行统治。"[①]但在与阿尔及利亚民族解放阵线和谈无望的情况下，戴高乐不得不同意与阿尔及利亚临时政府进行商谈。2 月 20 日，阿尔及利亚共和国临时政府和法国总统的秘密特使蓬皮杜在瑞士进行了秘密接触。

在阿尔及利亚和法国开始准备和谈相关事宜的时候，阿尔及利亚民族解放阵线就显示出强硬态度：首先，阿尔及利亚民族解放阵线要求在达成政治协议之后再停火，反对法方所提出的先停火后谈判的提议；再者，阿尔及利亚民族解放阵线要求单独与法国进行谈判，不需要"第三支力量"的参与。[②]为显示出对此次和谈的诚意，戴高乐先表现出积极的和谈姿态：法军宣布停战一个月；释放了 6000 余名因叛乱罪获刑的穆斯林和几千名阿尔及利亚民族解放阵线的士兵；并将本·贝拉转移到条件较好的监狱。对此，阿尔及利亚方面也做出积极回应，同意在法军没有完全撤离的情况下与法国谈判。

一切准备就绪，双方代表商定于 1961 年 4 月 7 日在埃维昂举行会谈。就在双方都开始对和谈满怀信心的时候，以夏尔（Challe）将军、泽勒（Zeller）将军、儒奥（Jouhaud）将军以及萨朗（Salan）将军为首的驻阿尔及利亚法军高级将领联合起来，发动了一场高级将领的军事政变。

这四位首领中，夏尔将军曾为戴高乐政权做出过巨大贡献。1958 年戴高乐上任之初，夏尔对戴高乐寄予很高的期望，他和大多数人一样将戴高乐看作是唯一一位能扭转时局的伟人。夏尔一直效

---

① 《艾森豪威尔与戴高乐私人会谈记录》（1959 年 9 月 2 日），李丹慧主编：《冷战国际史研究》第 14 辑，第 326 页。

② 参见 Alistair Horne, *A Savage War of Peace: Algeria 1954—1962*, p.466。

忠于戴高乐，希望通过军事胜利来夺取阿尔及利亚战争的最后胜利，而戴高乐却希望以军事手段为辅，以政治协商为主，以政治和谈来结束战争。在这一点上，双方开始有了分歧。待到1960年11月4日，戴高乐关于“阿尔及利亚人的阿尔及利亚”的电视演说让夏尔开始思考他所领导的军队意义何在，夏尔开始觉得驻军的牺牲是徒劳的，并向戴高乐递交了辞职信。夏尔的离开在军队中反响巨大，人们都认为军队中再也没有像夏尔这么让人尊敬的将领了。而萨朗、泽勒和儒奥也都曾是效忠于戴高乐并深得戴高乐信任的人，戴高乐也准备对他们委以重任。但戴高乐在阿尔及利亚问题上所推行的“阿尔及利亚自决”政策让他们颇感失望，戴高乐与阿尔及利亚和谈的提议更让他们认为戴高乐是想要“丢弃”阿尔及利亚。所以这些驻军的高级将领们准备联合起来发动叛乱，想要以这种方式迫使戴高乐改变其阿尔及利亚政策。为确保叛乱能得到驻军们的支持，泽勒和儒奥极力拉拢已经辞职、但在军队中颇有威望和号召力的夏尔加入他们的阵营中。

4月22日，夏尔一行在阿尔及尔发动叛乱。他们占领了政府大厦，控制了电台，并宣称：“现在，驻阿法军已经控制了阿尔及利亚和撒哈拉地区，‘法属阿尔及利亚’并没有失败，世界上永远不会出现独立的阿尔及利亚……”紧接着，夏尔又说道：“我与泽勒将军、儒奥将军现在都在阿尔及尔，我们坚持为法国守护阿尔及利亚。即便我们因此而牺牲，我们的牺牲也是伟大的。”[①] 叛乱第一天，夏尔的言论让黑脚仔们十分兴奋，大家都支持夏尔的做法和观点。但很快，叛军就遇到了麻烦，泽勒无法提供足够的物质资源和资金，而原本那些表示支持夏尔的驻阿军事将领并没有以实际行动来支持夏尔等人的行动。23日，夏尔痛苦地意识到，他们只能控制阿尔及尔和周围部分地区，其他的军团和将领并不忠诚。而这一天，戴高乐将军也针对这场高级将领叛乱在电视上演讲称：“在阿尔及利亚，

① Alistair Horne, *A Savage War of Peace: Algeria 1954—1962*, p.450.

（参加叛乱的高级将领们）通过军事‘暴乱’已经建立了一个叛乱政权。”“现在，国家遭到了嘲弄，民族遭到了挑战，我们的实力遭到了动摇，我们的国际威望下降，我们在非洲的作用和地位受到损害。……（因此）以法兰西的名义，我命令：在各地使用一切手段，我说的是一切手段，来堵塞这些人的道路，以待降服他们。”①

戴高乐在演讲中的号召动员了法国的人民。24 日，法国将驻守在阿尔及利亚的各种交通工具纷纷撤回法国，包括海船和战机。与此同时，法国国内的左翼人员领导 1000 多万人发动罢工行动来抗议高级将领的叛乱。而顽固的殖民势力却向高级将领及叛军提供武器援助，法国本土的内战局势一触即发。②戴高乐在电视讲话中呼吁驻军们忠于法国。一部分士兵便开始响应戴高乐的号召，加入反叛阵营中。所以，在士兵中开始出现分化，一部分士兵继续暴动，另一部分士兵开始反对暴动，导致驻阿士兵们之间发生流血冲突，成了“叛乱行动中的叛乱”。戴高乐的电视广播产生了巨大的影响，失去了主力和后援的夏尔认为这场暴乱即将以失败而告终。25 日，夏尔决定放弃，泽勒将军也开始了逃亡生涯。萨朗和儒奥伪装逃亡，准备以其他的方式继续斗争。26 日，夏尔被捕。至此，夏尔等人发动的高级将领政变结束了，作为主力部队的伞兵军团遭到解散；余下的大量官员也面临着逮捕和解雇的局面；参与叛乱的士兵们被流放到阿尔及利亚边境地区。这个试图改变戴高乐阿尔及利亚政策的叛乱行动仅仅持续了四天五夜就以失败而告终了。

这场高级将领政变完全不同于 1960 年 1 月的“街垒事件”，这是一次典型的军事政变，也是对戴高乐权威的一次最大程度的挑战。这场政变的主力将领都是曾忠诚于戴高乐的人，也是戴高乐信任并委以重任的人。这种情感上的背叛和伤害让戴高乐在思想上难以承

---

① 〔法〕戴高乐：《戴高乐言论集（1958 年 5 月—1964 年 1 月）》，国际关系研究所编译，第 253—254 页。

② 参见李荣建：《戴高乐将军的胆略与阿尔及利亚的独立》，《阿拉伯世界》1990 年第 3 期，第 19 页。

受。正如他所言："我一生中最奇特、悲哀的就是我总是不得不与我昔日的朋友为敌。"[①]这场政变导致了驻阿法军上层将领之间的分化，同时也导致了下层士兵间的互相残杀，并出现法国本土开始反对并镇压驻阿法军的现象。这不仅动摇了戴高乐所倚重的军队的根基，也出现了法国人与法国人之间的战斗。此外，这场政变的目标并非旨在推翻戴高乐政权，而是意图改变戴高乐的阿尔及利亚政策。政变被镇压的结果不仅表示了法国民众对戴高乐的支持，也表示了他们对戴高乐阿尔及利亚政策的认可。

在这场对决中，戴高乐又一次胜利了。戴高乐凭借着自己对时代脉搏的准确把握以及在群众中的坚实基础又一次创造了奇迹。这次胜利再次证明暴力冲突、军事政变等手段不可能击垮戴高乐，即使极端组织的恐怖行动也无法阻止戴高乐按既定政策来解决阿尔及利亚问题。

高级将领政变也是阿尔及利亚战争的一个转折点。平定了高级将领叛乱后，戴高乐选择彻底放弃殖民统治政策，因为殖民势力与驻军已经不再是政府可以倚重的军事力量。于是，戴高乐希望通过政治和谈的方式与阿尔及利亚民族解放阵线商谈阿尔及利亚的未来。

第一次埃维昂谈判未果

1961 年 5 月 20 日，法国和阿尔及利亚在埃维昂举行第一次正式谈判。埃维昂，俗称法国的水城，坐落在莱蒙湖的南部，而莱蒙湖的北部、东部以及西部都是瑞士的领土。埃维昂是与瑞士隔湖相望的法国领土。当时，由于法国当局坚持要在法国境内举行会谈，而阿尔及利亚代表团坚持要住在法国境外。埃维昂距离日内瓦只有 40 公里，飞机直线航行仅需 20 余分钟，十分便捷。若天气恶劣无法乘飞机，就改为快艇运送。[②]所以，埃维昂就成为双方会谈的最佳地点。埃维昂市长因为同意把他的城市作为与阿尔及利亚共和国临时政府代表进

---

① Alistair Horne, *A Savage War of Peace: Algeria 1954—1962*, p.436.

② 参见柳门：《法阿会谈所在地埃维昂》，《世界知识》1961 年 12 期，第 23 页。

行谈判的场所，在谈判开始前几天被人用塑性炸药暗杀。

会谈双方分别是法国和阿尔及利亚临时政府。法国代表的主要成员是路易·若克斯（Louis Joxe）。他是一名历史学家，同时也是一名外交官。若克斯担任政府秘书长长达20年之久，后又担任负责阿尔及利亚事务的国务部长，终年置身于国家事务中心，因此，他对于如何建立一个脱离法国而独立的阿尔及利亚以及法阿两国之间保持密切合作关系问题十分熟悉。戴高乐也相信若克斯会使阿尔及利亚的解放具有法国的气度和尊严。[①] 阿尔及利亚方面由科里姆（Krim）为代表，率领着艾哈迈德·弗朗西斯（Ahmed Francis）以及布迈丁（Boumendjel）等人。双方的会谈主要集中在以下几个问题：

（一）停火问题

鉴于法国与阿尔及利亚民族解放阵线在默伦会谈时因停火问题而未达成协议，所以，这次与阿尔及利亚临时政府的谈判中，戴高乐冒着与军队为敌的危险，命令法国军队单方面先行停火，并规定即使阿尔及利亚方面发动武力进攻，法国军队只采取防御措施。面对戴高乐的妥协和退让，阿尔及利亚民族解放阵线并没有停止战斗，坚持在达成政治方案之前绝不停火。1960年5月至6月，即谈判期间，阿尔及利亚地区“冲突事件”的发生率增加了50%。[②] 戴高乐对此十分气愤，他以阿方不接受停火为借口，断然拒绝了本·贝拉想要参加埃维昂会谈的提议。双方和谈的气氛越来越僵持了。突尼斯的亚齐德（Yazid）说：“停止战争的有效做法只能是双方面共同妥协来解决这个政治问题。”[③]

（二）黑脚仔问题

法国在黑脚仔问题上希望阿尔及利亚方面能够给予保证：第一，

---

① 参见〔法〕夏尔·戴高乐：《希望回忆录》，《希望回忆录》翻译组译，第99—100页。

② 参见 Benjamin Stora, *Algeria, 1830—2000: a Short History*, translated by Jane Marie Todd, p.84。

③ Frantz Fanon, *The Wretched of the Earth*, 2005, p.122.

保证黑脚仔享有双重国籍身份，即黑脚仔可以保留法国国籍，也可以加入阿尔及利亚国籍，享受两国的国民权利；第二，阿尔及利亚必须坚持不歧视原则，保护黑脚仔的私人财产不受侵犯；第三，确保黑脚仔能够拥有宗教自由、教育平等等权利。[①]但是科里姆以这些保证违反“阿尔及利亚人民”统治权的理由拒绝了法国代表。在这个问题上，双方经过激烈争辩仍没有达成一致。看来黑脚仔的未来命运只能留给法国和未来的阿尔及利亚政府了。但是，一个还未获得独立自主的政府又该怎样去履行埃维昂会谈中所许下的诺言呢？法国认为，阿尔及利亚领导人之间存在分歧：那些“老护卫”，即阿尔及利亚革命者——科里姆和阿巴斯这样的人，准备接受黑脚仔的继续存在；而强硬派代表，如布迈丁和本·贝拉等，则坚持未来的阿尔及利亚不可能接受黑脚仔的存在。由于戴高乐曾正式地声称并不承认阿尔及利亚临时政府的合法性，导致若克斯在整个和谈中十分“尴尬”，因为他并不清楚到底是在和谁谈判，也不知道该谈些什么。确切地说，阿尔及利亚临时政府的成员们自己创造了一个政府，只是没有行使任何权利，他们准备代表一个并不存在的国家进行和谈。所以，在黑脚仔这个问题上，法国人要无奈地面对难以逾越的逻辑羁绊，因为要想为黑脚仔争得保证，就必须得承认阿尔及利亚临时政府的合法性，否则，不具备合法性的临时政府和仅作为政治党派的民族解放阵线都没有能力为法国所提出的问题做出担保。

（三）撒哈拉问题

在撒哈拉问题上，双方的分歧愈加尖锐。1956 年 10 月，苏伊士运河战争让法国意识到不能一味地依赖中东地区的石油资源，必须寻找新的能源补给区。经过法国的勘探，1958 年 1 月 7 日，法国在阿尔及利亚的撒哈拉沙漠发现油田。在法国石油工人的开采下，撒哈拉地区第一年的石油产量就达到了 500 万吨。到 1962 年，撒哈

① 参见 Alistair Horne, *A Savage War of Peace: Algeria 1954—1962*, p.470。

拉石油的年产量达到 1400 万吨。法国经济学家预计，若按这样的发展势头，至 1980 年，从撒哈拉地区开采的石油能满足整个法国的石油需求。[①] 为了获得撒哈拉丰富的石油资源，法国在石油勘探、开采和运输等方面投入了巨额资金。此外，法国还在撒哈拉地区建立了军事基地，进行原子能实验。

在撒哈拉问题上，法国和阿尔及利亚临时政府各执一词。撒哈拉石油的开发给法国带来巨大的利益，成为法国想要继续保留阿尔及利亚殖民地的主要动机。法国希望保留在撒哈拉的主权和既得利益。首先，法国是撒哈拉地区最初的勘探开发者，并在此投入了大量的人力和财力；其次，戴高乐政府将撒哈拉油田看作是解决未来法国财政收入的主要来源；再者，法国代表若克斯对此解释称，从历史上、地理上和种族上而言，撒哈拉与阿尔及利亚之间都不存在任何联系，因为撒哈拉的边境线是由法国制图师主观绘制的，并不具实际意义。然而阿尔及利亚也看到了石油资源的前景，无论从主权上还是从经济收益方面考虑，阿尔及利亚都不愿让法国占领撒哈拉地区。阿尔及利亚临时政府坚称撒哈拉地区自古以来就是阿尔及利亚的领土，是连接亚特兰山区和地中海的区域。阿尔及利亚临时政府表示，只有在法国承认撒哈拉是阿尔及利亚领土的前提下，双方才能进行下一步的会谈。

6 月 13 日，埃维昂会谈的第 13 次会议上，若克斯面临和谈彻底破裂的局面。埃维昂会谈的破裂让戴高乐的处境愈加艰难。戴高乐面临着法国民众越来越多的指责声，人们指责戴高乐在和谈时出现了不适当的犹豫态度，因此给了阿尔及利亚民族解放阵线以讨价还价的机会和决不妥协的勇气。另一方，反战阵营——例如“121 名人宣传”组织希望尽早结束战争，不断指责戴高乐在和谈过程中表现的迟缓和拖延。戴高乐在国内的威信也降到历史上的最低点。国际上，赫鲁晓夫加剧了柏林危机，美苏两极对抗的冷战局势使法

① 参见 Alistair Horne, *A Savage War of Peace: Algeria 1954—1962*, p.241。

国在阿尔及利亚的处境愈加尴尬；北大西洋公约组织也开始对法国施加压力，谴责法国的殖民统治行径。最重要的是，自7月1日开始，阿尔及利亚民族解放阵线在阿尔及利亚发起总罢工行动并伴有暴力活动。5日，暴力冲突已经不再局限于阿尔及尔和君士坦丁这样的中心区域，而是蔓延至黑脚仔居住地。参与冲突的穆斯林和阿尔及利亚游击队员一起冲进欧洲人聚集地，屠杀欧洲移民。为控制事态发展，法方出动了大约35,000名法国步兵来镇压暴力分子，结果造成80名穆斯林死亡，400余名受伤。法军则18死，96伤。[①] 伤亡惨重让法、阿双方都看到了战争的残酷性，双方都希望尽快达成和谈。

为了不再经历默伦会议失败后的尴尬局面，双方同意暂停谈判而不是取消和谈。在埃维昂，法、阿双方都留下主要人员保持接触。7月20日，继续展开谈判，但在关键问题上，双方仍没能达成一致。法国继续重申对撒哈拉拥有主权，而阿尔及利亚人则把承认对撒哈拉拥有主权作为谈判的先决条件。7月28日，和谈再次面临破裂。

谈判失败的原因主要是因为双方对彼此的不信任以及太过于固执己见，都纠缠在复杂的问题和历史事件之中不愿妥协。当然，其根本原因，还是由于法国仍在坚持维护原有的殖民利益不让步。虽然戴高乐在谈判之前以积极的态度表示和谈的愿望，但戴高乐仍然对和谈抱有更高的希望，希冀和谈既能满足阿尔及利亚独立的目的，同时又能产生一个与法国有效合作的新国家。然而，现实状况迫使法国不得不让步。

戴高乐转变思想与第二次埃维昂和谈

第一次埃维昂会谈没有达成和平协议，双方的战争仍在继续。一方面，阿尔及利亚民族解放阵线在奥雷斯、卡比利亚等地区发动强大军事攻击，致使法军遭受重创；另一方面，阿尔及利亚方面积极寻求国际舆论支持，给法国政府施加压力。法国国内，舆论开始

---

① 参见 Alistair Horne, *A Savage War of Peace: Algeria 1954—1962*, p.474。

抱怨戴高乐拖延战事和不作为的态度。7 月 6 日，戴高乐收到一封来自突尼斯总统布尔吉巴的“恫吓性的照会”，要求法国立即撤离驻守在宾泽特的兵力并同意修改撒哈拉和南突尼斯之间的边界线。宾泽特是法国军队占领的一个军事基地，是深入到独立的突尼斯的一块飞地。由于始终未能通过谈判解决问题，布尔吉巴决定使用武力，包围这块基地。在未收到法国回复的情况下，突尼斯于 18 日向驻扎在宾泽特的法国士兵开火，切断士兵们通往港口的道路，封锁海湾和机场。不仅如此，突尼斯还派遣了一支人数众多的队伍越过撒哈拉边境线，占领了“233 号界石”。[①]布尔吉巴的做法激怒了戴高乐，戴高乐对突尼斯予以坚决、迅速的回击。自 19 日开始，戴高乐加派七千余名法军前往宾泽特。战事持续了三天。此次事件以突尼斯的失败而告终。

布尔吉巴挑起战事的原因主要是迫于阿尔及利亚民族解放阵线的压力。由于此时正值法、阿会谈破裂的局面，阿尔及利亚民族解放阵线想通过突尼斯向戴高乐施压，以迫使戴高乐再次回到谈判桌前。另外，突尼斯国内经济面临危机，农业歉收，民众怨声四起。而阿拉伯世界中，纳赛尔的“开罗之声”也在不断指责布尔吉巴是西方世界的走狗等等。为了在民众中树立威信，也为了向阿拉伯世界证明自己的反西方立场，布尔吉巴发起了这场战事。

宾泽特事件虽以突尼斯的失败而结束，但对法国和戴高乐产生了巨大的影响。法国至少需要花费一年左右的时间来修复与突尼斯之间的外交关系，而对戴高乐而言，失去突尼斯，意味着失去了一个可以对阿尔及利亚临时政府产生影响的重要盟友。以往，布尔吉巴曾警告阿尔及利亚民族阵线“冷静地”对待东方的援助；鼓励阿尔及利亚临时政府接受那些对法国有利的条款。而现在，突尼斯及其盟友们都开始反对戴高乐从阿尔及利亚分裂撒哈拉地区的做法。[②]而且，法国对突尼斯部队的回击在国际上遭到一致谴责。8 月 26 日，

① 参见〔法〕夏尔·戴高乐：《希望回忆录》，《希望回忆录》翻译组译，第 104 页。

② 参见 Alistair Horne, *A Savage War of Peace: Algeria 1954—1962*, p.475。

挪威、丹麦以及土耳其等国家纷纷加入亚非国家组织，共同表示反对法国的殖民行为。由此可见，宾泽特事件上，法国可谓是赢了战争，输了外交。此外，法国国内的民意调查显示，到第一次埃维昂会谈前夕，已经有 69% 的法国人认同阿尔及利亚将成为一个独立国家。①

第一次埃维昂会谈破裂后，阿尔及利亚临时政府内部开始进行领导机构的改组。8 月 5 日，阿尔及利亚临时政府在的黎波里召开第四届联合革命委员会（C. N. R. A.）会议。会上决定，由本·赫达（Ben Khedda）取代费尔哈特·阿巴斯担任临时政府主席，本·贝拉的地位上升，科里姆不再占据主导地位；布迈丁得到更多的权利，强硬派势力提升。调整之后，阿尔及利亚临时政府中不再存在中间主义了。这样的调整显示，在阿尔及利亚政府内，强硬派势力占据了主导地位。戴高乐也意识到，想要建立与法国紧密联合的阿尔及利亚国家的希望破灭了，法国不可能“有尊严地”结束这场战争了。

与此同时，由秘密军队组织（OAS）组织的一股恐怖主义暗流也正在法国国内涌动。秘密军队组织原本只是黑脚仔们于 1956 年初成立的一个反对穆斯林恐怖主义、以暗杀穆斯林为主要活动的组织。1961 年 4 月的高级将领叛乱失败之后，那些逃窜的军人相继加入这个组织。在他们的改造下，这个组织成了具有“军事组织和结构”的组织，被称为“秘密军队组织”。② 高级将领叛乱结束后，潜伏在阿尔及尔的萨朗和在瓦赫兰的儒奥共同担任秘密军队组织的领袖，号召更多的军队将领加入。他们试图以发动恐怖袭击、刺杀戴高乐等手段阻挠并破坏法国与阿尔及利亚临时政府之间的谈判。③ 萨朗将军在谈及“秘密军队组织”的目标时宣称，他们要“摧毁穆斯林解放事业中最精良的每一个元素，迫使穆斯林依赖我们……要让他们权力机构瘫痪，无法运转。暴力活动要在全国展开……要通过这些

---

① 参见 Frantz Fanon, *The Wretched of the Earth*, p.143。

② 参见 Helen Chapin Metz, *Algeria: a Country Study*, 5th ed., U. S. Government Printing Office, 1994, p.54。

③ 参见〔法〕夏尔·戴高乐：《希望回忆录》，《希望回忆录》翻译组译，第 106 页。

行动让国家处于极度不安和完全的权力瘫痪之中”。[①] 5月3日，秘密军队组织在阿尔及利亚号召大家拿起武器、烧毁政府、杀死叛徒。第一次埃维昂会谈前夕，秘密军队组织在阿尔及尔引爆20余枚炸弹，以恐怖暴力行为试图阻止法、阿双方进行埃维昂会谈。秘密军队组织希望赢得黑脚仔的支持，并考虑在阿尔及利亚建立一个既不属于法国也不属于阿尔及利亚的国家。从埃维昂谈判开始，阿尔及利亚的各个城市都变成了血腥的“屠宰场”，尤其是阿尔及尔和瓦赫兰。秘密军队组织成员使用炸弹、机关枪和火箭筒，不仅随意射杀穆斯林，也伤及法国人。他们经常在夜间实施爆炸，造成巨大的人员伤亡。秘密军队组织在法阿和谈前后杀害了将近1.2万名平民（大部分是穆斯林）、500名警察和安全人员。[②] 针对法国人的爆炸事件几个月内也发生了1500多次。[③] 戴高乐本人也四次险遭暗杀。[④] 秘密军队组织的行动引起了穆斯林们的反击，也引起了法国人对驻军的仇恨，更致使欧洲人和穆斯林之间一再发生冲突。秘密军队组织的行动使阿尔及利亚战争蔓延到了法国，也致使法国民众与政府之间出现裂痕，几乎再次引起法国内战。

此时的阿尔及利亚和戴高乐都处于“焦头烂额”的状态：阿尔及利亚国内存在着血腥的秘密军事组织、顽固的黑脚仔、游击队、反法的联合国人员以及那没有结果的埃维昂会谈。法国也面临着国内爆发内战的威胁和秘密军队组织的威胁，法国在国际上的形象更是一落千丈……而极端分子企图暗杀戴高乐的行为无疑也对戴高乐形成压力。戴高乐愈加感受到解决阿尔及利亚问题的迫切性。为摆脱僵局，戴高乐决定对双方谈判难于逾越的障碍——撒哈拉问题做出让步。

法国在撒哈拉问题上的利益是要保证法国能够“自由开采已经

---

① 〔英〕保罗·约翰逊：《现代——从1919年到2000年的世界》下卷，李建波等译，第617页。

② 同上书。

③ 参见 Alistair Horne, *A Savage War of Peace: Algeria 1954—1962*, p. 486。

④ 参见〔法〕夏尔·戴高乐：《希望回忆录》，《希望回忆录》翻译组译，第107页。

发现的或者将来发现的石油和天然气，使用飞机场地，以及我们同黑非洲联系的通行权利”。但现实情况是“没有一个阿尔及利亚人不认为撒哈拉应当成为阿尔及利亚的组成部分，而且没有一个阿尔及利亚政府，不管它同法国的关系如何改善，会停止要求阿尔及利亚对撒哈拉的主权”[①]，所以法国只能放手。1961 年末，戴高乐向麦克米伦提到了自己的“向右转”策略：从阿尔及利亚脱身。[②]随后，戴高乐在爱丽舍宫召开媒体会议说：“法国在埃维昂会谈上不会再提到撒哈拉问题了，撒哈拉并非法国领土。在撒哈拉问题上，必须保障法国利益，但也要考虑到撒哈拉的实际情况。”[③]承认撒哈拉主权不属于法国的现实，是戴高乐顺应时代形势做出的巨大让步。戴高乐决定短时期内达成双方和解，尽快解决阿尔及利亚问题。

当戴高乐提议双方应该进行第二次会谈的时候，阿尔及利亚临时政府也正面临困局。秘密军队组织也在阿尔及尔大肆屠杀穆斯林。阿尔及利亚临时政府认为，一旦秘密军队组织取得成功，屠杀不仅会蔓延至整个阿尔及利亚，而且和谈之门必将关闭。所以，阿尔及利亚应该适时选择与法国会谈而不是武力对抗，以便双方都保留精力共同对抗秘密军队组织。但阿尔及利亚临时政府却对戴高乐的提议持怀疑态度，他们担心戴高乐不讲信誉，会以阿尔及利亚目前的无政府状态为借口而重建军事管理，也担心法国军队会再次发动暴动以干预戴高乐的决定。此外，阿尔及利亚临时政府内部情况错综复杂。重组之后的临时政府内部存在着分别以布迈丁和科里姆为代表的军事强硬派和政治温和派的对抗。布迈丁等人坚决反对与法国保持任何关系，防止法国影响阿尔及利亚的独立，并强烈表示未来独立的阿尔及利亚绝不应该有黑脚仔的存在。布迈丁不断向临时政府施压，反对临时政府与法国和谈，坚持以武力斗争的方式赢得独立。

---

① 〔法〕戴高乐：《戴高乐言论集（1958 年 5 月—1964 年 1 月）》，国际关系研究所编译，世界知识出版社 1964 年版，第 285 页。

② 参见 Alistair Horne, *A Savage War of Peace: Algeria 1954—1962*, p. 506。

③ Alexander Harrison, *Challenging de Gaulle: the O. A. S. and the Counterrevolution in Algeria, 1954—1962*, p. 66.

但科里姆等温和派成员却支持临时政府与戴高乐进行谈判，认为应该采取和平的方式结束战争，让人民免于战争的祸害，这样有利于提升临时政府在未来阿尔及利亚的地位。最终，科里姆的方案赢得了大多数人的支持，临时政府内部统一意见，决定再次与法国展开和谈。

1961 年底，为了消除对戴高乐的不信任，阿尔及利亚临时政府提议双方应该在正式的会谈之前进行充分的沟通。于是，双方在汝拉省莱鲁斯的一所山区小木屋里开始会谈前的秘密谈判阶段。法国的代表是若克斯和另外两名部长，阿尔及利亚方面的代表是科里姆和沙阿德·达列伯（Saad Dahlab）。这次会谈进行了两个半月，最终完成了和谈前的准备工作。1962 年 2 月 11 日，双方都声明做好了全方位会谈的准备。

3 月 7 日，第二次埃维昂会谈正式在埃维昂召开。经过 11 天的艰难协商，双方于 18 日达成了埃维昂协定，本·贝拉获释。埃维昂协定的内容主要包括：一、停火及政权过渡相关事宜。首先双方实现停火，然后由法国派遣一名高级专员进驻阿尔及利亚，执行临时最高行政权。再由六名民族解放阵线成员和三名法国人共同组成一个临时行政机构。在法国民众投票批准《埃维昂协议》之后，阿尔及利亚人民再投票决定阿尔及利亚独立。二、黑脚仔不能拥有双重国籍，在阿尔及利亚公民和法国公民中只可有一种选择——或者做阿尔及利亚公民或者保留法国国籍，成为阿尔及利亚的法国人。三、法军必须有步骤地从阿尔及利亚撤军，三年内可在阿尔及利亚留驻一支九万人的军队。法军可以租用米尔斯克比尔（Mers-el-kebir）海军基地和飞机场 15 年。四、阿尔及利亚承认法国开发撒哈拉石油和天然气的全部现有权益，独立后的六年期间，法国公司在撒哈拉享有勘探和开采石油的优先权利，法国可以保留撒哈拉沙漠地带原子和空间试验基地五年。[①]

---

① 参见张锡昌、周剑卿：《战后法国外交史》，世界知识出版社 1993 年版，第 130—131 页。

阿尔及利亚独立

从法律意义上讲，埃维昂协定结束了阿尔及利亚长达132年的殖民历史。埃维昂协定是一个“带着明显妥协印记，双方都满意的和平协议”。[①]法国政府承认撒哈拉属于阿尔及利亚，同意继续生活在独立后的阿尔及利亚的欧洲人归并在这个新国家内，以保证阿尔及利亚人的统一。阿尔及利亚也在法国所要求的米尔斯克比尔基地、撒哈拉原子武器实验基地以及油气开发权益方面做了让步。本·赫达兴奋地通过“北非之声”向“阿尔及利亚人民”宣布胜利的消息。戴高乐也告诉法国人民，悲剧已经结束了，阿尔及利亚问题已经得到解决。戴高乐之所以这么说是因为埃维昂协定完成了戴高乐关于阿尔及利亚问题的愿望：第一，阿尔及利亚取得自决权是符合世界发展潮流的，是符合阿尔及利亚人斗争愿望的，更是符合法国国家利益的。阿尔及利亚问题的解决有利于法国的发展。第二，对发展的需求会促使阿尔及利亚必须在经济、文化和技术领域与法国紧密联系，而这也是戴高乐的目标。第三，尽管法、阿之间存在着种族、宗教方面的差异，也共同经历过战争的苦痛，但132年的共同生活让双方之间存在着千丝万缕的关系，而这种紧密相连的关系也会更利于双方未来在文明的道路上共同前进。[②]法国的舆论也普遍赞同这个协定的内容。埃维昂协定为第二次埃维昂会谈画上了完美的句号，它正在等待接受民众的投票。

3月19日是约定的停火日。阿尔及利亚人民庆祝这场持续了七年半之久的战争终于结束了。然而，秘密军队组织却并不认同埃维昂协定，并宣布将在阿尔及尔继续战斗，企图迫使法、阿双方将埃维昂协定作废。为了达到目的，秘密军队组织成员继续对穆斯林展

① Ramond F. Betts, *France and Decolonization: 1900—1960*, p. 113.

② 参见〔法〕戴高乐：《戴高乐言论集（1958年5月—1964年1月）》，国际关系研究所编译，第326页。

开屠杀，并不断制造血腥的爆炸事件，造成大量人员伤亡。[①]此时的阿尔及利亚虽处在协定的停战之后，但战斗仍在继续。

随着秘密军队组织的恐怖活动达到高潮，阿尔及利亚和法国都开始镇压秘密军队组织的恐怖行动。阿尔及利亚方面调动武装力量进行镇压，以保护穆斯林的安全，维护阿尔及利亚的秩序。法国军队也开始大量搜捕秘密军队组织成员。戴高乐亲自下达命令："立即采取措施粉碎恐怖分子的罪恶行为。"[②]随着儒奥和萨朗相继被捕，秘密军队组织已经大势已去了。但打算离开阿尔及利亚的秘密军队组织决定采取"焦土"对策以示抗议，他们毁坏法国在阿尔及利亚的投资，烧毁阿尔及利亚大学的图书馆、学校、医院、酒店……甚至烧毁奥兰最大的储油坦克。6 月 17 日，秘密军队组织解散。至此，阿尔及利亚真正赢来了停战的和平局面。

能够铲除秘密军队组织，戴高乐起了至关重要的作用。自其组织成立以来，戴高乐就开始镇压并搜捕其组织成员。面对该组织的恐怖袭击活动，甚至是密谋暗杀戴高乐的行动，戴高乐没有屈服，而是更加坚定地实施自己的阿尔及利亚政策，冲破重重阻碍，与阿尔及利亚代表达成《埃维昂协议》。在镇压秘密军队组织期间，戴高乐发挥了主力作用，他亲自发布军令，要求法国军队对该组织进行彻底镇压。他团结法国国内民众共同反抗秘密军队组织的行为，使法国本土减少战争的伤亡，坚定不移地实行非殖民化思想。最终在阿尔及利亚民族解放阵线以及法国军队的共同镇压下，秘密军队组织走向瓦解。

解除了秘密军队组织的威胁，阿尔及利亚的独立之路还需要得到法国和阿尔及利亚人民的赞成票。阿尔及利亚方面当然是很赞成埃维昂协定的，但法国方面仍有小部分人对此持怀疑态度。为确保法国民众能够接受埃维昂协定，戴高乐做出了很多努力。3 月 20 日，戴高乐向议会提出，希望议会接受埃维昂协定，并授权总统执行该

---

① 参见张锡昌、周剑卿：《战后法国外交史》，第 129 页。

② Alistair Horne, *A Savage War of Peace: Algeria 1954—1962*, p. 526.

协定。随后，戴高乐在电视广播发表演说，宣扬法国的“非殖民化”，请求法国全体公民投票批准“非殖民化”这一决定。因为戴高乐认为“非殖民化”意味着和平，而和平会缔造清醒、沉着而坚定的新法国，法国的形象不应该是充斥着骚动、威胁和恶意的殖民国家。4月6日，戴高乐又在电视广播上发言，向民众宣扬公民投票的意义——只有投赞成票，才能彻底解决这个困扰法国达132年之久的阿尔及利亚问题，也只有解决了阿尔及利亚问题，才能保证法国民族的团结，保证法国的国际行动、防务条件、经济、社会等不再受到殖民战争的不利影响。

6月8日，戴高乐在电视广播中发表演说，声称法国已经摆脱了在阿尔及利亚问题上的困境，法国与阿尔及利亚的关系即将进入“新阶段”——“阿尔及利亚和法国将可能彼此有机地和正常地进行合作。欧洲血统的阿尔及利亚人将得到必要的保证，以便在完全自由、平等和博爱的条件下，参加新阿尔及利亚的生活。”①

由于4月8日法国民众已对埃维昂协定进行投票，并且赞成票高达91%。7月1日，阿尔及利亚全境就“是否同意《埃维昂协议》以及在阿尔及利亚建立与法国合作的独立国家”举行全民投票，结果投赞成票的人数达到99%以上。② 7月3日，法国正式承认阿尔及利亚独立。至此，阿尔及利亚终于完成了独立。

1962年时，阿尔及利亚的总人口达到1000多万，其中黑脚仔就有150余万。③他们中一部分人在阿尔及利亚的行政机关、公共事业等部门服务，或者经营着工厂、商店，也有一部分人成为阿尔及利亚文化和教育事业的主力。132年间，法国和阿尔及利亚已经建立起了千丝万缕的联系。阿尔及利亚独立，法国与阿尔及利亚进行权力交接之后，阿尔及利亚实际上成为了一个“空城”。因为《埃

---

① 〔法〕戴高乐：《戴高乐言论集（1958年5月—1964年1月）》，国际关系研究所编译，第355页。

② 参见〔法〕夏尔·戴高乐：《希望回忆录》，《希望回忆录》翻译组译，第112、115页。

③ 参见张锡昌、周剑卿：《战后法国外交史》，第84页。

维昂协议》中阿尔及利亚方面并不允许黑脚仔持有双重国籍，黑脚仔只能选择成为阿尔及利亚公民或者离开阿尔及利亚做一名法国公民。对此，黑脚仔明白，独立后的阿尔及利亚将不会允许他们享有以往的特权。于是，从 1961 年开始，大批黑脚仔决定离开阿尔及利亚返回法国。至 1962 年 6 月，已经有 45 万余黑脚仔离开了阿尔及利亚。[①] 为了宣泄自己心中对阿尔及利亚的不舍和对阿尔及利亚人的不满情绪，那些即将离开的黑脚仔在离开前将自己无法带走的东西统统烧毁或者毁坏。与此同时，法国驻军也开始按照埃维昂协定中的协议进行撤离。

阿尔及利亚人民一百多年来英勇无畏、顽强而持久的抵抗运动是阿尔及利亚得以独立的根本原因。历史上，阿尔及利亚人民经历过漫长的殖民统治，所以他们想要独立的愿望也十分强烈。自法国占领阿尔及利亚以来，阿尔及利亚人民的反抗活动从未间断。虽然长期未见成效，但他们仍以自己的反抗行为表示着对法国殖民统治的不满，以及对独立、自由的向往。特别是阿尔及利亚战争爆发后，广大的阿尔及利亚人民在阿尔及利亚民族解放阵线的领导下进行不懈的反殖民斗争，阿尔及利亚战争的胜利彰显了阿尔及利亚人民不屈不挠的反殖民主义精神。

在阿尔及利亚争取民族独立的解放斗争中，阿尔及利亚民族解放阵线功不可没。在阿尔及利亚战争中，阿尔及利亚民族解放阵线自始至终都扮演着最为重要的角色。阿尔及利亚能够取得独立，是阿尔及利亚民族解放阵线不言放弃的结果。在长达八年的艰难战争中，阿尔及利亚广大追求独立的爱国人士团结在民族解放阵线周围进行反殖民战争，对阿尔及利亚民族解放战争的胜利起到了关键性的作用。戴高乐上台之前，民族解放阵线成员已经达到 10 万余人，1958 年戴高乐上台时，民族解放阵线已经控制了阿尔及利亚全境 80% 的地区了。阿尔及利亚民族解放军不仅擅长游击战，而且善于

---

① 参见 Alistair Horne, *A Savage War of Peace: Algeria 1954—1962*, p. 531。

利用阿尔及利亚山区地形展开丛林战，消耗法军的力量。面对法军的镇压，他们被迫展开血腥的暗杀和爆炸给以回击，即使面临法军致命的打击也毫不退缩。就像阿尔及利亚民族解放阵线在武装起义的宣言中所讲的，他们“将以任何必要的手段和方式来赢取民族独立”。[①]正是阿尔及利亚民族解放阵线在战争中表现出来的决不妥协、顽强反抗的精神深深地震撼了戴高乐，最终迫使戴高乐节节退让，放弃法属阿尔及利亚的殖民政策，制定出变革的阿尔及利亚政策，直至阿尔及利亚取得独立。正如弗朗兹·法农（Frantz Fanon）所言："殖民主义本质上是暴力的，它只有在遭遇到超乎寻常的暴力时才会投降。"[②]阿尔及利亚独立之后，民族解放阵线的杰出领导人本·贝拉出任阿尔及利亚共和国的首届政府总理。1963 年 9 月，阿尔及利亚第一部宪法诞生，该宪法宣布民族解放阵线为阿尔及利亚唯一政党。由此可见，阿尔及利亚民族解放阵线在阿尔及利亚的重要地位。

国际力量对阿尔及利亚适时而有力的支持，是阿尔及利亚获得独立不可或缺的外援。第二次世界大战之后，错综复杂的国际局势也影响着戴高乐的阿尔及利亚政策。这一时期，美国和苏联两个超级大国崛起，英国和法国等老牌殖民主义国家极度削弱，国际关系的变化致使法国的外交政策必须进行相应的调整。自撒哈拉地区勘探出丰富的油气资源之后，美国、英国等西方国家不甘心法国独自占有，便鼓励阿尔及利亚摆脱法国的殖民统治，同时也为阿尔及利亚民族解放阵线提供物质上的援助，尤其是在联合国和世界舆论上对阿尔及利亚的支持令法国不得不让步。

第二次世界大战加速了世界民族独立运动的发展。第三世界国家作为民族独立运动的主力军，他们不但唤醒了阿尔及利亚的民族意识，而且为戴高乐制定阿尔及利亚政策提供了方向。尤其是 1955 年万隆会议之后，阿尔及利亚民族解放战争得到世界的关注，第三世界公开声明支持阿尔及利亚反殖民战争，并从物资上援助阿尔及

---

① Ramond F. Betts, *France and Decolonization: 1900—1960*, p. 103.

② Frantz Fanon, *The Wretched of the Earth*, p. 48.

利亚民族解放阵线争取独立的斗争。

法国国内的反战情绪也有利于阿尔及利亚的独立。戴高乐执政时期，阿尔及利亚战争让法国陷入了战争泥潭之中。政治上，法国国内政局动荡不安，统治集团内部的分化加剧，造成数次政治危机，街垒事件和高级将领叛乱事件几乎导致法国爆发内战。经济上，每天的军费耗资约30亿法郎，还有经济上资助阿尔及利亚的君士坦丁计划，使得法国陷入严重的财政危机。法国国内物价飞涨、通货膨胀严重，影响民众的正常生活，法国国内社会矛盾愈发尖锐，民众对殖民战争表示不满和抱怨，反战情绪不断高涨。军事上，自战争爆发以来，为镇压阿尔及利亚的“暴动”，法国不断向阿尔及利亚战场投入兵力，八年来，派驻阿尔及利亚的士兵从20万增至50万，其中包括陆军的大部分、海军的80%以及空军的60%兵力。[①] 大部分法国军队驻扎在阿尔及利亚，法国国内无力实施新的布防计划。外交上，由于法国在阿尔及利亚战争中使用严刑逼供、血腥屠杀、狂轰滥炸等恐怖手段来打击阿尔及利亚的反殖民活动，这些殖民方式致使法国外交环境孤立，国际形象受损。到1960年，法国的民意调查显示，59%的法国人认为，戴高乐只有通过与阿尔及利亚民族解放阵线和谈才能结束这场战争，实现和平。[②] 法国国内民众强烈的反战情绪给戴高乐带来很大压力。

戴高乐的个人因素对阿尔及利亚的独立也起到了至关重要的作用。尽管对戴高乐的非殖民化思想有各种解析，但不能否认的是，戴高乐作为一位政治领袖所具有的顺应时代发展的现代感和现实主义思想，对解决阿尔及利亚问题起到了关键作用。

戴高乐的非殖民化思想源起于第二次世界大战后期。1940年，戴高乐确立自由法国的标准时，阿拉伯和印支地区的法属殖民地都

---

① 参见陈晓红：《戴高乐与非洲的非殖民化研究》，中国社会科学出版社2003年版，第204—205页。

② 参见Benjamin Stora, *Algeria, 1830—2000: a Short History*, translated by Jane Marie Todd, p. 88。

紧随维希政府，只有非洲跟随戴高乐。作为回报，戴高乐也愿意为非洲的法属殖民地打开通往自由的道路。1944年1月30日，戴高乐在非洲的布拉柴维尔会议上提出的相关决议表明，他努力要将陈旧的殖民依附关系变成政治、经济和文化合作的互惠关系。当时，法西斯败局已定，法国面临复兴，而殖民地民族独立运动却日益高涨，国际上一些强权国家也开始干预法国的殖民地事务。戴高乐预见到宗主国与殖民地之间关系发生变革的必然性，他也已经考虑到应该建立新型的殖民地结构来适应形势的变化。为了维护法国在殖民地的利益并继续实行殖民统治，戴高乐决定召开布拉柴维尔会议，重新定义未来殖民地政策的原则：一、殖民地与法兰西帝国是一个整体，不可分割；二、宗主国可以帮助殖民地人管理事务，并向殖民地人提供成为法国公民地位的可能；三、许诺战后改革宪政，建议建立一个包括殖民地在内的法兰西联邦。戴高乐的会议原则体现了一种变革精神，是一种顺应时势所迫的变革。戴高乐预见到，这场世界大战必然会掀起极大的变革，包括殖民地与宗主国关系的变革。要想继续拥有殖民地，就必须在民族主义热情掀起巨大变革之前采取措施，主动地调整和变革殖民政策。戴高乐坚信“法国在自己的海外领地及其忠诚中找到了支援和走向解放的基地”。[①]布拉柴维尔会议上的基本精神就是殖民政策必须顺应时势的变化，当然，底线应该是殖民地与宗主国不分离。

第二次世界大战结束后，国际关系剧变。国际上确立了雅尔塔体系，出现了以美国和苏联为主的两极格局，作为早期殖民势力的英国和法国已不再是世界体系的中心。因不满英、法等国占据丰富的殖民资源，所以美、苏两个大国都反对殖民体系的永久存在。尽管美、苏的真实动机是为了获得殖民地利益，但他们的反殖民主张在客观上促进了殖民地民族独立运动的发展。美国的态度直接影响整个西方阵营的政策导向，从“二战”后直至20世纪60年代，西

---

① 〔法〕夏尔·戴高乐：《战争回忆录》第2卷，陈焕章译，第180页。

方阵营的非殖民主义国家几乎一致反对殖民主义。

与此同时，联合国又推动了世界非殖民化的进程。联合国在成立之初就十分关注非殖民化问题，《联合国宪章》中也倡导世界的发展应该顺应民主化的潮流，并建立保障机制来推动非殖民化进程。1960年，联合国大会通过了《非殖民化宣言》来推动全世界的非殖民化。

由于第二次世界大战推动了亚洲民族独立运动的兴起和发展，从而影响到非洲人民，加速了非洲民族意识的觉醒。万隆会议后，北非和西非掀起了民族独立运动的高潮。这些反殖民浪潮使殖民势力面临巨大的压力。

在这种国际氛围下，1954年至1958年期间，阿尔及利亚战争的前四年时间里，法国统治当局始终坚持“法属阿尔及利亚”殖民政策，致使双方之间的战争愈演愈烈。1958年戴高乐重新执政初期，法国在国际上被看作是一个“病夫”，就像人们以前谈论奥斯曼帝国一样。法国之所以成为被人蔑视的病夫，一方面是由于内阁和政府的不稳定；另一方面就是由于阿尔及利亚问题。戴高乐上台之后，强调“必须使法国和自己所处的时代吻合”。他说：“这个世纪的精神改变了我们的国家，也改变了我国在海外进行活动的条件。……人们怀念帝国时代的东西，这是很自然的，就像人们可能怀念过去的油灯的柔和、帆船的优美、马车时代的优雅一样。但是，又怎样呢？脱离了现实，任何政策都会失去价值。”[①]由此不难理解戴高乐能够突破旧时代思想的局限，在阿尔及利亚问题上迈出决定性步伐的勇气。法国人在谈到这一问题时也承认：“对于戴高乐将军来说，非殖民化——这点从根本上启示了他对阿尔及利亚采取行动——和消除这些事务的后遗症（这些后遗症使我们一直得不到其他国家的

① 〔法〕戴高乐：《戴高乐言论集（1958年5月—1964年1月）》，国际关系研究所编译，第177页。

谅解）是采取重大外交行动所必须具备的先决条件。”[①] 因此，戴高乐审时度势地制定了顺应时代潮流的阿尔及利亚政策，使得阿尔及利亚走上了独立的、与法国合作的道路，也尽最大努力并适时地维护了法国的国家利益。

阿尔及利亚战争的结束让阿尔及利亚实现了独立，也对法国的发展具有重大的意义。首先，连年战争中，法国投入了巨大的财力、人力和物力，导致国内社会矛盾尖锐，国家政局动荡不安。法国殖民战争中，巨大的军费开支也加重了人民的经济负担。1955 年，法国每年的军费开支是28亿法郎，而到了1960年，就增至100亿法郎。[②] 因此，结束殖民战争让法国卸掉了沉重的包袱，减轻了法国的财政负担，缓和了国内矛盾，法国政治也开始趋于稳定，经济增长速度明显加快。据统计，1950 年至 1960 年 10 年间，法国国民生产总值年均增长率为 4.6%，而 1960 年至 1970 年 10 年间为 5.8%。[③] 其次，殖民战争期间，极端恐怖分子和极右分子乘机发起暗杀、爆炸等恐怖活动，致使整个国家终日处于血腥的斗争状况下，甚至一些极端恐怖分子将战火蔓延到法国国内，几乎引起法国内战。战争结束以后，极端分子和极右分子失去了赖以滋生的土壤，所以恐怖活动减少，人民得以安居乐业，社会生活走上正轨。第三，阿尔及利亚战争结束有利于法国改善国际处境和国际形象，提升法国的国际地位。戴高乐以新型的“合作”方式来代替殖民统治方式，通过与新独立的国家签订双边“合作”的协定，确立两国的“紧密合作”关系，以确定法国在殖民地的利益。戴高乐的这样的做法顺应了世界上的非殖民化趋势，让法国摆脱了殖民统治者的丑恶形象，有利于法国提升其国际形象。

独立后的阿尔及利亚与法国根据《埃维昂协议》，双方保持着

---

① 〔法〕雅克·夏普萨尔、〔法〕阿兰·朗斯洛：《1940 年以来的法国政治生活》，全康康等译，第 485、489 页。

② 参见 Alistair Horne, *A Savage War of Peace: Algeria 1954—1962*, p. 538。

③ 参见李琮：《当代资本主义世界经济发展史略》，社会科学文献出版社 1989 年版，第 181 页。

密切的“合作”关系。一是政治上紧密联系。大量的殖民地行政官员以“顾问”或者“合作者”的身份留在阿尔及利亚，帮助新独立的阿尔及利亚处理政治事务。另外，根据《埃维昂协议》，在外交上，双方应互相磋商，在重大问题上保持协调。二是经济上保持密切合作。法国继续投资阿尔及利亚，帮助阿尔及利亚建立完善的经济体制。法国在阿尔及利亚的油气勘探和开发方面具有优先权。三是军事上保持法国的存在，根据埃维昂协定，法国可在条约规定的期限里继续租用阿尔及利亚的米尔斯克比尔海军基地以及保留撒哈拉原子和空间试验基地。正如本·贝拉在 1963 年所说的那样，“创建有效的合作关系，对法国和阿尔及利亚都是有利的”。[①]

① 赵慧杰编著：《阿尔及利亚》，第 368 页。

第六章　本·贝拉时期的政权建设

《埃维昂协议》使阿尔及利亚赢得民族独立，阿尔及利亚开始在殖民主义的废墟上探索独立的发展道路。独立之初，阿尔及利亚面对两大难题：一是如何摆脱独立后的政治危机。殖民统治的结束使阿尔及利亚出现权力真空，囿于民族解放战争的多中心特征，致使民族解放阵线和民族解放军之间的竞争日趋白热化，刚刚诞生的新国家面临分裂危险；二是如何克服独立后的经济危机。法国长期的殖民统治对阿尔及利亚经济造成严重的破坏性和高度的依附性。独立初期，阿尔及利亚面临商品与粮食危机，而在无政府状态下，尽快恢复生产无疑是对民族主义者的严峻考验。本·贝拉作为新国家的领导人，他通过将工人自发创造的自管体系纳入官方制度框架，初步解决了两大难题，这个新国家由此走上了具有阿尔及利亚特色的阿拉伯社会主义发展之路。

一、独立初期的政治挑战

独立初期的主要任务

1962 年 3 月签订的《埃维昂协议》结束了阿尔及利亚与法国的敌对状态，殖民统治的历史也随之终结，如何实现从殖民统治到独立民族国家的转型成为民族主义者面临的首要问题。1962 年 5 月，阿尔及利亚全国革命委员会在利比亚首都的黎波里召开会议，并通过了《的黎波里纲领》作为独立后国家建设的指导性文件。《的黎波里纲领》确定了从政治、经济、社会和外交等方面进行反殖民主义和反封建主义斗争的任务和目标。政治任务是完成人民民主革命，根据社会主义原则,在人民掌握政权的情况下,进行自觉的国家建设。经济任务包括完成土地改革，进行工业化建设，实现信贷、贸易和矿产资源国有化等方面的内容。社会方面的任务是提高人民生活水平，消灭文盲，发展民族文化，解决与民众切身利益相关的住宅和公共卫生问题，消除阻止妇女发展和解放的一切障碍。对外政策的方针是反对殖民主义和帝国主义，支持马格里布、阿拉伯世界和非洲争取统一的运动，支持其他国家的解放斗争，加强同亚非拉各国的联系与合作。独立之初，阿尔及利亚各派政治势力意识形态分歧严重，宗派丛生，在缺乏政治整合的背景下，新生的国家面临分裂的危险。的黎波里会议的目的就是弥合政治上的分歧，建构民族团结的基础。因此，这份纲领性文件与苏马姆会议通过的《阿尔及利亚民族解放阵线纲领》相比较，出现了诸多新的内容。第一，从政治上批判了民族解放阵线在革命斗争中日渐脱离人民群众的缺点，并指出了这种缺点的危害性；第二，在完成民族解放斗争后，将进行人民民主革命，在建立民主的、社会的、共和的阿尔及利亚国家基础上，将根据社会主义原则，在人民掌握政权的情况下，进行自觉的国家建设；第三，苏马姆会议的主题是在残酷的斗争中确保民族解放阵线的团结，以赢得最后的胜利，《的黎波里纲领》则从反殖民主义话语转向反封建主义的主题，力图在巩固民族独立的基础上构建新的民族国家。①

独立初期的危机

按照《埃维昂协议》，阿尔及利亚走向独立的进程也在有条不紊的安排下进行。《埃维昂协议》规定，1962年3月至6月为过渡期，

① 参见《的黎波里纲领》，《阿尔及利亚民族解放阵线党第一次代表大会文件集》，世界知识出版社1965年版，第187—225页。

阿尔及利亚举行公民投票决定是否独立，在此期间，行政权力交由阿尔及利亚和法国共同组成的临时行政委员会行使。实际上，按照协议成立的临时行政委员会不能保证阿尔及利亚在既定的制度安排下井然有序地完成过渡，欧洲殖民者逐渐离开，摆脱殖民统治的新政府没有建立，这在短期内形成了政治上的真空，各种政治力量相互争夺这片政治的荒漠，其结果就是形成了独立初期的政治、经济和社会安全等方面的危机。

法国统治阿尔及利亚的最后几个月里，安全形势日益恶化，特别是秘密军事组织（OAS）发起的恐怖袭击所造成的社会恐慌尤为严重。秘密军事组织成立于阿尔及利亚独立前夕，是由部分坚持“法国的阿尔及利亚”的军官组成。1961 年 4 月，前法国驻阿尔及利亚总司令因反对戴高乐和平解决阿尔及利亚的政策而发动政变，在政变失败以后，以萨朗为首的前法国军官成立了该组织。秘密军事组织活动于阿尔及尔、奥兰等城市，其主要招募对象是法裔阿尔及利亚人，其主要诉求是以阿尔及利亚穆斯林和法国戴高乐为首的和平派为恐怖袭击目标，通过恐怖袭击等极端行为，挑起阿尔及利亚民族主义者与法国人之间的仇恨，进而破坏已经达成的和平进程。这些秘密军事组织成员将医院、学校、电话局、发电站和政府等公共活动场所作为优先袭击的目标。在实施恐怖袭击时，不分男女老幼进行射杀。恐怖袭击造成了一定程度的破坏，很多公共建筑遭到损毁，甚至阿尔及尔大学图书馆也被付之一炬。恐怖袭击与国家的无政府状态使阿尔及利亚处于瘫痪的边缘。面对秘密军事组织蓄意挑起的不安定局面，民族解放阵线领导人表现出令人难以置信的自制力，在对恐怖袭击进行还击的同时，没有使恐怖所造成的不安全局面失控。

秘密军事组织进行的恐怖袭击并没有造成阿尔及利亚和法国之间新的对抗，但恐怖袭击以及对阿尔及利亚未来不确定性的担忧使越来越多来自法国、西班牙、意大利和马耳他等国的欧洲人离开阿尔及利亚。随着欧洲人逐渐撤离，独立后的阿尔及利亚陷入了后殖民时代的危机，特别是经济方面的困难逐渐显现。首先，法国与阿尔及利亚的经济关系是典型的从属关系。法国殖民者掌握着资金、技术、市场等优势资源，使阿尔及利亚的技术设备、商品生产和人力资源的分配等方面依附于殖民经济体系，特别是农业部门中基本是以种植出口导向的农作物为主。这种经济领域的依附结构在殖民统治结束后的一段时期仍然延续，对外部经济援助的依赖成为独立初期阿尔及利亚经济发展的主要障碍。其次，欧洲人的撤离给经济和社会生活造成巨大冲击，离开的欧洲人占阿尔及利亚欧洲人总数的 90%，从政府雇员到技术专家，再到熟练工人，阿尔及利亚面临着人力资源严重短缺的困境。欧洲人将其在阿尔及利亚经营的资产变卖，无法带走的工厂和设备则予以破坏。从独立战争开始就出现的私人资本撤离到独立前后达到顶峰，特别是 1963 年至 1965 年，这一数字达到 45 亿第纳尔。[①] 短期内出现的资本外逃加上市场混乱，使阿尔及利亚经济呈现一片凋敝景象。最后，严峻的经济形式因大量农民涌入城市寻找生计而进一步加剧。经过七年之久的军事斗争，农村地区社会经济生活遭到严重破坏，农村人口向城市周边流动。据估算，到 1963 年，阿尔及利亚超过 70% 的成年男子处于失业或不充分就业状态。

政治发展路线之争

自的黎波里会议到同年 9 月，阿尔及利亚政治版图彻底分裂，不同政治派别争夺国家领导权成为这一时期的重要主题。在残酷的民族解放斗争中，阿尔及利亚民族解放阵线作为领导人民走向独立的政治组织，始终坚持集体领导原则，任何重大事情都要经过集体协商解决，以防止出现独裁专权，这一原则的直接体现就是在 1956 年创建了民族解放阵线的最高领导机构——全国革命委员会。[②] 但在

① 参见 John Ruedy, *Modern Algeria: the Origins and Development of a Nation*, Indiana University Press, 1992, p. 195。

② 参见 David and Marina Ottaway, *Algeria: the Politics of a Socialist Revolution*, University of California Press, 1970, p. 14。

之后的民族解放斗争中，民族解放阵线的领导权开始被互不统属的集团所分割。从外交上，1958 年成立的临时政府是阿尔及利亚在国际舞台上的最高代表，设于突尼斯的临时政府为阿尔及利亚获得国际社会的外交承认与援助而开展了一系列活动。在很大程度上，临时政府的外交攻势击败了法国的军事胜利，为阿尔及利亚赢得了独立。军事方面，总参谋部和国内军区各行其是。出于斗争形势的需要，民族解放阵线的军事组织——民族解放军的总参谋部设在突尼斯毗邻阿尔及利亚的边境城市加尔迪马，其主要职责是指挥驻扎于突尼斯和摩洛哥的四万名民族解放军战士，战时几乎完全独立于临时政府掌控之外。阿尔及利亚国内则被划分为六个军区，最初归总参谋部统辖，后由于法国加强对边境地区的封锁，临时政府和总参谋部基本处于与国内隔绝的状态，所以，各军区长官逐渐大权在握，享有辖区内的政治和军事决策权。国内各大军区频繁遭受法国军事打击，损失惨重，随着战争走向胜利，它们对总参谋部干涉军区事务更加不满。总的来看，在独立之初的权力争夺中，临时政府、总参谋部和军区领导人之间的竞争逐渐白热化，而阿尔及利亚又缺乏能够为三者竞争提供调节的政府机构，最终这场权力之争通过军事冲突得以解决。

的黎波里会议除了为阿尔及利亚的未来提供蓝图以外，还要肩负重新实现团结，为阿尔及利亚构建新的政治框架的使命。政治局在未来的国家建设中将负责领导民族解放阵线，提名国民议会候选人，是独立后国家权力的新中心，因此，控制政治局成为各个政治集团竞争的重中之重。经过会议的激烈辩论，各方在政治局构成问题上无法达成共识。本·贝拉提交的七人名单（艾赫迈德·本·贝拉、穆罕默德·海德尔、侯赛因·埃特·艾哈迈德、穆罕默德·布迪亚夫、哈吉·本·阿拉、拉巴赫·贝塔特和默罕莫迪·赛义德）中，临时政府成员无一入选。全国革命委员会主席优素福·本·赫达及其支持者愤而离会，关于政治局人选也未进入最后的投票阶段。随后双方虽未兵戎相见，但矛盾的激化已无可避免。6 月 30 日，临时政府宣布解除民族解放军总参谋部胡阿里·布迈丁少校等三名高级军官的职务。本·贝拉随后对临时政府的行为予以谴责，这迅速巩固了本·贝拉与总参谋部之间的关系。7月1日，阿尔及利亚举行了全民公投，最终以99.72%的支持率于7月3日正式宣布独立。7月11日，本·贝拉及其支持者从摩洛哥进入阿尔及利亚西部地区，并将总部设在特雷姆森。与此同时，临时政府总统本·赫达及其支持者也返回阿尔及利亚，他们将总部设在柏柏尔人聚居区卡比利亚的首府提济乌祖。至此，两个存在严重政治分歧的集团正式形成，即特雷姆森集团和提济乌祖集团，对国家领导权的争夺是双方政治分歧的根源。随后，两大集团通过演讲和媒体相互攻击。7月22日，特雷姆森集团召开新闻发布会，发表重要声明：民族解放阵线政治局决定在阿尔及利亚共和国合法制度框架内承担起它的职责，直到党的最高国民议会召开。① 实际上，政治局在的黎波里会议期间并未投票通过，特雷姆森集团的声明无疑是一种自我授权。在发表声明之后，胡阿里·布迈丁统帅的民族解放军分别越过突尼斯和摩洛哥边境，向阿尔及尔进军。在政治和军事压力下，本·赫达于7月28日宣布，临时政府接受本·贝拉在的黎波里会议上提交的政治局人选名单。

两大政治集团对领导权的争夺也影响到阿尔及利亚国内各大军区之间的关系。7月25日，第二军区发生内部武装冲突，两大政治集团的支持者之间的战斗进一步使国内政治力量碎片化。与此同时，第三军区司令艾尔·哈吉也公开否认政治局的权威。到7月末，军区之间的对抗不断升级，靠近边境的第一军区（奥雷斯山区）、第五军区（奥兰）和第六军区（撒哈拉地区）支持总参谋部和特雷姆森集团，战时相对孤立的第二军区（北君士坦丁地区）、第三军区（卡比利亚）和第四军区（阿尔及尔）则为了在独立后守住自己的地盘，与提济乌祖集团关系更为密切。这样，特雷姆森集团与提济乌祖集团的关系将直接影响阿尔及利亚政治的未来。在临时政府妥

① 参见 David and Marina Ottaway, *Algeria: the Politics of a Socialist Revolution*, 1970, p. 20。

协后，两大集团代表在阿尔及尔进行了对话，并于8月2日达成三点共识：（1）政治局维持不变；（2）8月27日进行国民议会选举；（3）选举后一周举行全国革命委员会会议。[①]然而，双方达成的共识却遭到部分军区领导人的反对，这是因为：一方面，总参谋部和政治局主张将民族解放军改组为新的国民军队，该计划必然包括对军队资源的重新整合，从而直接影响军区利益；另一方面，政治局要求军区领导人在军事和政治职务中二选其一，不许兼任，这也意味着军队力量将进一步分化，从而削弱了军队在未来政治生活领域的影响力。对于军区方面的不满，政治局采取了"安抚政策"：一方面，扩大军区对政治事务的参与；另一方面，对军区领导人许以高官厚禄进行拉拢。这一政策取得了一定的成果，部分军区表示愿意接受政治局提出的军队复原原则，但是也有部分军区拒绝向政治局和总参谋部妥协，因此，军区间的武装对抗再次升级。9月4日，本·贝拉到达阿尔及尔，9月5日，胡阿里·布迈丁率领的军队抵达首都。在军队的保护下，本·贝拉宣布危机结束，阿尔及利亚正式摆脱了独立初期政治权威的真空状态。9月20日，阿尔及利亚举行独立后首次国民议会选举。9月25日，第一届制宪国民议会开幕，议会宣布成立阿尔及利亚民主人民共和国，本·贝拉受命组阁并担任首届政府总理，法哈特·阿巴斯当选为议会主席，海德尔当选为民族解放阵线总书记，胡阿里·布迈丁被任命为国防部长。至此，阿尔及利亚基本结束了国内的政治纷争，开始进入国家建设阶段。

二、独立初期社会经济建设

独立初期的经济状况

经过130多年殖民统治，阿尔及利亚社会经济结构与殖民统治

① 参见 David and Marina Ottaway, *Algeria: the Politics of a Socialist Revolution*, 1970, p. 22。

前已经发生了巨大的变化，特别是自 1956 年开始的民族独立战争又将法国殖民统治所构建的社会经济结构瓦解。1962 年，在城市地区居住 368 万人，占全部人口的三分之一。在金字塔顶端的是阿尔及利亚的资产阶级，它包括将近 5 万各种类型的富商、少数工厂主和实业主组成，他们雇工经营着七八千个商行或小公司；还包括 1 万名专业人员，如医生、律师和药剂师，他们是这个社会阶层的知识精英。中间阶级（小资产阶级）人数是 18.5 万人，包括零售商、现代工匠、公务员和其他雇员。城市中无产阶级下层多出身农民，在 20 世纪 40 至 50 年代被逐出农村，特别是在 1954 年和 1962 年之间，人数不少于 200 万，占全部城市居民人数的 65% 以上。由于缺乏就业机会和充足的社会基础设施，这些赤贫孤立的人群居住在城市和乡镇周边的贫民区。农村的社会经济中，2.5 万个地主控制着 280 万公顷的土地，超过可耕地的 50%。近 17 万个中农，每户占有 10—50 公顷土地；45 万个农村家庭，每户拥有 1—9 公顷土地；季节性农业工人总数约 45 万；还有 13 万长期农业工人被殖民者雇佣，少数被阿尔及利亚地主雇佣。后三个群体的平均收入每年不到 20 新法郎（200 第纳尔）。[①] 阿尔及利亚的社会经济结构面临着从畸形的殖民地体系向独立的民族国家体系的转变，它需要直面殖民体系留下的遗产，又要在缺乏实践经验的基础上建设自己的国家。

自管制度的产生

在《埃维昂协议》签订以后，阿尔及利亚全国革命委员会会议通过了国家建设的纲领性文件《的黎波里纲领》。在这份文件中提出，要建立国内市场和开始工业化，就必须在农村生活中进行真正的革命。[②] 而所谓的农村的“真正的革命”主要包括三方面的内容：

---

① 参见 Mahfoud Bennoune, *The Making of Contemporary Algeria, 1830—1987: Colonial Upheavals and Post-independence Development*, Cambridge University Press, 1988, pp. 93—94。

② 参见《的黎波里纲领》，《阿尔及利亚民族解放阵线党第一次代表大会文件集》，第 216 页。

第一，进行土地改革，实现“耕者有其田”；第二，促进农业现代化，实现对传统部门的改造；第三，防止水土流失，扩大灌溉面积。由此可见，农业领域出现自管制度并不在阿尔及利亚当局的计划之中，建设社会主义农业也还只是一种模糊的话语。自管制度更多地被视为一种脱胎于独立初期的混乱和实践问题而产生的现实主义方案，而非针对阿尔及利亚形势量身定制的，在意识形态上始终如一的纲领性解决方案。[①]本·贝拉虽然多次强调土地改革的迫切性和重要性，但政府却宣布土地改革到1963年才会开始，这也就意味着，在自管制度创立之初，完全缺乏来自政府的顶层设计方案和指导性文件。

自管制度的产生有其复杂的原因。第一，自管产生的客观环境是独立初期混乱的形势。阿尔及利亚独立前夕，1045万阿尔及利亚人中，有三分之一居住在城市，其余则分布于乡村。乡村居民中有20万受雇佣于殖民农场中的永久农业工人，当然，也有部分工人受雇佣于本土地主；还有大约45万季节性农业工人、100万无地且失业的农村流氓无产者。[②]当殖民者撤离，留下大量无主产业，乡村中的农业工人迅速填补了真空。这一行为完全是在独立之初的动荡中，阿尔及利亚人民的自发行为，后来在阿尔及利亚总工会（General Union of Algerian Workers，缩写为UGTA）的指导下，自管的范围和影响不断扩大。第二，八年独立战争使阿尔及利亚人重新找到了民族自豪感，这种巨大的革命热情使农业和工业工人珍惜得之不易重建国家的机会。带着极大的责任感，工人们组织和选举了管理委员会。因此，自管体系是工人阶级革命思想和实践不断发展的自然逻辑结果。[③]第三，自管委员会的建立可以追溯到阿尔及利亚传统社

---

① 参见 John Nellis, *Workers' Participation in Algeria's Nationalized Industries: La Gestion Socialiste des Entreprises*, *Occasional Papers*, The Norman Paterson School of International Affairs, 1976, p. 6。

② 参见 Mahfoud Bennoune, *Algerian Peasants and National Politics*, MERIP Report, No. 48, Jun. 1976, p. 6。

③ 参见 Hans D. Seibel and Ukandi G. Damachi, *Slef-management in Yugoslavia and Developing World*, The Macmillan Press LTD, p. 279。

会中的部落传统。在传统的政治框架下，部落事务往往由长老会议决定。独立后，阿尔及利亚工人委员会在农场和工厂中广泛建立，有学者认为，这种管理手段在某种程度上是受到了部落政治决策文化传统的影响。这种管理委员会在缺乏政府指导的情况下，通过协商的方式自主决定农场和工厂的运营，保障了农业生产的恢复在有序中进行。

根据《埃维昂协议》，法国与阿尔及利亚组建看守政府负责国家管理，但独立初期的混乱局面，使临时执行委员会一筹莫展。当欧洲人放弃在阿尔及利亚的财产，阿尔及利亚的民族资产阶级、小资产阶级和投机商迅速采取行动，以极其低廉的价格收购汽车、别墅、咖啡馆、农场、商店和工厂等，有些甚至没有任何正式手续就被接管。原来的殖民者也意识到大势已去，为防止血本无归，他们在价格上也不再进行过多的考虑。也有的殖民者有意放弃财产，期望政治形势稳定以后再卷土重来。当然，其他社会力量也参与到了这场战利品掠夺的行动之中，前游击队领导人、军队和民族解放阵线的官员等也都为一己私利参与其中。比如第二军区司令拉比少校至少占有12个农场，他的指令往往由副官传达。①

在一系列的混沌无序中，唯一有组织地接管无主产业的努力是由阿尔及利亚工会完成的。在停火协议达成后不久，工会便开始活动。在1962年的夏天，工会领导人希望通过这种有组织的行为达成两个目标：其一是使工厂和农场在短期内重新开工；其二是通过工会组织的领导作用，吸引更多的工人加入到工会组织，把工会真正建设成为一个强大的政治组织。6月20日，工会号召工人返回工作岗位，并呼吁："我们的战斗不久将会采取新的形式……经济活动的恢复将会使工人掌握主动权，在任何地方都能参与、指导和控制我国的经济。"②几周以后，工会开始组织工人接管被遗弃的产业，特别是在农场的生产组织中取得了更大成就。在米提贾和谢里夫山谷，工

① 参见 David and Marina Ottaway, *Algeria: the Politics of a Socialist Revolution*, p. 52。

② 同上书，第53页。

会组织建立工人委员会经营管理那些属于前殖民者的农场，部分委员会还得到了工会的资助。自管作为一种理论和实践在阿尔及利亚正式产生。自管制度很快成为民族神话的一部分，是真正群众性反抗资本主义体系，以完成政治解放斗争的革命标志。甚至在国际层面，阿尔及利亚著名的自管制度也在某种程度上为其赢得第三世界领袖和典范的声誉。[①]

自发的工人自管运动

在将自管运动制度化以前，关于自管存在着不同的意见。一种是激进的自管制度，认为自管委员会这种管理体系应该扩大到国民经济的其他部门，通过这种方式，彻底破坏资本主义殖民经济结构，因此，当前的革命任务并非巩固革命成果，而是通过自管将革命推进到一个更高的阶段。持有该主张的主要是民族解放阵线中的激进派，还包括社会主义革命党、工会左翼、社会主义力量阵线的一部分以及部分前游击队司令员等。显然，这些人在意识形态和立场上并不一致，也就无法形成一个有组织的集团。他们主要致力于建立自管委员会，没有过多参与政权的争夺，自然也没有参与随后三月法令的制定。另一种是行政化的自管制度，认为现有的自管委员会还不够成熟，自管必须实行规范化管理，将自管制度整合进国家计划经济体系以推动生产的发展。在此过程中，国家机构作为管理部门应该得到加强，并且自管体系要想在经济上获得成功，就要进行结构调整，成为超越纯粹生产单位的更高级的组织。[②]而持有该主张的多为工会中的改革派、民族解放阵线中的马克思主义派和一些新古典经济学家。

不同的思想趋势会产生不同的社会实践，在自管制度产生的初期，民粹主义的倾向对农业自管运动的影响更为深刻。独立之

---

① 参见 John Ruedy, *Modern Algeria: the Origins and Development of a Nation*, Indiana University Press, 1992, p. 199。

② 参见 Rachid Tlemcani, *State and Revolution in Algeria*, Westview Press, 1986, p. 99.

初的看守政府对无主产业反应迟缓，直到1962年8月才最终做出一系列的决议。如9月7日法令宣布，从法令颁布起30天内，法国业主可返回并恢复对农场和工厂的经营。如果业主逾期未还，可授权地方政府任命经理进行经营。从该法令的实质来看，临时执行委员会仍幻想继续与法国保持合作关系，希望法国能够帮助阿尔及利亚摆脱当前的困境，因此，在阿尔及利亚和法国，呼吁农场主、技术人员和企业主回归的消息屡见报端。甚至阿尔及利亚工会亦向政府发出请求，希望法国业主能够返回，但工会也声明，如果得到否定回答，则政府必须组织工人管理体系。本·贝拉在1963年3月法令颁布后，还表示："对那些离开了阿尔及利亚，从而对管理他们的土地没有尽到责任的人，1962年10月22日和11月23日的法令是不是对他们关闭了大门呢？显然没有。革命的阿尔及利亚有着宽宏大量的传统。1962年10月22日和11月23日法令给了他们返回以至重新收回他们弃置的企业和庄园的可能性，只要他们充分保证企业进行正当的、生产性的经营，只要他们同意与管理委员会进行真诚的合作。"① 由此可见，阿尔及利亚自管制度施行的初期，并没有包含任何土地国有化的方案。在已经建立的自管农场中，工人委员会负责组织生产和分配，所谓自管运动仍然停留在自发阶段。

政府主导下的自管制度

自管制度的产生是阿尔及利亚工人自发创造的产物，工会在自管农场的管理中发挥了重要的组织作用。自发状态的农业自管也存在着诸多的弊端，特别是在资金和人力方面，这就使得国家的介入成为可能。在9月的制宪国民议会的讲话中，本·贝拉宣布已经成立一个官方委员会，去调查研究工人管理委员会，他认为这些委员会预示着农业集体组织的萌芽。国家参与自管运动是自管运动发展

① 《本·贝拉言论集（1962年9月—1965年2月）》，世界知识出版社1965年版，第76页。

的重要转折，自管运动也逐步完成了制度化，成为官方话语体系的一部分。制度化的自管运动的产生则绝非偶然。第一，在战争岁月，包括本·贝拉在内的许多阿尔及利亚革命领导人曾访问南斯拉夫，本·贝拉在漫长的监禁生活中也研究了俄国、古巴和中国的革命，其中南斯拉夫的自管经验对这个即将独立的国家来说至关重要。南斯拉夫自管模式的吸引力在于其管理的民主性，这符合阿尔及利亚人反对剥削、追求平等的心理需求。其次，在本·贝拉执政的最初两年，受到托洛茨基派的外国顾问影响很大。这些托派分子往往与第四国际保持密切联系，其最基本的信条是，最纯正的社会主义体系应该将权力直接交给工人，而不是在具有压迫性的国家机器的控制之下。阿尔及利亚无疑为他们提供了一个完全实现其分权和民主的试验田，特别是自管体系对他们来说是最有效的经济组织形式。托派曾参与阿尔及利亚革命，如第四国际领导人米歇尔·拉普迪斯便接受本·贝拉的任命，负责成立了研究自管制度的调查委员会。第三，自管制度成为政治斗争的重要手段。随着自管运动的开展，以及媒体中关于自管运动的宣传和报道，使得自管已经成为一个全国热议的热门话题。把自己打扮成自管制度的捍卫者，就能够得到草根民众的支持，从而获得更多的政治资源。最终，本·贝拉将工人自发创造的自管运动转变成了官方的创造物，而自管制度也成为本·贝拉政权合法性的重要来源。第四，工会失去了对自管运动的主导权。工会的失败有两方面的原因，其一是工会缺乏为自管农场的发展提供支持的资源，面对数量巨大的无主产业，工会在恢复生产上已经显得力不从心；其二是工会在争取自治权的斗争中失败。工会希望将自己建设成为一个独立于政权之外的自治组织，而民族解放阵线则决定控制工会，使其与政府的总体计划保持一致。最终的结果是工会失去了自治地位，成为党的分支机构。

在驯服了工会以后，自管运动便纳入了国家农业发展的轨道。本·贝拉在1963年3月29日对全国的演讲中宣告，阿尔及利亚已经通过法令，使由劳动者以民主和集体方式进行管理的自管企业合法化。阿尔及利亚的劳动者应当向全世界证明，他们是阿尔及利亚革命的希望，也能够成为社会主义的先锋："你们是自己命运的主人，你们是团结的、警惕的，是能够意识到自己的义务和权利的人。把自己组织起来，在阿尔及利亚任何地方都能召开工人会议，在任何地方，通过民主选举的管理委员会，承担起对国家进行社会主义启蒙的重要使命。"①民族解放阵线中央委员会也认为，阿尔及利亚工人利用无主产业所建立起来的示范部门是能够作为我们通向社会主义道路的实验。②在阿尔及利亚第一部阿拉伯文长篇小说《南风》中，作者借主人公之口说："在民族解放战争的日日夜夜里，最憧憬、最珍惜的也就是土地……土改是解决饥饿、贫穷和阶级差异的唯一办法。"③因此，在三月，阿尔及利亚政府颁布了三个重要的法令，这些法令未经党内讨论，也未提交国民议会便自行颁布，统称为"三月法令"（*March Decrees*）。

在 3 月 18 日制定的第一项法令：《关于组织和管理无主工矿企业、手工业和农场的法令》，明确指出了在关于法国遗弃产业中关于"无主"的内涵，就是特指那些已经停止正常生产的企业和庄园；被业主或法定住户放弃超过两个月的房屋和公寓等都可以被宣布为无主产业。凡是在 3 月 22 日被确定为无主产业者，将不能再上诉。凡在 3 月 22 日被确定为无主产业的一切工矿企业、商店、手工业、金融企业以及所有的庄园和林场、房地产和部分不动产，都一律永远成为"无主产业"，从而所有这些企业永远归阿尔及利亚劳动者管理。这项法令的颁布，实际上是对法国业主永远关闭了返还的大门，将成千上万的无主产业实现了"国有化"。后来本·贝拉在自传中写道："政治权力已经掌握在阿尔及利亚人手中；但包括土地在内的经济权力仍处在欧洲人控制之下……如果阿尔及利亚的土地仍属

① "Ben Bella's speech of March 29, 1963", in David and Marina Ottaway, *Algeria: The Politics of a Socialist Revolution*, p.59.

② 参见赵慧杰编著：《阿尔及利亚卷》，社会科学文献出版社 2006 年版，第 71 页。

③ 〔阿尔及利亚〕阿卜杜·哈米德·本·海杜卡：《南风》，陶自强、吴茴萱译，上海译文出版社 1984 年版，第 182 页。

于大地主，不论是欧洲的，还是阿尔及利亚的，‘独立’和‘革命’等词便毫无意义，《的黎波里纲领》也不过是一纸空文。”①

3月22日颁布了第二项法令：《关于自管企业的组织法令》，规定无主产业应交由工人经营，并明确了自管企业的组织形式和管理体系，总的原则是在国家指导下实现决策过程的民主化。自管企业的管理体系分为如下四个层面：第一是全体劳动者大会（The Workers' General Assembly），由企业的全部正式工人组成，是自管企业的最高权力机构。它负责制定企业的年度生产计划，采购新设备，拓展市场，核查账目，分配工作任务。全体劳动者大会每三个月举行一次，或者当有三分之一的成员表达了召开会议的需求时召开大会。第二是工人理事会（The Workers' Council），工人理事会由全体劳动者大会选举产生，理事会成员任期三年，每年改选其中的三分之一。它每个月举行一次会议，与全体劳动者大会的职能有许多重合，但理事会更加直接地参与管理。理事会主要负责设备的购买和出售，确定中长期贷款以及核查提交全体劳动者大会的账目。此外，它还负责雇佣或解雇工人。第三是管理委员会（The Managing Committee），它由3到11人组成，由工人理事会选举产生，其选举程序和任期与工人理事会相似。该委员会负责起草预算和全部计划，并提交全体劳动者大会和工人理事会表决。它往往还承担管理者的角色，有权决定关于贷款、市场、设备和物资等事宜，而不必与前两个委员会商议。管理委员会主席负责召集和主持上文提及的三个会议，签署关于企业财政和法律的文件。第四是经理（The director），经理是国家派驻企业的代表，由国家相关部门任命和解职。国家授予经理更多的权利，包括企业的日常运营、主管企业财务等。经理是管理委员会成员，但并不对工人负责。这一未经选举产生的

① Jeffrey James Byrne, "Our Own Special Brand of Socialism: Algeria and the Contest of Modernities in the 1960s", *Diplomatic History*, Vol. 33, No. 3, June 2009.

权力明显违背自管的精神和思想。[①]但本·贝拉认为："被任命的这个经理，与你们一样，也是一个劳动者，与你们同甘苦，共患难，并和你们一道参加我国的社会主义建设。"[②]

3月28日颁布了第三个法令：《关于自管企业利润分配原则的法令》，法令规定，企业收入必须首先提取社会需求资金（包括国家投资资金、折旧提成资金和就业资金），然后才是劳动者的收入分配，最后的剩余部分，在提取企业投资基金和职工福利基金后可作为红利分配。[③]通过这些法令，阿尔及利亚分配了20万栋公寓、1.6万多个农场，这包括80多万公顷的土地和7万名工人。根据杜普拉特的研究，到1963年10月，阿尔及利亚至少有3000个农村产业按照自管制度进行经营。[④]通过"三月法令"，阿尔及利亚建立了一套从管理到分配的复杂体系，这在一定程度上对管理和技术人才的需求更加迫切。但是经过130多年的殖民统治，阿尔及利亚农民的识字率非常低，对这一套复杂且烦琐的体系无法充分理解。除此之外，管理体系中的权利界限没有清晰地划分：首先，如前文所述，全体劳动者大会与工人理事会的职能部分重合，导致二者很难共存，因此在实践中工人理事会很少成立；其次，全体劳动者大会的参与资格限定在长期工人，而人数是长期工人两倍的季节性工人既无权参与管理，也不能分享利润，二者之间必然产生矛盾；第三，经理权力过大，其行为不受经工人选举产生的管理委员会的约束，二者之间的矛盾也在不断发酵。虽然存在诸多的问题，但自管运动的制度化还是标志着一种新的社会主义模式已经处于探索之中了。政府新成立了全国农业改革办公室，负责进行农业改革和管理国营农场，

---

① 参见 Omar Bougara, *The Theory and Practice of Self-management in Algeria*, North London Polytechnic, 1998, p. 116。

② 《本·贝拉言论集（1962年9月—1965年2月）》，世界知识出版社1965年版，第78页。

③ 参见赵慧杰编著：《阿尔及利亚卷》，第72页。

④ 参见 John Nellis, *Workers' Participation in Algeria's Nationalized Industries: La Gestion Socialiste des Entreprises, Occasional Papers*, The Norman Paterson School of International Affairs, 1976, p. 9。

它隶属于农业和土地改革部，是政府增设的新机构。随后本·贝拉又先后颁布法令，由国家统销农产品，成立农业规划公司和中央农业银行，隶属于全国农业改革办公室。就这样，“三月法令”颁布后的几个月，事关自管农场存亡的投资和销售权利都被政府收回，自管运动也从一场偶然的群众性自发运动转变成处于国家控制之下的制度化的管理体系。总体来看，由工人自发创立，由本·贝拉政府予以制度化的自管制度对恢复生产起到了巨大的作用，整个生产和销售的赤字下降到40%以下，粮食市场实现了正常化，生产领域的国有化和合作社运动也在稳步推进。凭借自管制度，本·贝拉政府也获得了广泛的政治支持。1963年有联邦德国记者到阿尔及利亚采访自管工人，记者问：“工人们的现在和过去相比有什么不同？”工人回答：“不同之处在于以前我们被老板剥削，现在大不相同，我们经营着自己的事业，呼吸着自由的空气。现在我们重新恢复了尊严，政府帮我们摆脱了殖民主义。”记者又问：“你认为你现在所经历的会继续存在下去，并获得成功吗？”工人回答：“它当然会存在下去，它将获得巨大成功，因为是我们自己在指引着事业的命运。尽管我们面临很多困难，但我们也获得了最满意的结果。”①但是，本·贝拉时期的自管制度并没有彻底改变阿尔及利亚的经济结构，到布迈丁政变之后，自管部门的影响便逐渐式微，阿尔及利亚开启了新一轮的农业改革。

三、独立初期的政治发展

制宪国民议会与1963年宪法

本·贝拉执政时期是阿尔及利亚政治发展的过渡时期。独立之初，战时组成的政治同盟开始破裂，代表不同利益集团的政治派别开始

① Thomas L. Blair, *The Land to Those who Work It: Algeria's Experiment in Worker's Management*, Anchor Books, 1969, p. 88.

表达自己的诉求。与经济上的混乱相比，阿尔及利亚的政坛充满了更多的不确定性，这也是困扰独立最初五年的主要问题。本·贝拉执政初期的政治工作重点就在于巩固政治权力，实现从殖民地向独立民族国家的转型，赋予政治独立以实质性的内容；消除意识形态领域的混乱状态，按照社会主义原则进行国家建设；将独立战争时期的统一阵线组织——民族解放阵线改组成能够为社会主义建设提供领导力的政治组织。

"三月法令"的颁布为本·贝拉赢得了广泛的群众基础，特别是在工人和农民群众中收获了更多的支持，因此，如何将这些逐渐积累的政治果实通过制度化的形式予以保证，成为执政者面临的首要问题。从独立初期的政治发展路线之争和意识形态方面的分歧来看，对国家根本制度形成统一的意见也是迫在眉睫的事情。根据《的黎波里纲领》，在召开党的代表大会之前，全国革命委员会将是国家最高权力机关，民族解放阵线通过它为国家提供一部新的宪法。然而，阿尔及利亚经过夏天的权力重组，全国革命委员会已经不复存在。到1962年9月，军方支持的政治局成为实际的决策机构。在政治局的支持下，本·贝拉组建了阿尔及利亚首届政府，但具体到权力的分配上，党、议会和行政部门的界限仍然是模糊的。作为议会主席，法哈特·阿巴斯主张建立多党体系下的议会制政府，宪法的起草和表决的权利应当属于议会。但阿尔及利亚并没有议会政治的传统，在实际操作中，对议会的规则与程序的争辩导致议会完全没有发挥作用。海德尔出任民族解放阵线党总书记后，他希望建立政府和议会居次要地位的一党制体系，政策的创制权和宪法的权威应当由党来行使。本·贝拉也倾向于建立以民族解放阵线为中心的一党体系，但在成为政府最高首脑以后，他更希望一党制能够成为服务于政治行政权力的工具。

依照《的黎波里纲领》，战时临时政府与民族解放阵线混合在一起，使民族解放阵线仅仅成为一个行政管理机构，失去了应有的职责[①]，因此，在独立后必须对党进行重组，完成党的思想体系建设。这样，宪法起草和编写的工作便由国民议会承担。这虽然与之前的表述不相符，但却得到各方的支持。制宪国民议会由196名议员组成，其中少部分议员曾供职于法国殖民统治时期的阿尔及利亚议会，具备一定的议会活动经验，三分之一的议员是在国内领导游击战争的军队领导人，他们中的很多人不具备读写能力。在政府成立并各司其职以后，制宪国民议会就制宪程序规则和各委员会选举等问题进行了长期的辩论，部分辩论将其批评的对象指向了政府和党的相关事务，但宪法编写的工作却毫无进展。制宪国民议会之所以效率低下，一方面是因为议员缺乏相关政治生活经历，加之自身素质所限，无法提出更多有建设性的议案；另一方面则是政府提交的技术含量较高的议案，如成立中央银行等，超出了多数代表的理解范畴，仅经简单辩论便予以通过。结果导致本·贝拉及其部长们通过官方途径颁布的法令远超制宪国民议会，对政府的越权行为，议会代表们甚至未加抗议，这也进一步助长了本·贝拉加强个人权力的野心。本·贝拉在制宪国民议会上发表演说，阐明其对议会、政府和党之间关系的看法。“它们之间的关系所应遵循的原则是十分明确的：政府和议会职权在于执行，或者在执行中有所建树，但是拟定国家政策的责任是属于党的。”[②]这是独立后，本·贝拉第一次正式提出建立党的绝对权威，党不但拥有对议会的主导权，还具有对政府的支配权。在具体的政治实践中，本·贝拉不是党的最高领导人，无法通过党来发号施令，而且，根据此前政治权力的划分，海德尔是民族解放阵线的总书记，与之相比，本·贝拉的权力基础则是“三月法令”以来所累积的群众基础。本·贝拉的演讲并非要表明，他所领导的政府要服从于党的领导，虽然二者之间在取缔阿尔及利亚共产党和

---

① 参见《的黎波里纲领》，《阿尔及利亚民族解放阵线党第一次代表大会文件集》，第200页。

② 《本·贝拉在制宪国民议会上的演说》（1962年12月12日），《本·贝拉言论集（1962年9月—1965年2月）》，第41页。

控制工会等问题上观点一致，但作为两个独立的权力中心，二者之间的竞争日益公开化。1963 年 4 月，本·贝拉离开阿尔及尔，到全国各地去巡视工农业改革和自管制度的推行情况，并在艾耳—里亚特和奥兰等地做了多次演讲。与此同时，海德尔在阿尔及利亚召开党员干部会议，希望通过一份决议，由党代表大会负责起草宪法。4 月 9 日，海德尔召开新闻发布会，宣布该决议在党员干部会议上一致通过。海德尔趁本·贝拉外巡之机，加紧进行的活动加速了二者之间对抗的升级。当本·贝拉到达斯基克达后，获悉外交部长穆罕默德·凯米斯第遭遇枪击，便迅速返回阿尔及尔。4 月 18 日，阿尔及利亚官方报纸《人民报》首版刊登消息，海德尔辞去民族解放阵线总书记一职，本·贝拉成为新一届党的最高领导人。在成为党的总书记后，本·贝拉发表文章，提出起草宪法是党的特权，改变其以往对议会权力的观点。法哈特·阿巴斯对此强烈反对，但最终采取了折衷方案，法哈特·阿巴斯代表的议会和党的政治局各提交一份宪法草案以供讨论。时至 7 月，由于制宪国民议会的低效率和不作为，政治局将其起草的宪法草案提交阿尔及尔、奥兰和君士坦丁等地党员讨论，并获得普遍支持，随后又在民族解放阵线代表会议和政府会议上得以通过。8 月 12 日，法哈特·阿巴斯认为党政分离的权力结构已不复存在，政治局已经沦为政治工具，遂辞去议会主席之职。

最终，这份宪法草案由五名代表提交给制宪国民议会，这也是官方在会上讨论的唯一版本。8 月 28 日，制宪国民议会以 139 票赞成、23 票反对、8 票弃权通过了宪法草案。9 月 8 日，经过全民公决通过了宪法，根据官方数据统计，民众对宪法草案的支持率为 98.14%。[①]1963 年宪法以法兰西第五共和国宪法为蓝本，宣布阿尔及利亚为民主人民共和国，是阿拉伯马格里布、阿拉伯世界和非洲的一部分，以伊斯兰教为国教，以阿拉伯语为官方语言；规定了阿

---

① 参见“The Algerian Constitution”, *Middle East Journal*, Autumn 1963。

尔及利亚人拥有的基本权利和义务，包括 19 岁以上公民的投票选举权、司法权、受教育权等；宪法详细规定了国民议会的角色定位，以及国民议会与政府之间的关系；国家的执行权授予国家元首，也就是共和国总统，它由直接、秘密投票选举，再经党的任命产生，宪法赋予总统制定政府政策、颁行法律等权力；民族解放阵线是阿尔及利亚唯一的政党，它承担着掌控国民议会和政府，动员和引导民众，实现民主革命，建设社会主义的使命。在宪法通过后，9 月 15 日，阿尔及利亚举行了总统选举，5,827,618 人参与投票，本·贝拉获得其中的 5,805,103 张选票，毫无争议地赢得了这场大选。至此，海德尔和法哈特·阿巴斯均从政治舞台退出，本·贝拉兼任党的总书记、共和国总统和议会主席，并且得到军队领导人胡阿里·布迈丁的支持，多个权力中心合而为一，本·贝拉的个人权力达到巅峰。

镇压武装叛乱

独立后的最初一年，特雷姆森集团战胜了提济乌祖集团，阿尔及利亚消除了可能出现的政治分裂倾向。在统治集团内部的权力分配中，本·贝拉又依托其积累的群众基础和军方的支持，成为最后的胜利者。在完成统治集团层面的权力整合以后，本·贝拉便着手解决统治集团外部的威胁。独立初期的地方叛乱仍在偏远农村地区持续，许多原游击队领导人在占据了殖民者遗弃的所谓“无主财产”后，建立了个人控制的领地。有些原游击队领导人被任命为民族解放军地区指挥官，与政府保持密切的联系，但总的来看，地方政府对这些拥有地方资源的军队控制能力有限。特别是在卡比利亚地区，这一政治问题与民族问题纠缠在一起，并引发了地区反叛，对国家政治发展产生了深远的影响。卡比利亚地区是阿特拉斯山脉的柏柏尔人聚居区，历来就非常抗拒阿拉伯人对该地区的控制。在 1963 年宪法公决和总统选举过程中，卡比利亚地区出现了大量的弃权票，也表明柏柏尔人对执政者无视柏柏尔民族属性的不满。在本·贝拉当选总统以后，埃特·艾哈迈德（Ait Ahmed）等柏柏尔代表意识到，通过议会斗争已无法挑战本·贝拉日益增长的政治权威，更无法通过政治参与改变柏柏尔人的现状，于是辞去议会职务。其中埃特·艾哈迈德返回卡比利亚地区进行群众动员。9月29日，他在原第三军区司令穆罕默德·哈吉的支持下，成立了社会主义力量阵线（FFS: Socialist Force Front），并发表声明，谴责本·贝拉的“法西斯独裁统治”，坚称自己才是真正的社会主义者。埃特·艾哈迈德的支持者主要来自以卡比尔人为主的原第三军区和民阵法国联盟，以及部分对本·贝拉不满的军官。[①]

1963年9月末，阿尔及利亚与摩洛哥因边境争端而出现摩擦。至10月，双方的摩擦升级为战争。摩洛哥认为，其领土的中部和南部曾被法属阿尔及利亚占领，如今阿尔及利亚已经获得独立，且摩洛哥曾对阿的独立运动予以支援，因此，摩洛哥认为，阿尔及利亚在完成独立后应就领土归属问题进行谈判。[②]对此，阿方予以拒绝，随后，摩洛哥侵入阿尔及利亚境内。埃特·艾哈迈德将此次边境战争视为一次良机，在卡比利亚发起推翻本·贝拉政权的武装反叛。本·贝拉公开指责埃特·艾哈迈德为摩洛哥间谍、反革命分子，是制造蒂齐—乌佐事件的祸首。[③]外敌入侵使刚刚摆脱殖民统治的阿尔及利亚爱国主义热情瞬间被点燃，人民军和志愿者涌向边境。埃特·艾哈迈德在国内巨大的压力下，被迫停战，作为反本·贝拉而临时组建的社会主义力量阵线集团也开始瓦解。1964年2月，埃特·艾哈迈德再次发起了针对政府军的袭扰和破坏行动，并策划了刺杀本·贝拉的未遂行动。然而，此时的埃特·艾哈迈德由于缺乏广泛的群众基础，影响力也逐渐下降，甚至在卡比利亚地区，其支持者也越来越少。同年秋天，胡阿里·布迈丁集结军队镇压叛乱。至10月17日，

---

① 参见黄慧：《阿尔及利亚柏柏尔主义研究》，社会科学文献出版社2015年版，第132页。

② 参见 John Ruedy, *Modern Algeria: the Origins and Development of a Nation*, Indiana University Press 1992, p. 202。

③ 参见《对全国人民讲话》（1963年9月30日），《本·贝拉言论集（1962年9月—1965年2月）》，第209页。

埃特·艾哈迈德及其主要亲随都被逮捕，叛乱也因群龙无首而逐渐结束。1965年，埃特·艾哈迈德经审讯，判处死刑，后经本·贝拉特赦为终身监禁，并于1966年越狱逃至欧洲。

民族解放阵线第一次代表大会

自的黎波里会议以来，召开民族解放阵线党的代表大会，完成对党的改造，进而解决宪法和权力分配等诸多问题，为阿尔及利亚的未来设计合理的制度框架，成为阿尔及利亚政界的共识。但是，由于独立后的权力斗争以及对会议程序方面的意见分歧，党代会一再推迟，特别是海德尔和埃特·艾哈迈德等担忧本·贝拉藉此巩固个人权力，因而抵制会议的召开。在本·贝拉当选为共和国总统后，统治集团内部的反对派基本消除，召开党的代表大会的时机也已经成熟。从本·贝拉的观点看，会议的基本原则包括两个方面：其一是将民族解放阵线改造为同质的先锋队政党，能够成为革命的发动机；其二是进一步明确革命的意识形态和战略问题。[①]1963年11月，本·贝拉组织并任命了会议的筹备委员会，为大会的召开做前期的准备工作。1964年4月16日至21日，阿尔及利亚民族解放阵线党第一次代表大会在阿尔及尔的伊本·赫勒敦厅召开，共有1991名代表与会。法哈特·阿巴斯、海德尔、埃特·艾赫迈德、布迪亚夫和比塔特等重要政治人物拒绝参加会议，独立战争中重要的领导人中只有贝尔卡西姆·克里姆与会。同时，本·贝拉的反对者也对会议进行抵制。即使如此，会议仍具有非常广泛的代表性，除了本·贝拉的支持者以外，持不同政见的军区领导人、改革派乌里马和地方要员也有出席会议。[②]会议通过了由本·贝拉的左派顾问撰写的纲领草案，也就是后来的《阿尔及尔宪章》（阿尔及利亚民族解放阵线党纲领）。

---

① 参见 John Ruedy, *Modern Algeria: the Origins and Development of a Nation*, Indiana University Press, 1992, p. 203。

② 同上。

《阿尔及尔宪章》共分为三个部分。第一部分是为了社会主义革命，解释了阿尔及利亚为何会走上社会主义道路。《宪章》与此前民族解放阵线的官方文件相比，将阿尔及利亚民族的历史叙事提前到了8世纪，也就是从阿尔及利亚完成了伊斯兰化和阿拉伯化开始，而现代意义的民族解放运动则是阿尔及利亚人在泛阿拉伯主义和社会主义等思想的影响下，走向武装反抗殖民统治的历程。《宪章》分析了独立后阿尔及利亚社会结构的特点，即帝国主义统治阻碍了本土资产阶级的发展，绝大多数人无产阶级化，因而，独立后社会斗争的动力在于生活贫苦的工农群众，他们主张革命，支持社会主义。自管制度又为社会主义革命的发生创造了现实的物质条件和群众基础。在阿尔及利亚发展社会主义，不但要巩固社会主义的社会、经济和政治结构，还必须具有一种广为传播并不断加深的明确的社会主义意识。①

第二部分是过渡问题和建设任务，列举了独立后阿尔及利亚从殖民地社会向社会主义过渡存在的主要问题，并明确了过渡时期的主要建设任务。宪章认为，现代资本主义与自由资本主义相比，发生了一系列新的变化，并产生了新的生产和社会问题，而社会主义不仅仅是生产资料的国有化，它也是，而且尤其是自管，这是私有财产和劳资分离这个双重矛盾的真正解决办法。②因此，所谓过渡时期就是社会的政治组织为社会主义进行准备的时期，它的出发点是废除人剥削人的现象，建立迅速发展生产力和解放劳动者的创造性活动的物质和社会基础。③国家必须使用社会主义工具改变社会主义与资本主义在工农业中并存的现象，通过农业改革、工业化、商业化、国有化和计划化等手段发展国家经济，进而提高人民群众的生活水平，改善公共卫生、教育和住房等亟待完善的社会

---

① 参见《阿尔及尔宪章》，《阿尔及利亚民族解放阵线党第一次代表大会文件集》，第67页。

② 同上书，第72页。

③ 同上书，第74页。

问题。

第三部分是实现的工具，分析了党和群众组织，以及党和国家的关系。《宪章》认为阿尔及利亚民族解放战争的特殊性决定了其制度选择，多党制符合阶级对立社会的特定发展阶段，在走上社会主义发展道路的国家里，作为政治民主原则的多党制可能意味着加重客观困难，因此，单一党制度是历史的选择。民族解放阵线既不应该是一个群众的党，也不应该是一个脱离人民和脱离现实由知识分子和职业政治家组成的优秀人物的党。民族解放阵线应该是这样一个先锋党：它同人民群众有密切联系，并从这种联系中吸取它的全部力量，被社会主义革命的因素推动，并且对它的敌人寸步不让。[①]党领导和参与社会主义建设应处理好与工会、农民协会、青年组织、妇女组织和老战士组织的关系。《宪章》确定了党对国家进行领导和监督的职责，党制定国家的各项主要政治路线，并指导国家的活动，这主要体现在党如何在各级国家机关中发挥有效的作用。

作为阿尔及利亚独立后的第一次具有重大意义的党的代表大会，它完成了民族解放阵线党从一个革命党到国家党的转变，从理论层面，明确了党与国家和群众的关系，规范了党的意识形态建设，突出了党的核心职能，这些内容对阿尔及利亚政治发展产生了深远的影响。从《阿尔及尔宪章》的内容来看，它在很多方面有所创新：首先，它重构了阿尔及利亚的历史，用民族主义和阶级斗争话语取代了以往的反殖民主义叙事，特别是使用这些20世纪的概念来描绘19世纪的事件；[②]其次，它对国家发展蓝图做了非常详尽的规划，除了宪章文本以外，会议还通过了两个篇幅冗长的总决议，即“政治总决议”与“经济和社会总决议”，这些总决议涉及问题诸多，从政治到外交，从住房到教育，从交通到能源，旨在为阿尔及利亚铺就一条通往社会

① 参见《阿尔及尔宪章》，《阿尔及利亚民族解放阵线党第一次代表大会文件集》，第112页。

② 参见 Laurie A. Brand, *Official Stories: Political and National Narratives in Egypt and Algeria*, Stanford University Press, p. 131。

主义的道路；最后，社会主义成为本次会议的核心词汇。《宪章》追溯了阿尔及利亚选择社会主义的历史依据，又在伊斯兰—阿拉伯文化传统与社会主义之间进行调和，从而将社会主义写进党的纲领。

四、本·贝拉的社会主义政治

国家政权建设

阿尔及利亚的民族解放战争是民族主义发展的一个顶峰，民族主义者通过暴力推动了政治和外交上的成功，最终通过谈判解决了这场持续八年之久的战争。战争摧毁了殖民统治的政治框架，实现了阿尔及利亚民族的政治独立，民族国家作为民族解放的最终结果，将担负起政治重建的使命。民族主义在独立之后达到了顶点，从旧的束缚和羁绊解放出来的人们也将民族主义推进到一个新的阶段。从宏观的历史视角来看，阿尔及利亚的民族解放斗争砸碎了殖民主义的枷锁，但并没有完成对社会的根本性改造和对各种意识形态的整合。因此，在独立伊始，这种政治上的分裂倾向便表现了出来。阿尔及利亚政治发展的分裂，或者去中心化有着深刻的历史根源。第一，民族主义运动发展的多中心。阿尔及利亚的民族主义从诞生起就具有多元性特征，各种流派的民族主义运动相互竞争，从未形成统一的中心。梅萨里·哈吉、法哈特·阿巴斯和本·巴迪斯都是不同政治派别的代表人物，他们在某种程度上存在着彼此竞争的关系。当民族解放战线揭竿而起，举起反抗殖民统治的旗帜时，多数阿尔及利亚的民族主义者都加入到了这个统一的阵营，这种面对外部强大压力而组成的对抗性的阵营只是暂时平息了内部的分歧。像梅萨里·哈吉甚至还成立了新的政党来攻击民族解放阵线，最终落得声名狼藉。第二，民族解放阵线成立之初，便施行集体领导，任何重要决定都要经过集体协商以防止出现独裁和专权。这种集体领导机制的传统被一直继承下来，全国革命委员会便是这一原则的具体体现。集体领导机制有效防止了任何人控制民族解放阵线，但它也极大地刺激了民族主义者之间的个人竞争和宗派纷争。[①]第三，独立战争期间的民族解放阵线是一个去中心化的组织。出于战争的需要，民族解放阵线被分割成职能不同的内部集团。1958年9月阿尔及利亚临时政府成立，成为阿尔及利亚在国际舞台上的代表，其主要的作用是为阿尔及利亚独立战争赢得外交支持。民族解放阵线武装则由民族解放军总参谋部领导，它负责指挥驻扎在突尼斯和摩洛哥与阿尔及利亚交界的四万多名解放军战士。阿尔及利亚国内则被划分为六大军区，这些军区独立于总参谋部，各军区享有很强的自治权，独立后成为雄霸一方的军阀。当战争临近结束，包括本·贝拉在内的、曾被投入法国监狱的民族解放阵线领导人获释，他们在独立后的政治生活中也扮演了重要的角色。因此，著名学者奥塔维认为，独立战争最丰富的遗产就是国家的"政治封建化"。[②]

首先，这种所谓"政治封建化"表现为对政治主导权的争夺，特别是就政治局构成问题导致前临时政府成员与总参谋部的决裂。在关于阿尔及利亚独立的全民公决前夜，临时政府解除了布迈丁等人的职务，这直接导致总参谋部与本·贝拉的结盟。本·贝拉从摩洛哥进入阿尔及利亚西部，形成了特雷姆森集团（Tlemcen group）。以本·赫达（Ben Khedda）为主的临时政府将总部设在卡比利亚首府提济乌祖，形成了所谓提济乌祖集团（Tizi Ouzou group）。有学者认为，两大集团的对抗是两种相左的意识形态的冲突，本·贝拉代表的是社会主义和独裁，而本·赫达代表的是西方民主政治。也有学者认为，从两大集团的构成来看，这次冲突是阿拉伯人和柏柏尔人之间的斗争。实际上，在这一时期，两大集团都没有提出系统的政治框架，控制政治局进而获得政治领导权才是斗争的核心内容之所在。1962年7月，布迈丁率领军队进军阿尔及尔，以本·贝拉为首的特雷姆森集团获得了最终的胜利。

① 参见 David and Marina Ottaway, *Algeria: the Politics of a Socialist Revolution*, p. 14。
② 同上书，第18页。

其次，“政治封建化”要求对国家政治权力重新分配与整合。独立后国家的政治转型必然要经历政治的制度化，而政治权力的重新分配又是制度化的内在要求，阿尔及利亚各种政治势力在相互竞争中设计着未来的政治结构。9月20日举行的制宪国民议会授权本·贝拉组织政府。作为行政的最高首脑，本·贝拉也在权力的争夺中处于最有利的位置。法哈特·阿巴斯当选为议会主席，他认为宪法的起草和表决的权力应当属于议会。但阿尔及利亚并没有议会政治的传统，对议会的规则与程序的争辩导致议会完全没有发挥作用。海德尔出任民族解放阵线党的总书记，他希望政策的创制权和宪法的权威应当由党来行使。本·贝拉和海德尔将自管运动纳入官方日程，并削弱工会权利以后，二者间的合作关系正式破裂。海德尔希望通过党来限制本·贝拉，而本·贝拉则适时地推出了“三月法令”，巩固了自己的权力基础。随后海德尔辞去政治局书记一职，民族解放阵线完全处于本·贝拉的控制之下。海德尔离任后，本·贝拉撰写文章，提出起草宪法是党的特权，这招致议长法哈特·阿巴斯的强烈反对。双方斗争的结果是，本·贝拉控制的政治局起草了宪法，法哈特·阿巴斯辞职。

最后，从“政治封建化”向政治制度化的转变。阿尔及利亚的民族解放战争没有形成一整套指导革命实践的理论体系，也没有系统的替代殖民统治的完整政治制度体系，因此，阿尔及利亚独立后的政治原则本身就是充满了各种矛盾。集体领导、政治分权和一党制等，各种政治倾向并存，使国家政治的制度化成为一个艰难的任务。在解决了政府、议会和党的领导人之间的纷争以后，一部宪法草案最终在1963年8月末提交制宪国民议会并获通过。阿尔及利亚1963年宪法以法兰西第五共和国宪法为蓝本，在序言中宣布，阿尔及利亚是社会主义国家，阿拉伯语为官方语言，伊斯兰教为国教。宪法对党、政府和议会的职能进行了安排。按照宪法构建的政治体系使权力高度集中于党的手中，多元民主与多党体系缺乏变成现实的土壤。在地方行政体系中也体现了高度集中的特点，这大体与法国殖民统治时期的行政体系比较类似。在制度化的过程中，阿尔及利亚强调政府在社会发展中的推动作用，因为政府代表了整体的国家公民身份，是忠诚的重要形式，没有其他的忠诚超越了对国家的忠诚。[①]

执政党建设

如前文所述，独立初期阿尔及利亚政治权力呈现三足鼎立的局面，政府、制宪国民议会和民族解放阵线都主张自己是立法的最高权威。在党的总书记海德尔离任后，本·贝拉转而主张民族解放阵线起草宪法的权利，他鼓吹一党制是取得成功的必要条件。总的来说，本·贝拉提出并坚持一党制主要出于如下考虑：第一，民族解放阵线从反抗殖民压迫的政党向执政党转变的需要。民族解放阵线是民族主义斗争史的书写者，独立后，它也在适应现实的政治需要而要实现的结构和功能的转变，要把打败敌人、获得解放战争胜利的武器转变成建设新社会的发动机。本·贝拉强调，我们不是要恢复民族解放阵线的旧的形式，而是要在现有的基础上，建设一个能够一贯地保卫和促进社会主义的工具。[②]第二，实现政治集权的需要。本·贝拉要求在党、政府和议会之间进行合理的分权，他认为，政府和议会应该是执行机构，国家政治的决策则是党的使命。民族解放阵线被改造成一个制度化的具有广泛群众基础的一党体系，排除了多元民主和多党制的可能性，其他所有政党在政治上都是非法的。多党制在本·贝拉眼中就是向旧时代的倒退。第三，实现社会主义的需要。在意识形态上，自管制度构成了本·贝拉政权社会主义的最原始特征，那么在政治上，它体现为遍布全国的民族解放阵线。[③]

---

① 参见〔美〕戴维·E. 阿普特：《现代化的政治》，陈尧译，上海人民出版社 2011 年版，第 245 页。

② 参见《阿尔及利亚民族解放阵线党第一次代表大会文件集》，世界知识出版社 1965 年版，第 17 页。

③ 参见 Radia Kesseiri, *The Evolution of Algerian Political Thought: Origins, Colonial Rule and Post Independence*, Lap Lambert Academic Publishing, 2013, p. 65。

通过遍布全国的党的民主组织，发挥党员在建设社会主义上的先锋队作用，才能在实现社会主义的战斗中取得胜利。由于独立初期的特殊政治、经济背景，再加上社会对政治的参与尚不成熟，本·贝拉所建立的一党体系对恢复秩序，加强国家管理和进行广泛群众动员起到了积极的作用。

本·贝拉认为，民族解放阵线既不应该是一个群众的党，也不应该是一个脱离人民和脱离现实的由知识分子和职业政治家组成的优秀人物的党。民族解放阵线应该是这样一个先锋党：它同群众有密切的联系，并从这种联系中吸取它的全部力量，被社会主义革命的因素所推动，并且对它的敌人寸步不让。① 因此，党的性质就是人民群众的先锋队组织，是劳动者普遍意志的表现。“革命没有党，就像羊群没有牧羊人。”② 民族解放阵线的社会基础是劳动者和城乡工人，从而排除了“阶级斗争”的概念，使党成为社会各阶层的领导者和组织者。到本·贝拉政权时期为止，民族解放阵线共通过了《的黎波里纲领》和《阿尔及尔宪章》两部党的纲领性文件，分别在苏马姆、的黎波里和阿尔及尔召开了三次党的代表大会。独立后，党设立政治局成为最高权力机构，在地方设立各级基层党组织。民族解放阵线按照民主集中制原则进行组织，也就是说各级党组织通过选举产生，负责收集基层组织的意见，并将其向上级报告；各级党组织实行集体领导和个人负责的原则，这也是继承了革命时期的传统；党员必须服从组织安排，少数服从多数，下级服从上级，各级党组织服从党的全国代表大会和中央委员会。从组织结构来看，民族解放阵线形成了一个金字塔形的组织，政治局下设 17 个联合会，分别对应不同的行政部门；这些联合会再细分为 109 个省级（dairas）组织，在市镇层面又被划分为 1112 个区级（Kasmas）单位。在金

① 参见《阿尔及尔宪章》，《阿尔及利亚民族解放阵线党第一次代表大会文件集》，第 196 页。

② 《本·贝拉言论集（1962 年 9 月—1965 年 2 月）》，世界知识出版社 1965 年版，第 425 页。

字塔的最低端是成千上万个最小的基层党组织。[①]显然，这一时期的一党体系致力于建设党的基层组织，将社会各行业的优秀分子吸收进党的组织，再通过上情下达与自下而上的意见反馈实现党的民主精神。本·贝拉说："在我国只要有十万到十五万这样的党员就够了。当我们发现了他们，并把他们组织起来以后，阿尔及利亚的前途在一百年内就有保障了。"[②]

意识形态建设

从殖民地国家向现代民族国家转变也会伴随意识形态的重新构建，它要将战争状态下对抗的意识形态转变为国家内在的政治共识。从《独立宣言》到苏马姆代表大会通过的党的纲领，再到《的黎波里纲领》，可以看到独立前阿尔及利亚意识形态演变的轨迹。《独立宣言》的主要内容是民族主义意识形态，强调民族传统的现代价值，主张在伊斯兰教原则的范围内，重建民主的和社会的阿尔及利亚主权国家。[③]苏马姆会议通过的民族解放阵线纲领所描绘的政治远景则将民族主义意识形态发展为北非阿拉伯民族主义，提出："在摧毁建立在殖民专制基础上的种族殖民主义之后，自由和独立的阿尔及利亚将在新的基础上发展阿尔及利亚民族的统一和兄弟情谊"，并建立北非三国的联邦。[④]在指导独立后建设的《的黎波里纲领》中，社会主义和民族主义成为最核心的意识形态，"继武装斗争之后，应该进行思想斗争；继民族独立斗争之后，将进行人民民主革命。人民民主革命就是根据社会主义原则，在人民掌握政权的情况下，进行自觉的国家建设"。[⑤]意识形态对独立后的阿尔及利亚至少发挥

---

① 参见 David and Marina Ottaway, *Algeria: the Politics of a Socialist Revolution*, p. 115。

② 《本·贝拉在埃耳—里亚特的讲话》（1963年4月4日），参见《本·贝拉言论集（1962年9月—1965年2月）》，第86页。

③ 参见《宣言：告阿尔及利亚人民和阿尔及利亚民族事业战士！》，《阿尔及利亚民族解放阵线党第一次代表大会文件集》，第144页。

④ 参见《为在争取民族独立的斗争中保证阿尔及利亚革命的胜利而奋斗》，《阿尔及利亚民族解放阵线党第一次代表大会文件集》，第163页。

⑤ 《的黎波里纲领》，《阿尔及利亚民族解放阵线党第一次代表大会文件集》，第206页。

如下四种功能：第一，实现政治精英和民族的团结，培育民族认同；第二，实现政治理论和实践的合法化，成为政府合法性的主要来源；第三，重新解读历史资源，来解释说明现实问题；第四，为政治实践、政治文化等提供一个行为框架。[①]

阿尔及利亚民族解放战争注重意识形态的作用。越南的武元甲将军就曾建议阿尔及利亚人：意识形态是革命军队的特点。[②]此后，阿尔及利亚的革命者有意识地将民族主义转变为革命性的语言，在独立后，意识形态成为本·贝拉政权合法性的重要来源之一。[③]首先，社会主义是社会整合的重要力量。本·贝拉执政期间，可以说是一个言必称社会主义的人物。他在1962年9月到1965年2月的109篇重要演说、谈话和函电中，几乎都谈到社会主义。[④]但是，本·贝拉对社会主义的定义却非常的模糊，在他的表述中多次出现"阿拉伯—伊斯兰社会主义""科学社会主义"和"卡斯特罗式的社会主义"等不同的提法。从这个角度看，这一时期的社会主义受托派和民粹主义影响，反对剥削和追求公正是最主要的诉求，而"阶级斗争学说"则并不适用于阿尔及利亚。130多年的殖民统治造成阿尔及利亚社会的无产阶级化和贫困化，生产资料为殖民者所占有，这就阻碍了本土的民族资产阶级和工人阶级的出现。民族解放阵线本身也成分复杂，强调阶级斗争会引起党内部的分裂。独立后的阿尔及利亚进入到社会主义建设阶段，掌握技术和资源的少数阿尔及利亚中产阶级对生产和经济增长是不可或缺的[⑤]，因此，通过将社会主义的界限模糊化，使它成为整合社会力量的思想工具。其次，社会主义产生于革命和革命后的实践，而这种根源于实践的社会主义被理论化之

---

① 参见 Robert B. Revere, "Revolutionary Ideology in Algeria", *Polity*, Vol. 5, No. 4, Summer 1973.

② 参见 Jeffrey James Byrne, "Our Own Special Brand of Socialism: Algeria and the Contest of Modernities in the 1960s", *Diplomatic History*, Vol. 33, No. 3, June 2009。

③ 有学者认为，本·贝拉政权的合法性在于意识形态、一党体系和自管制度。

④ 参见吴治清、沈立邦等：《亚非拉各种社会主义》，求实出版社1983年版，第244页。

⑤ 参见 John R. Nellis, "Algerian Socialism and its Critics", *Canadian Journal of Political Science*, Vol. 13, No. 3, Sep. 1980。

后，又将国家的政治行为合法化。掌握社会主义话语权会赋予政治行为以合法性，如艾特·阿赫迈德成立了社会主义力量阵线标榜自己是真正的社会主义；布迪亚夫则成立了社会主义革命党，要求严格遵循“科学社会主义”，并立即将经济的重要部门实行国有化。[①]由此可见，社会主义成为民族主义革命的延续，民族主义意识形态转变为社会主义意识形态，进而上升为民众“忠诚”的依据。再次，意识形态是人们选择性使用某些资源使权威合法化的过程，这一过程涉及人的身份的重构和社会价值体系的重建。权威之所以合法，就在于它产生于特定的传统之中，又承担着承上启下的作用。意识形态的形成会对民族的历史进行解构，然后在历史发展的连续性中寻找社会成员的身份和政治的象征，换句话说，就是从传统之中找寻现代的价值和意义。“革命从来不是同过去一刀两断的”，在官方意识形态中，阿尔及利亚社会主义是有别于世界其他国家、独一无二的社会主义。它的独特性便在于阿尔及利亚独特的历史、语言、宗教和文化等，其实质是通过重新解读民族历史资源，将社会主义这种意识形态本土化。最后，社会主义意识形态为独立后的阿尔及利亚提供了一个从实践到理论的指导原则。阿尔及利亚社会主义一开始就成为群众广泛参加的制度，更多的是客观需求，而不是出于主观的选择。[②]这种源于客观的社会主义成为解决和分析现实问题的基础。本·贝拉说，我们不能忘记一个简单的真理：每个措施的成功都是与当前的社会主义力量分不开的，与社会主义者和那些公开或暗藏的资本主义分子之间的力量对比分不开的。

---

① 参见 David and Marina Ottaway, *Algeria: the Politics of a Socialist Revolution*, p.93。

② 参见〔美〕戴维·奥塔维、〔美〕玛丽娜·奥塔维：《非洲共产主义》，魏塔忠译，东方出版社 1986 年版，第 96 页。

第七章　布迈丁时期的现代化与外交

1965 年布迈丁发动政变，结束了本·贝拉的统治。两者的矛盾并非政治理念的差异，而是军队与文官政客之间权力争夺在独立后的延续。布迈丁在巩固权力后，发起雄心勃勃的社会主义建设工程。主要包括三个方面：第一，工业革命，推行“产业化工业”战略，并以工业现代化为先导，带动整个产业体系的现代化变革；第二，农业革命，旨在解决农村的低度发展问题，改善农村生活条件，使农民成为工业革命生产原料的提供者和工业品的消费者；第三，文化革命，目标是解决意识形态领域的冲突，通过阿拉伯化政策完成对城乡的文化整合，并在教育领域进行大规模投资，为阿尔及利亚建立完善的教育体系。三大革命是布迈丁解决阿尔及利亚民族国家建设问题的完整改革思路，充分体现了布迈丁时代发展优先的治理理念，从而对阿尔及利亚社会经济发展产生了深远影响。

一、政治发展方向的调整

1965 年 6 月 19 日政变

胡阿里·布迈丁 1932 年 8 月出生于阿尔及利亚东部盖勒马附近一个名为克劳泽尔的村庄，本名穆罕默德·本·卜拉欣·布哈鲁巴。布迈丁 6 岁时进入盖勒马一所法国小学读书，同时在本地《古兰经》学校接受宗教和阿拉伯语教育。14 岁时，在君士坦丁的凯塔尼－梅德尔萨中学学习阿拉伯伊斯兰教课程。1952年，为躲避法国兵役，布迈丁逃至突尼斯，后来到开罗，进入爱资哈尔大学学习。1954年10月，阿尔及利亚革命爆发后，布迈丁经摩洛哥边境进入阿尔及利亚西部从事游击活动，并成为第五军区司令阿卜杜勒哈费德·卜素福的军事助手。1957年10月，布迈丁取而代之成为第五军区司令，1958年9月被任命为主管阿尔及利亚西部战区，也就是第四、第五和第六军区军事行动的总参谋长。1960年2月，布迈丁成为民族解放军总参谋部领导人，1961年9月，因反对临时政府总统本·赫达想要解散总参谋部的命令，与临时政府交恶，这一立场也使他在1962年夏天选择与本·贝拉站在一起，在阿尔及利亚政治发展到关键节点发挥了决定作用。从独立后的政治发展进程来看，布迈丁与本·贝拉在很多问题上立场一致，如二者都希望将自管纳入官方能够掌控的进程之中；从政治参与角度看，布迈丁一方面致力于军队建设，承担着将不同势力和派别的军队整合在一起的艰难工作；另一方面，又要平息拉尔比和穆罕默德·哈吉等军区司令的叛乱，他将国家人民军在与摩洛哥的交火中战败视为奇耻大辱。总的来看，布迈丁深居政治舞台的幕后，很少出现在公众的面前。但是，二者对部分问题的一致意见，以及不同的政治分工并不能消弭他们之间的分歧。第一，二者的群众基础不一。本·贝拉的主要支持者是城市无产阶级、农村的小农和工人阶级，以及一小群国内外的知识分子。布迈丁的主要支持者则是军队、中上层农民、有产者以及与传统伊斯兰价值有某种联系的人。第二，对社会主义的认知不同。本·贝拉的社会主义是群众自发的推动运动，通过官方意识形态予以合法化的具有强烈马克思主义倾向的社会主义；布迈丁则对本·贝拉的社会主义路线予以批判，他将6月19日的政变视为对民族主义传统的回归，社会主义必须以阿拉伯和伊斯兰传统作为道德基础。第三，集体领导与个人集权的分歧。本·贝拉政权并不具备独裁的特征，但独立初期的政治清洗所造成的客观结果却是将国家权力高度集中到本·贝拉手中，他甚至将军队去政治化，建立真正的民主共和国，这些都触及了军方的根本利益。布迈丁以回归集团领导的传统发动了政变。第四，二者意识形态不同。布迈丁自幼接受传统阿拉伯伊斯兰教育，政治立场相对保守，与接受法国教育的本·贝拉相比，他更多地强调阿尔及利亚的阿拉伯伊斯兰立场，以及国家控制下的社会经济秩序，对国家未来的不同规划最终使二者分道扬镳。第五，二者的权威基础不同。布迈丁强调所谓的"革命合法性"，这意味着曾在解放战争中立下汗马功劳的人掌权，而本·贝拉则重视"历史合法性"，也就是突出民族解放阵线创立者的地位[①]，这也导致二者在独立后的权力分配和人事安排上的分歧日渐显现。总体来看，本·贝拉的社会主义是独立后民族主义激进化的结果，它在某种程度上脱离了阿尔及利亚的传统，受舶来的意识形态影响很大。而布迈丁则立足于阿尔及利亚的阿拉伯和伊斯兰传统，推动了阿尔及利亚社会主义的进一步发展。

1963 年制宪国民议会召开期间，布迈丁集团完成了对总参谋部的控制，同时，作为本·贝拉集团的重要支持者，布迈丁集团还在政府中占据了一些关键职位。但是，制宪国民议会结束后，本·贝拉战胜了政治竞争对手，对军队的控制便纳入日程。10 月，本·贝拉任命塔哈尔·兹比里（Tahar Zibiri）为国家人民军总参谋长，意在削弱布迈丁在军中的影响。1964 年 7 月，本·贝拉又迫使布迈丁的亲密助手，时任内政部长的艾哈迈德·梅德格里（Ahmed Medeghri）辞职，同年 12 月 2 日，布迈丁的另外两个助手，旅游部长艾哈迈德·凯德（Ahmed Kaid）和教育信息部长谢里夫·贝尔卡西姆（Cherif Belkacem）在内阁调整中职位也发生了变动。至此，布迈丁集团在内阁中仅布迈丁本人和外交部长布特弗利卡（Abdelaziz Bouteflika）的职位没有变化。与此同时，本·贝拉开始着手与工会、阿尔及利亚共产党等左翼政治势力达成和解，以扩大自己的统治基

① 参见 Laurie A. Brand, *Official Stories: Political and National Narratives in Egypt and Algeria*, Stanford University Press, p. 132。

础，从而也导致了 1965 年 4 月至 5 月期间，左翼政治组织与宗教组织之间的对抗。5 月 25 日，为筹备即将在阿尔及尔举行的亚非会议，本·贝拉召集了所有阿尔及利亚大使为会议出谋献策，会上几位大使与布特弗利卡发生激烈争执，会议也不欢而散，这为本·贝拉与布特弗利卡之间矛盾尖锐化埋下祸根。会后不久，本·贝拉便要求布特弗利卡辞职，但遭到拒绝。布特弗利卡认为他辞职的问题应该提交给政治局或民族解放阵线的中央委员会来讨论通过，总统无权做出决定。然而，本·贝拉认为，宪法赋予总统任命和解职部长的权力。6 月初，本·贝拉为扩大自己的政治基础，准备与反对派和解，这包括将囚禁在撒哈拉沙漠的法哈特·阿巴斯等六名重要政治反对派予以释放，同时，与社会主义力量阵线的代表在巴黎进行谈判，以解决其与政府的冲突。6 月 16 日，阿尔及利亚报纸纷纷在头版用通栏标题报道一份公报，社会主义力量阵线停止一切敌对行动。[①] 这一公报引发民众对政府内部矛盾的质疑。本·贝拉在 6 月 17 日发表演讲，表示阿尔及利亚只有一种社会主义、一个国家、一个政权和一种领导，它比以往更团结一致，能更坚决地克服任何国内外阴谋。[②] 18 日，本·贝拉匆忙结束了阿尔及利亚西部之行，返回阿尔及尔，并准备于 19 日召开政治局会议。6 月 19 日凌晨，布迈丁的军队迅速控制了整个国家和负责保卫本·贝拉的几位军官。总参谋长塔哈尔·兹比里、国家安全部队司令艾哈迈德·德来亚（Ahmed Draia）和民族解放阵线控制的民兵司令马哈茂德·古恩内兹（Mahmoud Guennez）均倒戈并参与了这场政变，总参谋长兹比里甚至亲自指挥部队突袭了总统寓所，并逮捕了睡梦中的本·贝拉。除本·贝拉做少许反抗外，这场政变没有发生流血冲突。早晨醒来的阿尔及利亚人发现广播中反复播放着爱国歌曲，其他与以往并无差异，直到临

① 公报称：经民族解放阵线和社会主义力量阵线协商，考虑到民族团结是阿尔及利亚人的主要关切，是阿尔及利亚的最高利益，为巩固革命成果，双方已达成协议停止武装冲突。此决议将于 1965 年 6 月 16 日生效。

② 参见 David and Marina Ottaway, *Algeria: the Politics of a Socialist Revolution*, University of California Press, 1970, p. 185。

近中午，阿尔及尔的电台播放了一份自称是革命委员会（the Council of the Revolution）发表的声明，它告诉人们政变已经发生，并解释了军队接管国家政权的原因是为了拯救国家并建立一个民主负责任的国家，同时列举了本·贝拉执政以来所犯下的罪行和错误。自此，本·贝拉开始了他的牢狱生涯，14 年后本杰迪·沙德利总统执政，他才结束被关押的生活，随后不久便流亡欧洲。

布迈丁在接受《金字塔报》记者采访时，罗列了本·贝拉所犯的主要错误，大体包括如下两个方面：第一，政治上，破坏党和行政机构的建设，排除异己，从集体领导蜕变为个人专权；第二，经济上，本·贝拉所施行的以农业为主的经济政策全面失败。布迈丁认为 6 月 19 日政变并不是一场旨在夺取政权、满足私利的军事行动。关于政变的性质，他认为是为了纠正背离路线的问题，为了恢复革命的合法性，为了重新赋予革命原则以其全部价值。[①] 无论如何，这场政变是布迈丁时代阿尔及利亚社会主义国家建构的开端，它谴责了本·贝拉的个人专权行为，将革命时代确立的集体领导原则重新带入政治领域。1965 年政变后，军方便通过全国最高权力机构——革命委员会发挥影响力。[②] 所谓“革命委员会”是由发动政变的 26 名军官组成，其中包括总参谋长、五大军区司令、四位退役军区领导人和两名从本·贝拉阵营叛变的文职官员。[③] 该委员会的核心是乌季达集团（Oujda Clan，因其主要成员曾驻扎在摩洛哥边境小镇乌季达而得名），它控制着政府的全部关键部门。布迈丁是革命委员会和政府的首脑。6 月 20 日，布迈丁成立了五人组成的民族解放阵线党执行秘书处，秘书处成员全部是革命委员会成员，秘书处在新的党代表大会召开前代行其责，这样布迈丁重新组建了国家统治机构。

在结束了本·贝拉政权后，布迈丁集团并没有急于通过全民公

① 参见《布迈丁言论选编》，上海人民出版社 1974 年版，第 12 页。

② 参见 Martin Evans and John Phillips, *Algeria: Anger of the Dispossessed*, Yale University Press, 2007, p.84。

③ 参见 John Ruedy, *Modern Algeria: the Origins and Development of a Nation*, Indiana University Press, 1992, p. 207。

决、修宪或召开新的党代会来重塑新政府的合法性，实际上，这次政变并没有从根本上否定独立后阿尔及利亚的政治结构，政变对政府重组及人事安排也仅涉及本·贝拉集团的核心成员。虽然布迈丁搁置宪法，并在短期内没有再召开国民议会，并且建立了以革命委员会为权力核心，具有军方背景的政府，然而，这一新组建的政府从本质上与本·贝拉政权并没有太大的区别，都是属于威权主义统治的类型，因而，这场政变在阿尔及利亚国内也没有引起太大的波澜。政变后不久，本·贝拉的顾问穆罕默德·哈尔比（Mohamed Harbi）和前政治局成员侯赛因·扎胡阿尼（Hocine Zahouane）将民族解放阵线党、阿尔及利亚共产党、青年民族解放阵线党和阿尔及利亚全国学生联盟的部分成员组成了地下反对党——人民抵抗组织（Organisation de la Resistance Populaire），法国共产党和第四国际也参与了该运动。[①]这些在本·贝拉时代得到扶植的学生和青年组织策划了一系列示威抗议活动，谴责军方政变行为。8 月中旬至 9 月末，人民抵抗组织的主要领导人哈尔比和扎胡阿尼等人先后遭到逮捕入狱，该运动也因失去领导而逐渐式微。作为独立初期形成的政治反对派，人民抵抗组织因其缺乏严密的组织和领导，更没有系统的思想理论为指导，始终无法形成具有广泛影响的政治派别。

阿尔及利亚的政变距离第二届亚非会议原定的召开日期 1965 年 6 月 29 日仅剩 10 天，布迈丁集团为了能够得到国际社会对新政府的承认，不希望取消这次会议，于是便派出约 15 个代表团到亚非各国游说，力图使各国政府相信阿尔及尔能够承办好这次会议。经过外交斡旋，会议得以延期至 10 月举行。会议的延期使革命委员会在集体领导的名义下，着手恢复政治秩序。到 1966 年以后，政府的工作重心开始由政治转向经济，政治精英的招募也从政治和军事领域转向了经济、科学和技术领域，技术专家作为新兴的精英阶层开始更多地参与国家决策。同样地，原乌季达集团内部也产生了新的分化，

① 参见 David and Marina Ottaway, *Algeria: the Politics of a Socialist Revolution*, p. 195。

革命委员会的结构也发生了变化。布迈丁时代，军方从直接介入政治到退居政治舞台的幕后，对阿尔及利亚政治产生了深远的影响。与轰轰烈烈的工业化相比，阿尔及利亚政治在这一时期停滞不前，没有取得长足的进步。

改造政治体系

本·贝拉政权中发挥重要政治功能的民族解放阵线在布迈丁发动政变以后，其功能开始弱化成为统治的工具。从 10 月 15 日开始，革命委员会就其国内政策问题进行了长达两周的讨论，但这次讨论的结果并没有超出本·贝拉时代的政策框架。12 月 1 日，《“圣战”者报》刊登了革命委员会决议，决议主张重新组织政党，社会主义农业部门分权化，此外，还承诺在 1966 年年末以前举行市政选举并开启等待已久的农业改革。[①]在布迈丁看来，本·贝拉领导下党的使命已经失败，由战争年代的老兵填充并重构党的组织，将战争年代与建设年代通过革命精神连接在一起，才能赋予党以新的生命。因此，民族解放阵线的执行秘书处中有四名是前军区指挥官。此外，国家增设老战士部和全国老战士委员会以保障革命军队的利益，8 月 20 日被设为全国老兵日，1965 年的老兵日全国举行了盛大的庆祝活动。通过这些措施，革命年代的军人重返政治舞台，并成为布迈丁政权坚定的支持者。

在对民族解放阵线的改组中，布迈丁解散了政治局和中央委员会，并将民族解放阵线置于革命委员会的控制之下。按照革命委员会的决议，民族解放阵线执行秘书处开始着手改造党的基层群众组织。青年民族解放阵线和全国妇女联盟因参与反对派而进行了重组，但在成员招募中遭遇抵制，这两个组织仅能维持名义上的存在。全国学生联盟的领导人多被逮捕或逃亡海外。1965 年 9 月，民族解放阵线任命了新的全国执行机构为其领导，遭到该组织多数成员的反对。1966 年 1 月，摩洛哥反对派领导人马赫迪·本·巴卡（Mehdi

① 参见 *The Resolutions of the Revolutionary Council*, published in El-Moujahid, December 1, 1965。

Ben Barka）在巴黎被绑架，阿尔及利亚学生举行抗议集会。学生呼喊反布迈丁的口号，警察解散了这次集会，随后到大学校园中逮捕了13名摩洛哥和阿尔及利亚学生。学生组织了8000人的示威游行对此予以回应，民族解放阵线任命了新的执行机构，但对于改善党和学生关系并没有发挥作用，该组织也因失去学生支持而逐渐边缘化。民族解放阵线不再是立法和决策的机构，而是政策执行的机构，它的任务将是根据《的黎波里纲领》和《阿尔及尔宪章》，进行规划、制定方针，起鼓舞和监督作用，而不是管理或替代国家。[①]至此，强政党—弱社会的一党体系彻底结束。布迈丁时代，党发挥的作用非常小，民族解放阵线甚至连一次代表大会都没有召开过。布迈丁最关心的就是建立“稳定和有效的国家”。阿尔及利亚的社会主义实质上走向了一个由国家控制的工业体制，在这个体制中，技术官员和政府官僚比党的官员权力大得多。[②]

布迈丁认为，1965年以前阿尔及利亚的政治实践违背了“通过人民、为了人民”的革命原则，个人崇拜取代了集体领导和管理的原则，因此，通过6月19日的政变，纠正了路线上的错误。到1967年2月，阿尔及利亚重新复兴了基层行政体系，举行了第一届市镇人民议会选举。按照同样的方式，1969年，又在全国33个省举行了第一届省人民议会选举。这些市镇和省一级的人民议会成为地方的代议机构和行政管理机构，实现民族解放阵线党和各级行政体系的相互制约与协调。但是，在具体实践中，由于各种原因，特别是中央政府和中央银行控制财政权利，这些人民议会没有为以群众为基础的政治结构创造基础。最终，地方事务的权威仍掌控在国家手中，地方政府仅仅能够充当执行的角色。随着政府的专业化和官僚化，阿尔及利亚的政治体系完全成为政治精英手中的工具，人民群众的政治参与热情下降。

---

① 参见《布迈丁言论选编》，第23页。

② 参见〔美〕戴维·奥塔维、〔美〕玛丽娜·奥塔维：《非洲共产主义》，魏塔忠译，第39页。

勾画新的政治图景

随着政治权力的巩固，到1967年以后，布迈丁开始勾勒一幅他所预想的政治图景。在布迈丁设计的权力结构中，军方退居幕后，技术专家、行政官僚和民族解放阵线党各级组织成为国家治理的重要棋子。20世纪60年代以后世界油气市场价格上涨，给阿尔及利亚带来了大量的石油美元，良好的外部环境为阿尔及利亚的工业化创造了有利条件。正是在这样的背景下，大量拥有先进技术和科学知识的技术专家进入国有企业。值得注意的是，阿尔及利亚的国有企业的经营理念并不是现代企业制度所追求的"资本积累和扩大再生产"，其产品主要用于交换和满足社会需要，因而国有企业的存在其意义超出了经济学范畴。这种计划经济导致了技术专家精英阶层的出现，他们在内阁成员、行政官员和国有企业的管理者等多重身份之间转换。民族解放阵线党在这一时期也逐渐官僚化，到70年代末期，党员人数增至30万，其主要职能也从动员革命和建设的政党转变为一个从属政治需要，更加工具化的政党。

1975年6月19日，在庆祝"复兴运动"十周年纪念会上，布迈丁宣布将起草新的《国民宪章》来规划国家未来发展之路。宪章草案在1976年公布，民众对其内容进行了为期数月的讨论，后经反复修订后，于6月27日《国民宪章》提交全民公投，获得压倒性支持。这是阿尔及利亚独立后制定的第二个纲领性文件，在民族解放阵线的党章中明确规定，《国民宪章》是党的思想基础。宪章内容除序言外，共分为七章。序言与《的黎波里纲领》和《阿尔及尔宪章》一样，回顾了阿尔及利亚反殖民统治的艰苦历程，并解释了6月19日政治调整的原因，以及调整后所取得的建设成就。第一章是社会主义社会的建设，主要分析了阿尔及利亚选择社会主义的必然性，以及社会主义建设的主要目标、基本原则和社会主义革命的社会力量；第二章是党和国家，解释了党和国家各自的职责以及二者之间的关系；第三章是社会主义建设大纲，明确了社会主义建设的重要主题，系统阐述了文化革命、农业革命和工业革命的核心内涵；第四章是国防，回答了国家国防政策的主要内容；第五章是对外政策，指出了阿尔及利亚对外政策的根本目标和基本原则；第六章是发展政策的基本方针，讨论了如何建设和发展社会主义的一些基本原则；第七章是宏伟的发展目标，对农业、工业和水资源开发等经济和文化发展做出的远景规划。

以《国民宪章》为基础，11 月 22 日阿尔及利亚又通过了独立后的第二部宪法。1976 年宪法确认伊斯兰教为国教，政治组织形式为共和制，经济发展模式为社会主义。保障公民的基本自由权力，包括集会和言论自由，以及妇女充分参与国家生活等权利。宪法重新复兴了党的政治局和中央委员会，并规定由民族解放阵线党负责起草法律，再交由国民大会讨论通过后变为法律。国民大会成员由民族解放阵线提名，任期五年。也就是说立法权归国民大会，涉及内政外交，以及宪法修订的权力都是国民大会的职责。共和国总统候选人由民族解放阵线党全体代表大会提名，然后由民众选举产生，总统任期五年，可以连任。总统是武装部队总司令和党的总书记，可以提名内阁，任命和解职总理和副总统。这部宪法赋予总统极大的权力，以致总统在议会休会期间，可以使用行政法令进行统治。通过国民宪章和 1976 年宪法，布迈丁完成了新一轮制度设计，在新的政治权力安排中，构建了一个以总统为权力核心，行政机构居主导的治理体系。

二、阿尔及利亚的社会主义工业化

阿尔及利亚工业化思想的形成

有学者认为，“现代化是以平叛的形式来到阿尔及利亚的”[①]，

① David C. Engerman, *Staging Growth: Modernization, Development, and the Global Cold War*, University Of Massachusetts Press, 2003, p. 8.

民族独立战争加速了现代性的传播，使法国政府开始改变殖民统治的策略，在殖民地增添更多的社会经济的内容。1958 年 10 月，戴高乐在阿尔及利亚东部城市君士坦丁公布了法国的殖民地改造计划，在未来五年法国将投入 40 亿美元用于阿尔及利亚的转型。君士坦丁计划（The Constantine Plan）虽然只是殖民统治政策的调整，但其涉及的农业、工业和教育改革计划，对于民族解放阵线来说都是未曾认真思考过的内容。（从 1954 年的独立宣言和 1956 年的苏马姆会议的相关文献来看，民族解放阵线关注的主题仍是政治独立问题。）为了对抗殖民者的现代化，这就迫使民族主义意识形态中要增加新的内容，为了显示与殖民者决裂的决心，革命者提出了更为激进的经济替代方案。在 1958 年民族解放军的宣传册中，出现了建立强大的工业，组织农业生产，开发矿产资源的内容。停火协议签订以后，政治独立已经变为现实，经济发展的蓝图也提上规划的日程。为了赢得独立，任何与帝国主义相联系的经济原则，比如自由市场经济和资本主义等，都被排除在外。同时，为了短时间内实现经济独立和合理配置人力和物力资源，国家强调行政干预和劳动者参与管理。阿尔及利亚将工业化作为经济发展的主要动力，希望通过有计划地推进工业现代化，来带动整个国民经济的现代化转型。

经过漫长的殖民统治，阿尔及利亚社会经济被整合进法国殖民体系之中。在此过程中，阿尔及利亚农村生活环境恶化，特别是从 1930 年以后，农村人口开始大规模向城市流动，他们居住在城市的棚户区，或者到隔海相望的法国工厂谋生。到了 20 世纪 60 年代，阿尔及利亚城市人口以 5.4% 的速度增长。面对日益增长的人口压力，日益窘迫的经济困境和储量丰富但尚待开采的自然资源，阿尔及利亚除了进行大规模的工业化以外，别无他途。阿尔及利亚缺少工业化所必需的技术和经验，也缺少工业化所必需的配套服务，在这种情况下开展的工业化就需要综合其他国家的工业化经验，结合阿尔及利亚的政治和经济的现实条件，开辟具有阿尔及利亚特点的工业化道路。阿尔及利亚的工业化思想就是在这一过程中形成的。

第一，民族主义是其工业化思想的主要驱动力。早在阿尔及利亚独立前夕颁布的《的黎波里纲领》中，就将建立独立的民族经济作为国家进行人民民主革命的主要任务之一，在获得政治主权以后，将阿尔及利亚经济从殖民主义者的控制下解放出来。[①] 布迈丁的经济发展思想在很大程度上延续了这一经济纲领中的民族主义思想，与之不同的是，布迈丁将经济发展的重点从进行农业革命转移到实现工业化的领域之中。在布迈丁看来，国家的政治独立并没有结束殖民主义的控制，它还以多种形式出现：外国人的所有权，对国家财富的控制权，低价买进原材料高价售出制成品，以及银行业务等等。[②] 因此国家取得独立以后面临着两项迫切需要解决的任务，一个是收回完整的国家主权，另一个是改变国家贫穷和落后的面貌。为实现这样的目标，布迈丁逐步将阿尔及利亚境内的外国资本、企业归还到“真正的生产者”手中，同时鉴于农业生产的低效率以及阿尔及利亚不适宜发展大规模现代农业的地理现实，他制定了庞大的工业化计划，以期在最短的时间内实现国家经济的现代化。

第二，社会主义是其工业化思想的发展蓝图。独立前民族解放阵线内部关于国家发展方向的选择问题充满争论，伊斯兰主义、西方式的民主主义以及社会主义相互竞争，最终社会主义获得更多的支持，并在《的黎波里纲领》中确定下来。此后，本·贝拉将工人自发创立的自管制度理论化，形成独具特色的自管社会主义。布迈丁执政后对本·贝拉推行的社会主义予以批判，认为他只是一种“口头上的社会主义”，是实现个人权力和独断专行的手段，并进一步阐述了自己的社会主义理念：社会主义的本质只有一个，其目的是要把人从剥削中解放出来，使生产者掌握经济和政治权力。[③] 在这一

① 参见《的黎波里纲领》，《阿尔及利亚民族解放阵线党第一次代表大会文件集（1964年4月16日至21日）》，世界知识出版社1965年版，第212—220页。

② 参见〔阿尔及利亚〕布迈丁：《在“七十七国”集团第一次部长级会议上的讲话》，《布迈丁言论选编》，第88页。

③ 参见〔阿尔及利亚〕布迈丁：《在阿拉伯社会主义讨论会开幕式上的讲话》，《布迈丁言论选编》，第78页。

"反映群众愿望和未来社会景象"的制度和意识形态中，工业化被赋予了重要的地位，是带动社会主义经济全面发展的"火车头"，通过一体化和内向型的快速工业化来打破经济缺乏独立性的恶性循环。

第三，产业化工业是其工业化思想的实现途径。产业化工业最初是由法国经济学家弗朗索瓦·佩鲁（François Perroux）提出，法国格勒诺布尔大学的博尼斯（Gerard Destanne de Bernis）的理论成为阿尔及利亚发展战略的主要参考以后，这一发展战略对阿尔及利亚影响非常重大。该理论的要点如下：（1）阿尔及利亚应集中发展工业化，并以此为动力来克服殖民统治造成的经济上的依赖和分散状态；（2）对诸如能源、冶金、化学和重型机械制造等生产原材料和机器的基础工业给予优先权，同时消费本国生产的原料和农产品；（3）通过工业化为其他产业提供所需的设备和原料，并带动轻工业和农业等部门的发展，最终能够创造足够的就业机会和满足人们的日常消费需求。[①] 同时萨米尔·阿明（Samir Amin）、安德烈·G. 弗兰克（Andre G. Frank）等人的依附理论以及苏联等国的社会主义发展模式对布迈丁时期的战略选择也产生了一定的影响。正是在这样的背景下，布迈丁按照上述发展路径设计出阿尔及利亚的工业化轨迹，"重工业将是牵引农业、轻工业和其他方面经济生活的火车头"。[②]

工业化的实践

阿尔及利亚的工业生产在有计划地推进工业化以前，从未能够恢复到1962年殖民统治时期的水平。布迈丁发动政变以及完成政变后的权力安排以后，便开始着手推行其工业化思想。1965年，阿卜杜萨拉姆·贝莱德被任命为工业与能源部部长，标志着这一工业化战略开始在理论与实践层面完全展开。从1967年至1977年，阿尔

① 参见 Martin Stone, *The Agony of Algeria*, Hurst & Company, 1997, p. 88。

② Tlemcani, *State and Revolution in Algeria*, Westview Press, 1986, p. 113.

及利亚共完成了一个三年计划和两个四年计划，布迈丁工业化思想中的民族主义、社会主义和产业化工业基本得到完整的体现。

1. 三年计划时期（1967—1969）

在完成必要的政治和经济安排以后，阿尔及利亚便开始执行其三年计划。该计划的短期目标是为国家的工业化创造所需的基础条件，能够带来资本积累的碳氢部门和钢铁、化学和电力等基础产业被给予投资的优先权。这一计划的长期发展目标是增强国家政治和经济的独立，并希望在20世纪80年代初期实现完全就业。1967年初，国家发布一个名为《七年规划（1967—1973）》的文件，强调在未来七年内，资本积累能力、部门间整合程度以及职业教育培训体系必须适应国家经济发展的需要。在同一年里计划经济体系得以建立，布迈丁秘密指示他的工业与能源部长为国有化全部外国公司的财产并将其分配给国有工业企业做好准备。

在第一个三年计划中，阿尔及利亚的工业化实践主要集中于两个方面：大规模投资与国有化。在投资方面，国家将全部96亿第纳尔建设资本中的55亿分配到工业领域，其中碳氢工业占23.1亿，基础性和一体化工业占22亿，轻工业占5亿（多为食品加工企业），矿业与电力占4亿。[①] 到三年计划结束时止，阿尔及利亚共有173个大型企业项目和87个中小型企业项目处于执行状态，其中一些是后来被重新规划入计划行列的，这就导致对全部工业投资消费预算从55亿提高到不少于139.5亿第纳尔。截至1969年9月30日，阿尔及利亚实现其总投资目标的84%。对外国企业实行国有化的策略是这一时期的成果之一，仅以1968年5月至6月为例，共有45家外国企业被国有化。这些企业拥有雇用7500名工人、年销售额4.8亿第纳尔的能力。阿尔及利亚再将这些企业财产重新整合、分配，成立了五个新企业并使9个现存企业得以巩固，这其中最引人注目的是阿尔及利亚国营碳氢化合物运输和销售公司，简称阿尔及利亚国

① 参见 Mahfoud Bennoune, *The Making of Contemporary Algeria, 1830—1987: Colonial Upheavals and Post-independence Development*, Cambridge University Press, 1988, pp. 125—126。

家石油公司（SONATRACH）的发展。在三年计划期间，其在碳氢领域的控制份额增加，并成为最大的国营公司，共雇佣 8860 名工人，其中 900 名为外国工人。总体来看，三年计划的完成为阿尔及利亚的工业化发展奠定了良好的基础。

2. 第一个四年计划（1970—1973）

在第一个四年计划制定过程中，不平衡发展战略再次得到强调，基础工业仍被给予极大的优先权。与三年计划不同的是，1970 年国家计划秘书处的设立表明国家对社会和经济发展的重视[①]，第一个四年计划标志着阿尔及利亚的工业化正式启动。工业领域分配到国家投资预算的 44.7%，而农业、水利和渔业总共分配到 49.4 亿第纳尔，占计划投资的 18%。在这一时期，不平衡发展战略受到了国外观察家和国内学者的质疑，他们认为国家进行的工业化是以牺牲农业和其他部门的发展为代价的，只有各部门平衡发展才能成为推动国家经济增长的动力。但是由于民族主义在经济领域的渗透，使得布迈丁对这样的批评不屑一顾，由此导致阿尔及利亚经济领域各部门比重更加难以协调。特别值得一提的是，在第一个四年计划结束时，农业实际上只收到了 12% 的投资，而工业的投资份额从 47% 增加到 57.3%。

鉴于石油在经济领域的可观利润及其在资本积累中的重要作用，这进一步坚定了阿尔及利亚将碳氢工业国有化的决心。1971 年 2 月 24 日，布迈丁总统开始石油领域的"非殖民化"[②]：旧有的特许权体系通过控股的方式被取代，石油和天然气输送管道被国有化，更多外国石油公司也被国有化。通过石油领域的国有化，阿尔及利亚巩固了国有企业。到 1974 年，国有工业企业所雇用的劳动力占全部工业劳动力的 61%，其中阿尔及利亚国家石油公司雇用的劳动力比率在 1970 年占碳氢行业的 54%，到 1974 年这一数字上升到接近

① 参见 *World Infopaedia: Algeria*, Pragun Publication, 2007, p. 215。

② 参见 Benjiamin Stota, *Algeria, 1830—2000: a Short History*, Cornell Universtiy Press, 2001, p. 153。

96%。随着国有工业在经济中优势地位的确立，使布迈丁相信工业化道路是实现阿尔及利亚现代化建设的唯一选择，随后制订的第二个四年计划就是其坚定实践工业化思想的最好证明。

3. 第二个四年计划（1974—1977）

第二个四年计划是伴随着国际原油市场价格飙升开始的。1974年初，每桶石油的价格已从3.25美元上涨到16.20美元，这就为工业投资注入了更多的资金。同时，由于财政部和国家计划秘书处坚持认为国家由于资金短缺已无力支撑大规模工业化，二者均被布迈丁予以解散。与第一个四年计划一样，工业领域的最高优先权重新得以确认，国家经济总投资的40.3%被分配给工业部门。在计划结束时，工业和能源部门实际上收到了61.4%投资，而农业部门的份额从计划的15%下降到仅7%。[①] 除了大规模投资以外，阿尔及利亚对外国公司继续采取国有化的策略。在1974年，20家法国公司被国有化，这一度导致阿尔及利亚与法国关系的紧张，法国工业界和外交界甚至为此游说欧美和日本公司共同发起一场抵制阿尔及利亚的世界范围的运动。

布迈丁推行的工业化并没有使阿尔及利亚独立于世界市场之外，经济全球化的发展以及西方在世界市场中的优势地位，使阿尔及利亚意识到建立世界经济新秩序的迫切性，这实质上是工业化发展在国际层面的反应。1974年4月，在布迈丁的倡议下，联合国召开了关于原料和发展问题的特别会议，阿尔及利亚提交了一份名为《石油、原料和发展》的特别备忘录，控诉了西方大国通过不平等的国际机制对发展中国家进行剥削、掠夺的罪行，提出发展中国家维护国家主权、发展民族经济的必要性，这实际上是反映了阿尔及利亚国内国有化和工业独立性政策的要求。[②]

---

① 参见Mahfoud Bennoune, *The Making of Contemporary Algeria, 1830—1987: Colonial Upheavals and Post-independence Development*, p. 132。

② 参见《石油、原料和发展：阿尔及利亚提交联合国大会特别会议的备忘录》，许乃炯、郑汝箴、李雨时译，生活·读书·新知三联书店1975年版，第14—17页。

在1976年6月通过的《阿尔及利亚国民宪章》中，布迈丁详细阐述了其工业革命[①]的思想："要巩固独立、建设社会主义和发展经济，不仅必须推行一项大胆的工业化政策，而且要进行一场真正的工业革命"，从而引发国家经济结构的转变，即从"一种主要依靠非工业生产部门和农业生产的传统经济，变为一种各生产部门之间相互配合和补充、在所有生产单位推广工业方法以保证和谐发展的现代化经济"。[②]1977年8月1日，阿尔及利亚已探明天然气储量为5000亿立方米，石油储量为10.23亿吨，液化石油气储量为1.59亿吨，凝析油储量为3.85亿吨。在此数据基础上，应布迈丁的要求，阿尔及利亚国家油气公司起草了碳氢产业三十年发展规划，从1976年至2005年计划投资334亿美元用以提高油气产量，实现石油生产的煤气回收利用，加大石油液化气生产，建设炼油厂以满足国外对液化气的需求，用石油制品出口取代原油出口。规划的核心目标是加快开发利用阿尔及利亚的油气储量，并通过将这些资源转化为产品的形式，来改善阿尔及利亚人的经济条件。[③]在布迈丁工业化和工业革命思想指导下，阿尔及利亚经济建设取得了巨大的成就，从1977年至1978年布迈丁逝世，阿尔及利亚的工业化计划暂时告一段落，并进入了一个对以前发展计划进行评估和制定新的发展战略的过渡时期。[④]

工业化的主要特征

综上可知，布迈丁希望通过国家有计划地推行工业化的方式，将整个阿尔及利亚变成生机勃勃的社会主义"巨大建设工地"，使国家快速完成经济独立和经济结构的转型。经济发展的计划化保证

---

① 1972年布迈丁提出了其著名的"三大革命"理论，即：工业革命、农业革命和文化革命。

② 《阿尔及利亚国民宪章》，中共中央对外联络三局译，内部资料，1984年版，第87页。

③ 参见 Mahfoud Bennoune, *The Making of Contemporary Algeria, 1830—1987: Colonial Upheavals and Post-independence Development*, p. 137。

④ 参见 *World Infopaedia: Algeria*, Pragun Publication, 2007, p. 215。

了布迈丁的工业化思想最终变成阿尔及利亚的工业化实践。在工业化过程中，布迈丁也通过个人权威对经济生活进行干预，使之不会偏离自己预设的轨道。同时，布迈丁的工业化思想也不断根据经济实践而进行适应性调整，他提出的“工业革命”理论就是这种适应性与创造性结合的产物。作为20世纪第三世界国家独立探索社会主义发展道路的理论之一，阿尔及利亚的工业化打上了深刻的布迈丁时代烙印，并表现出鲜明的特征。

第一，国有化战略。布迈丁的国有化战略包括两方面的内容：一方面是将资源和外国在阿尔及利亚的剥削资本收归国有，另一方面是要求国家掌握国民经济命脉，即国家财富国有化。在布迈丁看来，国家的矿产资源就像国家主权一样，丝毫不能让步。特别是在石油资源国有化方面，西方国家，特别是法国主张实行“共同主权”，布迈丁对此给予坚决的回击，他宣布：“阿尔及利亚人已经准备为他们的自由战斗到最后一个人！如果我们对阿尔及利亚的石油做一分析，我们就会发现在它的成分中有我们先烈的血液，因为取得这笔财富，我们是付出了鲜血的。”[①] 因此，将资源收归国有就成为民族主义自然的延伸，这种合法性不容置疑。在将外国公司资产收归国有方面，布迈丁政府采取了循序渐进的政策，回收的大体顺序依次是外国小企业—欧美及部分法国企业—法国企业。但是布迈丁政府对外国企业的国有化并不意味着完全排斥外国资本在阿尔及利亚的存在。只要在法律许可范围内经营并摒弃剥削原则，政府一般不予以干涉。

国家财富国有化是布迈丁实现其社会主义宏伟蓝图的一部分，它的经济意义在于国家通过对生产资料的控制、对生产活动进行有计划的干预，使国家成为推动经济增长的动力。由于资本主义企业是以扩大再生产为目的，具有明显剥削的性质，因此“根据社会主义目标的选择，简单的逻辑告诉人们，资本主义企业应从国民经济体系中取缔”。[②] 虽然私人资本与社会主义的长远目标不一致，但是

---

① 〔阿尔及利亚〕布迈丁：《在斯基克达的讲话》，《布迈丁言论选编》，第142页。

② 《阿尔及利亚国民宪章》，中共中央对外联络三局译，内部资料，1984年版，第136页。

国家规定在阿尔及利亚当时社会发展的阶段，不具有剥削性质、不违背社会主义原则的个体经营是允许存在的，同时二者之间在经济活动中的分工也很明确：国有企业主要负责初级产品的生产，而私人企业则集中于产品最终的加工。[①] 国家财富国有化的另一个意义就在于它的政治解放作用，特别是在结束独立之初社会无政府状态方面，国家通过对国民经济的控制从而促进了生产关系的变革，巩固了民族国家的独立地位。

第二，不均衡发展战略。不均衡发展战略是产业化工业的典型特征之一，它通过工业化的引擎作用为其他部门提供生产资料和原材料，在工业化基础建立以后带动其他产业的增长，进而实现完全就业，因此这一战略不强调轻工业的发展并将消费品的生产压缩至最小。在实际的投资中，工业部门往往分配到高于计划的投资，而农业和轻工业等部门的投资则不断被削减。1967 年至 1977 年，阿尔及利亚的具体投资情况请见下表：

阿尔及利亚计划与实际投资表（1967—1977）[②]

	1967—1969		1970—1973		1974—1977	
	计划（%）	实际（%）	计划（%）	实际（%）	计划（%）	实际（%）
碳氢	41.9	50.9	36.9	47.1	40.6	48.6
生产资料与半成品	47.0	40.6	48.9	46.2	47.6	44.5
消费品	11.1	8.5	14.2	6.7	11.8	6.9
工业（全部）	48.7	55.3	44.7	57	43.6	62.0
农业	16.9	16.4	14.9	13	13.2	4.7
基础设施	34.4	28.3	40.4	30	43.2	33.3
总计	100	100	100	100	100	100

① 参见 Bradford L. Dillman, *State and Private Sector in Algeria: the Politics of Rent-seeking and Failed Development*, Westview Press, 2000, p. 18。

② 参见 R. Lawless, "Algeria: the Contradictions of Rapid Industrialization", in Richard I. Lawless and Allan M. Findlay edited, *North Africa: Contemporary Politics and Economic Development*, St. Martin's Press, 1984, p. 165。

由于国家对工业的倾斜政策，使得阿尔及利亚工业总产值在1967年至1978年间从185亿第纳尔增长到369亿第纳尔，如果不将碳氢部门计算在内的话，工业产值增长了三倍，被计划者给予最高优先权的基础工业几乎增长了四倍。[①]

除了投资在部门间的不平衡以外，这种不平衡战略还表现在地区间的不平衡。政府将投资发展的重点放在地中海沿岸的四大工业区：阿尔及尔工业区、奥兰工业区、阿尔泽工业区和斯基克达—君士坦丁—安纳巴三角工业区。[②]由于这些地区在殖民地时期就有一定的工业基础或已经成为对外出口的港口，因此在工业化起步阶段受到高度的重视。不久以后，国家就采取一定的措施来纠正地区发展不平衡的现象，在1966年至1973年共有九个项目投入运行。但遗憾的是，除了少数几个外，大部分都没有取得成功。尽管如此，毫无疑问，阿尔及利亚的工业化速度以及取得的工业化成就还是非常引人注目的。

第三，资本和技术密集——内向型进口替代战略。为了迅速实现国家经济的独立和经济现代化，布迈丁时期追求了一条以资本和技术密集为推动力的进口替代战略。首先，国家强调工业化过程中资本积累优先于消费，甚至将消费最小化，要求民众发扬艰苦朴素的作风，同时将积累下来的资金用于购置生产资料等方面的投资。阿尔及利亚实行碳氢工业国有化政策以后，国家出口收入大幅增加，再加上国际石油价格的高涨使得碳氢工业成为工业化资金的主要来源。正是石油价格的高涨使得布迈丁对阿尔及利亚快速实现工业化充满了信心，为了扩大工业化规模，阿尔及利亚开始通过贷款的方式增加资本投入。到1980年，外债总额已达163亿美元，国家每年需要将外汇收入的25%用于偿还外债上。其次，国家强调技术优先于就业，为此不惜牺牲能够带来更多就业机会的中小企业和轻工业。

---

① 参见 John Ruedy, *Modern Algeria: the Origins and Development of a Nation*, Second Edition, Indiana University Press, 2005, p. 219。

② 参见 Martin Stone, *The Agony of Algeria*, Hurst & Company, 1997, p.89。

现代科学技术在促进生产力发展方面的作用非常巨大，通过引进先进技术从而提高劳动生产率是许多第三世界国家的选择。布迈丁宣布："我们已经决定采用最现代的生产设备，因为它能够在一个适中的时期带来可观的利润。我们不能接受20世纪40年代生产的机器，即使使用它们能够为更多的工人提供工作。"[①]最后，国家通过生产力水平的提升，从而增加国民收入，达到减少依赖国际市场，使国内需求成为经济发展最稳定基础的目的。因此，国家要实现工业化就需要实现两方面的条件：一个是建立公正合理的国际经济新秩序，从而实现国际交易的收支平衡；另一个是扩大国内市场，促进人民生活水平的提高以使之成为经济发展的动力。

阿尔及利亚的工业化实践确实推动了阿尔及利亚从殖民地经济向独立的民族经济的转型，并实现了经济结构的重新整合。第一，布迈丁时期初步建立了民族工业的基础。独立前，阿尔及利亚除了西方开办的碳氢企业外，基本上是以生产和输出农产品为主，特别是以出口为主要生产目标的葡萄种植园经济占有重要的地位。布迈丁时期的工业化就是要改变这种对西方依附式发展的经济模式，在新的基础上重构国民经济。从1967年至1978年的工业化实践证明，阿尔及利亚完成了经济发展模式的转变，国有工业在国民经济体系中占据了主导地位。这一时期国民经济保持年均7.2%的较高速度增长，在一定程度上说明工业化思想是符合当时社会发展的。第二，布迈丁时期工业化带来了社会结构的变化。工业化战略的推行必然导致一系列与之相适应的社会变迁。这一时期国家实行对社会公共领域的全面控制以满足人们健康、教育等方面的需要。由于经济发展迅速，在十多年间，人均国民收入从375美元增至830美元，增长了两倍多。[②]此外，教育和社会福利等方面也取得了明显的进步。第三，阿尔及利亚的工业化为政治稳定奠定了基础。布迈丁时期的

① James Ciment, *Algeria: the Fundamentalist Challenge*, Facts On File, 1997, p. 42.

② 参见 Massoud Karshinas and Valentine M. Moghadam: *Social Policy in the Middle East: Economic, Political and Gender Dynamics*, Palgrave Macmilian, 2006, p. 82。

工业化是从政治权力的变更开始，在推行工业化实践的过程中，经济的发展和社会福利的增加为政权提供了新的合法性基础，布迈丁个人权威也在这个过程中树立起来。

三、农业革命

农业危机

布迈丁时期，农业发展遇到了巨大的困难。政府将发展的重心放在工业化，农业被忽略掉几年，但是随着城市化和工业化进程，对农产品的需求增加，而阿尔及利亚增长缓慢的农业无法满足国内的需求，农业危机便出现了。甚至在阿尔及利亚经济增长最为迅猛的 1967 年至 1978 年间，农业的增长率也仅为 2.4%。阿尔及利亚作为曾经的北非粮仓，在 1962 年粮食生产尚能自给，到 1969 年只能自给 75%，而到了 1978 年则降到了 35%。[①] 这一时期阿尔及利亚的农业发展困境主要是受到如下因素的影响：第一，农业自然资源的限制。阿尔及利亚国土面积广袤，但可耕地面积却非常有限，土壤肥沃的农耕地多分布于地中海沿岸、泰勒山区和平原地带，占全国可耕地面积的 19%。[②] 除了土地贫瘠，阿尔及利亚的水土流失和荒漠化也非常严重，这在一定程度上限制了农业发展的潜力。第二，殖民经济的影响。殖民地时代的农业是以出口为导向的商品型农业，主要生产服务于欧洲市场的经济作物。独立后，这种农业发展倾向并未得到纠正，阿尔及利亚农产品受国际市场影响很大，当国际市场萎靡不振，阿尔及利亚农业受到冲击极大，特别是葡萄种植业尤其如此。第三，发展战略失误。阿尔及利亚独立后将经济发展的中心放在工业化，依照新古典经济学理论，通过工业化的示范作用，

① 参见 John Ruedy, *Modern Algeria: the Origins and Development of a Nation*, p. 222。

② 参见 Mahfoud Bennoune, *the Making of Contemporary Algeria, 1830—1987*, Cambridge University Press, 1988, p. 179。

拉动国民经济的整体发展。因此，在国家经济发展战略中，农业处于次要角色。当农业无法完成国家计划的任务时，这种情况更加雪上加霜。第四，自管社会主义农业低迷。自管农场完全处于行政控制之下以后，严重影响了自管农业的生产率，也使工人的生产积极性降低。特别是工人的生产率与工资并无直接联系，人浮于事的现象变得更为严重，能够盈利的农场屈指可数。第五，农业投资不足。按照年度发展计划，阿尔及利亚将资金主要投入到工业领域，农业占公共投资的比重通常不会超过16.9%，即使是如此低的投资比例，在实际投资中都很少能够达到。投资不足产生的连锁反应使农业发展逐渐落入恶性循环。第六，政府定价因素。随着城市化的快速发展，对粮食的需求急剧增加，政府为了防止粮食价格上涨引发群众不满，便对部分农产品实行限价政策。当农业产品在市场上无利可图，农产品生产也就失去了动力。

农业革命的主要内容

正是农业领域的危机，使布迈丁意识到农业改革的重要性，从20世纪70年代初，开始调整产业结构，对农业发展给予更多的注意。1971年，总统颁布了《农业革命宪章》（*The Charter of the Agrarian Revolution*），官方文件中对土地革命的根本任务的描述是：彻底改变由于不公正和落后的社会经济结构而长期陷入瘫痪的农村社会。具体来看是，通过扩大和更好地使用资金和生产结构，通过彻底改变社会关系，达到以下目标：第一，通过建立新的管理方式和建设社会主义村来改变社会关系；第二，建立同生产相联系的一系列服务性部门，执行一种保证给劳动成果以适当报酬的商业政策和价格政策；第三，通过改进新的管理方式来使生产方法和技术现代化。[①]实际上，政府希望通过农业的改革，复兴农业，实现农业现代化，使农业生产的增长能够满足人口的增长和工业扩张的

① 参见《阿尔及利亚国民宪章》，中共中央对外联络部三局译，内部资料，1984年版，第80页。

需求；实现农产品的商品化，增加农民收入，也为工业产品的销售开拓市场；使农业和农村生活更有吸引力，缓解农民涌向城市谋生的潮流。依照《宪章》，农业革命将分成三个阶段完成。第一阶段是将国有或公社土地分配给无地或少地的农民耕种。按照计划，70 万公顷土地分配给 5.4 万户农民，得到土地的农民拥有终身使用权，而不能将土地出售。第二阶段是计划将财产超过 5 公顷的在外地主的土地没收（土地所有者将得到补偿金），得到土地的农民每年的纯收入不少于 13,500 第纳尔（相当于社会主义农场的最高薪水）。[①]通过这两个阶段，国家保证收到土地的无地或少地的农民每年的净收入不少于 3750 第纳尔。这些接受土地的受益者必须每 10 到 25 人为单位组成生产合作社（不适宜成立合作社的地区除外），这些生产合作社可以更容易获得贷款以促进生产。对于那些并不是农业改革范畴以内的小土地所有者，他们可以在自愿的基础上决定是否组建生产合作社。国家保证合作社成员每年纯收入达到 3000 第纳尔，如果还有盈余，则在成员当中进行分配。如果合作社栽种新的农作物，导致无法立即有产出，国家会按照每天 15.15 第纳尔的最低工资标准支付薪酬，直到新的作物能够产生产品。同一市镇的生产合作社组成商业和服务合作社（commercialization and service cooperative），为生产合作社提供非营利性服务，并负责生产合作社农产品的收买和出售。在省和国家层面，也有类似的商业合作社，负责剩余农产品的采购和销售。第三阶段是将农业革命扩大到南方牧区。《宪章》规定，每户饲养的牲畜不能超过 220 头，超过部分必须在两年内处理掉。没有财产的牧民将会从政府得到 100 头羊，得到牲畜的牧民必须参加与前两个阶段相类似的生产合作社。[②]

农业革命的第一阶段是从 1972 年到 1973 年 6 月，共有 788,284 公顷国有土地被分配给 53,674 户农民，组建了 2921 个生产合作社；

① 参见 Nico Kielstra, "The Place of the Agrarian Revolution in the Algerian Approach to Socialism", *Social Scientist*, Vol. 7, No. 1/2, Aug.-Sep. 1978。

② 同上。

第二阶段开始于1973年至1975年6月，大约70万至80万公顷土地被征收，分到土地的农民大约6万至7万人；第三阶段是从1975年开始，通过这一阶段，过度放牧的现象没有继续增加，阿尔及利亚政府向牧主购买10万只羊和4000头牛分给牧民。[①]从1972年正式进行土地改革，阿尔及利亚共国有化土地207万公顷，其中可耕地111万公顷，向土地所有者赎买土地350万公顷。到1976年底，已分给无地、少地农民94.76万公顷土地，组成了4670个农业生产合作社。[②]截止到1980年，农业革命推行的改革措施共建立了5966个生产合作社、177个服务合作社。[③]与本·贝拉时代制度化的自管制度相比，合作社被认为是一种替代模式。阿尔及利亚信息文化部也称，与自管一样，合作社对农民来说也是一种民主合作和进步的形式。[④]阿尔及利亚生产合作社的最高权力机构属于全体社员大会，它有权决定生产计划和执行计划的各种步骤和措施。超过十人的生产合作社主要通过全体社员大会选出的管理理事会负责运营，管理理事会成员任期三年，每年改选其中的三分之一。它负责执行全体社员大会的决议，并以全体社员大会的名义进行管理。管理理事会设主席一人，负责合作社的经营管理，它同时是合作社对外的代表。生产合作社从农业部提供的名单中选举产生一名经理，依照管理理事会决议负责生产合作社的日常事务。除了这些，合作社还要从农业部和财政部提供的名单中选举审计员一人，它代表国家监督合作社的财务执行情况。

除了组建农业生产合作社以外，农业革命还提出了一个宏大的计划，那就是要建成1000座“社会主义村庄”（Socialist Villages），主要目的是重建阿尔及利亚的农村经济和社会，为农业生产提供技术基础，使社会主义村庄成为农村社会活动的中心。当

---

① 参见吴治清、沈立邦等：《亚非拉各种社会主义》，求实出版社1983年版，第262页。

② 同上。

③ 参见 John Ruedy, *Modern Algeria: the Origins and Development of a Nation*, p. 223。

④ 参见 Hans D. Seibel and Ukandi G. Damachi, *Slef-management in Yugoslavia and Developing World*, The MACMILLAN Press LTD, pp. 285—286。

然其短期目标是解决农业革命中所暴露出来的一些问题。一些在农业改革中接受土地的农民住房条件较差，另外就是有些分得的土地距离居住地较远，这些都给生产和生活带来极大的困难。像米提贾和安纳巴平原地区，并没有无地少地的农民，国家则从其他地区迁来一些无地农民，这也使得对住房的需求显得非常急迫。当然，对于阿尔及利亚政府来说，兴建社会主义村庄主要出于三方面考量：第一，农村地区人口增长导致住房短缺，建设社会主义村庄一方面可以缓解住房压力，另一方面还可以平衡沿海与内陆的人口数量。根据 1977 年统计的结果，农村共有 1,297,314 栋建筑，占全国住房总数的 58.7%，共容纳 1007 万人口，平均每栋住房的人口密度是 7.8 人。[①] 第二，阿尔及利亚政府希望将社会主义村庄建设成为农村现代化的标杆，村庄拥有现代化的基础设施，包括自来水、电、学校、清真寺和诊所等。根据 1977 年统计结果来看，只有 20.7% 的农村住房接通自来水，仅 13%—15% 的住房接有排污系统，25.1% 的住房能够通电。如果能够实现农村的现代化，对阿尔及利亚经济也能提供强大的刺激，农村能够为工业品的销售开辟市场。第三，通过改善农村住房和社会经济条件，使农民更乐于投入到与生产相关的公社集体活动之中，成为农村社会组织的新模式。

建设社会主义村庄是一个野心勃勃的计划，在落实该计划的最初阶段也遭受了一些质疑和批判。首先，社会主义村庄建设是政府主导的项目，中央做出的计划到地方层面往往都是例行公事般予以通过，结果导致村庄选址与农田相距甚远，给农民生活带来困难。村庄的规划受城市建筑格局影响很大，且建筑风格较为单一，并不符合农村日常生活和劳动的需求。其次，社会主义村庄建设进展缓慢。按照第二个四年计划，将完成 300 个村庄的建设任务，到 1976 年末，共计有 222 个村庄登记在建。但实际上到 11 月时，才完成了建设任务的 60%，这就使得建设速度远远滞后于政府规划的目标，

① 参见 Keith Sutton, "Algeria's Socialist Villages—A Reassessment", *The Journal of Modern African Studies*, Vol. 22, No. 2, Jun. 1984。

建筑材料和熟练建筑工人的缺乏使这一问题更加难以解决。最后，村庄建设的实际费用远远超出预算。最初的规划是预计每所房子的建造费用是2万第纳尔，后来增至5万第纳尔。房屋实际费用增加，一方面是由于建筑水平低下，导致垮塌等问题频发，增加了建筑成本；另一方面是，房屋规划不是因地制宜，而是采用统一模式，这就导致无法最大化利用本地资源，而且，每一地区的自然环境和气候特点不同，对房屋的要求也不一样，这种统一模式的房屋并不能满足村庄居民的需求。阿尔及利亚的第一座社会主义村庄从1972年4月破土动工，1977年底建成了68个，到1981年底总共建成171个，另有202个正在建设之中，还有57个已经注册，但没有开始动工。因此，与最初的1000座社会主义村庄的建设目标相比，实际建设的村庄总数才达到430座，远远低于预期。[①]但从总的发展趋势来看，社会主义村庄建设还是在不断取得进步的，通过村庄建设和住房建设，极大缓解了农村居民的住房问题。在农业相对比较发达的地区，如安纳巴和提济乌祖等地，社会主义村庄建设的完成情况也是最好的。虽然在部分地区，住宅的功能性与农村的生产生活不相适应，但很多人也感受到了这种变革带来的便利，君士坦丁地区的村民表示，绝不后悔与过去的生活方式作别。很多村民将分得的房屋按照自己的意愿进行改造，使之适应自己的生活。新建成的村庄对非农业产品的需求不断增加，也在一定程度上加速了农村社会经济生活的转变，从这个角度来看，社会主义村庄建设的首要目标，即改善农民生活水平，已经得到实现。

农业革命的影响

农业革命是阿尔及利亚政府在国民经济产业结构严重失衡，并影响到社会经济生活进一步发展的情况下所做出的反应，是政府主导的一场激进的农业改革。改革的目标是提高粮食产量，改善农民

① 参见 Keith Sutton, “Algeria’s Socialist Villages—A Reassessment”, *The Journal of Modern African Studies*, Vol. 22, No. 2, Jun. 1984。

生活水平，实现农村现代化。农业革命将社会各阶层的热情极大地调动了起来，从政府和党的官员和报纸，以及去农村从事志愿者工作的学生和深入到农村的工人，所有人都被“耕者有其田”的口号动员起来。农业革命取得了一定的成就，通过土地国有化和重新分配耕地，让一部分无地或少地的农民获得了生产和生活的基本来源，私有产权体系的引入也极大地刺激了农民生产经营的积极性；农业生产合作社作为一种新的农村民主管理的模式，能够让农民直接参与对集体事务的管理，改革虽然没有彻底解决农村失业问题，但却有利于将农业过剩人口转移到工业和服务业之中[①]；社会主义村庄建设是国家忠于农民而在世界树立起来的样板，意在为乡村农民带来城市风格的舒适生活。但是，农业革命并没有给阿尔及利亚带来彻底性变革，农业发展依然低迷，粮食进口的比例也没有降低。到了20世纪80年代，原油市场价格下降，石油美元不能再给经济发展提供动力的时候，农业发展滞后的深远影响才最终显现出来。总体来看，农业革命饱受质疑之处在于：第一，土地革命并不完全是推动农业现代化的运动。按照布迈丁的说法，土地革命的最高目标就是结束剥削[②]，换言之，所谓土地革命的使命就是在国家实现政治独立后，非殖民化在农业领域的继续。第二，农业革命进程中行政干预作用较大。农业革命并不像自管运动一样，是草根阶层发起的群众性运动，而是自上而下发起的改革，在改革的过程中通过行政手段进行干预是主要手段，所以导致农业改革的一些措施与农村实际情况并不相符。第三，各项改革措施推进非常缓慢，这尤其体现在土地的重新分配上。农业革命全面启动三年以后，可征收的土地据估计仅有90万公顷，而这90万公顷土地实际上也只有50万公顷被国有化并重新分配，得到土地的受益者最多不超过8.6万人，其中

---

① 参见 Karen Pfeifer, *Agrarian Reform Under State Capitalism in Algeria*, Westview Press, 1985, p. 210。

② 参见《在庆祝土地革命全国日群众大会上的讲话》，参见《布迈丁言论选编》，第213页。

5000多人是新成立的生产合作社的社员。[①]第四，1973年以后，国际原油价格高涨，阿尔及利亚可以通过油气资源获得巨额收入，政府有充足的资金开展工业化和进口粮食，农业发展在国民经济中的重要性再次降低。直到20世纪70年代末，粮食安全问题才再次成为国家政策的主要目标。[②]

四、文化革命

掌握宗教话语权

独立后的阿尔及利亚面临艰巨的政治和经济建设任务，在从殖民统治向民族国家转型过程中，社会各阶层在参与国家政治和经济建设活动中达成文化共识是必要的。统治者也意识到，提供一个清晰的文化价值轮廓，能够在已掌握的社会、经济和政治资源帮助下，完成必要的文化整合，从而防止社会因文化符号的碰撞而遭到撕裂。

文化上的多元性增加了阿尔及利亚社会文化转型的困难。在殖民统治时期，阿尔及利亚经过快速城市化，到独立初期，城市人口已超过总人口的四分之一。阿尔及尔、奥兰和君士坦丁等大城市人口急剧膨胀，中小城市迅速发展，农村人口大量向城市迁移。以阿尔及尔为例，1954年阿尔及尔人口不足50万，在欧洲人撤离阿尔及利亚后的1966年，阿尔及尔人口却增至100万。[③]快速城市化加深了原来就存在于城乡之间的文化裂痕。城市作为现代文明的核心区域，殖民文化和西方其他类型文化的影响更为直接，因此，在独立后的民族主义话语体系中，社会文化转型的首要含义便是从殖民

---

① 参见 Rabah Boudebaba, *Urban Growth and Housing Policy in Algeria: a Case Study of a Migrant Community in the City of Constantine*, Avebury, 1992, p. 88。

② 参见 John P. Entelis and Phillip C. Naylor, *State and Society in Algeria*, Westview Press, 1992, p. 127。

③ 参见 Harold D. Nelson, *Algeria: a Counry Study*, U. S. Government Printing Office, 1985, p. 114。

主义和外来文化中解放出来。然而，将近95%的政治领导人和科技带头人都曾接受法语教育，他们的成长受到欧洲价值观、思想体系和意识形态的影响非常深刻。[①]传统农村地区则受阿拉伯伊斯兰文化影响，对城市中的文化符号，诸如阶级斗争、保障妇女权益等较为排斥。为了塑造民族文化的新边界，就必须重新整合城市与乡村的文化资源，完成社会文化的转型。

独立后阿尔及利亚伊斯兰贤哲会的改革主义思潮仍具有影响力，本·贝拉也注意到改革主义宗教思想与国家层面的社会主义可能出现的冲突，因而在政治生活中有意识地增加伊斯兰辞藻和标志，特别是提出了“伊斯兰社会主义”的概念，试图调和伊斯兰教和社会主义。1963年1月，本·贝拉与宗教财产部长陶菲克·马达尼（Tewfik Madani）通过官方报纸宣称，伊斯兰教是社会主义的宗教，它是一个公正的宗教。[②]清真寺由国家负责兴建，伊玛目由国家培训、任命并付给工资，星期五的呼图白也由国家向伊玛目发布；国家的宗教事务部掌管宗教财产，提供宗教教育和培训并组织伊斯兰思想的研讨会。[③]但是这些措施并未收到预期效果，伊斯兰反对派从对政府政策的批评开始逐渐走向组织化。1964年1月，一个名为“价值”（Al Qiyam）的组织开始出现，并在阿尔及尔举行了第一次群众集会，抗议法国文化对独立后阿尔及利亚的影响，要求政府采取措施推广阿拉伯语，尊重伊斯兰价值。该组织主要通过群众集会和其创办的刊物《穆斯林人文主义》（*Humanisme Musulman*）对政府施加影响，其领导人哈希米·提贾尼（Hachemi Tijani）在接受采访时表示，他认同贾马尔·阿富汗尼和穆罕默德·阿卜杜等伊斯兰改革主义的主要观点。1965年8月，该组织宣称，任何不以伊斯兰教为基础的政党、政权和领袖都是非法且危险的。共产主义政党、世俗政党、马

① 参见 John Ruedy, *Modern Algeria: The Origins and Development of a Nation*, 1992, p. 224。

② 参见 Michael Willis, *The Islamist Challenge in Algeria: a Political History*, Ithaca Press, p.38。

③ 参见 Mary-Jane Deeb, “Islam and National Identity in Algeria”, *The Muslim World*, April 1997。

克思主义政党和民族主义政党不能存在于伊斯兰的土地上。布迈丁对伊斯兰教问题采取合作与镇压相结合的双重策略。所谓合作就是通过政府引导，将公共宗教生活纳入官方控制范围之内。1965年，布迈丁任命阿尔及利亚伊斯兰贤哲会创始人之一巴希尔·伊布拉希米（Bachir Ibrahimi）的孙子艾赫迈德·塔勒布（Ahmed Taleb）为教育部长，1970年秋又任命穆鲁德·卡西姆（Mouloud Kassim）为宗教事务部长，发起了为期三个月的反道德退化运动。在与伊斯兰反对派竞争宗教合法性的同时，1966年9月，政府又颁布法令，要求解散阿尔及尔地区的"价值"组织。三年半以后，该组织在全国范围内遭到禁止。对于民间的伊斯兰运动，政府也采取两手策略，1968年，阿尔及利亚东部的穆斯塔加奈姆发生由苏菲兄弟会领导的反政府活动，这给了政府打着伊斯兰教旗帜镇压宗教反对派的机会。政府以本·巴迪斯和伊斯兰贤哲会的继承者自居，使用伊斯兰改革主义者在19世纪初期反对神秘主义和蒙昧主义的辞令来攻击苏菲兄弟会。从建筑清真寺到培育宗教学者，政府投入了大量的资源。在布迈丁时期，政府对伊斯兰教的控制是非常成功的。

推行阿拉伯化

阿拉伯化是划定民族文化边界的另一重要内容，独立后的阿尔及利亚民族认同便是以肯定民族语言的方式开始的。阿拉伯化在阿尔及利亚的推行，大体经历两个阶段。第一阶段是1962年至1965年，国家尚未推出系统的阿拉伯化政策。独立之初，国家缺乏系统推行阿拉伯化的人力物力资源，但是政府仍将阿拉伯语放在课程体系之中。1962年，规定阿拉伯语课程每周应占七小时；1964年，将阿语课程的时间提高到每周十小时。在1964年民族解放阵线党第一次代表大会的经济和社会总决议中提出，成立一个全国委员会，负责提出加速实行阿拉伯化计划的措施。[①] 为了弥补师资不足，政府雇用

① 参见《经济和社会总决议》，《阿尔及利亚民族解放阵线党第一次代表大会文件集（1964年4月16日至21日）》，世界知识出版社1965年版，第133页。

了1000名埃及教师，这些人多是穆斯林兄弟会成员，在教授阿拉伯语的同时，也将伊斯兰原教旨主义传播到了阿尔及利亚。[①]第二阶段是1965年6月19日政变以后，阿拉伯化才正式提上日程。独立后阿尔及利亚人几乎都不会读写现代阿拉伯语，99%的阿尔及利亚人说的是本地的阿拉伯语方言，因此阿拉伯化的目标是将阿拉伯语变为阿尔及利亚的国语。阿拉伯化是通过政府的政策引导来不断推进的，特别是教育体系的阿拉伯化进程较快。布迈丁任命塔勒布为教育部长后，初等教育的阿拉伯化已近完成。在小学三、四年级中，阿拉伯语和法语作为语言工具平等使用。到了20世纪70年代，中学教育出现双轨制，也就是阿拉伯语教学与双语教学并行，在阿拉伯语授课的学校，法语仅作为外语课教授给学生；在双语教学的学校，科学课程使用法语，其他课程则使用阿拉伯语。高校课程也分为阿拉伯语和法语课程，以阿拉伯语为主要语言工具的大学生多来自农村或刚刚涌入城市的家庭，而选择双语制的学生则多来自中产阶级或卡比尔人家庭，这两类学生在毕业后的就业市场上拥有不同的境遇。因科学等课程使用法语授课，而工厂企业机器设备的使用说明多为法语，因此，双语制学生更容易得到就业机会，而学习阿拉伯语的学生则在就业时遭到冷遇。尽管政府大力推行阿拉伯化，并为之提供大量资源，在实际教学实践中，阿拉伯语教材质量和师资素质都与双语制无法相提并论，因此，选择主修数学和科学的阿语学生数量从1974年的42.5%下降到1977年的28.8%。[②]由于阿拉伯语与伊斯兰教之间的天然联系，马利克·本那比（Malek Bennabi）等伊斯兰学者的思想在大学校园中变得非常具有吸引力，再加上就业市场上不成功的经历，使阿语教育的学生与法语教育的学生之间的矛盾越来越尖锐化。

---

① 参见Mohamed Benrabah, “Language and Politics in Algeria”, *Nationalism and Ethnic Politics*, Aug. 10, 2010。

② 参见John Ruedy, *Modern Algeria: the Origins and Development of a Nation*, Indiana University Press, 1992, p. 228。

就社会层面的阿拉伯化而言，它也造成了很大的破坏作用。1968 年 4 月，国家下达通知，到 1971 年全国公职人员都要学习使用国语（阿拉伯语）办公，媒体和出版物的阿拉伯语也要遵循同样的时间表。为了加速推进系统的阿拉伯化，国家宣布 1971 年为阿拉伯化之年。国家还设立了推进语言计划的专门机构，1971 年设立了高等教育常设委员会，1973 年 1 月设立了民族解放阵线党主管的阿拉伯化国家委员会，1975 年 5 月召开了第一届阿拉伯化全国会议以加速阿拉伯化进程。1973 年 12 月 12 日至 20 日，阿尔及利亚还主办了第二届泛阿拉伯会议以推进阿拉伯化，会议决定为阿语国家创制标准化的科技术语。[①] 尽管国家大力推进阿拉伯化，使得阿拉伯语的使用成为民族主义话语下不可抗拒的力量，但精通法语能够生活得更好也是不争的事实，在中央管理机构或私营企业中，精通法语的群体往往能够获得更高的收入。

厉行教育改革

阿尔及利亚的现代教育起源于法国殖民体系，出于满足欧洲移民受教育的需要，法国殖民者开办了以欧洲文化模式为主要内容的学校。殖民当局在 1949 年才废除法国与阿尔及利亚儿童隔离办学模式，但是阿尔及利亚适龄儿童的入学比率很低，在中等和高等教育中，阿尔及利亚人所占比例也仅为 30% 和 10%。独立后，在塑造新的民族文化过程中，教育毫无疑问是最好的方式和途径。1962 学年至 1963 学年之初，教育体系仍是杂乱无章，各层次学校总入学人数不超过 85 万人。随后政府开始大力推进教育事业，致力于实现教育的阿尔及利亚化、普及化和民主化。为了应对教育资源短缺，阿尔及利亚匆忙进行本土的教师培训，并从国外招募教职员工，很多欧洲人遗弃的建筑被临时改造成教室。经过一番努力，该学年初等教

---

① 参见 Mohamed Benrabah，“The Language Planning Situation in Algeria”，*Current Issues in Language Planning*, Mar. 12, 2014。

育入学人数达到约77.9万人，中等学校入学人数为5.1万人。[①]

到20世纪70年代，政府对教育和工业化的投资给予优先权，教育投入占国家预算超过30%，占GDP的11%。从1967到1979年，国家在教育领域的支出总计为1710亿第纳尔。1973年至1980年间，阿尔及利亚从世界银行收获五笔教育贷款，总数达到2.76亿美元。[②]国家对教育的高投入收到了预期效果，其中小学教育发展最为突出，学龄儿童入学率从1954年的16%迅速增加到1967年的50%[③]，到1977年至1978学年，这一数字增至71%（男孩为83.8%，女孩为58.3%）。公办学校发展迅速的同时，西方天主教会开办的私立学校逐渐萎靡，到1977年国家正式禁止各个层次的私立教育。初等教育和中等教育正式被纳入九年义务教育体系，学生在完成中等教育后大体有三种选择，分别是普通教育、技术教育和职业教育，然后通过相应的文凭考试，可以获得大学、技术学院和职业培训中心颁发的学历。随着阿尔及利亚从文化独立到实现国家现代化发展战略的转变，阿尔及利亚高等教育的发展速度增幅较大。在此期间，初等教育入学人数增长了3倍，而高等教育入学人数则增长了15倍。

从教育的本土化角度来看，到1978年，阿尔及利亚初等教育层面师资队伍的本土化建设彻底完成。在高等教育层面的本土化进程相对缓慢，到1978年，大学校园中阿尔及利亚人教师的比例是60%。然而，在大学高级职称中，外国人的数量仍然是超过阿尔及利亚人的。与教师的本土化相比，课程的本土化任务更为艰巨，这涉及大量概念的标准化和教材及教学设施的阿尔及利亚化。此外，阿尔及利亚的教育体系也是以法国教育体系为蓝本进行修补，因地制宜地发展本土化的教育仍是教育改革的重要内容。

---

① 参见 John Ruedy, *Modern Algeria: the Origins and Development of a Nation*, p. 227。

② 参见 Harold D. Nelson, *Algeria: a Counry Study*, p. 156。

③ 参见赵慧杰编著：《阿尔及利亚》，社会科学文献出版社2006年版，第304页。

五、布迈丁时期的民族主义外交

布迈丁民族主义外交的内涵

阿尔及利亚的外交政策起源于其漫长而艰苦的民族独立斗争，武力、政治和外交是阿尔及利亚获得独立的三个重要推动因素。汉斯·摩根索认为：正如海浪高潮的同时是它向前推进的结束和它退却的开始一样，殖民扩张的完成意味着殖民主义本身的结束。[①] 20世纪50年代，在世界政治的边缘掀起了反抗殖民统治的民族解放运动的高潮，第三世界成为一支重要的力量对原有的国际秩序提出了挑战。阿尔及利亚的外交政策正是在这种国际范围内政治、经济和社会发生转型的时期，殖民主义与非殖民化对抗的结果。这种外交政策从内容来看，大体可以分为如下几个维度：第一，反对殖民主义，支持第三世界的民族解放运动；第二，反对帝国主义，努力构建国际经济新秩序；第三，反对犹太复国主义，争取阿拉伯民族统一。通过阿尔及利亚的外交实践，我们可以观察到其外交政策的鲜明特点：首先，阿尔及利亚外交政策不具有强烈的意识形态导向，它虽然自称是社会主义国家，但从未一边倒地站在社会主义阵营组成的东方集团之中；其次，阿尔及利亚外交政策提倡不干涉内政原则，它将政权划分为“革命的”和“反动的”两种类型，以此为依据，它将一个国家内部的政治运动也划分为“民族解放运动”和“分离运动”，阿尔及利亚坚定支持民族解放运动，而将民族分离运动视为主权国家的内政而不加干涉；再次，阿尔及利亚外交政策带有实用主义色彩，在冷战的时代背景下，它在国家利益与国际责任之间认真权衡，在那个渲染过浓重意识形态色彩的时代，阿尔及利亚的外交政策既维

① 参见〔美〕汉斯·摩根索：《国家间的政治——权力斗争与和平》，徐昕、郝望、李保平译，北京大学出版社2006年版，第383页。

护了国家的独立自主，又赢得过国际声誉；最后，阿尔及利亚外交政策的精神内核是民族主义，其外交政策的目标是为了维护国家独立和推动其他第三世界国家的民族解放运动。

与阿拉伯国家的关系

第一，边界领土争端问题。阿尔及利亚与邻国领土争端的根源是法国殖民统治遗留的问题。法国在西北非洲一百多年的军事扩张，使其经营的阿尔及利亚领土不断扩大，因此，独立后如何解决殖民统治时代的边界划分，成为外交关系中的首要问题。阿尔及利亚率先与毛里塔尼亚、马里和尼日尔就边界划分达成协议，随后在与突尼斯、利比亚和摩洛哥的领土谈判多次陷入紧张。其中，与摩洛哥的边界争端最为复杂。阿尔及利亚与摩洛哥有 972 公里国境线，得到明确界定的只有从南地中海到特尼埃萨西之间165公里长的边界。阿尔及利亚独立前夕，摩洛哥与阿尔及利亚临时政府就边界划分交换了意见，边界领土争端将通过谈判协商的方式解决。1962 年阿尔及利亚独立后，摩洛哥迅速占领贝沙尔地区，除了贝沙尔以外，摩洛哥还主张对图瓦特和铁矿储量丰富的廷杜夫及其周边地区拥有领土诉求。1963 年 10 月 1 日，摩洛哥军队占领廷杜夫，两国战争爆发。阿尔及利亚在国内权力斗争激烈的情况下，10 月 15 日，本・贝拉在政府大厦广场进行了战争动员，要求国家人民军和志愿军拿起武器奔赴战场，打垮国内外的暴政。双方在战场上的激烈冲突给地区安全增添了不稳定因素，阿拉伯国家联盟、部分非洲国家元首以及非洲统一组织分别对双方的冲突进行了调解。1967 年 1 月 11 至 15 日，布迈丁与哈桑二世在拉巴特举行多次会谈，最后双方在伊夫拉恩签署了《伊夫拉恩条约》。条约第六条规定，为了加强两国间睦邻互信的友好兄弟关系，双方决定将它们之间一切悬而未决的问题提交双方代表人数相等的联合委员会，由委员会负责在两国关系范围内找出适当的解决办法。《伊夫拉恩条约》的签订为摩洛哥与阿尔及利亚两国边界争端的解决铺平了道路，揭开了双方“关系史上新的一页”。[1] 1969 年 1 月，布迈丁对摩洛哥进行了首次国事访问。1970 年 5 月 27 日，布迈丁和哈桑二世签署了一项协议，摩洛哥放弃对争议地区的领土要求，同意成立一个对等委员会，负责划定从菲吉格到廷杜夫有争议地区的边界线。边界线全部按照法国殖民当局旧的边界线，科隆布—贝沙尔地区、廷杜夫地区及其东南方向 120 公里的卡拉杰比莱，属于阿尔及利亚。至此，阿尔及利亚和摩洛哥边界冲突基本得到解决。

然而好景不长，刚刚缓和的阿尔及利亚与摩洛哥因西撒哈拉问题再次剑拔弩张。西撒哈拉问题是西方国家特别是西班牙和法国，凭借强大武力进行殖民领土分赃的结果。1956 年法国承认摩洛哥独立后，西班牙也签署协议，将西班牙保护区与摩洛哥其他地区统一起来。因西撒哈拉地区蕴藏丰富的磷酸盐，西班牙不愿放弃在该地区的经济利益，并多次拒绝摩洛哥的要求。与此同时，联合国大会从 1966 年到 1973 年多次通过决议，请管理国依照西属撒哈拉土著人民之愿望，并谘商摩洛哥与毛里塔尼亚两国政府及其他任何有关方面，尽可能早日订定在联合国主持下举行复决之程序，使该领土土著人民能自由行使其自决之权利。[2]1973 年 5 月，撒哈拉地区的民族主义者创立波利萨里奥阵线，对西班牙驻军进行游击战。在国际社会不断施压，以及波利萨里奥阵线的武装攻击下，西班牙同意在 1975 年年初举行由联合国主持的全民公决。1975 年 10 月，海牙国际法院发表咨询意见指出，撒哈拉并非像西班牙所说的那样是无主的土地，撒哈拉居民中的一部分部落（萨基亚哈姆腊）同摩洛哥有宗教、法律联系，另一些部落（瓦迪扎哈布）与毛里塔尼亚有联系。[3] 随后，西撒哈拉被摩洛哥和毛里塔尼亚军队分别占领，这不仅

① 关培凤：《摩洛哥与阿尔及利亚领土争端及其解决探析》，《西亚非洲》2011 年第 2 期。

② 参见 NR023575，联合国 2354 号决议，《伊夫尼及西属撒哈拉问题》，见联合国网站：http://www.un.org/zh/documents/view_doc.asp?symbol=A/RES/2354(XXII)。

③ 参见凯德里・盖勒阿吉：《西撒哈拉问题的历史由来》，李成仁摘译，《西亚非洲》1980 年第 1 期。

加剧了地区紧张局势，而且使问题的和平解决困难重重。1975 年年末，摩洛哥占领西撒哈拉北部地区和毛里塔尼亚南部地区，波利萨里奥被迫转移至阿尔及利亚的廷杜夫。1976 年 2 月 26 日，西班牙正式退出西撒哈拉，波利萨里奥阵线当天便宣布建立撒哈拉阿拉伯民主共和国。阿尔及利亚在 3 月承认了这个新建立的国家，这也导致摩洛哥中断了与阿尔及利亚的外交关系。[①]此后，两国之间关闭边境，卷入了长达十年之久代价高昂的代理人战争。

第二，阿以问题。在本·贝拉时期，阿尔及利亚外交政策的重心在于推动殖民地国家的民族解放运动，特别是积极参与非洲的联合和统一运动。本·贝拉说："我们选择非洲统一，是一种根本性的选择。因为我们相信，我们的独立与发展是同整个非洲大陆的独立和发展密切相联的。"[②]对于阿以问题，阿尔及利亚所持立场非常鲜明，它明确支持巴勒斯坦解放组织的斗争。对本·贝拉来说，反对以色列的斗争不是一场种族主义的斗争。阿尔及利亚政府在独立初期明确表示，授予犹太人以平等的公民权，且本·贝拉也在公开场合发表声明，他反对的是犹太复国主义，而非犹太人。阿尔及利亚支持巴勒斯坦解放组织的最主要原因是，它认为巴勒斯坦人民反对犹太复国主义的斗争是将帝国主义的代理人——以色列赶出家园的合法斗争。在 1965 年 3 月 20 日的演讲中，本·贝拉表示，无论以色列从帝国主义那里得到多少军事援助，阿拉伯人永远不会接受以色列成为既定事实。[③]虽然在 1962 年阿尔及利亚就加入了阿拉伯国家联盟（League of Arab States），但是其对阿拉伯事务的参与程度有限，特别是对巴勒斯坦的支持还只停留在道义层面，缺乏实质性内容。布迈丁时期，随着巴以问题的加剧以及阿拉伯石油输出国

① 参见 Yahia H. Zoubir, "The Western Sahara Conflict: Regional and International Dimensions", *The Journal of Modern African Studies*, Vol. 28, No. 2, Jun. 1990。

② 《阿尔及利亚民族解放阵线党第一次代表大会文件集》，世界知识出版社 1965 年版，第 195 页。

③ 参见 Jacob Abadi, "Algeria's Policy toward Israel: Pragmatism and Rhetoric", *Middle East Journal*, Vol. 56, No. 4, Autumn 2002。

组织重要性的提升，阿尔及利亚更多地参与阿以问题，将巴勒斯坦问题视为阿拉伯人的共同事业，将反抗以色列的斗争判断为巴勒斯坦阿拉伯人正在进行的、与帝国主义阵营斗争的“阿尔及利亚革命”。阿尔及利亚在人力、物力上为反对犹太复国主义，推动阿拉伯统一做出了巨大的贡献。它是阿拉伯世界反以态度最为坚决的国家。在中东地区其他冲突中，阿尔及利亚尽量保持中立，甚至充当争端调停者的角色。

第三，阿拉伯统一问题。到布迈丁时期，阿尔及利亚将政策的重点从支持亚非拉民族解放运动转向国内经济和社会发展，外交政策的重心也从非洲转向阿拉伯统一事业。在推翻本·贝拉政权后，布迈丁宣布：阿尔及利亚是阿拉伯的阿尔及利亚，因为不论从现实、历史、人民的旨意和民族的文化、命运以及共同的利益来看，都是如此。[①]布迈丁将阿尔及利亚的民族解放运动看作是阿拉伯民族衰落时期的一场胜利，通过民族主义语境对阿拉伯东方在1967年战争中的失败做出新的解读。这场战争是阿尔及利亚外交政策的一个重要转折点，布迈丁意识到，阿拉伯民族实现统一存在诸多的障碍，统一的前提是实现阿拉伯领土的解放，统一的道路是通过共同斗争。阿拉伯统一大体分为两个阶段：马格里布统一阶段和阿拉伯统一阶段。对布迈丁而言，泛马格里布主义（Pan-Maghribism）与阿拉伯统一是内在一致的概念，这种统一体现为共有的历史和认同感。[②]实现马格里布统一可以为阿拉伯统一奠定基础，同时，阿尔及利亚可以竞争统一运动的领导权。阿拉伯统一，或者称泛阿拉伯主义（Pan-Arabism）是阿尔及利亚更加宏观和长远的目标，在此过程中要重塑民族主义意识形态，重新肯定阿拉伯—伊斯兰价值。为此，阿尔及利亚提出马格里布地区要加强经济、贸易和文化联系，在互利和尊重各国特殊性基础上发展合作，在现阶段可以成为建设阿拉

① 参见《布迈丁言论选编》，第17页。

② 参见 Radia Kesseiri, *The Revolution of Algerian Political Thought: Origins, Colonial Rule and Post Independence*, LAP LAMBERT Academic Publishing, 2013, p. 143。

伯马格里布的一种途径。[①]为了促进阿拉伯国家的团结，就要发挥阿拉伯国家联盟的作用，扩大成员国的共同利益范围。

与发展中国家的关系

阿尔及利亚的外交政策是其民族主义政治在外交领域的继续和延伸，在其独立后的外交实践中，它没有在东西方两大对抗的阵营之中进行选择，而是坚定地选择支持亚非拉第三世界国家的民族解放和独立自主的运动。当第一批革命者在奥雷斯山区点燃革命之火的时候，阿尔及利亚的民族主义者就已经形成了明确的对外目标，那就是将阿尔及利亚问题转变成一个国际性民族解放的问题，并通过外交途径争取“天然同盟者”。到了1956年苏马姆会议期间，民族主义者的对外目标转向寻求亚非拉各国的支持，并开始关注其他法属殖民地的革命斗争。战争这种极端暴力的交往形式催生出激进的民族主义，这种激进的民族主义体现在外交层面便是追求一种国际主义的外交政策，它既不追随革命的社会主义，也不排拒西方的资本主义，按照山姆·扬格的观点，阿尔及利亚外交政策的首要之选不是向外输出革命，而是支持和推动世界其他地区的民族独立。[②]

第一，支持民族解放运动。阿尔及利亚独立之初，将其外交政策的目标确定为巩固国家独立和建设国民经济。根据对当时国际形势的判断，民族解放阵线认为，帝国主义体系正在分崩离析，独立的阿尔及利亚对外政策应该坚决地反对殖民主义和帝国主义，支持马格里布、阿拉伯世界和非洲争取统一的运动，支持解放运动和争取和平的坚持不懈斗争的原则为指导。[③]阿尔及利亚认为自身肩负着援助第三世界获得民族解放和反抗殖民主义的道义信念，特别是将援助非洲和亚洲的反殖运动视为自己应尽的义务。阿尔及利亚是在

---

① 参见《阿尔及利亚国民宪章》，中共中央对外联络部三局译，内部资料，第119页。

② 参见 Sam Younger, “Ideology and Pragmatism in Algerian Foreign Policy”, *The World Today*, Vol. 34, No. 3, Mar. 1978。

③ 参见《阿尔及利亚民族解放阵线党第一次代表大会文件集》，第223页。

西方国家的敌视或冷眼旁观中实现的民族独立，这一特殊的经历让阿尔及利亚的政治精英们意识到，现存的国际体系不过是世界列强的竞技场，不冲破殖民体系和帝国主义的控制，阿尔及利亚就难以获得真正的独立。因此，本·贝拉时期明确的反帝反殖民立场，使阿尔及利亚与西方关系恶化。阿尔及利亚反对西方并非因其与共产主义阵营联合在一起，而是因为它将自己视为发展中国家的一部分，应该承担起打破旧的国际体系的责任。作为“革命者心中的麦加”，阿尔及尔是20世纪六七十年代反殖民主义政治最引人瞩目的中心，它对反抗殖民统治的非洲民族解放运动给予外交、财政和后勤方面坚实的援助。[①]本·贝拉在1962年10月联合国大会上发表演说：消灭老牌的殖民主义和隐蔽形式的殖民主义将是其政治、外交事务的准则。无论是安哥拉、罗德西亚、南非或者西南非，阿尔及利亚都将给予他们无条件的援助。[②]令人惊讶的是，本·贝拉在结束了纽约之行并会晤美国总统肯尼迪之后，竟开始了访问古巴之旅。菲德尔·卡斯特罗认为：“在强大而富裕的美帝国对我国加倍敌视和憎恨，并企图使用威胁、勒索和贿赂等方式对我国进行罪恶的经济和商业封锁，通过饥饿来扼杀革命的时刻；在美帝国主义随时对我国发动袭击并把人民的创造性工作湮没在血泊中的时刻，总理先生访问古巴是多么勇敢而坚定的行为啊，它是我们之间永挚难忘友谊的象征，它也是阿尔及利亚民族展现给世人的高尚行为。”[③]到了布迈丁时期，外交政策中激进的政治话语开始减少，虽然仍坚持反殖民主义的立场，但阿尔及利亚的外交重心开始转向对世界经济秩序的挑战和阿拉伯世界的统一。

第二，奉行不结盟政策。不结盟运动是指在两极对立的冷战背

---

① 参见 John P. Entelis, *Algeria: The Revolution Institutionalized*, Westview Press, 1986, p. 189。

② 参见《本·贝拉在联合国大会上的演说（1962年10月9日）》，参见《本·贝拉言论集（1962年9月—1965年2月）》，第15页。

③ Piero Gleijeses, “Cuba's First Venture in Africa: Algeria, 1961—1965”, *Journal of Latin American Studies*, Vol. 28, No. 1, Feb. 1996.

景下，获得独立的第三世界国家要求反对霸权主义、外来干涉和任何形式的军事集团，奉行独立、平等、和平与安全的不结盟政策。1968 年 2 月，时任外交部长的布特弗利卡对阿尔及利亚的外交思想曾进行过解释：“我们的政策是民族独立，不干涉他国内政，在互相尊重与共同利益基础上进行友好合作，并致力于援助反帝斗争。”[①] 不结盟政策是阿尔及利亚从其艰苦的斗争经历和对独立后国际形势的判断中总结出来的经验，它是阿尔及利亚一以贯之的政治路线在外交领域的反映。不结盟政策的政治内容就是奥塔维所说的，对一切外国大国保持完全独立的意志，依据国家利益和国际行动的崇高理想来指导外交实践。因此，独立后的阿尔及利亚与世界各大国的外交都遵循这一原则，它没有与政治和军事关系紧密的苏联结盟，也没有与经济联系密切的法国结盟，而是在独立自主的原则下坚定地追求自己的外交目标。阿尔及利亚虽然接受其他国家的专家和顾问在其国内工作，但从未允许任何类型的外国基地在它的领土上重新出现，它小心翼翼地捍卫着其在军事和工业领域的独立。[②] 从经济上看，不结盟政策体现了阿尔及利亚对国际经济秩序的认知。它认为，如果发展中国家以某种方式依赖于发达国家，它就永远不可能获得真正的经济独立。这尤其体现在与美国和苏联的关系上，阿尔及利亚试图摆脱对任何一方的依赖，在东西方阵营之间实现某种平衡。独立之初的 20 年，阿尔及利亚与美国之间的关系几乎没有取得进展，因为二者对国际事务的态度往往是对立的。但政治上的对立并没有成为双方经济交往的障碍，到 20 世纪 70 年代以后，美国反而成了阿尔及利亚第一大贸易伙伴。与之相对应的，阿尔及利亚学习和引进苏联的工业技术和军事装备，但在政治上坚决反对苏联的中东政策。此外，从国际合作来看，阿尔及利亚奉行不结盟政策成为“冷战”背景下第三世界团结协作的重要平台。阿尔及利亚认为只要不

---

① Peter St. John, “Independent Algeria from Ben Bella to Boumedienne Ⅱ: Foreign Policy”, *The World Today*, Vol. 24, No. 8, Aug. 1968.

② 参见 John Ruedy, *Modern Algeria: the Origins and Development of a Nation*, p. 212。

是完全依附于某个超级大国，特别是其领土上没有超级大国的军事基地，且未加入“北约”或“华约”这样的军事组织的国家都可以加入不结盟运动。1973 年 9 月，阿尔及利亚政府主办了第四次不结盟运动首脑会议。布迈丁在开幕式上说，不结盟不仅是一个会晤地点，更重要的是，它被证明是吸引整个第三世界和其他努力维护独立和稳定以谋求进步的国家的中心。在支配着世界的各种相互影响的力量当中，不结盟的贡献肯定是导致国际关系积极演变的一个重要因素。[①]不结盟政策的实施，使阿尔及利亚能够同时与东西方保持友好的关系，还能扩大与第三世界国家的合作，在当时具有重要的意义。

第三，构建国际经济新秩序。独立初期，阿尔及利亚对外政策仍以巩固政治独立为目标，努力使阿尔及利亚革命在马格里布、阿拉伯世界和非洲成为革命光芒四射的一个中心。[②]到布迈丁时期，外交政策的重心逐渐从政治转向经济，并提出了变革国际经济体系、建立世界经济新秩序的主张，这与民族主义外交和不结盟政策有着紧密的联系。经过本·贝拉政权的过渡期，阿尔及利亚巩固了政治独立，民众自发创造的自管制度也使国民经济开始恢复。因此，到布迈丁时期，建立了精英与技术官僚组成的稳定的政权，国家的建设重心也从政治过渡到经济建设。布迈丁为了改变阿尔及利亚在世界经济体系中的依附状态，在国内发起了大规模的工业化运动，通过产业化工业，构建国家主导的现代化蓝图。对外政策则是要为阿尔及利亚经济的独立自主创造发展空间，改变不合理的国际分工，创建有利于第三世界的国际经济新秩序。

在布迈丁执政时期，非洲和中东民族国家体系逐渐形成，在政治上摆脱殖民统治的任务基本完成，开始独立探索生存和发展道路的阶段。布迈丁认为，这个时代的主要冲突是第三世界与世界殖民主义这两者之间的冲突……弱国的人民的土地充满着财富，但这些财富却流到工业化国家银行的保险柜里去了，工业化国家使用各种

① 参见《布迈丁言论选编》，第 227 页。

② 参见《阿尔及利亚民族解放阵线党第一次代表大会文件集》，第 130 页。

各样的阴谋诡计来反对这些弱国。弱国人民只有团结起来，禁止掠夺他们的财富，反对出卖他们的前途，这样才能摆脱上述的那种处境。[①] 随着“产业化工业”战略的实施，从 1967 年开始，阿尔及利亚政府有计划地推行国有化，这导致与法国关系骤然紧张。同样，作为新的国际经济秩序的推动者，布迈丁对第三世界在世界经济体系中的地位做了系统的表达。1974 年 4 月，在布迈丁的倡议下，联合国召开了石油、原料和发展特别会议。在这次会议上，阿尔及利亚提出了实现国际经济新秩序的具体战略。这份提交给联合国大会特别会议的备忘录分为两部分。其一，第三世界国家应当通过国有化和建立定价机制对其资源进行控制；其二，对最贫困国家应当进行国际援助。[②] 备忘录提出，第三世界落后的根源在于帝国主义和超级大国的控制和掠夺，只有第三世界的团结才能确保胜利。这不是在贫穷和剥削当中的团结，而是在反对贫困、反对剥削的共同斗争中形成的团结。[③]

与西方国家的关系

第一，与法国的关系。《埃维昂协议》签订以后，按照协议规定，阿尔及利亚与法国在经济和文化等领域将进行合作。法国向阿尔及利亚提供为期三年的经济援助，同时，法国获得一系列经济特权。在阿尔及利亚民族主义者眼中，国家独立和领土主权是通过经济和文化上的从属地位换来的，因此，他们认为，《埃维昂协议》是法国准备用来建立和安排它在新形势下统治阿尔及利亚的新殖民主义的纲领。在独立初期，阿尔及利亚经济和社会发展严重依赖于法国的资金和援助，由于这种不平等的经济合作关系，法国很少成为阿尔及利亚抨击的对象。甚至有人评论道：法国的阿尔及利亚已经死去，

---

① 参见《布迈丁言论选编》，第 79—82 页。

② 参见 Sam Younger, “Ideology and Pragmatism in Algerian Foreign Policy”, *The World Today*, Vol. 34, No. 3, Mar. 1978.

③ 参见《石油、原料和发展——阿尔及利亚提交联合国大会特别会议的备忘录》，生活·读书·新知三联书店 1975 年版，第 276 页。

但阿尔及利亚的法国却还活着。由此可见，依附于前宗主国仍然是阿尔及利亚面临的重要难题。因此，本·贝拉在接受芬兰记者采访时表示，如果没有相对的经济独立，就没有政治独立。但这一时期本·贝拉所说的经济独立还没有超出主权国家的视野，他把获得独立的途径指向了工业化。在具体实践中，阿尔及利亚早期的工业化方案与法国殖民统治末期推出的《君士坦丁计划》几乎完全一样。不同的是，它将法国主导的殖民地工业化转变为由阿尔及利亚政府主导的工业化。布迈丁执政后，阿尔及利亚与法国的关系逐渐恶化，这主要是有三方面原因：政治上，阿尔及利亚的首都是来自世界各地的“自由战士”的汇集之所，它是法国在非洲的公开对抗力量，布迈丁的目标是要把法国踢出非洲；[①] 经济上，1967 年以后，布迈丁政权推行大规模国有化，法国经济利益受损；军事上，阿尔及利亚逐步关闭了法国在阿的军事基地，其中最知名的是位于撒哈拉的核试验设施和米尔斯·凯比尔海军基地。1974 年，法国总统吉斯卡尔·德斯坦访问阿尔及利亚，但两国关系并未出现根本性改变。

第二，与美国的关系。阿尔及利亚独立初期外交政策的制定受两方面因素的影响，其一是平衡法国在阿尔及利亚和地区的影响力，其二是为经济发展创造条件，减少对外国的依赖。[②] 美国的技术和资本优势为实现该战略提供一种可能的选择。1962 年 9 月，阿尔及利亚与美国正式建交，这对刚获得民族独立的阿尔及利亚具有重要意义。1963 年 2 月，美国负责非洲事务的助理国务卿威廉斯访问阿尔及利亚，两国发表了联合公报，为阿美关系的发展奠定了基础。[③] 1965 年，“六五战争”爆发，阿尔及利亚为抗议美国对以色列的支持，宣布与美国断交。直到 1974 年，阿尔及利亚与美国才恢复外交关系。在此期间，双方的经贸关系却未因政治关系而中断。1971 年 12 月，

---

① 参见朱州：《法国与阿尔及利亚》，《世界知识》1982 年第 4 期。

② 参见 Yahia Zoubir, “The United States and Algeria: The Cautious Road to Partnership?”, *Journal of Middle Eastern and Islamic Studies (in Asia)*, Vol. 5, No. 4, 2011。

③ 参见赵慧杰：《阿尔及利亚与美国关系的发展变化》，《西亚非洲》2003 年第 4 期。

阿尔及利亚与美国联邦石油公司签订重要的运输合同。1972 年 1 月，又与艾克森石油公司签订了类似的合同。1974 年，阿尔及利亚超过十分之一的石油产品运往美国，其粮食进口的 60% 来自于美国。随着阿尔及利亚工业化的推进，美国在阿尔及利亚外交关系中的地位越来越重要。

第八章　沙德利时期的政治和经济改革

1970 年代末以来，阿尔及利亚国家发展战略遭遇各种挫折和困难，人民生活未能得到根本改善，伊斯兰复兴势力乘势而起，引发社会的强烈震荡。这促使阿尔及利亚政府进行全面反思。沙德利执政后，开始调整布迈丁时代的阿尔及利亚发展模式。在经济上，试图改变不平衡发展的经济结构；在政治上，着力推进民主化改革。但沙德利政府对发展战略的一系列调整多属短期应急行为，无法消除阿尔及利亚经济和社会问题产生的根源。因此，沙德利政府执行的两个五年计划未能达到预期成效。经济衰退迫使政府实行紧缩性财政政策，进一步激化了社会普遍的愤懑情绪。在政府的合法性遭受质疑和民族解放阵线声誉日下的背景下，沙德利政府不得不借助深化政治改革来迎合社会呼声，阿尔及利亚举行独立后的第一次多党制选举，伊斯兰拯救阵线对阿尔及利亚政治造成巨大冲击。

一、后布迈丁时期的政治与文化

继承人危机

1978 年，布迈丁便很少出现在公众的视线中，但重新评估发展战略的工作已经准备就绪，布迈丁希望通过召开党的会议来客观认识社会经济发展中的成败得失，为政治生活注入新的活力。民族解放阵线的下属群众组织，包括青年联盟、工会、老战士组织和妇女联盟，围绕这些议题进行了长达几个月的讨论。12 月 27 日，布迈丁因患名为华氏巨球蛋白血症的罕见血液疾病而突然逝世。1979 年 1 月，民族解放阵线召开党的代表大会，提名布迈丁的继承人、填补阿尔及利亚的权力真空状态成为会议的当务之急。在这个问题上代表们的意见出现了分歧。总统职务的主要候选人有两位：穆罕默德·萨拉赫·叶海亚维（Mohamed Salah Yahiaoui）和阿卜杜拉齐兹·布特弗利卡。叶海亚维是民族解放阵线党的左派，布迈丁思想和路线的坚定支持者，他表示将继续推进布迈丁未完成的事业，特别是阿拉伯化政策和维护贫苦阶层利益的主张使其拥有相对广泛的群众基础，在党内也得到了工会、青年联盟左翼和部分军方的支持。布特弗利卡则是民族解放阵线党的右派，在布迈丁执政时代担任外交部长，与布迈丁过从甚密，被认为是其总统职位的自然继承者。布特弗利卡与叶海亚维不同的是，他主张限制民族解放阵线的影响，通过经济自由化改革取代社会主义经济[①]，这使他在官僚阶层、技术精英阶层和私营经济部门得到较多的支持。这两大不同的政治阵营各自标榜权力继承的合法性，并很快陷入僵局。这种继承人竞争给政治带来了诸多不确定性，引起了军方的警觉，对他们而言，这一僵局严重威胁到了国家的凝聚力和军队的团结，并有将国家引向分裂的危险。军方认为，要消除可能出现的政治风险，就要消除产生风险的根源。在两大阵营僵持不下的时候，军方认为寻找一个能够得到各方认可的第三候选人就可以成功化解危机，而奥兰军区司令沙德利·本·杰迪德（Chadli Bendjedid）成为这个过渡时期最终的获胜者。

沙德利 1929 年 4 月 14 日出生于阿尔及利亚东北部的一个农民家庭，在安纳巴接受了早期教育，后曾参加法军并在印度支那服役。

① 参见 J. N. C. Hill, *Identity in Algerian Politics: the Legacy of Colonial Rule*, Lynne Rienner Publisher, 2009, p. 98。

民族解放战争爆发后，沙德利加入民族解放阵线，并于1955年加入民族解放军。1961年加入民族解放军总参谋部任职，成为布迈丁的得力助手。1962年被任命为第五军区司令，1964年至1979年改任第二军区（奥兰军区）司令。在1965年的政变中坚定支持布迈丁，并成为革命委员会成员。1969年晋升为上校。1978年布迈丁逝世后，沙德利因在军中资历最久，军阶最高，除担任军区司令外，还负责协调军队工作。在1979年1月27日至31日召开阿尔及利亚民族解放阵线第四次代表大会上，沙德利向与会代表讲话，保证“沿着布迈丁总统开创的道路”前进，维护阿尔及利亚的“社会主义革命”。[①] 会上沙德利当选为民族解放阵线党总书记，并被指定为总统竞选唯一候选人。2月7日，阿尔及利亚举行总统选举，共约780万人登记参与选举投票，沙德利以94.23%的支持率当选为总统，并于2月9日在人民宫宣誓就职。

沙德利的政治新变化

沙德利成为军方的选择，除了其在军队中享有的声誉外，还因其既不激进，也不保守的立场，更不会危及军方的特权和利益，甚至从沙德利公开表达的政治态度来看，他也可能会延续布迈丁时代的治理体系，不会做出激进性的整体变革。沙德利成为阿尔及利亚独立后的第三位总统，虽然得到军方的幕后支持，但他缺乏本·贝拉式的历史合法性，也不具备布迈丁式的领导能力，因此，执政初期，沙德利经历了一个巩固权力的过程，并以此为基础，构建新政府的统治框架。在第一个五年计划期间，沙德利政府的施政理念逐渐清晰，阿尔及利亚进入了一个调整和改革的历史阶段。

第一，建立新的权力结构。沙德利执政初期的主要任务是确立新的权力核心，并搭建新的权力结构。在阿尔及利亚的政治生活中，政治权力主要涉及三个层面：政府、执政党和军队。在政府层面，

① 参见季国兴：《阿尔及利亚总统沙德利》，《阿拉伯世界》1985年第2期。

沙德利利用宪法赋予的职权进行新的权力安排。他在担任总统的同时，兼任国防部长，通过掌握指挥军队权力，赋予总统职位以真正实权；任命穆罕默德·本·艾哈迈德·阿卜杜勒加尼（Mohammed Ben Ahmed Abdelghani）为政府总理，这是阿尔及利亚独立后第一次实现总统和总理分权，此前，总理一职都是由总统兼任。1979年末，国民议会通过宪法修正案，将它写入宪法。过去布迈丁政府的28名成员仅有6人在新内阁中保留原职。[①]藉此，阿尔及利亚总统既掌控了核心权力，又实现了新的政治分权，使总统从政府日常事务中有步骤地脱身，并且通过此番权力调整，树立起了总统新的权威。在执政党层面，1980年6月召开了党的特别会议，会上除了制定新的五年计划外，还修改了党章，设立了民族解放阵线中央委员会秘书处，穆罕默德·谢里夫·迈萨迪亚（Mohammed Cherif Messaadia）为秘书处负责人。1981年7月，又对政治局进行了改组，将政治局人数从17人减少到10人，政治局人数的减少在某种程度上减少了执政党内的异见纷争，确保了政策决策的稳定性。在军队层面，1980年至1981年间，沙德利通过对军队关键位置人员的任免，完成对军队的结构重组，加强了总统对军队的控制。[②]通过对政府、执政党和军队的控制，沙德利迅速巩固了自己的地位。

第二，展示新的执政理念。随着权力调整的完成，沙德利开始展示其与布迈丁截然不同的治理方略，具体表现为：其一，反思布迈丁时期的统治模式，在施政中与布迈丁的政治经济政策保持距离。沙德利允许媒体和党的地方代表大会对1976年宪章和阿尔及利亚整体政治生活进行公开辩论，首次允许公开批评官僚机构的低效和腐败。[③] 1976年的《阿尔及利亚国民宪章》是布迈丁为勾画阿尔及利亚未来之路，通过党的代表大会所确立的一些纲领和原则，尤其是

---

① 参见 John Ruedy, *Modern Algeria: the Origins and Development of a Nation*, Indiana University Press, 1992, p. 233。

② 参见 Martin Stone, *The Agony of Algeria*, Hurst & Company, 1997, p. 58。

③ 参见 Abder Rahmane Derradji, *A Concise History of Political Violence in Algeria, 1954—2000: Brothers in Faith, Enemies in Arms*, Book 1, The Edwin Mellen Press, 2002, p. 182。

经济发展规划被批评具有马克思的社会主义的特征，不符合阿尔及利亚经济发展的实际情况；其二，由于缺乏布迈丁的个人魅力和宽广视野，沙德利更多地体现出实用主义的特征。这主要表现为沙德利制定政策往往具有现实主义导向，以满足当前社会需求作为政策的基本出发点，缺乏长远的战略眼光。执政初期的经济政策以批判布迈丁产业化工业模式为主，以增进就业率作为主要目标，而这恰恰是阿尔及利亚后来经济不断走向低迷的原因之一。

第三，坚决打击贪污腐败。在布迈丁时期，部分官员利用手中特权，损公肥私，积累大量财富，这种现象招致民众对政府公职人员的不满。为了树立新的政府形象，净化党和政府内部存在的贪污腐败，沙德利对一些涉嫌贪腐的官员进行了严肃处理。1981 年，一些官员因腐败和挪用资产而被起诉，并于 1983 年被逮捕并判刑。1983 年 2 月 8 日，阿尔及尔电台将部分官员所谓“破坏行为”的详情公之于众,其中就包括布迈丁的助手、国有建材公司总经理梅兹·阿布杜卡德尔（Meiz Abdelkader）。5 月中旬，前外交部长阿卜杜拉齐兹·布特弗利卡被审计法院指控滥用国有资产，认为其在 1965 年至 1978 年这段时期共计挪用 600 万第纳尔。11 月 2 日，政府秘书长拉尔比也因涉嫌非法挪用公款而遭到逮捕。对贪污腐败进行严厉打击是树立政府良好形象的手段，在有些时候，也是打击政治对手的工具，其中对布特弗利卡的指控显然更具有这方面的意味。

新一轮阿拉伯化

1979 年 12 月，阿尔及尔大学中占学生比例 25% 的以阿拉伯语为主的学生发起了持续两个月之久的罢课示威，抗议讲法语的学生在就业市场拥有更好的就业机会，这也直接导致阿尔及尔大学陷入瘫痪。鉴于伊斯兰主义在高校中的影响力，政府担心学生运动会被其操控,从而发展为对政府权威的挑战,因此采取了一系列紧急措施，其中最重要的是加速推进阿拉伯化进程。

经过布迈丁时代教育的发展，到 1979—1980 学年，阿尔及利亚的中小学和大学在校生人数达到404万，并以年均6.2%的速度逐渐增长，其中，中小学入学人数在沙德利政府的第一个五年计划期间年均增长率是4.2%。在入学率增加的同时，教学条件相较以往也有所改善，初级学校的生师比也在逐渐下降，17,289间教室在此期间完成建设。政府仓促推进的教育体系阿拉伯化政策导致急需大量阿拉伯语授课教师，大量不具备相应能力和资格的人被委派到教师岗位，这也直接导致教师队伍中合格教师比例严重下降。经过第一个五年计划，合格教师的比例才从1979—1980学年的25.9%增加到1984—1985学年的57.2%。[①]由于中小学阿拉伯化在布迈丁时代就已经持续在推进，因此，沙德利时期阿拉伯语教学的学校教师和学生比例增长不大。教育体系中，受阿拉伯化政策影响最大的是高等教育。高等教育的特点与中小学有着明显差异，其中最重要的差别在于高校对教师综合素质的要求更高，因此，高校教师队伍需要一个持续的建设周期。沙德利政府大力推进高等教育的阿拉伯化，只能在条件并不具备的情况下，实现教师队伍的阿拉伯语化，这在某种程度上恶化了大学教育的水平，降低了人才培养的素质。政府的政策实际上是追求阿拉伯化的量化结果，忽视了学生综合素质的提高。

1978—1979学年，在大学中用阿拉伯语学习的学生数量是13,561人，到1984—1985学年，这一数字增长到33,400人，增长比例为146%。到1985年，65%的中学生、28%的技术学校学生、32.5%的大学生和20%的研究生被按照阿拉伯化标准培养，其中大学生主要集中在人文社科领域，在自然科学领域所占比例不到50%，这说明阿尔及利亚社会需求较高的人才，如自然科学人才和研究生培养与阿拉伯化关联度不大。阿拉伯化的推进也没有危及法语在高校中的地位，从高校教师队伍来看，高级职称的教师仍然是那些具有法语教育背景的人。受政府阿拉伯化政策影响而大量填充

① 参见 Mahfoud Bennoune, *The Making of Contemporary Algeria, 1830—1987*, Cambridge University Press, 1988, p. 288。

到教师队伍中，使用阿拉伯语教学的教师多集中于较低职称中。总的来看，教育体系的阿拉伯化在沙德利时期成为一种不可逆转的潮流。整个20世纪80年代，阿尔及利亚教育发展也因这一政策付出了代价，随着教育水平和人才培养质量的降低，教育体系无法为国家建设提供相应的智力支持。

为了解决教育体系阿拉伯化引发的问题，避免这些阿拉伯化标准培养出来的学生转变为伊斯兰主义者，沙德利又进行了相关的政治、经济和社会层面的改革。首先，他任命阿拉伯化的坚定支持者担任教育部和高等教育部的部长，迅速完成了教育层面在课程、组织结构和人力资源方面的调整。其次，改革政府行政体系，使用阿拉伯语成为人事录取的先决条件。从政府的核心部门到地方层面的公务人员，沙德利政府特别为使用阿拉伯语的人提供就业岗位，从而缓解教育体系阿拉伯化对就业市场所产生的压力。另外，沙德利还扩大阿拉伯化在社会层面的影响，将一些社会标识也予以阿拉伯语化。1982年，政府颁布法令，将一些城市的法语音译名称改为阿拉伯化的名词，如阿尔及尔被改名为“贾扎伊尔”（EL DJAZAIR）。沙德利政府执政初期大力推行阿拉伯化政策，究其原因有三：第一，是革命时代以后民族主义的延续，目标是消除殖民主义在社会文化层面的影响，实现更深层次的民族独立；第二，是布迈丁时代阿拉伯化政策的延续，特别是教育体系的阿拉伯化和本土化是关系国家发展的长期战略；第三，是为了平衡日益发展的伊斯兰主义思想和左翼思想在高校中的影响，政府仓促推进阿拉伯化政策，试图通过官方引导，阻止学生向伊斯兰主义者转化。

柏柏尔之春

沙德利政府加速推进阿拉伯化的政策引起了柏柏尔人的警觉，在民族文化长期被国家忽视的背景下，柏柏尔人复兴运动也开始兴起。由于国家的限制，柏柏尔人的复兴运动最初出现在法国的柏柏尔移民社区中。他们反对阿尔及利亚政府对柏柏尔语言和文字的压制政策，在法国出版柏柏尔语法规范，翻译诗歌和刻录唱片等，并将这些随同人口和商品的流通散播到卡比利亚地区。很多年轻的柏柏尔人通过这些在法国出版的作品学会了对本民族语言的读写。[①]在这一时期，伊斯兰复兴运动也在阿尔及利亚兴起，政府为了能够将运动限制在体制内而采取了对伊斯兰运动妥协的办法，推行阿拉伯化的态度更为坚决。国家的这种政策引起了柏柏尔人的严重不满，这种对政府政策不确定性的担忧逐渐引发柏柏尔人的恐慌，流言也随之而起。1980 年初，有传言说政府打算关闭卡比利亚电台。随后，很多大学还举行了抗议政府阿拉伯化政策的游行。1980 年 3 月 10 日，卡比尔人学者毛路德·马默里（Mouloud Mammeri）准备在提济乌祖的哈斯纳乌亚大学（Hasnaoua University）给学生做一场名为“诗歌在传统卡比尔社会中的作用”的讲座，这也是他刚刚出版的著作《卡比尔古代诗歌》的主题。马默里在前往报告会的途中遭遇警察所设路障的拦截，并通知他报告会因存在扰乱公共秩序的风险已经被取消。随后，这次事件引发的示威游行活动在学校和商业区持续了两个多月之久。4 月 20 日，事件达到顶点。早晨 4 点 15 分，全副武装的防暴警察突然闯入大学宿舍、工厂和当地医院。在催泪瓦斯和警棍的攻击下，数百人遭到逮捕。随后示威、甚至暴力活动在整个地区蔓延，在持续的动荡中，超过 30 人被杀，近 200 多人受伤。[②] 4 月 22 日，为了响应阿尔及利亚国内柏柏尔人的抗议活动，将近 600 多人在法国巴黎的阿尔及利亚大使馆前举行示威[③]，在加拿大的渥太华也发生了类似的集会活动。激进的柏柏尔人控诉政府的“文化帝国主义”和阿拉伯语多数群体的“独裁”，反对教育体系和行政机构的阿拉伯化。他们要求政府承认柏柏尔语作为一种主要的民族语言，尊重柏柏尔文化，并对卡比利亚和其他柏柏尔人聚居区的

---

① 参见 Paul Silverstein, “Realizing Myth: Berbers in France and Algeria”, *Middle East Report*, July-September 1996。

② 参见 Martin Stone, *The Agony of Algeria*, Hurst & Company, 1997, p. 206。

③ 参见 JE Goodman, *Writing Empire, Underwriting Nation: Discursive Histories of Kabyle Berber Oral Texts*, American Ethnologist, Vol. 29, No.1, Feb. 2002, p. 98。

经济发展给予更大的关注。[①]这一运动遭到了政府的镇压，柏柏尔人借用捷克的“布拉格之春”以讽刺政府对自由的压制，称这场运动为“柏柏尔之春”（Berber Spring）。

柏柏尔之春是阿尔及利亚的柏柏尔人为赢得国家对其民族文化承认而进行长期斗争的爆发点，它也开始了柏柏尔人的文化复兴运动，甚至在马格里布地区出现了“泛柏柏尔主义”现象。一些柏柏尔人致力于创造规范的语言标准（塔玛齐格语，意为自由人的语言），并通过文化组织、报纸和政治歌曲等传播泛柏柏尔认同的概念。[②]由于沙德利政府采取坚决镇压的立场，柏柏尔人问题没有演变为政治上的危机，但是却让柏柏尔人意识到捍卫民族权力的重要性。由于政府禁止成立具有民族宗教色彩的政治组织，因此，柏柏尔人为了维护民族权利，通过另类结社方式实现组织化。1982 年至 1985 年，成立了许多烈士子女组织，部分柏柏尔烈士子女以先辈的革命经历作为实现民族权利的政治资本。1984 年，阿卜杜·努尔·阿里·叶海亚（Abd Al-Nur Ali Yahya）又与烈士子女组织接触，成立了“阿尔及利亚人权联盟”，使用西方自由民权理论向政府施加压力。[③]政治上的高压使得柏柏尔人问题缺乏合法的宣泄途径，教育体系问题更多时候成为双方的战场。在阿尔及利亚，教育体系显然是同化少数民族以实现阿拉伯化的最好工具。但是由于国家现代化建设的需要，法语在高等教育中仍然占有重要的地位。在卡比利亚地区，法语不仅是柏柏尔人求生的手段之一，而其还深刻影响到了他们日常的经济文化生活，而阿拉伯语也只能算是第三种语言。1987 年，阿尔及利亚政府承认公民有基于共同利益基础上组成非政治组织的权利。柏柏尔人的文化组织如雨后春笋般涌现，到 1989 年夏，154 个年轻人占主导的组织得到官方认可，他们部分在城市中，但多数分布在山

---

① 参见 *World Infopaedia: Algeria*, Pragun Publicaion, 2007, p. 118。

② 参见 Paul Silverstein, “States of Fragmentation in North Africa”, *Middle East Report*, Winter 2005。

③ 参见黄慧：《阿尔及利亚柏柏尔主义研究》，社会科学文献出版社 2015 年版，第 150—152 页。

区村落。这些组织的基本目标就是推广柏柏尔语言和文化：他们开办语言课堂；油印时事通讯和语言小册子；搜集濒临灭绝的民族文化资源，如谚语、民间传说、传统药方、动植物的土语名称和已经废弃的手工艺等。[①]他们这些恢复民族传统文化的努力，帮助人们重新寻获了对民族历史的自豪感，推动了柏柏尔人文化复兴的发展。

伊斯兰运动的新发展

从20世纪70年代末开始，由于国内外各种因素的影响，阿尔及利亚各种伊斯兰势力开始萌动，并要求公开地表达自己，这促使沙德利政府在不触及“国家主导宗教”这一前提下，不得不做出政策方面的改变。沙德利执政初期对伊斯兰运动的政策可以清晰地划分为两个阶段：从1979年至1982年，政府对伊斯兰运动采取宽容的政策；从1982年至20世纪80年代中期，政府采取统合与打压相结合的政策。

由于缺乏布迈丁所具有的个人魅力和统治能力，所以在整合社会冲突和压制反对力量方面，沙德利表现出更多的宽容，但这种宽容的政策在某种程度上也起到了鼓励伊斯兰运动的作用。沙德利执政初期两方面的行为传递了这样的信息，一个是布迈丁时期一些立场鲜明的政治反对派被予以释放，其中就包括因政变下台而被监禁的前总统本·贝拉；另一个是一些同情伊斯兰运动的人士在政府中得以任用，例如在不同伊斯兰运动派别中享有较高声誉的阿卜杜拉赫曼·切巴尼（Abderahman Chibane）被任命为宗教事务部部长，而信息与文化部和初等与中等教育部的部长职位为阿拉伯语化的支持者所占据。[②]当然沙德利政府上述行为的真实用意绝不是鼓励伊斯兰运动的崛起，而是通过国家权力来建构公共领域的宗教秩序，并

---

① 参见Jane Goodman, “Berber Associations and Cultural Change in Algeria”, *Middle East Report*, July-September 1996。

② 参见Michael Willis, *The Islamist Challenge in Algeria: A Political History*, Ithaca Press, 1996, p. 70。

通过国家主导的官方宗教与民间涌动的伊斯兰复兴运动相竞争以获得合法性。1980年2月的一项法令就是建构其宗教秩序的一种尝试，它对宗教事务部部长的职责进行了限定，即他的任务主要是解释和传播社会公正所包含的社会主义原则；它声称伊斯兰是阿尔及利亚的个性表达，而社会主义政党是阿尔及利亚的完整表达；国家是阿尔及利亚和社会主义的捍卫者，也是伊斯兰教的捍卫者①，总而言之，伊斯兰教是阿尔及利亚社会主义的宗教。

体制外的伊斯兰运动被激活以后往往会超出国家政策的控制范围。1982年，校园中活跃的伊斯兰主义者开始采取了一系列激进的行动，10月校园暴力冲突升级，11月伊斯兰主义者刺杀了阿尔及尔大学一名左派学生，这表明伊斯兰主义者的复兴行动开始从“道德规劝”发展到“暴力强制”。面对这样的变化，沙德利政府采取坚决打击的立场，近400名伊斯兰运动的支持者被逮捕，其中不乏知名的宗教界领袖，如阿卜杜拉提夫·苏尔塔尼（Abdellatif Soltani）、阿赫迈德·萨努恩（Ahmed Sahnoun）以及阿巴斯·马达尼（Abass Madani）等。其中苏尔塔尼和萨努恩曾是阿尔及利亚乌里马协会的成员，在布迈丁时期也一直扮演政府批评者的角色，而马达尼则是新一代伊斯兰运动的领袖。1982年以后，政府对伊斯兰运动发起的街头政治基本上都使用铁腕予以平息，显然国家的权威是政府向伊斯兰运动妥协的最后底线。

除了采用强制性手段以外，国家也在一定程度上对伊斯兰运动采取妥协的战略，这一时期最引人注意的就是政府加大了对宗教事务的资金投入。作为宗教国家化的一部分，大量的国有清真寺被建造，国家掌管宗教人员的培训并发授证明，礼拜日的胡图白也由宗教事务部提供。除此以外，政府还资助各种层级的古兰经教育，并开设许多伊斯兰文化研究院，在君士坦丁创办的埃米尔·阿卜杜卡德尔伊斯兰科学大学（Emir Abdelkader University of Islam Sciences）是伊斯兰

① 参见 Benjamin Stora, *Algeria, 1830—2000: a Short History*, Cornell University Press, 2001, p. 191。

世界最大的清真寺大学。[①] 到 1983 年，政府开始重新思考与宗教的关系，并陆续释放了被逮捕的伊斯兰主义者。当然，政府的行为也初见成效，许多激进分子表示希望在法律框架内改造现行政治体制。政府对伊斯兰运动妥协的另一个标志性事件就是 1984 年家庭法的制定。早在1981年便有保守势力提出应该限制妇女在社会和家庭中的地位，并通过立法的形式来反对妇女的解放，这种观点遭到了女权主义者的强烈反对，尤其是一些独立战争时期受人敬重的退伍女兵在这一过程中发挥了重要作用。但到了 1984 年，由于伊斯兰运动的发展以及担心遭到激进伊斯兰主义者的攻击，这导致新的家庭法的颁布几乎没有听到反对的声音。在国家颁布的家庭法中，妇女重新回归社会和家庭的从属地位，而男性特权得以伸张。无论是打压还是妥协，沙德利政府的政策目标仍是强调国家在宗教秩序中的权威地位，并通过文化等手段的引导，将伊斯兰运动置于可控的范围之内。

沙德利执政以后，伊斯兰运动得到快速发展的原因之一就是二者在某些方面具有利益的一致性，特别是政权内部坚持布迈丁路线的左翼人士以及正在争取民族身份的柏柏尔人运动是二者所面对的共同威胁。但是在伊斯兰主义者看来，不论是布迈丁还是沙德利执政，二者都不具有统治的合法性，阿尔及利亚应该是一个回归《古兰经》和圣训传统、并实施教法的伊斯兰国家。出于斗争策略的考虑，伊斯兰主义者将反对布迈丁主义者的任务排在了对抗的首位，而将现行政府置于第二位。正是由于二者利益的契合，使得伊斯兰运动利用有利的环境快速发展，并逐渐构成了对国家政权的挑战。在这一时期，伊斯兰运动的发展主要表现为以下三个方面：

第一，对清真寺的竞争。从阿尔及利亚独立以来，国家就推行宗教国家化的政策，仅 1962 年至 1972 年的 10 年间，阿尔及利亚政府共投资兴建了 4474 个清真寺，其中 183 个由教堂改建而成。[②] 清

① 参见 John Ruedy, *Modern Algeria: the Origins and Development of a Nation*, Indiana University Press, 2005, p. 242。

② 参见 Martin Stone, *The Agony of Algeria*, p. 158。

真寺的伊马目由国家任命，伊马目的选择往往只是根据信仰，从而导致很多人根本不具备就宗教事务发表言论的能力，因此在伊斯兰主义者看来，他们更多是在扮演宗教外衣掩盖下政府的喉舌。根据1981年宗教事务部的统计数据来看，国家任命的伊马目中有五分之三是不合格的。[①]这就造成两方面的后果，一个是非官方的伊马目与官府任命的伊马目之间的竞争，另一个是大量民间形式的清真寺的建造。这一时期共存在三种形式的民间清真寺，即“人民清真寺”（people’s mosques）、“自由清真寺”（free mosques）和“私人清真寺”（private mosques）。“人民清真寺”是有一些宗教团体和组织在城市贫民区或贫困地区的原有建筑基础上建立的，尽管它的存在是非法的，并经常引起当局的注意，但它仍代表了一种对国家干预宗教事务的抵制态度，后来为伊斯兰主义者所利用来宣传其宗教思想。“自由清真寺”是伊斯兰主义者为躲避官方控制而兴建的清真寺，它们多分布于城市郊区，后来成为伊斯兰运动的核心机构。“私人清真寺”是由一些支持伊斯兰运动的地方显贵出资兴建的。沙德利执政以后，政治开始进入清真寺，一些宗教学者以讲经布道的形式对日常事务发表评论，如苏尔坦尼、萨努恩和马达尼等经常在各大城市间奔走，以达到交流思想和传播伊斯兰运动基本理念的目的。

第二，对文化教育资源的竞争。沙德利时期，很多伊斯兰运动的同情者受雇于高等院校或研究机构，他们经常利用闲暇时间在自由清真寺里扮演伊马目的角色，这就方便其传播自己关于伊斯兰的观点，特别是曾在英国获得博士学位的马达尼，在学生中间拥有众多的支持者。此外，伊斯兰主义者还利用报刊和书籍等途径来宣传伊斯兰思想，一些独立的和官方资助的伊斯兰出版机构还印刷了大量外国的宗教书籍。同时，一些现代手段也被利用到宗教思想的传播中，尽管国家控制卡式录音带的生产和销售，但一些在埃及、黎巴嫩和沙特等国生产的录音带还是在“自由清真寺”中流传。这些

① 参见 Rachid Tlemcani, *State and Revolution in Algeria*, Westview Press, 1986, p. 197。

通过录音带形式进行的宣教活动，主要批判西方腐朽文化的影响、与日俱增的社会苦难以及国家对宗教的背离。

第三，对社会生活的改造。伊斯兰运动通过文化和教育体系传播伊斯兰复兴的理念，批判当时社会中存在的不合理现象，其结果确实影响到了人们的日常生活。穿戴传统服装成为时尚，清真寺里多了许多虔诚的年轻人，日常生活习俗被赋予了传统的道德意义。一些激进的伊斯兰主义者对社会上与伊斯兰教相背离的行为直接进行干涉，例如：禁止妇女去海滨或公共游泳池游泳，要求妇女外出戴面纱，禁止放映西方的电影，要求禁酒，取缔妓女等。[①] 在沙德利执政初期，在伊斯兰运动与国家竞争社会资源的斗争中，伊斯兰主义者无疑处于了优势地位，这迫使国家为了增强自身的竞争力而进一步从伊斯兰之中获取资源，这反而进一步推动社会走向伊斯兰化。

随着伊斯兰文化在政府和社会层面的全面复兴，沙德利只能做出进一步的妥协，以防止社会张力的继续膨胀。为了能够建构以国家为中心的宗教秩序，政府官员们的言论中更频繁地使用宗教语言，以便让人们相信国家仍然是伊斯兰教的支持者和保护者。宗教事务部部长切巴尼在一次演讲中，赞扬沙德利正致力于重建真主信仰高于其他效忠基础的价值体系。[②] 沙德利试图通过这样的方式来竞争宗教话语权，并告诉人们国家没有背弃伊斯兰价值。为了实现这一目的，1982 年沙德利政府任命埃及著名宗教学者谢赫·穆罕默德·安萨里（Sheikh Mohammed al-Ghazali）为埃米尔阿卜杜·卡德尔大学伊斯兰科学系科学委员会主任。政府的这一举措在阿尔及利亚社会引起轰动，许多媒体和出版机构立即大量发行安萨里关于宗教问题的各种见解，特别是他强调拒绝资本主义和共产主义的发展路径，只有伊斯兰才是唯一值得信赖的经济、政治和社会价值。尽管国家做

---

① 参见赵慧杰：《阿尔及利亚、摩洛哥的伊斯兰复兴运动》，刘竞主编：《伊斯兰复兴运动论集》，中国亚非学会、中国中东学会、中国社会科学院西亚非洲研究所 1989 年版，第 220 页。

② 参见 John P. Entelis, *Algeria: the Revolution Insitutionalized*, p. 88。

出了这样的安排，但是伊斯兰运动并不认同宗教从属于国家的理念，相反的是，到了20世纪80年代中期，这一运动得到进一步发展，并表现出新的发展趋势。

第一，伊斯兰运动关注的焦点由社会文化领域向国家政治生活转变。早在布迈丁统治时期，一些宗教学者就从文化视角对政府的政策进行道德批判。到了沙德利执政初期，社会经济改革造成的社会结构错位使得这种文化批判更加激烈，甚至成为伊斯兰运动与政府对抗的主要武器。在1982年阿尔及尔大学事件中，为了抗议政府的逮捕行为，伊斯兰主义者提出了一个包含14点内容的文件。其中，除了要求释放被捕者以外，内容多为对伊斯兰传统的重申，例如要求增加宗教和阿拉伯语教育；赋予沙利亚法更大的合法地位；结束学校和公共场所性别混杂的现象；阻止西方和殖民影响对阿尔及利亚社会的入侵等等。[①]随着伊斯兰运动在意识形态方面的成熟，伊斯兰主义者从关注政府的宗教问题和个人政策进而转向分析国家及其本质的内容。他们认为现存的政治结构是为国家服务的，而不是以伊斯兰为目的，因此它在一定程度上破坏了穆斯林的团结。一些激进的伊斯兰主义者甚至开始设计替代政府的新的政治方案，他们通过分发传单等方式宣传建立伊斯兰共和国，废止1976年《国民宪章》并用《古兰经》取代宪法。由此可见，伊斯兰运动已经开始超出了社会文化领域，开始在政治上挑战国家的权威。

第二，伊斯兰运动呈现年轻化趋势。自从独立以后，阿尔及利亚保持着较高的人口增长率，到20世纪80年代初期，年轻人在社会年龄结构中所占比率大幅增加。但是国家经济发展并没有创造出足够的就业机会，特别是推行阿拉伯化教育后培养起来的年轻人，在就业市场上很难与操法语者进行竞争，失业造成的沮丧心理成为年轻人对国家不满的根源。特别是沙德利进行的自由化改革加速了社会的变革，导致年轻人中普遍存在一种被社会疏离的混乱情感，

---

① 参见 Michael Willis, *The Islamist Challenge in Algeria: a Political History*, p. 74。

因此很多年轻人希望从伊斯兰秩序建构的文化和宗教的确定性中寻求精神避难。年轻人参与政治的潜在能量被伊斯兰运动的宣传所激活，并表现出强大的竞争力。新成长起来的年轻人体现出两个方面的特点，即多数接受过良好的高等教育并在政治态度上较为激进。这样，他们逐渐在伊斯兰运动中占据更为重要的地位，而老一代宗教活动家逐渐被边缘化。

第三，伊斯兰运动从地方性、分裂化走向一体性、组织化。在布迈丁时期，伊斯兰主义者组成了一些地方性的组织，但彼此之间缺乏紧密的联系。到了 20 世纪 70 年代中期以后，这些组织间的联系才开始紧密起来，清真寺成为他们集会和交流的中心。其中，1979 年初在本・阿舒尔清真寺举行的一次集会被现代伊斯兰运动领袖视为“第一次重要的会议”①，代表阿尔及利亚各种倾向的伊斯兰主义者出席了这次会议。在沙德利执政初期，全国性的伊斯兰运动已现雏形，苏尔坦尼、萨努恩以及马达尼等宗教活动家在其中发挥了重要的作用。即使如此，这一时期的伊斯兰运动也还没有形成真正意义上的统一组织，更没有完成意识形态方面的统一。但是正如 1982 年事件所证明的那样，当特定的事件将群众的热情鼓动起来以后，伊斯兰运动往往会以一个统一的阵线出现，各种倾向间的分歧暂时被搁置，以共同与国家竞争伊斯兰宗教的合法性。

二、沙德利的经济改革

第一个五年计划的出台

在布迈丁逝世前，评估 1967 年至 1977 年间的现代化建设便已经在进行之中。政府认为，通过指出这一阶段经济发展中存在的成就和不足，才能让决策者更好地在未来的建设中改正可能出现的错

① 参见 François Burgat and William Dowell, *The Islamic Movement in North Africa*, University of Texas Press, 1993, pp. 261—262。

误。但国内外形势的变化使得评估工作一直到沙德利时期才完成。沙德利当选为总统和党的总书记以后，为了巩固权力，同时也是为未来的经济发展开启新的道路，1980 年 6 月召开了党的特别会议。会议批判了布迈丁时期工业化道路的错误，认为工业化战略造成了阿尔及利亚经济畸形化发展，从长远来看，它也是经济部门间失衡的根源。社会主义工业拖欠银行债务，国有企业功能太多，这些“垄断巨头”几乎成为“国中之国”。因此，民族解放阵线通过了新的五年计划（1980—1984），它的口号是“为了更好的生活”（for a better life）。新发展计划在对布迈丁时代进行反思的基础上，提出了新的发展目标：减少不平衡发展造成的紧张局面，为国内市场、投资和生产创造必要的条件，改进教育和职业培训体系以满足国家经济发展需求。从投资和发展优先权来看，新的发展计划放弃了布迈丁时代大规模工业化发展战略，冻结了上届政府发起的一些重要工业项目，将发展的重点向能够满足群众日常需求的产业转移，住房、农业、水力、经济和社会设施被赋予新的优先权。鉴于国有企业不合理的工资分配以及人浮于事的现状，新的发展计划强调如下原则：第一，在避免裁员的前提下，需要提高就业率，从而提升生产率；第二，工资水平必须与生产能力挂钩；第三，生产单位必须严格限制非生产性的工作数量；第四，新工作岗位的设立必须是经济剩余的直接结果。[①] 在搁置大型工业项目的同时，对小工业给予特别的重视，尤其是那些不需要更多劳动技能和生产工具的企业。为了实现上述目标，工业部门向私有资金开放，主要集中在利润可观的下游工业，包括产品加工、冶金、机械、电力等工业部门，以及承担向国有企业提供生产零部件的分包合同。

私营部门的发展

1979 年，民族解放阵线第四次特别会议通过了党的中央委员会

① 参见 Mahfoud Bennoune, *The Making of Contemporary Algeria, 1830—1987*, pp. 266—267。

关于重新确定私营部门在国民经济中的角色和地位的决议，政府试图将私营部门整合到国家经济发展计划之中。为了贯彻该决议并激励私营投资者，1982 年 8 月颁布了新的投资法。1983 年，国家设立特别委员会负责全国私营部门投资的引导与合作工作。对于私营业主来说，他们进入经济领域并扮演相应角色，也需要国家在上层建筑领域进行相应地调整，界定其经济活动的合法界限，为其经济利益提供相应的保障。1980 年，私营部门的银行存款达到 126 亿第纳尔。为了引导投资，在 1982 年新投资法颁布后，全国投资委员会和各省投资委员会收到了越来越多的项目申请。1982 年，得到全国委员会支持的私营工业项目达到 104 项，其投资总额约 3.7 亿第纳尔，平均每个项目约 350 万第纳尔。这些项目主要分布的生产领域为：建材（27%），食品（21%），纺织（19%），冶金、机械和电力（3%）及其他（30%）。从地缘分布来看，与此前的工业布局相比，未发生任何变化，48% 的生产项目集中在布利达、奥兰、阿尔及尔和安纳巴等北部沿海城市。1983 年，得到全国委员会授权的私营工业项目增至 376 项，投资总额为 12 亿第纳尔。如果这些项目完成，将会创造 7000 个就业岗位，平均每个项目投资额为 320 万第纳尔。与 1982 年相比，生产布局出现一些变化，建材所占比重下降到 13%，食品企业则增至 29%。项目的地缘分布也出现变化，有些省份吸引到一些私营部门的投资，比如穆斯塔娜加姆、塞提夫和马斯卡拉省，但投资的重点区域没有变化，阿尔及尔、奥兰和布利达得到的投资占投资总额的三分之一。到 1984 年，私营工业获批项目增至 642 项，投资总额达到 22 亿第纳尔，项目平均投资 340 万第纳尔，可能带来的就业岗位是 1.2 万个。

在第一个五年计划期间，政府为了鼓励私营部门的投资，出台了一系列激励措施，如免税和低息贷款等，希望私营部门创造出的就业机会能够阻止劳动力人口向沿海地区流动。但结果却并不乐观，这些私营企业多是资本密集型企业，采用新技术进行生产和销售，与传统劳动密集型企业相比，它们更能够节约劳动力成本，因此，私营企业的发展不但没能够增加就业机会，反而使劳动力市场更加恶化。1977 年，私营部门雇佣劳动力约 7.3 万人，到 1980 年，这一数字下降到 4.8 万人，1982 年出现轻微回涨。就业市场低迷的原因，一方面是这些投资项目仍处于建设周期，效果还未显现；另一方面也是因为整体经济环境不佳。虽然私营部门的发展对就业市场的刺激未能达到预期水平，但私营企业运转却处于良性状态，其年营业额从 1979 年的 57.4 亿第纳尔增长到 1982 年的 80 亿第纳尔。此外资本集中化程度也在加速。1982 年，在 5707 个私营企业中，雇员 1—4 人的企业有 1847 个，雇员 5—19 人的企业有 2847 个，雇员 20—49 人的企业有 721 个，雇员 50—99 人的企业有 214 个，雇员 100—199 人的企业有 60 个，雇员 200—499 人的企业有 17 个，雇员超过 500 人的企业有 1 个。[①] 根据 1985 年一份针对 20 人以上私营企业的调查发现，96% 的企业在 1984 年处于盈利状态。[②] 在食品企业，私营部门占据资本储量的 4%，雇佣劳动力所占比重是 34%，创造 57.4% 的附加值。纺织行业中，私营部门所占资本储量是 6.5%，占雇佣劳动力的 45%，创造 51% 的附加值。

总的来看，阿尔及利亚的私营部门在整个国民经济结构中处于下游，其生产经营受国民经济结构制约较大，国有企业往往生产初级产品，而私营企业则负责完成产品的生产加工和市场销售。同时，由于阿尔及利亚大规模工业化所要建立的自给自足的完整生产体系没有完成，抑或已经停止，因此，无法给私营企业的生产加工提供必要的技术和设备支持，所以，阿尔及利亚的私营企业在 20 世纪 80 年代初，几乎 100% 依赖于进口技术和设备。为了减轻私营部门的资金压力，一方面，国家银行为其提供最便利的汇率，另一方面，国营企业在为私营企业提供初级产品时，往往价格较低，甚至低于生产成本。在资本逐利欲望的驱动下，企业通过中间人与政府行政

---

① 参见 Mahfoud Bennoune, *The Making of Contemporary Algeria, 1830—1987*, p. 269。

② 参见 Bradford. L. Dillman, *State and Private Sector in Algeria: the Politics of Rent-seeking and Failed Development*, Westview Press, 2000, p. 25。

部门建立利益关系，出现所谓的“权力寻租”行为。在销售端，私营企业以高于成本的价格在市场出售产品，在缺少国家价格标准的情况下，这些企业获得了巨大的利润。

国有企业的重组

依照第一个五年计划对布迈丁时代工业化战略的批判，国有企业特别是大型国有企业和基础工业被指责垄断国家投资，生产效率低下，企业官僚化严重，创造就业机会有限，地区分布不合理，对整个国民经济造成巨大伤害。因此，沙德利政府的一项重要使命就是完成国有企业的重组。负责主持重组工作的是计划部长阿卜杜·哈米德·布拉希米（Abdelhamid Brahimi），他是沙德利经济自由化政策的支持者。在第一个五年中，为了纠正国有企业此前存在的诸多问题，对投资计划进行了大幅度的改革。在布迈丁时代占总投资59%的工业投资被削减到38.6%，而这部分投资基本用于完成在建中的重工业项目，不再启动新的项目。对于在国民经济中占据较大份额的国有企业，如阿尔及利亚国家油气公司、国家钢铁公司、国家化学工业公司和国家机械制造公司，沙德利政府没有将其进行私有化的计划，其基本目标是实现国有工业的非中心化和非集中化，也就是打破原来国有企业的资金和地缘布局，更好地适合需求。此外，党和议会还彻查企业中存在的管理问题和腐败问题，在企业人事安排上也进行了较大幅度的调整。阿尔及利亚国家油气公司的创始人、工业化的发起者和执行者、原布迈丁政府的工业部长贝莱德·阿卜杜萨拉姆遭到排挤，长期担任国家油气公司负责人的赛义德·艾哈迈德·安萨里（Said Ahmed Ghozali）也在1979年秋被免去能源部长职位，改任驻法大使。1982年初，政府开始大刀阔斧地进行国有企业的改革。66个国有企业被分割成474个小型企业，19个巨型国有企业被分解成120个小型工厂。从地缘分布角度，这些小型企业和工厂也从奥兰、阿尔及尔和君士坦丁等北部沿海工业中心带分散到全国。其中拥有10万员工的阿尔及利亚国家油气公司被分成13

个小公司。

第一个五年计划的完成情况

第一个五年计划没有完成任何年度目标。1980年，计划向工业投资200.3亿第纳尔，实际投资167.9亿第纳尔，工业投资完成了84%。农业使用了分配资金的47%，水利为66%，建筑和市政工程为50%，运输和旅游为50%，储存和配送为36%，住房为66%，职业培训为35%，公共健康和社会设施为44%。从数据上看，计划第一年的投资分配中，进一步压缩了工业投资的比例，同时，被赋予优先权的部门又明显投资不足。1980年的GDP，不将石油和天然气计算在内的增长率是7%。工业产品总值从1979年的129亿第纳尔增长到1980年的149亿第纳尔，增长率为14.28%，这低于预期的51.5%。1981年工业净投资与1980年相比下降21%，工业各部门下降幅度不一：纺织部门下降31%，石油化工下降28%，机械工业下降21%，钢铁和轻化工业下降19%。除了地方企业和建材产业外，工业投资利用率全面下降。被赋予优先权的部门净投资比率也没有得到改善，住房和公共健康等工程投资利用率也仅为50%，基础设施建设为31%，教育和职业培训为42%，社会设施为36%，水利为43%，市政工程为45%。[①]1982年，各部门净投资比率进一步下降，全年数据远低于所定目标。官方文件承认，计划投资利用率仍处于低水平，这尤其表现在具有优先权的部门。GDP的增长速度预计达到7.2%，如果将布迈丁政府投入建设的项目开始投产的企业也计算在内的话，这一增长率也非常低。1983年和1984年经济增长数据没有公布，计划部公布了1979年至1984年经济表现信息。根据官方数据，工业在GDP中的实际价值从1979年的12%增至1984年的15.3%，同一时期农业所占份额从9.5%降到8.6%，碳化氢产业从29.6%降到23.7%。

---

① 参见 Mahfoud Bennoune, *The Making of Contemporary Algeria, 1830—1987*, p. 278。

第一个五年计划期间，国民经济净投资利用率仅为计划目标的68%。国有工业部门在总投资中比例从38.6%调账到28%，最终完成计划投资目标的68.1%；农业和林业完成了66.3%；渔业完成42.4%；运输业完成63.8%。国有企业产量在第一个五年计划期间保持年均8.3%的增长率，国有制造企业为13.8%，碳化氢企业为1.9%。作为在20世纪70年代增长最为迅速的产业，碳化氢企业，特别是阿尔及利亚国家油气公司，其生产和出口结构得到调整，对原油和天然气的出口依赖逐渐降低，产品多元化发展趋势明显。到1984年，第一个五年计划结束时期，57.8%的石油产品是在阿尔及利亚国内生产完成的。总体来看，阿尔及利亚的第一个五年计划是不成功的，并给阿尔及利亚经济的未来发展带来灾难性的影响。这主要表现为：第一，全盘否定"产业化工业"战略，称其为外国发展模式而不适用于阿尔及利亚。实际上独立后阿尔及利亚开展大规模工业化建设，构建完整的国民经济完整结构，夯实工业基础，最终实现经济的完全独立，这一战略是符合"二战"后发展中国家经济发展规律的。受制于不合理的国际经济秩序和探索中前进的国内整体经济环境，工业化也显露出一些问题，但这些问题多不是工业化本身带来的，因此，藉此否定工业化道路，使阿尔及利亚经济发展失去了最具活力的动力，最终导致经济上的混乱。第二，强调去中心化和去集中化的战略，导致国民经济部门之间不能协调发展，随着产业布局的平均化，企业生产活力丧失，对就业推动有限，产业格局呈现混乱局面。第三，国家不尊重经济发展规律，过渡干预经济生活。除了宏观调控以外，国家在微观经济领域往往也发挥决策作用，特别是计划部成为经济活动的仲裁者，政府在批判布迈丁时代官僚化的同时，反而强化了官僚机构在经济生活中的作用。

第二个五年计划（1985—1989）

鉴于第一个五年计划令人失望的结果，1984年5月，民族解放阵线中央委员会通过了第二个五年计划。7月，内阁通过了党提出的发展计划，其主题也从“为了更美好的生活”调整为“艰苦奋斗才有未来”，这说明改变严峻的经济形势已经成为政府的当务之急。政府宣布将在第二个五年计划中投资 6600 亿第纳尔，来追求“现实主义的目标”。当然，发展的优先权依然没有发生变化，社会基础设施、农业、水利、教育和职业培训等部门仍是重点。在新的五年计划中，工业仍然不会投资新项目，政府对工业部门的要求是在有效利用现有企业的生产能力的前提下，通过提高劳动力效率，实现产品的多元化。与第一个五年计划不同的是，在新的五年计划中，私营工业部门得到重视，国家将为私营资本投资国有部门创造必要的条件。此外，第二个五年计划的主要目标是：第一，减少技术援助和其他服务的进口；第二，非碳化氢产品的出口增长 20%；第三，更好地调动国内资源，为改进国内资本积累能力创造必要条件；第四，生产的增长超过财政收入与国内消费的盈余；第五，人均总收入从 1984 年的 6550 第纳尔（排在利比亚和南非之后，位列非洲第三），到 1989 年增至 7540 第纳尔，人均年消费同期从 5700 第纳尔增至 6500 第纳尔；第六，女性经济活动人口年均增长率提高四到九个百分点。然而，从 1984 年以后，国际原油价格开始下降，而阿尔及利亚对外贸易收入的 98% 来源于碳化氢工业，这种出口产品单一且严重依赖国际市场的经济体对世界经济的变化反应更为敏感，因此，油价的下降给经济发展造成巨大的压力。与此同时，阿尔及利亚对食品、生产资料和消费品的进口需求却日益增大，仅 1985 年食品进口就达到 100 亿第纳尔，这就造成进出口不平衡加剧。政府采取的措施是，一方面努力削减外债，另一方面减少支出，提高效率。然而，雪上加霜的是，1985 年国际市场的原油价格下滑速度增快，从每桶 30 美元锐减到每桶 14 美元，到 1986 年夏又跌至每桶不到 10 美元。同时，受到国际外汇市场中美元贬值的影响，政府收入急剧减少。1985 年，沙德利总统在全国电视讲话中承认，世界经济危机对阿尔及利亚经济的打击非常沉重。这次讲话加剧了国内的恐慌氛围，超市和食品店前都排起了长队，抢购糖、咖啡和黑胡椒等日常消费的食品。有钱的中上层阶级囤积了大量耐储存的商品，市场商品短缺进一步加剧，阿尔及利亚出现了销售稀缺进口商品的黑市。1984年到1985年，阿尔及利亚迎来了一个丰收年，这在一定程度上使经济困难得到暂时缓解，但通货膨胀仍然居高不下，1986年官方公布的通货膨胀率是12.5%。

面对经济危机，国家被迫采取了一些应对措施。一方面，削减财政支出。1986财年预算减少15%，年度投资减少三分之一，很多计划中的投资项目被调整、推迟或取消。另一方面，减少进口。进口商品总值从1985年的595亿第纳尔减少到1986年的470亿第纳尔，减幅为21%，1987年减至390亿第纳尔，与上一年相比下降17%。1986年机器设备的进口减少29%，1987年减少31%；同期食品进口减少的比例分别是12.6%和11.8%；工业消费品为19.3%和10.7%。削减机器设备和原材料进口影响到国内经济的正常运转。与第一个五年计划相比，GDP增长率下降已经是不争的事实。同期出口商品总值从1985年的692亿第纳尔减少到1986年的410亿第纳尔，下降41%；1987年略有回升，达到420亿第纳尔。阿尔及利亚进出口差额与外债增长之间仍能维持平衡，1986年对外收入的51%用于清偿外债，1987年为54%，1988年为87%。另外，为了避免债务重组，阿尔及利亚使用举借长期债务偿还短期债务的方式勉力维持。

由于发展优先权的调整，不再投资建设新的工业项目，因此，阿尔及利亚在第二个五年计划期间仍将奉行“去工业化”的发展模式，对国有企业的改组改造也仍将继续，这对社会经济发展带来了一系列负面效应。1985年，经济发展创造出12.2万个就业机会，1986年下降到11.6万个，而这一年新进入市场的劳动力达到17.3万人，短期来看，这仅完成了计划目标的57%。经济发展活力的降低直接影响就业市场的平衡关系，失业人数逐渐增加，根据官方数据统计，失业人数从1984年的65.8万增加到1986年的83.8万。住房和农业等其他具有优先权的部门发展也不乐观。考虑到日益恶化的国内外环境，计划目标的完成已经变得不可能。GDP 增长放缓，到 1987 年以后出现负增长，国家财政赤字逐渐增加，在接下来的十年保持年均 5% 的比率增长，这也触发了两位数的通货膨胀率。面对即将到来的经济危机，阿尔及利亚在国际货币基金组织的帮助下开始进行经济结构的挑战，国民经济开始向市场经济转型。1988 年，沙德利宣布取消计划部，代之以负责总体经济政策的国家计划委员会。改革的过程从农业部门开始，然后逐步波及国有企业、银行等核心领域。1988 年初颁布法律，对国有企业进行改革，其核心内容是使国有企业摆脱行政体系的控制，逐步获得盈利的能力。在国有企业改革中，企业被转变为独资公司，由独立的董事会进行管理。除了核心工业部门，如能源、钢铁和化工等企业外，三年内无法自力更生的企业可以被出售。同一年，银行体系也摆脱阿尔及利亚央行的约束，各银行自行评估商业风险，以市场为导向确定投资内容。1990 年 4 月，国家立法结束了对信贷、银行和金融机构的垄断，国内外私人资本可以在这些部门投资。8 月，通过法令结束了自 1978 年以来国家对进出口贸易的垄断。同年，国家还建立了同工同酬的新的薪资体系。[①] 总之，市场经济的游戏规则在阿尔及利亚正式确立，这也意味着社会主义在经济生活中彻底结束。

农业的发展

沙德利在推行工业领域改革的同时，对农业也进行了以结构重组、市场化和自由化为特征的改革。20 世纪 80 年代初期，阿尔及利亚农业布局基本上是 1972 年以来推行农业革命建设的结果。依照其生产经营方式，大体可以分为三种类型：第一，自管部门。自管企业在布迈丁时期已经不受重视，但其在 20 世纪 80 年代初期仍占有 27% 的农业可耕地，生产 86% 的葡萄酒、84% 的柑橘、66% 的其他经济作物和 40% 的谷类。第二，农业改革部门。这部分以农业

---

① 参见 John Ruedy, *Modern Algeria: the Origins and Development of a Nation*, p. 247。

改革后建立的生产合作社为主，拥有全国可耕地的 14%。以合作社和社会主义农村为特征的农业改革涉及人口不足十万，更因经营等问题使其示范效应有限。第三，私营部门。私营部门是由大小不一的土地所有者构成，他们占有全国可耕地的 59%，生产全国 60% 的谷物和蔬菜，饲养 95% 的家畜。

1980 年 6 月通过的第一个五年计划将农业发展停滞不前归因于生产管理集中化、结构僵化、未能深思熟虑的生产计划，因此，沙德利政府决定加大农业改革力度，重新整合农业资源，完成农业的结构性调整。这一时期农业改革的主要成果集中在以下三个层面。第一，为了提高农业产量，需要对国有农业部门进行大幅重组。这项改革首先涉及自管部门和农业改革的生产单位，同时对长期被忽视的私营农业给予技术和资金支持，改进对私营土地的支撑体系和农村服务体系。1981 年，将自管部门和农业生产合作社合并，建立了 3415 个社会主义农业区（domaines agricoles socialistes）和 103,168 个私人耕地。这样，过去存在的三种类型的生产部门被合并为两种：一种是社会主义农业部门生产单位，平均耕地面积为 830 公顷；另一种是私营部门，根据世界银行的数据，私人土地所有者人数从 20 世纪 70 年代的约 4 万人增加到 10.3 万人，耕地面积从 15.7 万公顷增加到 70.5 万公顷。[①] 依照去中心化原则，自管和生产合作社合并，然后拆分成若干小的生产组织，更有利于这些农业公司的经营和管理。但在生产经营中，政府的行政指令仍然发挥重要作用。作为国家生产计划的一部分，这些社会主义农业区名义上施行自管，实际上要执行上级部门下发的生产任务。重组后的社会主义农业区占阿尔及利亚可耕地的 38%，生产农业总产品的 45%。农业革命时期的服务合作社也被废除，取而代之地是农业供应专门合作社。其中，农业革命时期国有化的 45 万公顷土地被分配给个人

① 参见 Keith Sutton and Ahmed Aghrout, "Agricultural Policy in Algeria in the 1980s: progress towards Liberalization", *Canadian Journal of African Studies*, Vol. 26, Issue 2, March 1992, p.257。

作为私营财产。[1]1982年，成立了农村农业发展银行，负责为农业发展提供信贷支持，农业贷款从1982年的77亿第纳尔增加到1985年的107亿第纳尔，私人贷款者的人数也从1982年的9200人增加到1985年的3.6万人。[2]第二，完成农业结构重组的同时，提升了技术和管理人员水平。经过对农业部门的调整，大量高级人才进入农业领域，其中高级技术人员从1979年的52人增加到1984年的1697人，中级技术人员从1979年的60人增加到1984年的436人。在各省共建立116个农业发展中心，每个中心平均拥有16名技术人员，并为30个社会主义农业区提供推广服务。第三，完善价格体系，提高农产品价格。在布迈丁时期，为了降低工业化成本，国家要求控制农产品价格，对城市粮食供应也严格限制，因此，从1973年到1983年农产品购买价格没有发生任何变化。1983年，国家出台政策，使农产品的购买价格与农产品成本基本相当。开放农产品价格后，与农业相关的肥料和农业设备也出现价格上涨。从1980年到1984年，蔬菜和水果价格增长最为迅速，土豆价格上涨73%，西红柿上涨550%，洋葱上涨150%，橘子上涨117%，食用橄榄上涨127%。在价格刺激下，私营农业放弃生产谷物等基本粮食作物，纷纷种植利润可观的果蔬经济作物。受市场价格导向的影响，阿尔及利亚的粮食危机进一步加强，国家不得不继续增加食品进口。

沙德利政府在第一个五年计划中规划的谷物产量为平均每年3000万公担，实际上这一时期的产量仅达到年均1730万公担，远低于预期。1979年国内农产品产量尚能满足52%的国内消费，到1984年仅能满足20%。结果导致进口外国商品的资金不断增加，从1979年的324亿第纳尔增至1984年的512亿第纳尔。[3]第二个五年

① 参见 Karen Pfeifer, *Agrarian Reform Under State Capitalism in Algeria*, Westview Press, 1985, p. 234。

② 参见 World Bank, "Algeria: The 1985—1989 Development Plan and the Medium-and Long-Term Prospects", Report No. 6607-AL, 1987. 参见 http://document.worldbank.org/curated/en/960161468003877886/Satistical-annex。

③ 参见 Mahfoud Bennoune, *The Making of Contemporary Algeria, 1830—1987*, p. 284。

计划开启后，农业发展形势进一步恶化，这一方面是由于社会主义农业区存在管理不善的问题，另一方面则是国际原油市场的变化波及阿尔及利亚整个国民经济体系，受经济危机的冲击，农业生产遭到破坏。为了能够摆脱危机，阿尔及利亚农业开始进行新一轮改革。1987年12月，沙德利政府开始对农业进行第二次结构性调整。这次改革将原来的社会主义农业区进一步分解，建立了若干小的集体农场，在土地的所有权保持不变的前提下，将土地的使用权、牲畜和设备等转交给工业工人、农业技术工程师和会计。这种新成立的农业开发集体农场最低三人，自由组合，集体劳动，并从农业发展银行获取资金支持。在耕种五年以后，这种集体农场的使用权可以出售或继承。这实际上彻底颠覆了本·贝拉和布迈丁所建立的社会主义农业部门，农业完全向市场开放，社会主义从农业部门也逐渐被取消。与之相伴随的是，国家不再直接干预农业生产经营活动。到1990年5月，社会主义部门被重组为22,356个集体农场和5677个私人耕地。①

三、沙德利时期的政治改革与挑战

黑色十月事件

1985年以后，阿尔及利亚经济形势持续恶化是这次黑色十月事件的直接原因。由于1985年开始国际石油价格持续跌落，作为长期依赖石油输出的国家，阿尔及利亚的经济遭受到明显冲击，石油收入减少了40%。②阿尔及利亚政府试图通过削减财政开支的方式来拯救衰败的经济，结果却导致普通民众的日常生活受到严重影响。与工资增长相比，物价上涨速度超出想象，特别是1988年1月至

① 参见 Keith Sutton and Ahmed Aghrout, “Agricultural Policy in Algeria in the 1980s: Progress Towards Liberalization”, *Canadian Journal of African Studies*, Vol. 26.

② 石油出口在阿尔及利亚出口收入中占95%。

10月，政府削减了长期实行的食物补贴，从而导致食品价格上涨约40%。经济不景气带来了更为严重的影响，那就是失业率直线上升，大量年轻人进入劳动市场寻求工作，结果却要面对窘迫的经济形势，这使得占阿尔及利亚人口总数60%左右的年轻人构成了新的政治运动中不安定的成分。总之，严重依赖石油的畸形化经济结构产生的负面效应直接导致黑色十月政治事件的发生。

国际石油价格暴跌对阿尔及利亚经济的直接影响是生活用品的供应出现紧张，从而导致物价上涨，同时，国家又无力提供充足的物资来满足社会需求，只能通过强制性措施来平抑社会集聚的不满情绪。从1985年开始，在沿海地区的主要城市阿尔及尔、奥兰、斯基克达、君士坦丁和塞提夫等爆发了罢工、示威游行和社会骚乱，青年学生等成为这些运动的中坚力量。到1988年9月以后，阿尔及利亚的罢工运动几乎没有停止过，特别是阿尔及尔工业带地区（鲁伊巴—莱格海亚、艾尔·哈拉齐和布伊拉），警察与罢工工人的斗争更为激烈。10月2日是阿尔及利亚的学校开学日，由于学费增长幅度过大，引发了许多贫困家庭的不满，因此，许多学生准备通过罢课进行抗议。同时，阿尔及尔的邮政工人也在酝酿罢工，各种不满事件的叠加导致流言四起，阿尔及尔街头巷尾的人们都在谈论即将到来的总罢工。10月4日，流言变成了现实，阿尔及尔的学生和一些失业青年涌入了繁华的利亚德—艾尔—法斯商业文化中心，通过破坏活动来宣泄对西方化精英阶层的不满。当天夜间，警察的镇压行动造成几名儿童死伤，这一消息很快传播开来。第二天，学生（包括初等学校的学生）及其家属、失业青年在阿尔及尔城郊集结，他们准备用示威来抗议警察的残酷镇压。但示威活动很快演变成骚乱，游行队伍所经之处，公共部门和建筑无不遭到毁坏，特别是青年和体育部、教育部和商业部在骚乱中被付之一炬。阿尔及尔的骚乱很快在全国蔓延开来，演变为对政府不满情绪的集中爆发。在奥兰、比利达和安纳巴等地，参与骚乱的社会阶层在不断扩大。10月6日，为了应对危机，沙德利政府被迫宣布全国进入紧急状态，对骚乱的镇压行动随即展开。这是自独立以来，阿尔及利亚首次对全国实行军事管制。随着军队的镇压工具从警棍和催泪瓦斯升级为自动武器，骚乱的伤亡人数不断增加。根据官方数据统计，156 人在这场骚乱中丧生，而非官方的媒体计算，死亡人数当在 250 至 500 人左右。[①]

10 月 7 日以后，伊斯兰主义者的加入使抗议运动进入到新的阶段，他们成为这场运动的组织者和领导者，而清真寺则成为运动的组织和指挥中心。一个阿尔及尔贫民区的伊玛目阿里·贝尔哈吉（Ali Belhadj）吸引了诸多的追随者。他们希望通过伊斯兰教教职人员的社会组织能力和宗教权威，将这场偶然的骚乱转变为具有明确目标的政治斗争。这一时期的伊斯兰主义者参与政治斗争的主要目标是希望能够争取到与政府进行正面对话的机会，进而获得政府的承认。阿里·贝尔哈吉甚至宣称，他已经做好与政府对话，共议时局。这一时期的伊斯兰运动虽然处于上升时期，但其对这场政治骚乱的影响仍然是有限的。在全国范围内，示威游行中最流行的口号往往是伊斯兰主义、平民主义和民主的混合体[②]，“真主至上”“伊斯兰共和国”的口号往往与“主权在民”“还我权力”等夹杂在一起。

10 月 8 日，内政部长发表电视讲话，暗示形势的发展已非安全部队所能掌控，他要求民众保持冷静。但骚乱仍在继续，这迫使国家不得不改变策略。10 月 10 日，沙德利总统会见了马赫福德·纳赫纳赫（Mahfoud Nahanah）、谢赫·萨努恩（Sheikh Shanoun）、阿巴斯·马达尼和贝尔哈吉等伊斯兰运动的领袖，随后发表了电视讲话。沙德利向民众承诺，将立即采取措施降低物价，增加日用品的供应。在谈到当前的政治形势时，沙德利宣布：“我确信是时候进行必要的政治改革、重新修订制度框架和宪法基础，以便适应下一步形势的发展……在这件事情上将由人民作出决定……我们将结

① 参见 John Ruedy, *Modern Algeria: the Origins and Development of a Nation*, Second Edition, p. 248。

② 参见 Frederic Volpi, *Islam and Democracy: the Failure of Dialogue in Algeria*, Pluto Press, 2003, p. 42。

束当前对责任的垄断，并允许国家、议会及其他官方制度发挥控制和管理国家的作用。”[①] 当天夜里骚乱开始平息，第二天早晨示威运动全部结束。10 月 12 日，沙德利总统宣布解除全国的紧急状态，军队陆续回归到兵营。

十月事件是阿尔及利亚独立后最重要的政治事件之一，它在阿尔及利亚政治发展史上留下了难以抹去的痕迹。有学者称，黑色十月是阿尔及利亚自八年反法斗争以来最重要的历史事件。首先，十月危机改变了军方的形象。自独立以来，军队因其背负的革命荣誉而在政治生活中占据重要的位置，在多个重要的转折关头，军队都成为历史的仲裁者。但十月危机中，军方第一次以平民为目标使用暴力，被冰冷的子弹击倒的不仅仅是脆弱的民众，还有军方历史上的光辉形象。其次，十月危机是国家与社会关系破裂的转折点。沙德利失败的改革造成政府与民众关系持续恶化，从 1985 年以来的暴力事件说明，沙德利政府以暴力求稳定的政策并没有获得预期的效果。十月事件标志着阿尔及利亚国家机器在处理社会反抗问题上的第一次失败。最后，十月危机带来了意想不到的政治突破。在十月危机的解决过程中，国家被迫对社会的政治诉求做出回应，这为进一步的政治改革打开了大门。在此之后，阿尔及利亚政治改革步伐加快。改革可能意味着沉疴旧弊的去除，也意味着新的历史选择的开始。

政治民主化改革

作为处理十月危机的权宜之计，沙德利承诺的政治改革稍后便被提上日程。1988 年 10 月 23 日，政府公布了一份政治改革计划，主要包括如下内容：国家与民族解放阵线分离；开放市政和立法选举的候选资格；群众性组织独立等。[②] 由此可见，开放政治体系成为

① Frederic Volpi, *Islam and Democracy: the Failure of Dialogue in Algeria*, p. 43.

② 参见 Benjamin Stora, *Algeria, 1830—2000: a Short History*, Cornell University Press, 2001, p.197。

阿尔及利亚政治民主化的新特征。很多国际观察家对阿尔及利亚政治改革的突然性深感震惊，因为沙德利总统此前的改革只是局限在经济的自由化和市场化领域，并未表现出政治改革的迹象。

11月3日，阿尔及利亚举行了对宪法进行修订的全民公决，民众以92.27%的支持率予以通过。新一轮的改革给人民带来了新的希望，《阿尔及利亚时事周刊》写道："十月事件中的孩子们与1945年5月8日、1954年11月、1962年12月[①]的孩子们有着惊人的相似点……在孩子们之间存在的不仅相似，还有一致的需求，除非我们否认现代阿尔及利亚民族解放运动的历史。清醒地观察我们的历史，谦卑地研究事实，一切的事实，避免任何的排斥行为，将会确保解决我们的问题。因此我们必须不加过滤地寻回我们的记忆，所有的记忆。"[②]通过媒体，官方希望表达的信息是，一方面淡化十月事件的政治冲突性质，另一方面则是将十月事件纳入官方革命话语，并予以新的解释。1988年12月22日，沙德利作为唯一的候选人再次当选为阿尔及利亚总统。随着新的总统任期的开始，新的民主化改革也真正开启。1989年2月23日，阿尔及利亚全民公决通过了该国独立以来的第三部宪法。与1976年宪法相比较，1989年宪法做了如下修改：第一，国家性质。1976年宪法把阿尔及利亚定义为社会主义国家；1989年宪法删除了有关社会主义的内容，将阿尔及利亚定义为民主人民共和国。第二，人权。1976年宪法规定保障人的基本权利和自由；1989年宪法则在很大程度上反映了自由派的主张，使用了很多西方的人权概念，保障公民的言论、结社等基本权利和自由。（第39章）第三，权力结构。与1976年宪法相比较，新宪法的这一部分内容最为引人瞩目。1989年宪法加强了总统的权力，重新界定了国家与民族解放阵线的关系，删除了民族解放

---

① 1945年5月8日，阿尔及利亚民族主义者领导了要求民族独立的群众示威游行，遭到法国殖民当局镇压，4.5万名穆斯林被杀害。1954年11月1日，民族解放阵线打响了反抗法国殖民统治的第一枪。1960年12月，戴高乐访问阿尔及利亚期间，阿尔及尔等地发生暴力示威游行，游行遭到当局镇压，导致120人死亡。

② *Algerie-Actualite*, Nov. 24, 1988.

阵线是国家唯一政党，是社会的领导力量，是社会主义革命的指导、规划和鼓动机关等内容。[①] 此外，新宪法还确立了行政、立法和司法三权分立以及依法治国等原则。第四，政党。新宪法第 40 章规定，公民有建立政治性组织的自由。除此之外，宪法还增加了突出伊斯兰地位的条款，并对军队在国家中的作用进行了新的说明，这部宪法在一定程度上体现了政治自由化和多元化。

1989 年宪法是阿尔及利亚走向多元民主政治的开端，它在某种程度上受到民主化浪潮在全球范围扩张的影响，试图用西方的政治权力观念来重构阿尔及利亚的政治结构。布迈丁时代遗留下来的权力结构成为被改革的对象，并通过颁布宪法的方式在法律上被宣告终结，其传统的权力支柱：总统、军队和政党，三者的关系开始分崩离析。总统是这次宪法修正的受益者，其权力得到了加强，例如总统具有任命总理和内阁的权力，若遭到议会否决，总统可以提名新的政府，如再次遭到否决，则议会将会解散，并进行新的议会选举。除了总统权力加强外，民族解放阵线和军队的地位都在宪法中予以重新界定。民族解放阵线失去了唯一执政党的身份，而军队参加社会主义建设和国家发展的内容被取消，其任务主要是维护民族独立，保卫国家主权、国家统一和领土完整。[②]1989 年 3 月，军方被迫从民族解放阵线中央委员会中撤出，军队从形式上不得再参加任何政治意义的组织和机构，其职能依照新宪法规定，超脱于政治之上。同时，为了迎接未来的多元民主选举，沙德利又着手民族解放阵线内部的改革。总之，在政治生活获得新生之前，阿尔及利亚原有的、占统治地位的政治力量正在丧失竞争力，他们在民主化进程中将面临更大的挑战。

政治反对派的形成

早在十月危机期间，大量非法的独立组织就开始涌现——学生、

---

① 参见赵慧杰编著：《阿尔及利亚》，社会科学文献出版社 2006 年版，第 115 页。

② 同上书，第 114 页。

教师、记者、律师和医生等——他们要求政治体系对十月事件负责，并做出基本的转变。[①] 到 1989 年夏，一些政治组织开始游说政府，要求承认其政党身份。7 月初，国家通过一部新的政党法，内政部长称其为走向多党制不可或缺的一步。阿尔及利亚新的政党法规定，任何政党的成立不得以宗教、语言和地区主义等排他性要素为政治基础。但阿尔及利亚的实际情况是，社会处于新的分化和整合阶段，除民族解放阵线外，并不存在具有这样特征的政治组织。因而，一些以宗教、民族和地区为基础的政党获得了国家的承认。到 1991 年初，已有 33 个组织得到官方认可，其中包括 30 个世俗倾向和 3 个宗教倾向的政党。这一时期得到承认的世俗倾向的政党主要有：

社会主义力量阵线（Socialist Force Front）。该党创建于 1963 年，在阿尔及利亚独立初期进行反政府起义失败后，主要在西欧的阿尔及利亚侨民中活动，其领导人侯赛因·艾特·艾哈迈德（Hocine Ait Ahmed）宣扬柏柏尔人和阿拉伯人平等交流为基础的文化多元主义。其影响力主要集中于阿尔及利亚的柏柏尔人聚居区。

争取文化和民主联盟（Rally for Culture and Democracy）。该党成立于 1989 年 2 月，主要以柏柏尔人为基础，其领导人为赛义德·萨迪博士（Said Saadi）。该党视捍卫柏柏尔文化权利为己任，提倡男女平等。

社会民主党(Social Democratic Party)。该党成立于1989年3月，主要由一些企业家、学者和自由职业者组成，阿卜杜拉赫曼·阿杰里德（Abderrahmane Adjerid）为其领袖，该党自称是中间派政党。

除上述三个世俗倾向的政党外，还有社会主义进步党等。而具有宗教倾向的政党主要有：

伊斯兰拯救阵线（Islamic Salvation Front）。该党成立于 1989 年 2 月 18 日，3 月 10 日在本·巴迪斯清真寺公开宣布成立。主要领导人为阿巴斯·马达尼和阿里·贝尔哈吉。

---

① 参见 John Ruedy, *Modern Algeria: the Origins and Development of a Nation*, Second Edition 2005, p. 249。

哈马斯（HAMAS, Movement for Islamic Society）。[①]该党是马赫福德·纳赫纳赫在与伊斯兰拯救阵线分裂后创立，其思想意识接近于穆斯林兄弟会，致力于在全国范围内创建草根性质的政治组织。

伊斯兰复兴运动党（An-Nahda）。该党由阿卜杜拉·贾巴拉赫在君士坦丁地区创立，其影响力不及上述两个伊斯兰政党。

伊斯兰拯救阵线的意识形态和主张

伊斯兰主义者是十月危机后阿尔及利亚一系列政治变革中最大的受益者，他们通过组织和领导示威运动，将缺乏明确政治目标的骚乱引向有诉求的政治抗议。他们通过对国家失败的无情批判，吸引了众多的追随者，尤其是在青年群体中影响最大。伊斯兰主义者通过给十月事件注入伊斯兰特征，从而获得了在国家层面与政府对话的权力，然而其最重要的转折点则在于完成了 20 世纪 80 年代以来伊斯兰运动的组织化和政治化，并创建了以国家政治权力为指向的最大的伊斯兰政党——伊斯兰拯救阵线。（以下简称为“伊阵”）

第一，伊阵的组织结构。

1989 年 2 月，15 名伊斯兰主义者成立了伊斯兰拯救阵线。由于宗教和政治观念不尽相同，在随后的几个月里，该组织内部争吵不断，这些内部分歧最终导致部分成员退出了这一新的政治组织。阿巴斯·马达尼和贝尔哈吉成为伊斯兰拯救阵线公认的领袖。在该党成立初期，还没有形成明晰的组织框架，只是在党的成立宣言中提及，该党是由 35 人组成的协商委员会（Majlis Shura）负责党内各项事宜。直到 1991 年 1 月，阿巴斯·马达尼仍然表示，伊斯兰拯救阵线的组织结构建设还没有完成。但伊阵在集会和示威游行中表现出的高度组织性和纪律性表明，该党的组织系统已出现雏形。[②]伊阵的组织形式类似于民主集中制，下设两个全国执行局，

① 该党与巴勒斯坦的哈马斯同名，但无任何组织上的联系。

② 参见 Michael Willis, *The Islamist Challenge in Algeria: a Political History*, p. 143。

一个代表男性，另一个完全负责女性事务。[①]全国执行局是伊阵的最高决策机构，马达尼、贝尔哈吉、本纳祖兹·泽比达（Benazouz Zebda）和哈查米·萨努恩（Hachami Sahnouni）是执行局的最高领导人。伊阵还设立省市甚至街区人民会议，负责处理地方各级事务，他们构成了自上而下式的党内结构体系。特别是其基层组织——街区委员会通过清真寺将民众组织起来，它既负责讲经布道，又履行政党基层组织机构的职责。同时，清真寺之间通过五个委员会——组织和协调委员会、教育委员会、计划委员会、宣传委员会和信息委员会，构成横向的交流网络。到1990年11月，党内分工已日渐清晰，伊阵下设九个相关部门——教育、电信、旅游、交通运输、卫生、社会事务、工业、能源和石化等，俨然构建出了一套完整的组织体系雏形。

第二，伊阵的意识形态和理念。

阿尔及利亚的伊斯兰运动从未形成过统一的思想意识，伊阵便是由两种不同思想倾向的伊斯兰主义派别组成，包括激进的萨拉菲派（Salafis）和温和的贾扎拉派（Djazara）。萨拉菲派是本·巴迪斯改革主义思想的继承者，阿卜杜拉提夫·苏尔坦尼（Abdelatif Sultani）和谢赫·萨努恩是阿尔及利亚独立后改革主义的主要倡导者。该派主张通过积极的政治参与，甚至以“圣战”的方式实现阿尔及利亚国家和社会的伊斯兰化，其成员多数为接受传统阿拉伯语和伊斯兰教教育的伊玛目，受埃及的穆斯林兄弟会和沙特的瓦哈比运动影响较大。

贾扎拉派主要是由接受过法语或双语教育、了解现代科学和技术的大学教员和学生组成，他们是马利克·本纳比（Malek Bennab）思想的追随者。该派强调伊斯兰信仰的社会功能，宣传伊斯兰教与现代科学的兼容性，推动阿尔及利亚从传统社会向现代社

① 参见 Abder Rahmane Derraji, *A Concise History of Political Violence in Algeria, 1954—2000: Brothers in Faith, Enemies in Arms*, The Edwin Mellen Press, 2002, p. 206。

会的转变，重视伊斯兰认同的阿尔及利亚层面[①]，因此也被称为阿尔及利亚主义者。

总体来看，伊阵由上述两派组成，接受过传统的伊斯兰和阿拉伯教育、口才雄辩的贝尔哈吉是萨拉菲派的主要代表人物；而拥有英国教育学博士学位、思想温和的马达尼是贾扎拉派的代表人物。尽管存在思想意识上的分歧，但这并没有成为双方合作的障碍，相反的是，这种激进与温和的“二重唱”机制反而成为伊阵进行群众动员的最佳工具。

除了组织内部表现出来的明显思想分歧外，伊阵还在它的官方刊物《拯救》（*The Saviour*）上宣扬一种二元论的意识形态，它把世界划分为两个部分：伊斯兰的世界与迷途者的世界。伊斯兰的世界由分布在全球各地的穆斯林组成，无论其身在亚洲、欧洲还是世界的任何一个角落。而迷途者的世界则主要由非穆斯林所组成，而且阿尔及利亚具有世俗主义倾向的组织和政党也赫然在列。总之，伊阵的意识形态可以归纳为：伊斯兰是解决一切问题的出路。因此，必须在沙里亚法基础上建立伊斯兰国家和社会制度，进而实现阿尔及利亚政治、经济和社会文化的阿拉伯化和伊斯兰化。

第三，伊阵的基本纲领和主张。

伊阵自创建以来，并未发表过完整的施政纲领，关于执政后的社会改造方案也是在多种场合下偶尔有所提及。现将伊阵的主要纲领和主张归纳为如下几点：

经济方面：伊阵的总体经济思想是，经济政策必须建立在供求平衡基础之上，注重质与量的相互补充关系，并兼顾人口增长、文化发展和经济独立。[②]农业方面主张，农业政策应在沙里亚法和公正的框架下制定，集中发展养殖业以满足日用品的供应，注重农业科学和技术的发明和推广。工业上，鼓励成立中小型企业以创造更多

---

① 参见 Salwa Ismail, *Rethinking Islamist Politics: Culture, the State and Islamism*, I.B.Tauris, 2003, p. 126。

② 参见 Michael Willis, *The Islamist Challenge in Algeria: a Political History*, p. 139。

的就业机会，实现工业品的自给自足，以规避对外部因素的依赖；鼓励工业技术和科学方面的创新，提高工人地位，保护工人权利；限制国家对工业的干预，保护私有企业权益。商业上，进行商业改革，防止高利贷和垄断以及一切形式的寄生行为；修订现行市场政策，打击黑市，鼓励竞争；在沙里亚法基础上修订价格政策，创造买卖平衡的秩序；在经济独立的基础上修订对外贸易政策。[1]

政治方面：执行伊斯兰沙里亚法，在公正、有效和集中的基础上遵照中正的原则解决当前的问题；在科学和相关知识中寻找解决问题的方法；恢复阿尔及利亚穆斯林的信心，使他们摆脱殖民主义泥淖的困扰，走出对新殖民主义依赖的恶性循环；为了避免政治纲领流于空谈，有义务为政治过程提供方法论指导。伊阵将遵从人民意愿，任何成就的取得都是努力和吉哈德的结果，这是先知及其同伴走过的路，而后者是团结的榜样。[2]

社会方面：在教育上，教育政策的制定遵循伊斯兰的方法，全体公民不分部落、地区、种族或宗教，均享有受教育的权力[3]，教育的目标是提高学生的竞争力和专长，在沙里亚法的基础上建立伊斯兰价值和行为准则，并以减少失业为教育导向。在家庭问题上，依照沙里亚法进行家庭改革，保障以家庭为纽带的社会关系结构，为家庭成员提供就业机会，以改变移民现象，同时改革住房政策。在妇女问题上，伊阵主张提高妇女的宗教水平和素质，重新确定妇女的伊斯兰身份，以阻止其堕落和盲目模仿。[4]同时，规定妇女的主要社会角色在家庭，主张在阿尔及利亚实行性别隔离。

第四，伊阵的“非殖民化”宣传。

伊阵通过“非殖民化”的宣传，削弱独立以来政治生活的合法性，并在选举中取得了重大的胜利。伊阵的“非殖民化”宣传和斗争主

---

① 参见 Abder Rahmane Derraji, *A Concise History of Political Violence in Algeria, 1954—2000: Brothers in Faith, Enemies in Arms*, The Edwin Mellen Press, 2002, pp. 267—274。

② 同上书，第 260—261 页。

③ 同上书，第 278 页。

④ 同上书，第 283 页。

要集中在以下几个方面。

政治“非殖民化”。伊斯兰主义者认为1962年法国从阿尔及利亚撤离是经过精心安排的，戴高乐政府对阿尔及利亚有其长远的战略部署，这一战略最突出的表现就是在阿尔及利亚安插代理人。该战略的实施共分为三个层面：第一个层面是将在法国军队服役的土著军人渗透进民族解放军，并成为其主导力量；第二个层面是在阿尔及利亚行政体系中招募亲法分子；第三是完成地方层面的代理人安排。通过这一战略，能够保证法国撤离以后，其根本利益不会受到损害。自从独立以来，军队在阿尔及利亚政治生活中始终扮演最终决策者的角色，而军队中的很多高级军官都有过在法国军队中服役的历史，如贝尔克海尔（Belkhir）和拉马里（Lamari）等，直至20世纪90年代他们仍是阿尔及利亚政治生活中的活跃人物。在伊斯兰拯救阵线的宣传中，阿尔及利亚从未摆脱过外国的控制，形式上的政治独立并不代表政治“非殖民化”的结束。

经济“非殖民化”。实现经济独立是阿尔及利亚完成政治独立以后追求的目标，特别是布迈丁时期推行了以工业化为引擎的经济发展战略，在石油美元的刺激下，阿尔及利亚经济发展取得了很大的成功。但是，布迈丁时期的工业化并不能从根本上脱离西方主导的经济秩序，相反，由于对资金和技术的需求，阿尔及利亚又形成了对旧有世界体系新的依附关系。沙德利的经济自由化改革更加剧了对西方的依赖，这造成失业率下降、人民生活水平急转直下的局面。对此，伊阵提出了经济发展的替代方案，它主张实现生产与消费之间的平衡，产品质与量之间的相互补充，同时兼顾人口增长、文化发展与经济独立的必要性。正是由于伊阵强调经济独立，才使它在多党竞争中脱颖而出，并得到众多选民和私有企业的支持。

文化“非殖民化”。阿尔及利亚经历了130多年的殖民统治，法国文化对其影响非常深远，特别是阿尔及利亚的精英阶层，基本上都是接受过法语教育，因而在独立后的经济生活中占据重要的位置。布迈丁时期推行的“文化革命”试图实现阿尔及利亚社会的“再阿拉伯化”，但结果证明这样的状况没有得到太大的改变，接受阿拉伯语教育的阿尔及利亚青年很难在就业市场觅得工作。这种以语言表现的民族文化的削弱反映了这样一种现象：从某种程度上讲，伊斯兰运动就是在受帝国主义影响的文化象征与实践主导的世界里寻求认同的绝望表达。[①]

第五，伊阵的斗争目标和策略。

在 1989 年官方宣言上，伊阵强调了该党的主要目标和策略：维护穆斯林共同体的统一；用伊斯兰代替输入的意识形态；坚持中间道路；实行策略上的中正；共同行动；鼓励主动精神；捍卫伊斯兰历史和文化遗产。[②]伊阵的最高目标是在阿尔及利亚建立伊斯兰的统治，实现阿尔及利亚的伊斯兰化。为了实现上述目标，伊阵提出了和平斗争策略和直接行动策略。所谓和平斗争策略，也称为非暴力反抗策略（Civil disobedience），共包括以下几个阶段：1. 散发小册子。通过这种形式进行政治宣传，来表明该党对相关事件、政策、法律和决定的观点和看法。2. 递交请愿书。通过收集大量的签名，向政府表达对相关问题的民意及解决方法。3. 组织示威。通过示威者的行为和标语，来展示公众情感，并吸引更多的支持者。4. 游行。通过游行示威的行为，吸引更多民众对问题的关注。5. 发表最后通牒。如果以上步骤未能实现目标，则向政府发出最后警告，如若以失败告终，则斗争转入直接行动阶段。所谓直接行动策略是指通过与政府直接对抗的方式来实现短期目标，具体说来主要有：1. 撤离和孤立。通过同时撤离工作岗位和街道的方法，表达民众的意愿。2. 抵制和不合作。切断与政府的一切沟通和联系方式。3. 静坐。通过静坐的方式要求政府承认其职责和权利。4. 罢工。从一切工作岗位中撤离，其主要目标是通过民众罢工来对抗政府。5. 总罢工。争取让所有人

① 参见 Marnia Lazreg, “Islamism and the Recolonization of Algeria”, *Arab Studies Quarterly*, Spring 1998。

② 参见 John Ruedy, *Modern Algeria: the Origins and Development of a Nation*, Second Edition, p. 252。

都参与到罢工行动中来，直至政权崩溃。6. 权威的替代和转移。即通过对抗的方式颠覆政府，并取而代之。

实际上，伊阵在政治斗争中使用的策略远比上述方法灵活，如在十月危机中，它通过机会主义的策略成为最大的赢家；在成立政党问题上，当其他社会力量和派别还在观望的时候，伊阵采取冒险主义的策略，一跃成为最具竞争力的反对党。由此看见，正是由于伊阵斗争策略的成功，使其成为政治民主化的最大受益者，也是独立后政权的最大挑战者。

民主化实验的结果

新的政党法颁布以后，各党派纷纷要求国家尽快举行人民议会选举。沙德利总统以讨论此事为时尚早为由予以拒绝，但他表示1990年6月将举行地方和省级议会选举。不久，选举法出台，它规定各政党需要在所在的选区进行登记，如果选举结果是某一政党获得绝大多数选票，则将在获得选票数量7%以上的政党间按所获票数比例分配议会席位；若无一政党获得绝对多数，则获得选票最多的政党将得到51%的席位，余下议会席位在获得7%以上选票的政党间按比例分配。此选举法一经颁布便饱受诟病，因为其完全偏袒大党利益（民众普遍认为新选举法是为了维护民族解放阵线的利益），而置小党于不利地位。依照此选举法，其结果可能导致小党在议会中席位较少而缺乏政治影响力。艾特·艾哈迈德和本·贝拉号召阿尔及利亚人民抵制这次议会选举。然而，6月12日选举如期举行，由于多数世俗主义政党的抵制，全国仅有65%的选民参与投票。随后公布的投票结果让所有人感到震惊，伊阵获得了54%的支持率，而民族解放阵线仅获28%的选票，在阿尔及利亚的第一次民主试验中，伊阵大获全胜。根据选举法，在全国1541个市镇中，伊阵控制853个（包括阿尔及尔、奥兰、君士坦丁和安纳巴等大城市）；在全国48个省级议会选举中，伊阵在32个省获得胜利。

1990 年 6 月市镇选举结果

政党	得票数	得票率（%）	获胜市镇	席位
伊斯兰拯救阵线	4,331,472	54.3	853	5,987
民族解放阵线	2,245,798	28.1	487	4,799
争取文化和民主联盟	166,104	2.1	87	632
团结和发展民族党	131,100	1.6	2	134
其他党派	179,036	2.2	4	143
独立候选人	93,278	11.7	106	1,189

投票人数：8,366,760（65.2%）

有效票数：7,984,788（62.2%）

Source: Michael Willis, *The Islamist Challenge in Algeria: A Political History*, ITHACA Press, 1996, p.393.

1990 年 6 月省级议会选举结果

政党	得票数	得票率（%）	获胜省	席位
伊斯兰拯救阵线	4,520,668	57.4	32	1,031
民族解放阵线	2,166,887	27.5	6	667
争取文化和民主联盟			1	55
团结和发展民族党	1,182,445	15.0	0	8
其他党派			0	13
独立候选人			1	99

投票人数：8,238,921（64.2%）

有效票数：7,877,000（61.3%）

市镇选举结果呈现民族解放阵线和伊阵分庭抗礼的局面早在社会各阶层的预料之中。在市镇议会选举的前夜，沙德利还对一位外交官预测，伊阵获得的选票不会超过 20%—25%[①]，但出乎意料的是，伊阵最终在选举中胜出并成为阿尔及利亚第一大党。伊阵的强势胜

① 参见 Michael Willis, *The Islamist Challenge in Algeria: a Political History*, p. 134。

出绝非偶然现象，投票箱的背后隐藏着其成功的诸多原因。

第一，人们对民族解放阵线政府缺乏信任，尤其是沙德利总统执政以来，作为执政党的民族解放阵线几乎成为国家经济、政治失败的替罪羊。尽管沙德利提出了复兴民族解放阵线的主张，但并未提出适应新国情的发展战略和施政纲领。与此同时，在推行政治民主化改革以后，民族解放阵线党内部开始出现分裂，各种利益集团的争吵使其难以成为一个团结、有竞争力的政党。

第二，其他世俗主义政党抵制本次选举，从而影响了投票率。一部分选民为了表达对执政党的不满，将选票投给了伊阵。还有一部分选民由于自己支持的政党没有参加选举，为了不浪费选票，因而策略性地将选票投给了伊阵。参加选举的一些较小的世俗的和宗教的政党，由于自身缺乏竞争力，更加无力挑战伊阵的地位。

第三，伊阵获胜最根本的原因在于其自身所具有的优势。（1）伊斯兰特征。作为政党的伊阵在多党体系中的功能就是通过其组织机构宣传伊斯兰政治思想理念以及政治纲领，实现社会政治文化的再伊斯兰化，最终建立以经训和沙里亚法为基础的伊斯兰国家。为了实现这一从边缘到中心的转变，伊阵从两个方面论证其政治的合法性。首先，“正本清源”，强调伊斯兰才是民族主义革命的真正传统。自独立以来，民族解放阵线就以革命继承者的身份进行执政，并独占对革命的解释权。伊阵认为伊斯兰是 1954 年革命的真正本质，只是到革命胜利以后，民族解放阵线背离了革命传统，将伊斯兰边缘化，而伊阵正是这种革命本质继承发展的客观结果。马达尼表示，伊阵的诞生是一件植根于国家历史中的大事件，作为武装反抗殖民主义的民族解放阵线随着自由和独立而终结，接下来要做的就是在伊斯兰和 11 月原则基础上建设自由、独立的国家。[①] 由于独立后民族解放阵线对伊斯兰的背离，导致国家陷入困境，当前伊阵要做的就是拯救这一已丧失的革命遗产。其次，伊斯兰是解决问题的唯一出路。

---

① 参见 Martin Evans and John Phillips: *Algeria: Anger of the Dispossessed*, Yale University Press, 2007, p. 148。

在伊阵的意识形态中，经训和沙里亚法是一切社会改造计划的基础，具体政策的制定也需要体现出沙里亚法的精神。在伊阵看来，阿尔及利亚的经济危机不存在客观物质根源，它终将在道德和宗教信仰的复兴中找到出路。[①]伊阵从伊斯兰宗教角度出发，强调社会正义和道德的重要性，迎合了人们对社会现状不满的心理。伊阵以清真寺为基础的组织方式又为这种不满提供了宣泄的场所，因而吸引了众多追随者。（2）阵线政治特征。伊阵在某种程度上，就是一个思想意识存在差异性的诸多团体组成的政治阵线型组织。从 1990 年市镇选举的结果可以看出，伊阵的支持者主要是快速城市化造成的城市贫民阶层以及经济改革中出现的、急于摆脱政府束缚的小商人。城市化进程越快的地方，伊阵的支持者越集中。反观民族解放阵线党，其主要支持的区域大多集中在偏远农村。在伊阵的动员下，大量没有明确意识形态导向、但积聚满腔愤懑和热情的青年人加入到伊阵的行列。另外，伊阵的政治阵线特征还使其对外部表现出多种不同的声音，因而有学者将其归纳为“双头型领导”下的“多声部合唱”。[②]特别是在民主问题上，贝尔哈吉明确拒绝民主，“民主在真主的世界里是个陌生人，要警惕那些声称伊斯兰存在民主概念的人。伊斯兰教没有民主，只存在有规模和限制的舒拉（Shura）……我们不是一个按多数—少数逻辑思考的民族，多数并不代表真理”。[③]而马达尼则完全遵从民主的原则，他表示：我们将会尊重少数，即使它仅由一票构成。在实施沙里亚法上，二人的观点也不尽一致。马达尼表示沙里亚法的实施要一步一步进行，是一个长期的目标，而贝尔哈吉则声称，他希望直接实行沙里亚法，沙德利应立即辞职。[④]然而两个人迥然相异的风格不但未影响合作，反而相得益彰，吸引了大

---

① 参见 *Algerie-Actualite*, 19. Oct. 1989。

② 参见蔡佳禾：《当代伊斯兰原教旨主义运动》，宁夏人民出版社 2003 年版，第 132 页。

③ Michael Willis, *The Islamist Challenge in Algeria: a Political History*, p. 144.

④ 参见 Penny Gibbins, “Algeria: a Revolution in Question”, *The Middle East*, July 1990。

批不满的阿尔及利亚人。[①]

伊阵的胜利对民族解放阵线来说无疑是个沉重的打击，由此引发了民族解放阵线党内进一步的分裂。1990年秋，民族解放阵线出现新一轮的退党高潮，很多有政治影响力的人物退出该党，包括前总理卡斯迪·默巴赫和阿卜杜哈米德·布拉西米等人，这导致民族解放阵线的政治影响力进一步削弱。布拉西米更是公开宣称，独立以来，历届民族解放阵线政府共从国库窃取了260亿美元，这一数字恰与阿尔及利亚的外债数目相当。[②]所有的一切事情都朝着不利于民族解放阵线的方向发展，严重动摇了这个执政20多年政党的根基。

伊阵的胜利引发了阿尔及利亚社会进一步的分裂。柏柏尔人惊恐地关注着阿拉伯人愤怒的宣泄，世俗主义者焦虑地感受着伊斯兰运动带来的强大压力，而阿拉伯主义者则恣意地表达着对法语精英的不满。人们用叛逆对政府诉说着强烈的挫折感，总之，一种对抗的氛围在阿尔及利亚人中间弥散开来。阿尔及利亚法语阶层的危机意识尤为强烈。由于对前途命运的担忧，1989年共有2000多名律师和医生逃往法国。1990年10月，很多大学的教师出于同样的恐惧离开了阿尔及利亚。[③]

伊阵的群众动员与政治激进化

伊阵从政治的边缘到中心的转变过程也是其政治主张、纲领和意识形态社会化的过程，这一方面表现为伊阵的伊斯兰化主张对阿尔及利亚社会结构的改造，另一方面则表现为在伊阵动员下群众不断扩大的、持续性的政治参与。在市镇和省级选举胜利后，伊阵通过两次大规模的群众动员——海湾危机和议会选举法危机，巩固了

---

① 参见 Robert Motimer, “Islam and Multiparty Politics”, *Middle East Journal*, Autumn 1991。

② 参见 William B. Quandt, *Between Ballots and Bullets: Algeria's Transition from Authoritarianism*, Brookings Institution Press, 1998, p. 53。

③ 参见 Martin Evans and John Phillips: *Algeria: Anger of the Dispossessed*, Yale University Press, 2007, p. 158。

其获得的政治地位。1990 年 8 月，萨达姆·侯赛因发动了入侵科威特的海湾战争，这在阿拉伯国家引起了强烈的反响，纷纷谴责伊拉克的入侵行为。受沙特财政支持的伊阵最初也加入到谴责入侵者的行列。与阿尔及利亚政府的口头谴责不同，伊阵更多地表现为一个行动者。在 1990 年 8 月至 9 月间，伊阵派出调停团奔赴伊拉克和沙特进行斡旋，虽然这些调停活动未果，但却标志着伊阵第一次成功地卷入了泛阿拉伯事务之中，其影响力超出主权国家层面。随着美国领导的多国部队的介入，舆论导向风云突变，激进情绪逐渐占据主导。萨达姆从侵略者转变为伊斯兰世界的捍卫者。1991 年初，伊阵领导示威游行，抗议西方国家干涉海湾政治，并要求政府为伊斯兰志愿者提供军事培训。面对伊阵的狂热态度和激进诉求，政府毫无作为。这次群众动员的结果是，政府的不作为进一步削弱了其统治的合法性，伊阵由于与伊拉克穆斯林兄弟并肩战斗，而进一步强化了其伊斯兰价值的地位和激进化的政治趋势。

随着街头政治被激进情绪支配，新的政治改革也被迫提上日程。伊阵公开要求国家进行议会和总统选举，伊阵表示如果政府拒绝，政府将会被群众推翻。阿尔及利亚总理哈姆鲁什（Hamrouche）表示，在经济改革未见成效之前，进行政治改革不是明智之举。但在伊阵所施加的强大压力下，沙德利总统最终做出了妥协，他同意在 1991 年上半年举行议会选举。1991 年 4 月，议会选举法出台，这次选举法在制定时明显吸取了此前市镇选举的教训，对民族解放阵线的偏袒倾向也更加明显。特别是在市镇选举中，民族解放阵线获得支持率较高的南部、东部和边远农村地区，选票比重明显增加，这显然与当地选民人数的比重是失调的。除此之外，选举法还规定，不得以清真寺和学校作为竞选场所，并禁止丈夫代替妻子行使投票权。沙德利还宣布，议会选举将在 6 月 27 日开始。这一部带有政治倾向性的选举法显然不能被雄心勃勃的伊阵接受，在伊阵看来，参与这样的选举无异于陷入了一场政治阴谋，因此伊阵决定举行总罢工来向政府施加更大的压力。5 月 25 日，总罢工正式开始，但只有为数不多的伊斯兰主义者投身于这次“推翻现政权”的运动。哈姆鲁什呼吁罢工不要采取暴力形式，不要占领公共建筑。伊阵做出积极回应，罢工采取了游行的方式，且仅占领了几处标志性的公共场所。但伊阵的积极回应并未换来政府的妥协，伊阵发言人表示，如果不取消选举法并提前举行总统选举的话，伊阵将发动“圣战”。[①]伊阵的咄咄逼人和政府的软弱引起了军方的不满。6 月 4 日，在国防部长尼扎尔（Nazzar）的建议下，沙德利宣布施行全国戒严。第二天，哈姆鲁什宣布辞职。随后，军方与伊斯兰主义者发生冲突，导致 50 多人死亡，数百人被捕。6 月 27 日，新上任的总理格扎利（Sid Ahmed Ghozali）承诺修改选举法，并于 1991 年末举行自由且公正的议会选举。伊阵非常满意这次罢工带来的政治变化，虽然罢工被镇压，但却赢得了政治上的胜利。在这次罢工事件中，伊斯兰运动也表现出新的发展趋势。群众一旦被动员起来，往往就会具有超出动员者所能控制的独立性，这种独立性反过来又对动员者产生新的要求。阿尔及利亚的事态发展便是如此。群众的政治参与和对伊斯兰运动的热情已经不完全处于伊阵的控制之下，为了迎合群众新的政治诉求，伊阵不得不提出更加激进的主张。马达尼和贝尔哈吉公开要求，在阿尔及利亚建立伊斯兰共和国，并以对政府发动“圣战”相威胁。6 月 30 日，军方打击了伊阵下属的准军事组织，并逮捕了马达尼和贝尔哈吉以及几百名武装人员。

这一时期的群众动员和激进主义运动，对阿尔及利亚的政治产生了新的影响。在政府层面上，军方和沙德利总统存在明显的分歧。由于沙德利与伊阵的频繁接触，很多学者将其解读为，总统试图在保住自己地位的前提下，进行新的政治投机。军方对于民主化改革的发展保持高度的警惕，以使其不会超过限度。在解决罢工事件中，国防部长与总统、总理共同出现在政治的前台，这表明军方已经准备采取行动。对伊阵来说，5 月末开始的罢工也加剧了其自身的分裂。

① 参见 William B. Quandt, *Between Ballots and Bullets: Algeria's Transition from Authoritarianism*, p. 57。

伊阵协商委员会中的温和派批评罢工运动中的激进主义倾向，而激进主义者则批评马达尼太过保守。伊阵内的贾扎拉派与萨拉菲派的分歧甚至公开化，贾扎拉派认为民主是获取权力最容易的途径，而萨拉菲派认为，参加选举实际上是间接承认了民主这个非伊斯兰的概念。[①] 正如威廉·昆特（William B. Quandt）所言，这场危机展现了一个分裂的政府与一个分裂的伊斯兰反对派之间的对抗。[②]

议会选举与军方政变

1991 年 10 月，几经妥协达成的选举法修正案被通过，这一新的选举法采用比例代表制和法国风格的两轮多数投票方法。全国被划分为 430 个选区，在每个选区内获得绝对多数者胜出。首轮议会选举定于 11 月 26 日开始。另外，新的选举法准许丈夫或妻子在出示结婚证的前提下代理投票权。这一选举法的制定同样对大党有利，但这次没有受到更多的抵制，包括社会主义力量阵线在内的一些政党均表示将会参加选举。

伊阵虽然遭到军方的打击，但并未被禁止活动。在其领导人被捕入狱的情况下，7 月伊阵在巴特纳举行会议，重新确认了马达尼和贝尔哈吉的领导地位，并选举阿卜杜卡德尔·哈查尼为临时领袖。稍后伊阵进行了较大的人事调整，部分成员被清除出伊阵。由于哈查尼等人积极有效的领导和组织，伊阵在短期内便迅速恢复。经过党内争论，伊阵最终声明：为了建立伊斯兰国家，伊阵决定参加即将到来的选举。[③]

1991 年 11 月 26 日，一次具有历史意义的选举顺利地进行了。这次选举的结果将世界惊诧的目光汇聚到了阿尔及利亚。与此前的市镇选举结果相似，伊阵再次大获全胜，席卷首轮选举 232 个席位中的

---

① 参见 Martin Stone, *The Agony of Algeria*, p. 171。

② 参见 William B. Quandt, *Between Ballots and Bullets: Algeria's Transition from Authoritarianism*, p. 58。

③ 参见 Michael Willis, *The Islamist Challenge in Algeria: a Political History*, p. 225。

188个，社会主义力量阵线获得25席，民族解放阵线仅获得15席。

1991年11月26日议会选举结果

政党	得票数	得票率（%）	席位
伊斯兰拯救阵线	3,260,359	47.3	188
民族解放阵线	1,613,507	23.4	15
社会主义力量阵线	510,661	7.4	25
哈马斯	368,697	5.3	0
争取文化和民主联盟	200,267	2.9	0
伊斯兰复兴运动	150,093	2.2	0
阿尔及利亚民主运动	135,882	2.0	0
阿尔及利亚复兴党	67,828	1.0	0
团结和发展民族党	48,208	0.7	0
社会民主党	28,638	0.4	0
阿尔及利亚正义和发展运动	27,632	0.4	0
其他党派	176,332	2.6	0
独立候选人	309,624	4.5	3

投票人数：7,822,625（59%）

有效票数：6,897,906（52%）

Source: Algerie Actualite, 2.1.92; Keith Sutton and Ahmed Aghrout, "Multiparty election in Algeria: Problems and Prospects", *Bulletin of Francophone Africa*, No.2, Autumn 1992.

这次选举尽管存在少量舞弊现象，但仍可以称得上是阿尔及利亚历史上最自由的选举。伊阵只需要在接下来的第二轮选举中获得199个席位中的28个就可以赢得国民议会中的绝对多数，如再获得超过99个以上的席位，就将在国民议会中形成2/3以上多数，从而获得修改宪法的权力。从理论上讲，伊阵的胜利是不可逆转的，阿尔及利亚接下来要做的就是准备接受一个伊斯兰国家或将其扼杀在萌芽状态。

当这次的选举结果公布以后，顿时四方缄默，稍后阿尔及利亚政坛便分裂为两个截然对立的阵营：一部分人反对选举结果，甚至有些政治家要求军方进行干预，重新厘定宪法框架，以阻止伊斯兰主义者掌握政权。争取文化和民主联盟的领导人赛义德·萨迪就呼吁取消选举结果，并声称他的党会对最终结果负责。阿尔及利亚总工会领袖本哈默达创立了保卫阿尔及利亚民族委员会，要求军方立即取缔伊斯兰政党。[①]而另一部分主张民主化改革的政治家则表示，能够接受选举结果。民族解放阵线秘书长阿卜杜哈米德·梅赫里宣称他的党已经准备在联合政府中与伊阵进行合作。社会主义力量阵线还组织了“拯救民主”的集会，艾哈迈德表示打断民主进程就是意味着赞同旧的统治制度。[②]在这次集会上，群众打出标语：“既不要警察国家，也不要伊斯兰国家，只要民主国家。”1992 年 1 月 5 日，总理格扎利发表电视讲话，鼓励选民积极参加第二轮投票，唯有如此才能保证公正、自由的民主进程。与此同时，负责选举监督的最高法院宣布，选举的过程和结果有效。总体来看，多数政党和政治家为维护民主化进程，已经准备接受伊阵胜出的结果。选举的反对者与支持者的分歧并不在选举本身，而在于是“抵制伊阵”还是“坚守民主”。随着官方宣布选举将继续举行，阿尔及利亚的媒体普遍相信，选举结果不可逆转了。

在“伊斯兰威胁”的神话将要转变为现实之前，军方充当了改变历史的仲裁者。11 月末，国防部长尼扎尔和总参谋长古奈齐亚等阿军方高级军官召开秘密会议，商讨并不乐观的选举形势。军官们很快达成了一致，那就是伊阵应该被阻挡在胜利的大门之外。对于具体的操作程序，军官们同意避免使用武力，尽可能在宪法框架内解决问题。1992 年 1 月 4 日，尼扎尔拜会了总统沙德利，坦陈其当下辞职的必要性，并递呈了由 181 名阿军方高级军官联合签名，请求总统辞职的请愿书，沙德利则被迫接受了这一现实。依照宪法，沙德利辞职后的权力安排如下，当总统离世或辞职，其留下

① 参见 Frederic Volpi, *Islam and Democracy: the Failure of Dialogue in Algeria*, p. 52。

② 同上。

的政治权力真空应该由国民议会代行，直至下一届总统选举结果产生。但由于国民议会议长贝尔克哈达姆是伊阵的同情者，为了能够在宪法框架内阻止伊阵的胜利，军方最终决定总统辞职的同时解散国民议会，总统职权由最高安全委员会暂时代理。①1月11日，此时距离第二轮选举还有五天，军方的计划已经准备就绪。憔悴的沙德利出现在电视画面上，他向全国宣布其辞职的消息："鉴于当前形势的困难和严重性，我决定辞职，以维护人民的团结和国家的安全。"②随即最高安全委员会宣布第二轮选举取消，军队开进阿尔及尔，同时将权力移交给刚刚成立的最高国家委员会（State High Committee）。

军方采取的行动并未引起国内外强烈的反应，似乎一切结果尽在意料之中。伊阵的领导人之一的拉巴赫·卡比尔后来表示：我们预料到了军方可能会取消选举，但不能完全确信它会发生。③军方政变作为一种非常规的政治干预方式，其目标是保护或重建政治秩序，这必然会导致权力的重新分配和社会政治力量的重新整合，这种政治行为对当时阿尔及利亚的政治发展产生了影响。

第一，伊斯兰拯救阵线转变为政治反对派。伊阵是议会选举中最大的胜利者，因而也是对政变反应最为强烈的政党。虽然伊阵预测到军方会采取军事行动，但政变后的情况表明，伊阵对突然发生的事变尚缺乏充足的准备，因此，伊阵领导人最初对政变谨言慎行，甚至还加强了对其支持者的控制。伊阵上述反应是建立在对形势的两个判断基础之上，一个判断是合法斗争的可能性仍然存在。政变以后宪法仍是军方重建秩序的合法性来源之一，因此宪法的权威象征性意义使伊阵相信，通过恢复宪法能够改变政变后的不利结果。另一个判断是伊阵相信其仍然能得到选民的支持。议会选举的结果证明，伊阵的胜利是多数民意的反映，因而伊阵争取权力的斗争具

① 依照阿尔及利亚宪法，最高安全委员会是国家安全问题的咨询机构，无执行权。

② Michael Willis, *The Islamist Challenge in Algeria: a Political History*, p. 252.

③ 参见 Michael Willis, *The Islamist Challenge in Algeria: a Political History*, p. 252。

有形式上的合法性，只有通过宪法内的非暴力斗争才能维护自身的利益，不给军方提供镇压的合理借口。与此同时，伊阵对形势发展做出了初步的判断，在13日举行的秘密会议中，伊阵正式对政变做出回应：第一谴责军方的违宪行为。伊阵在其声明中指出，沙德利总统的辞职并不是遵照宪法的行为，最高安全委员会缺乏统治的合法性，因此，政变是对真主和阿尔及利亚人民的背叛。第二，主张非暴力斗争。政变伊始伊阵对军方的行动尽量保持克制，并声称要通过和平合法斗争方式夺取权力。在拒绝使用暴力的同时，伊阵提出了对时局的三点建议：要求继续举行议会选举；由本·哈比雷斯暂时代行总统权力，直至新的议会选举结果公布；释放全部在押的政治犯。第三，进行反对党的联合。政变后伊阵意识到联合斗争的重要性，因此开始探讨与其他反对党共同抵制政变的可行性。哈查尼甚至呼吁进行党派之间的合作，成立联合政府。

第二，其他政党的分裂局面进一步加强。其他政党之间，由于利益和立场不同，对政变这一结果的反应也不一致。争取进步和民主联盟与社会主义进步党毫不掩饰对终止选举进程的喜悦，而在首轮选举中获得席位的政党则持相反的观点。社会主义力量阵线领导人艾哈迈德表示，为了改变选举取消这一结果，他愿意与伊阵进行合作。民族解放阵线领导人梅赫里则谴责军方的违宪行为，并强调其政党与政权核心分离。[①] 此后上述三个阵线党进行了会晤，共同筹组临时议会，他们认为由于232名当选代表具有宪法和民意的合法性，因此他们能够履行其职责。[②]

第三，国际社会密切关注阿尔及利亚政治的前景。阿尔及利亚军人干政引起周边阿拉伯国家和西方世界的普遍关注。政变很快就得到了来自毗邻阿拉伯国家的支持，因为这些国家也面临着伊斯兰运动的挑战。突尼斯的本·阿里和利比亚的卡扎菲都明确表示对阿尔及利亚的政治前景充满信心，支持阿尔及利亚新的政治领导人。

① 参见 Michael Willis, *The Islamist Challenge in Algeria: a Political History*, p.254。

② 参见 Frederic Volpi, *Islam and Democracy: the Failure of Dialogue in Algeria*, p.57。

埃及领导人穆巴拉克则警告国际社会，不要干涉阿尔及利亚政治的新发展。[①]西方国家对阿政局的态度十分谨慎，法国和美国宣布对阿尔及利亚局势的发展表示关切。欧盟一方面表示支持阿尔及利亚政府的行动，另一方面敦促阿尔及利亚尽快恢复民主化进程。

四、对外政策的调整

沙德利政府对外政策调整的原因

沙德利时期阿尔及利亚的外交政策对布迈丁的外交政策进行了调整，具有强烈民族主义色彩的外交时代逐渐结束，以具体国家利益为基础的现实主义外交成为这一时期阿尔及利亚外交的主要特征。阿尔及利亚外交层面做出调整的原因有：第一，第三世界轰轰烈烈的民族解放运动时代基本结束，中东和非洲国家基本都完成了从殖民地向民族国家的转型，民族国家建设成为各国面临的主要问题。因此，以反帝反殖、输出革命为特征的第三世界外交已经不适应第三世界发展的现实，发展中国家间关系需要新的合作模式。第二，阿尔及利亚面临经济转型，以市场化和自由化为特征的经济改革需要新的外交政策为经济发展创造有利的国际环境。因此，这一时期的外交政策中的政治色彩逐渐褪去，经济成为国家间交往更重要的纽带。第三，阿尔及利亚认为不发展是发展中国家面临的核心问题，因此，在对外交往层面更加强调与自身利益相关的问题，外交政策逐渐收缩，更加关注阿拉伯和非洲地区层面的和平与发展，积极调节中东国家间的冲突，加快推进地区一体化进程。第四，沙德利虽然宣称：“我们不属于任何集团，既不属于西方集团，也不属于东方集团”，但阿尔及利亚对两大集团都有依赖性，经济上依赖于西方的市场，军事上依赖于苏联的武器装备，因此，阿尔及利亚的外

---

① 参见 Frederic Volpi, *Islam and Democracy: the Failure of Dialogue in Algeria*, p.57。

交具有很强的现实利益导向。

阿尔及利亚在中东问题上的立场

在中东和平问题上，阿尔及利亚将巴勒斯坦人民的解放事业当作全体阿拉伯民族的事业，强调武装斗争是解决巴以问题的唯一出路，以色列必须退出它所占领的领土，并恢复巴勒斯坦人的合法权益。阿尔及利亚对巴勒斯坦既有道义上的支持，又有物质上的援助，对维护巴勒斯坦人民的利益发挥了重要作用。1977 年，埃及总统萨达特访问以色列以后，阿尔及利亚同叙利亚、利比亚等国组成“阿拉伯拒绝阵线”，反对埃及与以色列单独媾和。戴维营协议签订后，阿尔及利亚主张对埃及进行“制裁”。1982 年，第五次中东战争期间，阿尔及利亚强烈谴责以色列入侵黎巴嫩、屠杀黎巴嫩人民和巴勒斯坦难民的罪行，向黎巴嫩派出医疗队，紧急空运和海运大量食品、药品和衣物等救济物资。此外，阿尔及利亚还接收了 700 名巴勒斯坦解放组织战士。到 1983 年底，阿尔及利亚共接收约 2500 名巴解战士及其家属。1983 年 2 月，巴勒斯坦全国委员会第十六次会议在阿尔及尔举行，沙德利在会议上表示，阿尔及利亚将永远站在巴勒斯坦革命一边。①1987 年 4 月，阿尔及利亚为消除巴解组织内部分歧，实现民族团结，在阿尔及尔召开了第十八次全国委员会会议。会前，沙德利与阿拉法特联合向叙利亚总统阿萨德和利比亚总统卡扎菲发出会议邀请，意在整合阿拉伯国家的立场，因此，这次会议也被称为巴勒斯坦人民“通向解放之路”的大会。②1988 年 11 月 15 日，巴勒斯坦宣布正式建国，阿尔及利亚成为第一个承认巴勒斯坦国的国家。对于中东问题未来的走向，阿尔及利亚坚持认为，巴勒斯坦不应该被排除在外，它还提出了解决中东问题的三步走方案：第一

① 参见《世界知识年鉴》编辑委员会：《世界知识年鉴（1983）》，世界知识出版社 1983 年，第 105 页。

② 参见陈和丰：《团结战斗未穷期——巴勒斯坦全国委员会第 18 次会议初析》，《国际展望》1987 年第 9 期。

步，实现巴解组织内部的团结与统一；第二步，实现阿拉伯国家与巴解组织的团结；第三步，联合国召开中东和平会议，解决恢复巴勒斯坦民族权利问题。1991 年，阿尔及利亚出席了在西班牙马德里召开的中东和会，1992 年 1 月，巴勒斯坦代表团因被排除在会谈之外而抵制多边谈判，阿尔及利亚随即宣布不参加谈判。

阿尔及利亚与邻国的关系

这一时期，阿尔及利亚与邻国的关系中最主要的问题仍是边界领土划分问题。由于殖民统治的影响，阿尔及利亚独立后，与马格里布和撒哈拉邻国之间的边界划分一直处于协商解决的过程之中。与撒哈拉沙漠的几个邻国，尼日尔和马里以的边界问题最早解决，这一时期主要是解决共同确立界碑的问题。与突尼斯的划界问题在 1983 年 3 月，沙德利访问突尼斯后，两国签署了《睦邻友好条约》和《划定边界协定》。此后，阿尔及利亚与突尼斯双边经贸关系发展迅速，1988 年两国领导人实现了首次互访。阿尔及利亚与毛里塔尼亚的边界划定也在 1983 年 12 月 13 日通过签署协定的方式解决。阿尔及利亚与利比亚的外交关系受各种不确定性因素的影响，出现了一些曲折。1982 年 1 月和 7 月，卡扎菲曾两次访问阿尔及利亚，双方还举行了第一次部长级联席会议，制定两国在经济、文化等领域的合作计划，并讨论了上述各领域实现一体化的前景问题。1984 年 8 月，利比亚与摩洛哥签署条约，建立“阿拉伯非洲联盟”，阿尔及利亚处于两国夹击之中，认为核心利益受到威胁，阿尔及利亚与利比亚关系走向冷淡。1986 年，沙德利与卡扎菲进行了两次会晤，双边关系再次缓和，阿尔及利亚给予利比亚在其与美国的冲突中以外交支持。1988 年以后，随着高层互访的加强，双方签订了一系列合作协定。

阿尔及利亚与摩洛哥的关系是马格里布地区国家关系中最为复杂的。沙德利执政后，向摩洛哥释放出缓和两国关系的信号，同意摩洛哥皇家航空公司飞机飞越阿领空，两国还恢复了贸易往来。

1983 年 1 月，沙德利与哈桑二世在边境会晤，讨论了实现两国关系正常化的问题，并就西撒哈拉问题的解决方案交换了意见。但在“阿拉伯非洲联盟”条约签署后，阿尔及利亚与摩洛哥关系再次出现紧张，阿方批评哈桑二世与以色列总理的会晤。1988 年 5 月，阿尔及利亚与摩洛哥关系恢复正常化，两国开放边界，加强人员与物资的流通。1989 年 5 月，两国外长互换边界条约批准书，1972 年签署的关于边界划分的条约正式生效。随着双边关系的改善，西撒哈拉问题在两国关系中的重要性逐渐降低。沙德利执政初期，阿方认为西撒哈拉问题是非殖民化问题，主张摩洛哥与波利萨里奥阵线直接谈判，尊重西撒哈拉人民的自决权，在联合国有关框架内和平解决冲突。1988 年，阿尔及利亚与摩洛哥复交后，阿尔及利亚在西撒哈拉问题上的原则立场没有变化，但阿尔及利亚更加强调联合国在该问题上的和平建议，推动冲突双方为和平解决问题寻找出路。1991 年 8 月，西撒哈拉战火重燃，阿尔及利亚重申其完全支持联合国的和平计划。

马格里布统一问题是阿尔及利亚独立后外交层面追求的重要目标之一。随着马格里布国家陆续获得独立，为实现这一目标创造了前提条件。沙德利执政后，为改善马格里布国家间关系做出了实质性努力，特别是 1983 年与突尼斯签订的《睦邻友好条约》使两国形成了正式的联盟关系。同年 12 月，毛里塔尼亚也加入其中。同时，摩洛哥与利比亚也通过条约形式建立了联盟关系，与前者进行竞争。尽管两个联盟对抗和竞争的意味非常强烈，但二者都声称为马格里布统一和地区一体化奠定了基础。后来，阿拉伯非洲联盟因缺乏合作的地缘基础，存在不足两年，利比亚甚至流露出希望加入《睦邻友好条约》的愿望。随着 20 世纪 80 年代末期马格里布国家间关系的加强，各国意识到，将任何区域内国家排除在外的联盟都没有机会获得成功。[①]1986 年 10 月，五国首脑在阿尔及尔举行了首次会晤，共同商讨建立“大马格里布”一体化的方案和步骤，并成立了相应

① 参见 Yahia H. Zoubir, “Algerian-Moroccan Relations and Their Impact on Maghribi Integration”, *The Journal of North African Studies*, Mar 29, 2007。

的协调组织进行工作。1989 年 2 月，第二次五国首脑会议正式宣布，成立“阿拉伯马格里布联盟”（The Arab Maghreb Union）。联盟设立首脑会议和部长会议等组织机构，确定其宗旨和目标是发展经济，加强地区团结合作，协调相互关系，达到共同均衡发展的目的，加速各个领域的一体化进程。

阿尔及利亚与法国、美国的关系

阿尔及利亚与法国的关系在沙德利时期得到改善，这种关系的新变化原因有三：第一，双方之间存在的历史联系为双边关系的改善创造了基础；第二，沙德利更加务实的外交政策是双边关系改善的前提条件；第三，1981 年 5 月，密特朗当选为法国总统，与阿尔及利亚建立特殊关系在其外交战略中占据重要地位。①1979 年 3 月，阿尔及利亚与法国签订了 45 亿美元的贷款合同，法国成为阿尔及利亚最大的援助国。密特朗当选后，其外交部长谢松随即访问阿尔及利亚，同年 11 月，密特朗到访阿尔及利亚并受到热烈欢迎。1983 年 11 月，沙德利回访法国，这是独立后阿尔及利亚领导人第一次访问法国。除了政治上的高层互访，1982 年 2 月，阿尔及利亚与法国签订了为期 20 年的天然气协议。仅 1982 年第一季度，两国签署协定总金额就达到 150 亿法郎，6 月，两国还签订了经济合作总协定。20 世纪 80 年代初期是两国关系改善的蜜月期。法国取代美国成为阿尔及利亚第一大贸易伙伴，对法贸易在阿尔及利亚外贸总额中所占比重始终在 20% 以上。1989 年，阿尔及利亚财政部长访问法国，双方签订 70 亿法郎的援助和贷款协议，1991 年 9 月，法国政府再次同意向阿尔及利亚贷款 73 亿法郎。

沙德利执政时期，阿尔及利亚与美国的关系也在不断得到改善。美国是阿尔及利亚原油的最大买主，也是其粮食的主要供应者，与美国保持良好的经济贸易关系对阿尔及利亚至关重要。随着阿尔及

① 参见 Camlille Bonora-Waisman, *France and the Algerian Conflict: Issues in Democracy and Political Stability, 1988—1995*, Ashgate Publishing, 2003, p.5。

利亚经济改革的推进，政治上也出现了改革的势头，为阿尔及利亚与“一贯以民主尺度划分非洲国家重要性”的美国发展关系创造了有利条件。[①]从 1979 年开始，美国国家安全助理、副国务卿、总统特使、国会代表团、副总统布什等相继访问阿尔及利亚，双方经济关系不断加强。1981 年，阿尔及利亚在解救伊朗扣押的美国人质事件中发挥了关键作用，这虽然没有改变美国在北非地区的地缘战略，但却为两国进一步交往创造了条件。1985 年 4 月，沙德利总统访问美国，这是阿尔及利亚独立后国家领导人首次访美，两国签署了经济合作混合委员会协议。20 世纪 80 年代初，阿美双方未就天然气价格达成一致，美国开始停止进口阿尔及利亚天然气，因而，美国在阿尔及利亚对外贸易中退居次席，但阿尔及利亚的石油化工工业的贷款和技术仍主要来自于美国。1987 年 4 月，经过谈判，阿尔及利亚天然气重新向美国出售。1988 年十月事件后，美国表示支持沙德利政权，并向阿尔及利亚提供粮食和贷款。在经贸关系取得进展的同时，双方在政治层面则仍旧停滞不前，这主要源于美国在地区战略支点是摩洛哥，美国认为在许多问题上阿尔及利亚扮演了伤害美国利益的坏孩子角色。[②]在国际层面，阿尔及利亚认为美国作为全球霸权国家，威胁世界的和平与发展，不利于国际关系民主化；在巴勒斯坦问题上，阿尔及利亚谴责美国纵容和支持以色列，阻碍中东问题的解决；在海湾战争中，反对美国及其西方盟友武力介入阿拉伯事务，反对以美国为首的国际社会对伊拉克的经济制裁和封锁。

---

① 参见赵慧杰：《阿尔及利亚与美国关系的发展变化》，《西亚非洲》，2003 年第 4 期。

② 参见 Yahia Zoubir, “The United States and Algeria: a New Strategic Partnership?”, *Journal of Middle Eastern and Islamic Studies* (*in Asia*), Vol. 5, No. 4, 2011。

第九章　过渡期的政治危机与重建

在全球范围的民主化第三次浪潮和伊斯兰潮的冲击下，阿尔及利亚传统政治体系遭到破坏，军方通过政变，阻止伊斯兰激进势力赢得议会选举。政变后的阿尔及利亚面临双重任务：一是力促非常规的军人干政回归正常的政治秩序，并通过政治改革重新确立政权的合法性；二是遏制伊斯兰武装组织的暴力恐怖活动。伊斯兰拯救阵线以合法的议会选举建立伊斯兰国家的尝试失败后，宗教激进势力针对政府和平民目标频繁发动袭击。军方与伊斯兰武装组织的暴力互动成为这一时期影响阿尔及利亚政治发展的核心问题。对于如何走出暴力冲突的恶性循环，政府与反对派的认知严重对立。因而，1990 年代成为阿尔及利亚历史上的“黑色十年”，暴力冲突不但造成大量人员伤亡，还导致经济停滞和外交“孤立”，这一惨痛的历史经历深刻影响了 21 世纪初阿尔及利亚的政治发展进程。

一、军人干政与政局动荡

最高国家委员会与政治过渡

1992 年 1 月 16 日，最高国家委员会的成立标志着阿尔及利亚开始了政治秩序的重建，作为政变后的最高政治权力部门，它的成立具有重要的意义。第一，最高国家委员会的成立在形式上标志着对宪法权威的回归。沙德利总统辞职和国民议会的解散造成阿尔及利亚出现政治真空，最高安全委员会援引宪法第75、79、129、130和153条等相关条款，成立最高国家委员会[①]，这样就为政变后新的政治制度和政治结构安排披上了合法的外衣，将非常规的政治参与纳入到符合宪法程序的政治进程之中。第二，最高国家委员会成立标志着对“集体领导”的回归。避免个人专权是独立后阿尔及利亚的政治传统之一，1965年布迈丁就是以恢复“集体领导”的名义，将具有集权倾向的本·贝拉逐下政治神坛，现在最高国家委员会也用“集体领导”的名义填补了总统离职后留下的真空。第三，最高委员会的成立标志着政权合法性基础重建的开始。最高委员会由五位具有象征意义的人物组成：阿里·卡菲（Ali Kafi）是老战士协会秘书长，他代表着阿尔及利亚独立战争以来的民族主义传统；阿里·哈鲁恩（Ali Haroun）是人权部长，并拥有法律博士学位，他代表政权对法律和人权的认同；提贾尼·哈达姆（Tijani Haddam）是前宗教事务部部长，1989年后任巴黎大清真寺教长，他代表伊斯兰仍是国家政治的重要认同标志之一；尼扎尔是国防部长，他的任职表明军队仍是当前国家政治的中枢神经；穆罕默德·布迪亚夫（Mohammed Boudaf）[②]出任国家安全委员会主席，他代表着政权与其过去失败的历史决裂，也表明国家秩序重建的开始。

布迪亚夫就任最高国家委员会主席是军方精心的政治安排，人们相信，这些安排无非是军方为自己参与政治搭建一个“公正、清廉”的门面。然而，布迪亚夫从就职起便在政治生活中发挥了一个真正领导者的作用，他试图在阿尔及利亚政变后的政治废墟上构建起新的政治重建蓝图。在他就职100天的主题演讲中，布迪亚夫对

---

① 参见 Stevena Cook, *Ruling But Not Governing: the Millitary and Political Development in Egypt, Algeria, and Turkey*, The Johns Hopkins University Press, p. 58。

② 布迪亚夫（1919年6月—1992年6月），阿尔及利亚独立战争的重要领导人之一，1962年创社会主义革命党，因从事反本·贝拉活动，自1963年起长期流亡国外，至1992年回国出任最高国家委员会主席。由于他长期居住海外，与独立后阿尔及利亚的政治发展没有任何联系，特别是其与1989年后的政治民主化没有任何牵连，故其革命声誉和清白的形象为他赢得了部分民众的支持，并因此获得重返政坛的机会。

阿尔及利亚正在经受的危机做出了新的判断："这个国家正在遭受的痛苦是什么？实际上，阿尔及利亚正在遭受三重危机：道德危机、精神危机和认同危机。30年来我们的人民在东方和西方、法语和阿拉伯语、阿拉伯主义和柏柏尔主义、传统主义和国际价值之间痛苦的徘徊……经过多年的一党统治和一种语言的独裁，民主化已成为一个必要的阶段。"①

布迪亚夫恢复安全和稳定的措施及其遇刺

各种迹象表明，布迪亚夫是真正希望将阿尔及利亚重新带上民主化道路的领导者，但他也表示，安全和稳定是实现这一长远政治目标的必要前提。为此，布迪亚夫从三个方面为阿尔及利亚的安全和稳定寻求答案。

第一，扩大政权的合法性基础。从政治民主化改革开启到军人干政，政权的合法性基础已经丧失殆尽：国家领导人被逐下政治舞台；政权主导的价值观念受到挑战；民主政治制度还未能生根发芽；最为严重的是，群众对政府缺乏基本的政治认同，这是阿尔及利亚独立以来第一次遭遇如此政治景象。为了重获民众对政府的信任和支持，布迪亚夫通过各种措施不断扩大政权的参与基础，缔造新的政治阵线。第一，将温和政党吸收进政府。在议会选举被取消后，首轮获得较多席位的三大政党——伊阵、社会主义力量阵线和民族解放阵线共同谴责政变不符合宪法程序，并拒绝参加新的政权建设。有鉴于此，政府只能在温和党派中寻求支持，特别是两个温和的伊斯兰主义者，萨斯·拉姆里（Sassi Lamouri，前哈马斯成员）和赛义德·古齐（Said Guechi，伊阵创始人之一）被任命为新政府的部长；此外，前社会主义力量阵线的秘书长，哈希姆·奈特·朱迪（Hashem Nait Djoudi）被任命为交通和通讯部部长。②第二，政府机构体现多元性特征。为了避免建立纯粹的军人统治，必须使军人

① Martin Stone, *The Agony of Algeria*, Hurst & Company, 1997, p. 103.

② 参见 Michael Willis, *The Islamist Challenge in Algeria: a Political History*, p. 262。

由政治的前台退居幕后，进而实现政权的多元化。1992 年 4 月，布迪亚夫设立了一个临时性的咨询机构——国家协商委员会（National Consultative Council）来代行议会的职能。这一机构由 60 名社会各界人士组成，其共同的特点是拥有良好的社会声誉，与腐败等丑恶现象无任何关联。其成员包括政治家、经济学家、学者、记者和商人等各行各业的人士，既有像里达·马利克（Redha Malek）和穆罕默德·马祖齐（Mohamed Mazouzi）这样的前部长和外交家，也有穆罕默德·贾姆恩（Mohamed Djemaoun）和阿布杜哈克·布马奇拉（Abdelhak Boumachra）等宗教界人士，还有哈里达·马苏迪（Khalida Messaoudi）这样知名的女权主义者。[①] 第三，创建具有广泛代表性的群众组织。布迪亚夫认为，有必要创建新的、替代性的政治组织框架，以进行群众动员和组织来为新政权服务，因此，他着手创立全国爱国联盟（Ressemblement Patriotique National）的工作。1992 年月末，12 个世俗主义的政党合并组成全国民主联盟（Democratic National Rally），它构成了全国政党联盟的核心。布迪亚夫希望通过创建这种阵线性质的群众性组织，为政变后的政治发展创造基础，为此他不遗余力地到全国各地宣传和解释全国政党联盟及其理念。[②]

第二，重建国内公共秩序。由于军方的干预，预期的第二轮议会选举被取消，这导致伊阵党内部发生大分裂，一部分激进的伊斯兰主义者走上了暴力反抗的道路。到 1992 年春，极端伊斯兰主义者的暴力反抗行动不断升级，给政权的平稳过渡造成了困难。为了创造稳定的国内政治秩序，布迪亚夫对暴力活动的政策也由相对容忍转变为坚决镇压。1992 年 2 月 9 日，最高国家委员会宣布国家进入紧急状态，时间为期一年，在此期间，实行新闻检查，军队有权拘押嫌疑犯和实行宵禁。3 月 3 日，内政部正式宣布取缔伊阵，随即很多伊阵领导人被逮捕，伊阵的数千支持者被押送到撒哈拉沙漠的

---

① 参见 Martin Stone, *The Agony of Algeria*, Hurst & Company, 1997, p. 105。

② 参见 Michael Willis, *The Islamist Challenge in Algeria: a Political History*, p. 263。

监狱。同时，国家还采取措施，破坏伊阵以独立清真寺为中心的联系网络，撤换了几千名伊玛目并关闭了大量私人清真寺。[①]安全部队严密监视阿尔及尔附近亲伊斯兰主义者的动向，对任何暴力反抗行为严厉镇压。布迪亚夫明确表示，他拒绝与犯罪分子、强盗、毁坏国家信誉和破坏国家稳定者进行对话。[②]通过这些严厉的措施，政府向民众传递这样的信息：在未来的国家政治重建中，伊阵将被彻底地排除在外。

第三，大力反腐，净化政治生态。反腐败在阿尔及利亚历届领导人中并不是一个新鲜的概念，沙德利执政初期就曾以反腐之名巩固了个人地位，因此从工具性的角度思考，反腐往往成为打击政治竞争对手、捞取政治声誉和寻找替罪羊的有力武器。与历届领导人不同的是，布迪亚夫第一次从反腐出发来为阿尔及利亚的政治发展寻找出路，在他看来，腐败问题才是阿尔及利亚政治衰败的真正根源。布迪亚夫在从摩洛哥回国的演讲中表示："必须反对那些垄断国有财产的人……我们将对他们依法处理，并采取必要的措施挽回国家资产。这是我的主要目标之一，很多人期望如此。"为了恢复民众对国家的信任和为政治转型创造良好的条件，布迪亚夫将反腐问题提上日程。在 4 月 22 日的主题演讲中，他提出了反腐的五条指导原则："第一，不充当任何人进行报复或清算的工具；第二，有疑问的财产档案将在法律框架内，按照公正的原则进行处理；第三，民众有权了解国家货币和财产的管理等情况，也有权就此问题进行调查。我们保证将会公开此类事宜，并信守我们的承诺；第四，未来我们将采取预防等一切措施，以杜绝贪污和毁坏国家名誉的事情发生；第五，我同意设立调查委员会来研究腐败案件，并使该委员会置于全国协商委员会的监督之下。"[③]

---

① 参见 Mahmud A. Faksh, *The Future of Islam in the Middle East: Fundamentalism in Egypt, Algeria, and Saudi Arabia*, Praeger, 1997, p. 75。

② 参见 Martin Stone, *The Agony of Algeria*, Hurst & Company, p. 107。

③ Martin Stone, *The Agony of Algeria*, 1997, p. 107.

布迪亚夫的反腐不仅是为新政权装点合法的门面，他还将反腐的矛头指向了利益集团。在诸多反腐案件中，最引人瞩目的一宗就是关于沙德利政府时期的国防部秘书长穆斯塔法·贝鲁切夫（Mustepha Belloucif）少将的案件。贝鲁切夫被控将600亿美元间接转移至其瑞士银行账户，并用这些钱在阿尔及利亚和巴黎置办多处公寓和别墅。布迪亚夫的这一系列反腐行动毫无疑问会导致四处树敌的结果，军方也越来越关注布迪亚夫的反腐运动何时才会停止。

6月29日，布迪亚夫前往东部港口城市安纳巴参加青年会议并做演讲。演讲刚刚开始，人群便因为一连串的枪声而陷入混乱，布迪亚夫头部中弹倒在血泊之中，随后在当地医院抢救不治身亡。不久，当局逮捕了布马拉非（Boumaarafi）中尉，他承认对刺杀事件负责，但否认其行为背后包含政治目的，他表示刺杀布迪亚夫完全是出于对伊斯兰主义者的同情而发生的个人行为。尽管有人认罪，但刺杀事件仍存有诸多疑点。布迪亚夫的妻子法提哈（Fatiha）认为，政权中的强硬派导演了这次刺杀事件。布迪亚夫特立独行的个性和反腐的决心使他与军方渐行渐远，遭到军方放弃也在情理之中。布迪亚夫短暂的执政，为阿尔及利亚政治带来了一些新的活力。在为政治困局求解和对政治腐败进行道德批判的过程中，布迪亚夫献出了自己的生命。恰如他在被刺杀前不久对阿尔及利亚电视台所讲的话："我们必须知道，生命非常短暂，人终有一死，既然如此，我们为什么还要对权势如此痴迷呢？"[①] 布迪亚夫的离世并没有给阿尔及利亚恶化的政局带来多少积极的变化，相反的是，政府有所改观的形象再次遭到破坏，并致使外国政府终止了对阿尔及利亚的经济援助。[②] 在布迪亚夫遇刺之后，阿尔及利亚陷入了与伊斯兰武装的暴力对抗之中。

---

① James Ciment, *Algeria: The Fundamentalist Challenge*, Facts On File, 1997, p. 172.

② 参见 Youssef M. Ibrahim, "Algerian President Fatally Shot at Rally", *New York Times*, June 30, 1992, p. A8。

伊斯兰武装组织的崛起

在沙德利执政初期，伊斯兰行动主义便已抬头。1979 年，穆斯塔法·布亚力（Mustapha Bouyali）①领导成立了反违法行为组织（Group for Defense against the Illicit）。1982 年 7 月，该组织与其他几个组织合并成立了阿尔及利亚伊斯兰武装运动（Algerian Islamic Armed Movement），从事反政府活动。1985 年 8 月，该组织在袭击了阿尔及尔附近一个工厂和警察哨所后，公然进行叛乱活动，并以阿特拉斯山区为依托进行所谓的“圣战”，袭击一切非伊斯兰的目标，如女子学校、图书馆、饭店和电影院等。1987 年初，布亚力遭安全部队伏击身亡，其领导的组织解散，该组织成员后来多加入了伊阵。除布亚力领导的武装运动外，还存在其他一些比较激进的伊斯兰组织，其中最为知名的是赎罪与迁徙组织（Takfir wal-Hijra，与埃及的赎罪与迁徙组织同名，且受其意识形态影响）。一些参加过阿富汗战争的志愿者回国加入该组织，并成为这一组织的中坚力量。从 1989 年至 1991 年，民主化改革期间的很多暴力事件多为该组织所为。1992 年初，军方宣布取消第二轮议会选举以后，伊斯兰激进分子进行了新的整合，并形成了许多以暴力斗争反政府的武装组织，其中武装伊斯兰运动、伊斯兰拯救军、伊斯兰国家运动和伊斯兰武装集团是最有影响力的四个组织。

1. 武装伊斯兰运动（Armed Islamic Movement）。武装伊斯兰运动是由伊阵中的军事激进分子组成，由于伊阵在选举中的接连胜利，武装伊斯兰运动并没有引起媒体的关注。在 1992 年军人政变导致议会选举被取消后，伊斯兰主义者通过投票箱来建立伊斯兰国家的愿望落空，于是他们在比利达山区密谋进行武装起义。阿布杜卡德尔·切布提被称为埃米尔，并吸引了众多伊阵的同情者和支持者，这一时期武装伊斯兰运动大约有 2000 人左右。与其他以城市为中心

① 穆斯塔法·布亚力，独立战争时期的老战士，主张在阿尔及利亚建立伊斯兰国家。

的伊斯兰武装组织不同，武装伊斯兰运动的主要策略是开展以山区为根据地的游击战，避免与阿尔及利亚国家安全部队发生正面冲突。该组织认为，吉哈德是建立伊斯兰国家的唯一途径，伊阵在议会选举上的短暂胜利不过是武装伊斯兰运动早期斗争受挫的结果。武装伊斯兰运动虽然率先以吉哈德的名义向政府发难，并吸引了众多支持者，但由于该组织属于秘密军事组织，其性质决定了它无法进行大规模的群众动员。为了防止国家安全部队的渗透，在人员招募上，武装伊斯兰运动采取了比较保守且严格的方式：首先通过当地群众了解候选人的相关信息，在这些信息确认无误后，再让候选人完成不同的任务，只有通过全部考验才有资格成为该组织的成员。总体来看，这种招募程序保证了组织的纯洁性，但是也影响其进一步壮大发展，特别是选举取消后，大量对当局不满的伊斯兰主义者希望直接参与到反抗政府的斗争中去，但这些复杂的程序往往使他们失去了耐心，这使得该组织在与其他伊斯兰军事组织的竞争中处于劣势。

2. 伊斯兰拯救军（Islamic Salvation Army）。伊斯兰拯救军成立于 1994 年 7 月，该组织完全模仿民族解放军的模式，并声称是民族解放军斗争精神的继承者。在其“致‘圣战’者的信”（Letters to the Moudjahidin）中表达了这样的思想：“昨天你们解放了国土，今天我们正在解放尊严和宗教。你们解放了平原和沙漠，我们正在解放良心和理智。你们为我们厘定了实施法律的边界。我们的“圣战”是你们的逻辑结果。我们与你们一脉相承。只有那些受辱于法国仍苟且偷生的叛徒和哈基才会无视你们的功绩。”[①] 伊斯兰拯救军吸收了其他武装组织急于求成的教训，因而强调与政府斗争的长期性和艰巨性，并重点强调军事组织的职业化。伊斯兰拯救军与其他武装组织的另一不同点在于，该组织的斗争有着明确的政治目的，也就是恢复伊斯兰拯救阵线的合法身份。虽然马达尼和贝尔哈吉都

① Luis Martinez, *The Algerian Civil War 1990—1998*, Columbia University Press, 1998, p. 201.

处于政府监禁之中，但伊斯兰拯救军仍强调对伊阵及其领袖的忠诚，国内外重要的决策由党的领袖做出。[①]在人员招募上，伊斯兰拯救军主要通过伊阵此前建立的庞大网络进行，其招募的重点主要是阿尔及利亚的青年学生。到1995年，该组织实力大增，据估计拥有四万人左右。伊斯兰拯救军的斗争策略是，一方面尽量扩大统一战线，以吸收更多的人加入组织；另一方面将组织的军事行为严格地限制在政治框架之内：伊斯兰拯救军将其活动严格限制在伊斯兰沙里亚法之内，禁止滥杀无辜，迫害和攻击与冲突无关者，无论他们是男人还是妇女，儿童或是成年人，穆斯林或非穆斯林，阿尔及利亚人或是外国人。[②]

3. 伊斯兰国家运动（Islamic State Movement）。在军方干政后初期，武装伊斯兰运动主导着"圣战"的话语权，但其精英主义的发展倾向使得该组织很快受到其他军事组织的竞争。伊斯兰国家运动由赛义德·马赫鲁非（Said Makhloufi）创立，他号召进行反政府的人民起义，并相信这是唯一可以颠覆现政权的方式。该组织认为，非正义现象的出现和持续主要是由于多数人的顺从和沉默。如果社会不再保持沉默、顺从与合作，那当权的政府就会没有权威。"没有我们的同意和默许，政府也不能仅凭40万军队和警察控制2000万民众。为了反抗这个不义和腐败的政府，我们应该收回对他的信心。如果人民表现出决心和团结，当权的政府就会垮台，无论它采取什么措施。"[③]因此，伊斯兰国家运动的主要斗争领域不是与政府军的对抗，而是通过传播伊斯兰主义理念实现人民的政治化，进而孤立政府。总体来看，伊斯兰国家运动将斗争的成功归结为人民的选择，与武装伊斯兰运动的精英主义相比，它走上了一条

---

① 这里所谓领袖由四部分组成：（1）马达尼和贝尔哈吉；（2）伊斯兰拯救军及其领袖全国埃米尔马泽拉克（Mezeraq）；（3）被政府释放的舒约赫（谢赫的复数）；（4）海外事物由拉巴赫·卡比尔负责。

② 参见 Luis Martinez, *The Algerian Civil War 1990—1998*, p. 202。

③ Luis Martinez, *The Algerian Civil War, 1990—1998*, p. 206.

革命理想主义的道路。

4. 伊斯兰武装集团（Armed Islamic Groups）。受到马赫鲁非人民起义思想的影响并结合赛义德·库特卜的国家理论，伊斯兰武装集团提出了总体战（Total War）思想。它将所有人进行了二元划分：伊斯兰的敌人和“圣战”的支持者。不仅政府不具有合法性，政府的支持者也应在打击之列，这样，它就将政治领域的冲突转化为宗教领域的价值对立。通过这种方式，伊斯兰的敌人被无限扩大。除了与安全部队对抗外，伊斯兰武装集团还将暴力指向一切能够维持社会正常运转的组织和机构。因为在二元语境下，维持社会正常运转就表明对政府的支持，无论其行为是出于自愿还是无意而为，这样，政府机构、教育体系以及外国人等都成为合法的暴力目标。在战斗人员招募上，伊斯兰武装集团的加入条件最为宽松。伊斯兰武装集团的意识形态将其成员从一切社会关系中解脱出来，并以“圣战”为中心构建了新的效忠体系。在这样的框架下，从事反政府活动被赋予了更广泛的自由，因而吸引了更多伊斯兰主义者加入。为了从众多伊斯兰运动组织中脱颖而出，伊斯兰武装集团越来越走向激进化，该组织的口号就是“不对话、不和解、不停战”。除了确定国内的斗争边界外，“伊斯兰武装集团还精心构建了其外部敌人的形象，即法国人、犹太人和异教徒，这些人应该对阿尔及利亚的苦难负主要责任”。① 应当注意的是，尽管伊斯兰武装集团始终强调“圣战”这一宗教责任，但其恐怖主义特征高于宗教特征，这一点在其领导体系中体现得尤为明显。伊斯兰武装集团领导人、政治事务和教法委员会主席谢里夫·古斯米（Cherif Gousmi）在一次采访中提到了其组织领导人的选拔标准：“除了具有一定的指挥才能外，此人必须通过军事行动参与“圣战”，并杀死足够数量真主的敌人。”②

① Luis Martinez, *The Algerian Civil War, 1990—1998*, p. 209.

② “Interviw with Cherif Gousmi, El Wastat, 29 Jan. 1994”, in Michael Willis, *The Islamist Challenge in Algeria: a Political History*, p. 325.

以上几个伊斯兰武装组织是在议会选举取消后出现的，大多都与伊阵有着千丝万缕的联系，而且都是以“圣战”[①]进行反政府动员。在政变后的一个时期，由于安全部队准备充分，伊斯兰反政府武装只发动了一些小规模的袭击。8 月 31 日，一些伊斯兰军事组织在一个清真寺集会，商讨联合斗争问题，突然遭到特种部队的袭击，武装伊斯兰运动的领导人之一的曼苏里·迈拉尼被逮捕，很多人被击毙。显然，这次袭击是军方接到内部消息后精心部署的结果，这直接导致伊斯兰武装初步联合的失败。即使存在组织内部被军方渗透的可能性，这也不是伊斯兰武装组织联合失败的主要原因。这种分裂的斗争状态是由各伊斯兰武装组织自身的特性决定的。第一，各组织之间存在意识形态和斗争策略的差异。伊斯兰拯救军和武装伊斯兰运动与伊阵的关系最为密切，其暴力斗争的开展有明确的政治目标，即恢复伊阵合法地位。从这个意义上说，他们属于伊阵下属的军事组织，其斗争策略也是以建立正规军队为主。伊斯兰国家运动则将注意力集中于动员群众上，其暴力斗争也有严格的界限。而伊斯兰武装集团则与其他组织不同，该组织二元化的政治立场导致其采取最为激进的斗争手段。除了针对政府和军队外，它还大肆破坏经济和民用设施，用残酷手段杀害平民。从其行为特点来看，伊斯兰武装集团已不仅仅局限于政治斗争的范畴，其对暴力的迷恋体现出了

① “圣战”系西方学者对阿拉伯语吉哈德（jihad）一词的意译，阿拉伯语原意为“为主道而奋斗”。伊斯兰教法学家将吉哈德的方式归纳为四种：第一种是“用心”，指穆斯林的精神自省，与自身的邪恶意念斗争，完善宗教道德，净化个人心灵，以更虔诚地去信仰伊斯兰教；第二种是“用口”，指穆斯林通过宣传、规劝、辩论来传播伊斯兰教，大胆地表达一种正确的观点与见解也包含于此；第三种是“用手”，指穆斯林以身作则，通过自身的榜样作用来传播和弘扬伊斯兰教；第四种是“用剑”，要求和号召穆斯林勇敢地与异教徒进行生死战斗，以“生命和财产”来保卫和弘扬伊斯兰教信仰。（参见 J. L. 埃斯波西托：《伊斯兰威胁——神话还是现实？》，社会科学文献出版社 1999 年版，第 39 页；苟昭赟：《伊斯兰“圣战”思想的历史演变》，西北大学 2002 年硕士学位论文）另外：伊斯兰教将用武力为主道而奋斗的行为称做“小吉哈德”（小奋斗），而将与自己的私欲战斗，从而战胜自我，则称作“大吉哈德”。（参见马明良：《再论伊斯兰教的和平观——兼及“吉哈德”理念》，《中国穆斯林》2004 年第 6 期）

恐怖主义[1]的特征。第二，各组织为了生存或扩大影响力而相互竞争。比利达山区、奥雷斯山区和君士坦丁地区是阿尔及利亚民族解放斗争时期游击队的主要活动区域。这些地区地理环境复杂，毗邻城市而又通向大海，是理想的藏身之所。从古代的朱古达战争到现在的游击战，都是以这里的地缘环境为依托。1992 年，武装伊斯兰运动在这一地区安营扎寨，开展游击斗争，但不久它就面临着伊斯兰武装集团的竞争。特别是 1993 年至 1994 年间，同一区域往往存在两个或几个武装组织。1994 年，武装伊斯兰运动和伊斯兰国家运动都遭受了严重的打击，伊斯兰武装集团乘机进行兼并，两组织的成员多加入伊斯兰武装集团，而未加入者则并入新成立的伊斯兰拯救军。1994 年以后，形成了伊斯兰武装集团与伊斯兰拯救军相互竞争的局面。第三，伊斯兰拯救军与伊斯兰武装集团相互攻讦。伊斯兰拯救军成立的目的之一就是为了与伊斯兰武装集团竞争“圣战”的话语权，恢复已经被歪曲了的“圣战”含义。在其看来，伊斯兰武装集团纯粹的恐怖行为诋毁了“圣战”的形象，使得伊斯兰运动正在失去吸引力。而伊斯兰武装集团则批判前者试图与政府和解，并对其进行威胁。在有的时候二者都利用安全部队削弱对方，甚至直接发生暴力冲突。

政府的反恐行动

政变后，阿尔及利亚政治暴力的发生可以说是 20 世纪 80 年代以来军方与伊斯兰运动暴力互动的继续，只是由于政变的激发，使政治暴力上升为双方最主要的政治交往方式。同时，作为暴力机构的军队接管了政权，其自身的特殊性决定了双方交往的刚性特征，在伊斯兰武装树立起反抗的旗帜以后，军方很快采取措施予以回击。

① 恐怖主义是国际社会经常使用但又缺乏一致性的概念，对这一概念进行定义的复杂性体现为：国际公约、国家政府立法以及各国际组织作为的恐怖主义界定通常都不相同。笔者认为对恐怖主义的界定应反映出如下特征：国家与恐怖组织的互动性；恐怖主义目标的政治性；恐怖主义行为的野蛮暴力性；恐怖主义造成危害的残酷性。

第一，组建特别反恐部队。1992年至1993年之间，国家对伊斯兰武装的镇压一般采取军队、宪兵[①]和安全部队协同的方式，其中只有安全部队是专门针对国内政治暴力的部门，正规部队的职责在于御敌于国门之外，而宪兵则主要负责军官培训。1993年以后，伊斯兰武装组织的暴力斗争升级，国家开始考虑建立负责国内安全的正规职能部门。1993年4月，政府成立特别反恐部队，大约有15,000人左右，由拉马里将军负责指挥。这支部队的成员基本上都是军队、宪兵和安全部队的精英人员，是政府打击伊斯兰游击武装的主要力量。到1996年，这支部队人数增加至6万人左右，其主要职能是：恢复阿尔及尔、比利达和梅地亚之间的死亡三角地带——米迪加（Mididja）地区的法律和秩序，这一地区的民众曾在选举中支持伊阵，并且是伊斯兰反叛的同情者。[②]为了防止被认出或遭到伊斯兰武装的报复，特别反恐部队都佩戴头套以遮掩面部，因此人们借用当时流行的动画片《忍者神龟》里的卡通人物形象，戏称他们为“忍者”（Ninjas）。特别反恐部队是典型的以暴制暴性质的组织，一旦其获得嫌犯信息立即予以逮捕、处死、弃尸街头。在审讯嫌犯过程中，特别反恐部队的刑讯手段也极其残忍，其暴力程度与伊斯兰武装所差无几。

第二，对伊斯兰武装实行隔离策略。军方在大阿尔及尔地区（Great Algiers）实行积极隔离政策，故意放弃一些地区，让伊斯兰武装控制，同时军队在外围予以包围，使其不能自由脱身。特别是在米迪加地区，普通群众处于双重包围之下：在外围，军方设立检查站盘查进出路人；在内部，伊斯兰武装集团也做同样的事情。这里的居民对记者说：“难以置信，每条街道上都有很多背着卡拉什尼科夫冲锋枪的孩子。他们盘查并监视着进出城的路人。你能看

① 阿尔及利亚宪兵1992年大约有25,000人左右，完全按照法国宪兵模式建立和进行培训。

② 参见 Martin Evans and John Phillips, *Algeria: Anger of the Dispossessed*, Yale University Press, 2007, p. 188。

到他们有时候倚着墙，手里拿着手枪，互相争吵。他们可能都不满18岁。城里的人不再外出散步。当离开城，你就会发现由士兵构成的另一个包围圈。我们就是处于这种双重包围之中。”①军方通过策略性地放弃部分地区，切断伊斯兰武装的经济来源，从而使其生存处境恶化；同时，这种策略也减少了军方和平民不必要的人员牺牲。当然，军方还向这些地区的普通平民提供物质援助，帮助他们建立自卫性质的组织，以进一步削弱伊斯兰武装的势力。

第三，鼓励建立民兵组织。成立民兵组织最初是与隔离策略相配合的政策，1994年以后，其他形式的民兵组织不断出现。同时随着国家外债的调整和国外援助的增加，政府拥有更多的资金去推行新的安全政策。这一时期的民兵组织大体可以分为三个类型：（1）自卫型。这一类型的民兵组织大多集中于柏柏尔人聚居的卡比尔地区。从1993年起，争取文化和民主联盟和柏柏尔文化运动就呼吁建立地区武装，以抵抗伊斯兰激进分子的攻击。特别是柏柏尔歌手马特卜·鲁纳斯（Matoub Lounes）遭到伊斯兰武装集团绑架以后，更增加了卡比尔地区居民的不安全感，成立保家护园的民兵组织也就更有必要性。当然，这种自卫型的民兵组织的职责主要是进行日常往来人员的盘查工作，防止伊斯兰武装的袭击。（2）抵抗或爱国型。这种类型的民兵组织一般由遭到伊斯兰武装威胁或对其有着深仇大恨的人组成，其武器装备由政府提供，配合内政部执行战斗任务。一般情况下，他们主要在乡村活动，有时候在当地警察陪同下进山搜索伊斯兰激进分子的藏身之所。在强烈复仇心理的驱使下，这些民兵组织往往表现出更高的效率，“以前是“圣战”者下山袭击，现在是民兵上山搜寻恐怖分子，在他们离开后的某一天早晨你会发现，在进村的路上摆放着割下的人头——是“圣战”者的头颅，民兵将他们砍下来并摆放在路边。如果长此以往，用不了两到三年，所有的“圣战”者都会被杀光。由于民兵的存在，很多“圣战”者

① “Inhabitant of a Small Commune in the Mitidja, 1995—6, France”, in Luis Martinez, *The Algerian Civil War 1990—1998*, p. 150.

宁愿选择投降，因为政府表示，对投降的恐怖分子将公正、宽大处理，而将军们则对民兵说，如果你们发现他们，立即切断他们的喉咙。”[①]

（3）私人型。这种类型的民兵组织主要集中在阿尔及利亚东部城镇，通常是得到了地方显贵的资助，其行动更多地是出于保护私人财产的目的。特别是农村的这种民兵组织，尤其受到政府的鼓励，因为它更符合国家打击伊斯兰武装的总体战略。

第四，设立反恐特别军事法庭。依照 1992 年 9 月通过的反恐法，阿尔及利亚成立了反恐特别军事法庭，负责审理与伊斯兰武装叛乱相关的案件，特别军事法庭处理的案件通常带有惩罚的性质，被告人无权申诉。嫌疑犯的最小年龄从 18 岁降至 16 岁，拘押时间从 48 小时延长到 12 天。阿尔及利亚人被禁止加入境外的恐怖主义组织，禁止持有武器或散发颠覆性质的文字材料。特别是在阿尔及尔国际机场劫机事件中，很多伊阵高层领导人接受审理，其中 38 人被判处死刑，其他涉案的伊斯兰主义者分别被判处 1 到 20 年徒刑不等。在特别军事法庭审理的案件中，存在大量违反人权的事件，这也是阿尔及利亚政治暴力的一个典型表现。在维护国家安全的名义下，大约有 5 万名疑犯接受过审理。西方国家出于对所谓“伊斯兰威胁”的恐惧，对这些人权问题也是睁一只眼闭一只眼。

内战对社会的影响

1992 年 1 月以后，政府与伊斯兰主义者的政治对抗不断升级，随着伊斯兰武装组织的成立以及反政府斗争的开展，双方的暴力互动不断增强。这一暴力互动趋势的主要特征是：伊斯兰武装组织努力实现暴力最大化，而政府采取各种反制措施对伊斯兰暴力予以坚决镇压。对伊斯兰武装来说，其暴力恐怖活动经历了由袭击军警和政府部门—知识分子和妇女—外国人这样一个升级的过程，其影响也由国内延伸到国际层面。伊斯兰拯救阵线的领导人贝尔哈吉毫不

① “Inhabitant of a Small Village; Evidence Recorded in France, 1996”, in Luis Martinez, *The Algerian Civil War 1990—1998*, p. 152.

掩饰对伊斯兰运动暴力扩大化的支持。在 1993 年 1 月一份从监狱偷偷传出的信中，贝尔哈吉说："如果我在狱墙之外，我将与我的兄弟们并肩，和那些骑在人民头上、厚颜无耻的军政府作战。我对所有阿尔及利亚人发誓，如果有一天重获自由，我愿意成为"圣战"者阿卜杜卡德尔·切布提指挥下的一名普通士兵。"[①]

1. 以军队和政府部门为目标的极端活动。1992 年选举取消初期，伊斯兰主义者的斗争不断升级。最初爆发的冲突范围仅局限于与警察的暴力冲突，其后一些激进分子开始袭击安全部队，与军方发生正面对抗。在 2 月 9 日最高国家委员会宣布实行为期一年的紧急状态之后 24 小时，阿尔及利亚极端伊斯兰主义者——"阿富汗人"便在阿尔及尔卡斯巴区杀害六名警察。这一事件标志着困扰阿尔及利亚多年的暴力恐怖活动的开始。[②] 从 3 月至 10 月间，数百名警察遇害，大量武器弹药遭到盗窃。正如记者赫米达（Hermida）所描述的，所有的袭击活动大都遵循一个模式：极端主义者通常在深夜警官回家的时候进行袭击，他们被从身后击中或刺死。在 7 月的一次最严重的袭击中，六名警察在通往阿尔及尔城郊的路上被杀死，他们的车上布满弹孔。1993 年 2 月，伊斯兰极端主义者刺杀国防部长尼扎尔未遂，这导致伊斯兰主义者与政府和解的希望彻底破灭。在极端主义不断升级的情况下，仅 1992 年就有 200 多名警察、军人和宪兵死亡。除了政府暴力机构以外，政府行政部门也是伊斯兰暴力打击的重点，其中死亡人数最多的是地方行政官员。政变后，政府任命了许多行政官员来取代 1990 年在市镇和省议会选举中获胜的伊阵官员。1992 年至 1993 年，大约 20 名市长和地方议员遭到杀害。虽然国家最高行政体系受到安全部队的重重保护，但是也有官员殒命。1993 年 3 月，职业教育部长就在阿尔及尔被暗杀。稍早些时候，国家协商委员会的三名成员也被打死，这一时期伊斯兰武装的暴力程

① Andrew Whitley, "Human Rights Abuses in Algeria: No One Is Spared" , *Human Rights Watch*, January 1994, p. 7.

② 参见 Martin Stone, *The Agony of Algeria*, p. 107。

度由此可见一斑。

2. 以知识分子和妇女为目标的极端活动。伊斯兰武装分子的恐怖行为很快指向了一些活跃的知识分子。1993 年 3 月至 11 月，有 20 多名知识分子被杀害，其中包括大学教授、人权主义者和记者等。很多对伊斯兰主义提出批评的记者也收到了大量的死亡威胁，很多人被迫更换工作或逃离阿尔及利亚。一个阿尔及利亚记者痛苦地回忆说："死亡威胁通过传真发到报社办公室，并张贴在临近的清真寺。在接到死亡威胁后，我躲藏了两年，在此期间不能走出房门半步，不能与朋友、邻居和亲人生活，在惶恐中度过了两年。"[①] 除了记者外，阿尔及利亚《民族报》编辑奥马尔·贝尔胡切特（Omar Belhouchet）和著名柏柏尔作家塔哈尔·贾乌特（Tahar Djaout）也遭到了暗杀。伊阵驻欧美发言人哈达姆在评论知识分子被杀害事件时认为，这是对他们的审判而不是犯罪。在他看来，这些所谓的"知识分子"篡夺了人民选举出来的代表的权力，发表了诸多恶意的评论，他们都是为政府的军事和安全体系服务的，因而对他们生命的剥夺具有合法性，"用笔与我作战者，当死于刀剑之下"。此外，女权主义者由于其在文化和宗教上的象征意义，也成为被攻击的目标。1993 年 6 月 12 日的一道宗教法令（Fatwa）宣判著名女权主义者哈里达·马苏迪死刑，这迫使她不得不暂时离开工作岗位躲藏起来。尽管马苏迪多次侥幸逃生，但在 1993 年至 1995 年还是有数百名妇女惨遭杀害，这样的恐怖氛围给妇女从事各项社会活动带来极大的压力，例如巴塞罗那奥运会女子 1500 米金牌得主布尔梅卡就多次收到死亡威胁，不得不到国外接受训练。[②]

3. 以柏柏尔人为目标的极端活动。在政府与伊斯兰武装对抗的过程中，柏柏尔人处于尴尬的境地。他们一方面反对伊斯兰运动建立政教合一国家的主张，同时对国家的民族政策感到不满。其中争取文化与民主联盟与军方立场基本一致，明确地反对政府与伊斯兰

① 参见 James Ciment, *Algeria: the Fundamentalist Challenge*, Facts on File, 1997, p. 178。

② 参见 Martin Evans and John Phillips, *Algeria: Anger of the Dispossessed*, p. 193。

武装进行对话，其领袖萨迪博士认为伊斯兰武装抵抗运动将国家带入内战。温和的社会主义力量阵线的秘书长赛义德·赫利尔表示："如果军队与伊斯兰拯救阵线之间的交易以损害柏柏尔人及其愿望为代价的话，这样的交易将很难实现。"① 由于柏柏尔人的斗争和政府平息国内恐怖活动的需要，政府在加强对柏柏尔人地区控制的同时，在一定程度上对柏柏尔人的要求做出了妥协，允许在全国媒体和教育体系中使用塔玛齐格语，设立柏柏尔语最高委员会并在1996年宪法中承认塔玛齐格语是民族认同的基础之一。

随着伊斯兰武装反政府恐怖活动的升级，军方采取了更为坚决的反恐措施，但是持续多年的内战严重影响了人们的日常生活，它促使柏柏尔人问题由文化问题转变为社会政治问题。由于失业、住房短缺以及缺乏教育机会等，从柏柏尔主义中寻求文化认同感成为年轻人发泄不满的主要途径。1998年6月，著名柏柏尔歌手鲁那斯·马特布（Lounès Matoub）遭到暗杀，引发了一场持续一周的政治骚乱。马特布的音乐和诗歌在保护民族文化遗产方面做出了重大贡献。他不但反对阿拉伯化，而且认为阿拉伯语是一种无聊的、不利于知识和科学传播的语言，因而他也被柏柏尔人视为争取柏柏尔语平等地位而斗争的标志。政府宣布这起暗杀事件是伊斯兰极端势力所为，但是柏柏尔人认为是政府当局杀害了马特布，至少当局没有能担负起保护公民的责任，并认为这起暗杀事件是对柏柏尔人文化的挑衅行为。一个名为柏柏尔武装运动（Armed Berber Movement）的组织威胁要对马特布事件进行报复并杀死任何执行阿拉伯化法的人。②

4. 以外国人为目标的极端活动。1993年秋以后，伊斯兰武装组织，特别是伊斯兰武装集团开始将暴力矛头对准在阿尔及利亚的外国人。在他们看来，针对外国人的恐怖行为能取得两方面的效果：一方面能够吸引国际社会的关注，通过这种反面宣传将阿尔及

① Susan Morgan, "Berbers in Distress", *The Middle East*, July 1994.

② 参见 Adel Darwish, "Divisions with Divisions", *The Middle East*, August 1998。

利亚的政治冲突国际化；另一方面通过杀害外国人，对外国政府施加压力，使其减少或终止对阿尔及利亚事务的援助或干涉，从而在国际层面上孤立阿尔及利亚政府。在他们看来，一个外国人死亡的影响力要大过多个阿尔及利亚人的死亡，因此伊斯兰武装集团在1993年10月30日宣布生活在阿尔及利亚的犹太人、基督徒和无神论者都将被处死，并限定所有外国人30天内离开阿尔及利亚，否则后果自负。此后，针对外国人的暴力袭击开始频繁发生，很多外国人丧生。这些遇害者来自于法国、意大利、俄罗斯、乌克兰、罗马尼亚等多个国家并从事不同职业。通过这种暴力方式，伊斯兰武装组织恐怖活动的影响扩展到国际层面，特别是对法国来说。为了使法国停止对阿尔及利亚的政治、军事和经济援助，1994年圣诞节前夜，伊斯兰武装集团劫持了一架法航空中客车，并准备到巴黎引爆。最终，四名劫机分子在马赛机场被法国特种部队击毙。由于暴力活动不断升级，伊阵也表示伊斯兰武装组织已不在其控制范围之内。

对于日益严峻的恐怖威胁局面，国家安全部队予以坚决的镇压，特别是1994年以后加大了对伊斯兰武装的打击力度，阿尔及利亚境内的暴力冲突达到自独立战争以来的顶峰。从1992年至1995年，在阿尔及利亚政府的严厉打击下，大约有五万名伊斯兰武装人员丧生。有报道称，在1995年3月艾恩—德弗拉镇的冲突中，安全部队歼灭了3000多名伊斯兰武装集团成员。[①] 政变之后的三年，军方延续了以往的强硬态度，对伊斯兰武装组织奉行彻底根除政策，通过武力将反叛者及其支持者施行肉体消灭。军方对伊斯兰武装的恐怖袭击采取以暴易暴的政策，有时候也是极不人道的，肢解尸体或禁止家属收尸的事情时有发生。1994年1月，在阿尔及尔南部小镇拉尔巴，安全部队逮捕了五名伊斯兰主义者并当街处死。拉尔巴镇医院的一位医生在回忆当天的情形时说，当尸体运进医院的时候，他

① 参见 Roddy Scott, “A War without Mercy”, *The Middle East*, December 1995。

们不仅遍布弹孔，而且还被坦克或装甲车碾过，很难辨出人形。[①]同时随着伊斯兰恐怖的升级，在一些大城市出现了一种行刑小分队，他们以伊斯兰武装及其支持者为目标进行暴力报复，其中最主要的是名为“自由阿尔及利亚组织”（Organization of Free Algerians）和“保卫阿尔及利亚共和国秘密组织”（Secret Organization of Safeguard the Algerian Republic）的两个组织。这两个组织从1993年9月开始活动，到1994年以后更加活跃。《纽约时报》评论说，阿尔及利亚的复仇式杀戮已成为一种普遍现象，以至于在警察或安全部队军官被杀害的城郊地区，现在由这种准军事力量来支撑局面。对于遭到伊斯兰武装杀害的遇难者，行刑小分队通常以双倍进行报复。如果两个警察遭到枪杀，第二天在同样的地方堆放四具尸体也不足为奇。[②]

从实际效果来看，政府以暴易暴的镇压并未收到应有的效果，相反，很多阿尔及利亚人认为这一政策是失败的，特别是军队内部一些人也认为该政策是极端短视的。一名特种部队战士说：“这是一项非常荒谬的政策，世界上有使用根除政策曾经产生稳定持久结果的例子吗？对每个恐怖分子来说，你击毙一个就会制造出三个……总有一天军事胜利要靠政治手段完成……那不可避免意味着某种形式的让步。”[③]另一方面，根除政策的实施不可避免导致大量违反人权的事件发生，这引起了有关国家和国际人权组织的指责，严重影响了阿尔及利亚的国际形象。阿尔及利亚的暴力冲突也受到了国际社会的普遍关注。联合国试图采取措施对阿尔及利亚发生的战争进行干预，联合国秘书长安南表示，国际社会不能再漠视冲突中逝去的10万条生命：“我们长期以来将它当作内战处理，但是随着杀戮的继续和死亡人数的增加，我们很难对

① 参见 Chris Hedges, “Islamic Guerrillas in Algeria Gain Against Military Rulers”, *New York Times*, January 24, 1994, p. A6。

② 同上。

③ Roddy Scott, “A War without Mercy”, *The Middle East*, December 1995。

发生的事情装作视而不见或不闻不问，我们不应使阿尔及利亚人民任由命运摆布。”[①]

1992年，军方通过发动政变，暂时终止了阿尔及利亚的民主化改革实践。在政变后几天内，民众对于突如其来的变化还是保持着失望的平静。一个20岁的青年人对记者说：“当看到坦克从城市的街道上驶过，我开始哭泣，不是因为我害怕军队或恐惧伊斯兰拯救阵线，而是因为我突然发现，过去三年努力所实现的自由一瞬间化为乌有。”[②]的确，军方发动的政变首先表现出的是其破坏性的一面，军人干政否定了政治和平转变的可能性，剔除了危及军方核心利益的政治制度，通过解散政府造成军方和伊斯兰主义者的直接对抗，从而消灭了缓和双方矛盾的空间；军方与伊斯兰武装激烈的暴力冲突给人民带来了物质和心理等多重打击，特别是伊斯兰武装集团更是以恐怖作为争取政治资本的手段，双方政治资本的积累恰恰是以民众的牺牲为代价，长时段暴力冲突结果往往不是以某个政治集团的胜利而终结，惨烈的政治冲突带来的大多是对双方合法性的否定，这给暴力后的政治重建造成了极大的困难，有时候甚至引发极端的暴力循环。随着暴力冲突的升级，阿尔及利亚市民社会力量的呼声再次响起，这是政变后社会力量首次发出自己的声音。1994年3月22日，数万名身着西方化服饰的妇女在阿尔及尔举行游行，表达对原教旨主义者袭击的抗议。[③]5月9日，在塞提夫起义（Setif Uprising）[④]的周年纪念日上，三万名民族解放阵线和哈马斯的支持者手擎玫瑰举行游行，呼吁和平与对话。[⑤]因此，总体来看，政治暴力推动了人们对暴力冲突本身的反思，这也预示着走出政治暴力的第一步正在实现。

---

① “Peace Hopes Dim”, *The Middle East*, November 1997.

② John Entilis, “Islam, Democracy, and State: The Reemergence of Authoritarian Politics in Algeria”, in John Ruddy, *Islamism and Secularism in North Africa*, St. Martin’s Press, 1994, p. 244.

③ 参见 James Ciment, *Algeria: The Fundamentalist Challenge*, p. 187。

④ 1945年5月8日，在塞提夫、古尔马（Guelma）和赫拉塔（Kherrata）等地，阿尔及利亚民族主义者举行要求民族独立的示威游行，遭到殖民当局屠杀，四万五千名穆斯林丧生。

⑤ 参见 Martin Evans and John Phillips, *Algeria: Anger of the Dispossessed*, p. 205。

政府与伊阵的论争

与血腥的暴力冲突相伴随，阿尔及利亚政府与伊斯兰主义者也进行了一场关于政治危机的真相之争。从论争的动机来看，双方都是在为使用暴力寻找合法的借口，将战争的责任推诿给对方。与暴力交往方式不同，双方文字和语言间的唇枪舌剑在客观上加深了双方对政治危机的认识，间接地推动了双方的交流与了解。虽然论争存在大量非理性因素，但论争本身却有助于澄清一定的事实。

第一，制度合法性之争。在阿尔及利亚的民主化改革实践中，伊阵在市镇和首轮议会选举中皆大获全胜。按照既定的政治程序，第二轮议会选举的胜利几乎是伊阵的囊中之物。但军方发动的政变使伊阵所取得的一切胜利都付诸东流，一方面，军方封闭了伊阵通往最高政治殿堂的大门；另一方面，它又建立了以军方为核心的新的政治秩序。因此，伊阵对政府的指责也从其合法性开始。哈达姆认为：军方在取消选举的过程中扮演了重要角色，它没有履行宪法规定的职责——抵抗任何外部威胁和维护国家主权，而是将其职能转向国内，来维护（政治）体系的稳定[①]，因此，从宪法的角度来看，当权的政府缺乏充分的制度合法性。在民主化改革进程中，政府为伊斯兰主义者设置了重重障碍，制定了若干有利于执政党的规则，其目的就是阻止伊斯兰拯救阵线获得选举胜利。因此伊阵认为，当权的统治精英们试图操纵民主化进程，拒绝接受投票箱上的失败，而“不管这样做会使人们遭受多大的苦难”。[②]但在政府看来，伊阵的胜利并不光彩，是伊阵“劫持”了民主选举。根据阿尔及利亚驻美国大使馆公布的材料，有确凿的证据表明伊阵在第一轮议会选举中存在大量舞弊、投假票、重复计票、胁迫选民、篡改选民名单、完全滥用选举体系等问题，这些问题在伊阵所控制的地方

① 参见 James Ciment, *Algeria: The Fundamentalist Challenge*, p. 181。

② 同上。

政府中更为明显。民族解放阵线的支持者阿尼萨·拜纳努（Anissa Benaneur）描述了他的切身经历："我发现伊阵代我投票，从早上6点到8点，我所处的投票站投票的人都没有身份证。因此，你怎么可能把合法的权力给予一个作弊的政党呢？"[①]

第二，文化合法性之争。伊阵认为阿尔及利亚从独立到政治民主化，政府都是为了维护自身利益而与伊斯兰教进行斗争。伊阵的支持者也认为，尽管没有普通民众的支持，但操法语的人、共产主义知识分子和作家在企图使阿尔及利亚社会非伊斯兰化的尝试中发挥了重要的作用。在现政府中，穆斯林学者被完全排除在外。政府则认为伊阵根本不具有伊斯兰教的代表性，它也不是真心地接受多元主义民主政治，相反，伊阵所代表的是一种僵化的、标榜伊斯兰的极权主义秩序。政府精英认为伊斯兰运动领袖们的政治承诺空洞无物，只会导致回归一党体系和专制独裁。尼扎尔写道：一些领导人认为终止选举是对民主化进程的打击，实际上恰恰相反，选举的终止确保了民主进程的延续。[②]为此，阿尔及利亚驻美国大使努里丁·Y. 泽胡尼（Nourredine Yazid Zerhouni）列举了伊阵所犯的五宗罪：从本质上伊阵试图"废除宪法和多党体系；取消个人自由，特别是新闻出版自由；推行他们的伊斯兰法理念……其毁灭性和压迫性的影响在世界上很多地区都得到了体现；建立紧急上诉法庭和简单化的司法程序；禁止妇女参加工作，限制妇女自独立战争以来所取得的政治、经济和社会权利。"[③]

第三，内战责任之争。伊阵认为是政府率先使用的暴力，伊斯兰武装斗争不过是针对政府暴力而进行的自卫行为。伊阵甚至还认为，针对穆斯林的暴力行为在阿尔及利亚独立后始终存在，军方发动的政变只是这种行为的又一次显现而已。哈达姆认为："当军方终止民主进程时犯了一个历史性的错误，它违背了宪法，取消议会

---

① 参见 James Ciment, *Algeria: the Fundamentalist Challenge*, p. 181。

② 参见 Steven A. Cook, *Ruling But Not Governing: the Millitary and Political Development in Egypt, Algeria, and Turkey*, The Johns Hopkins University Press, 2007, p. 57。

③ James Ciment, *Algeria: the Fundamentalist Challenge*, p. 182.

选举并无视人民的选择，解散1990年选出的市政府，镇压和取缔合法获胜的政党，施行全国紧急状态，恢复残酷的镇压措施并将整个国家拉入战争。”[①]政府针对这种指责的解释是，军方被迫采取了针对伊阵的行动，甚至不惜以民主为代价。“政府采取行动的主要原因是，阻止伊阵利用刚刚开启的选举进程和使用恐怖与暴力，将国家带入集权的、反民主的独裁统治中去，正如55年前希特勒的德国那样。”[②]伊斯兰武装进行的恐怖主义活动也在某种程度上增强了政府行为的合法性，特别是伊斯兰武装集团的暴力行为充斥着大量违反人权的记录，成为国际上臭名昭著的恐怖主义组织。

二、泽鲁阿勒恢复政治稳定的努力

政治对话的开启

1995年11月16日，阿尔及利亚举行了其历史上首次多党制总统选举，选民投票率高达74.92%。非统组织派遣的观察员认为，本次选举是在良好和透明的情况下进行的。泽鲁阿勒（Liamine Zéroual）以独立候选人身份参加选举，并以得到61.34%的选票成功胜出。温和的伊斯兰主义者马赫福德·纳赫纳赫得票率为25.38%；赛义德·萨迪得到9.9%的选票；自由派伊斯兰主义者努尔丁·布克鲁赫得到3.78%的选票。泽鲁阿勒以优势票数当选总统是阿尔及利亚内战的重要转折点。泽鲁阿勒执政后开启了与伊阵直接对话的大门。在其就职后的一次演讲中，他着重强调“不排除任何一人的政治对话”，显然其中就包括伊阵。随后他举行了与马达尼和贝尔哈吉的第一次直接秘密会谈。为了表明政府的诚意，1994年2月，他下令释放了两名伊阵领袖——阿里·德杰迪和阿卜杜卡德尔·布克哈姆。但泽鲁阿勒的和解政策很快遭到了政府内部的保

① James Ciment, *Algeria: the Fundamentalist Challenge*, p. 182.

② 同上书，第183页。

守派——总理里达·马利克（Redha Makek）、内政部长塞里姆·萨阿迪（Selim Saadi）和总参谋部的批评，这样，刚刚开启的对话被迫终止。随后泽鲁阿勒在总参谋部的支持下免除了马利克和萨阿迪的职务，装备部长穆克达德·西菲（Mokdad Sifi）出任新的总理，作为政治交易的一部分，总参谋部的阿卜杜拉赫曼·M. 谢里夫（Abderrahmane Meziane Cherif）出任内政部长。

同年 8 月，泽鲁阿勒总统向八个政党发出了和谈邀请，但只有五个政党——民族解放阵线、伊斯兰复兴运动、阿尔及利亚民主运动、哈马斯和阿尔及利亚复兴党接受了邀请，他们一致要求伊阵也应在受邀之列。于是，泽鲁阿勒再次与狱中的马达尼和贝尔哈吉进行了一系列秘密会谈。这些会谈取得了积极进展，伊阵的两位领导人接受了政治多元主义和政党更迭的原则。为此，9 月 13 日泽鲁阿勒将马达尼和贝尔哈吉由监禁改为软禁。但刚刚取得的进展很快就失去了意义，这一方面是由于暴力冲突升级所致，另一方面是马达尼又提出了新的政治要求。马达尼表示，他自己接受政治多元主义和政党更迭原则没有任何的意义，因为伊阵的任何重大决定都需要经过协商委员会的讨论和授权，因此，他要求与伊阵协商委员会的所有成员交流完毕后再予以答复。显然，马达尼的要求不会为军方所接受，因为伊阵协商委员会的很多成员都加入了武装运动并从事恐怖主义活动，于是双方的第二次谈判再次未果。10 月 31 日，官方正式宣布谈判破裂，同时泽鲁阿勒宣布将会在 1995 年的适当时间举行总统选举。

1995 年 4 月至 6 月间，由马达尼首先提议，双方又举行了第三次会谈。在总参谋部的支持下，泽鲁阿勒再次与马达尼进行直接谈判，并提出了一个三阶段计划。第一阶段，马达尼必须呼吁所有伊斯兰主义者放弃使用暴力并停止武力斗争，这样政府将释放全部同意此项计划的在押伊阵成员。第二阶段，政府将赦免在规定日期内投降和放弃武器的武装人员。第三阶段，在第二阶段成功的基础上，政府将允许伊阵以一个新的名字重组，前提是必须遵守 1989 年宪法所规定的共和主义原则。这次会谈马达尼再次以个人身份接受了泽鲁阿勒的计划，但又提出要征求其他六位协商委员会成员的意见。马达尼与贝尔哈吉、哈查尼等人协商的结果是，除非政府无条件释放所有伊阵被拘押者，否则他们将拒绝接受这一计划。当国际社会和阿尔及利亚国内媒体都期望取得新突破的时候，7 月 11 日泽鲁阿勒宣布谈判失败，并明确指责伊阵内部缺乏一致性。

反对派的罗马会议

随着政府与伊阵之间直接对话的失败，阿尔及利亚的政治形势朝着破裂的方向发展，暴力冲突进一步升级，使得各种政治力量担心可能会出现全面战争。为此，以民族解放阵线和社会主义力量阵线为首的一些反对党试图通过组织政府主导之外的政治对话，来对政府施加压力，推动国内政治危机的和平解决。1994 年秋，民族解放阵线和社会主义力量阵线共同发起了一项旨在组织全国一切政党进行真诚对话的倡议，希望达成某种程度的全国性共识，为政治危机的解决提供指导。但由于阿尔及利亚国内禁止任何独立的政治力量举行集会，因此这项倡议只能选择在国外执行。恰好罗马的圣艾迪吉奥社团（Sant Egidio Community）[①] 提出，愿意为阿尔及利亚反对党举行解决政治危机的对话活动提供支持。随后邀请函送抵全国各主要政党，包括哈马斯、伊斯兰复兴运动等以及一些小党派均接受了邀请。会议组织方也向政府发出了邀请，但遭到了拒绝。除了政府拒绝参加以外，会议的另外一个难题就是伊阵的代表权问题。由于伊阵的主要领导人都处于监禁中，马达尼和贝尔哈吉均无法出席会议，因此，组织者决定将邀请函交给伊阵在海外的代表拉巴赫·卡比尔和安瓦尔·哈达姆。11 月 21 日会议开幕，会期为时两天，但与会代表未能达成任何正式的协议。最终，与会的政党发布了一份

---

① 圣艾迪吉奥社团属于罗马天主教官方承认的社团之一，成立于 1968 年，据称在世界 70 多个国家拥有 5 万多名会员。其主要活动领域包括：通过诵读《圣经》进行祈祷活动；向需要的人传播福音；免费为穷人提供帮助；推行泛基督主义；与其他宗教和非信教者对话。

联合声明，表示几个月后将再次集会，届时将起草一份正式的文件。

1995年1月，第二次会议在罗马举行，伊阵领导人之一的阿卜杜哈米德·梅赫里在征得马达尼和贝尔哈吉的意见后出席了会议。经过五天的讨论，与会代表最终签署了《政治与和平解决阿尔及利亚危机的宣言》。宣言的主旨内容是为反对党与政府谈判和回归多党制提供对话的基础，其主要内容如下：（1）尊重人权，支持竞争性选举，人民主权，依法治国和1989年宪法；（2）拒绝以暴力作为获取或维护权力的手段，反对任何形式的独裁，军队回归兵营；（3）承认阿尔及利亚人由阿拉伯、伊斯兰和柏柏尔三种属性组成，阿拉伯语和柏柏尔语均应作为国家官方语言而提倡；（4）在与官方谈判之前，伊阵领导人应该予以释放，所有政党恢复活动；（5）恢复出版自由；停止酷刑和法外杀人；释放全部政治犯；（6）谴责一切针对平民和外国人的袭击。[①]

对于这一宣言，与会各方反应不一，但这份宣言的最主要角色之一——伊阵很快就表示出支持的态度。一方面，伊阵是这份宣言的最大受益者。宣言要求解除对伊阵的禁令，释放伊阵在押领袖，恢复伊阵的合法身份，更为重要的是，它认可了伊阵在随后与政府谈判和建立过渡性政治结构中的重要地位，因此这一宣言实际上是对伊阵许以的政治承诺。赛义德·萨迪认为如果按照宣言进行和解后的政治重建，那么这一政治承诺的兑付“将加强伊阵的权力”。[②]另一方面，伊阵也做出了一定程度的让步，宣言所体现的基本价值，如和平、多党制、人民主权等都得到了伊阵领导人马达尼和贝尔哈吉[③]的承认，这在以往伊阵的政治观念中不曾出现过。

---

① 参见 William B. Quant, *Between Ballots and Bullets: Algeria's Transition from Authoritarianism*, Brookings Institution Press, 1998, pp. 70—71。

② Michael Willis, *The Islamist Challenge in Algeria: a Political History*, ITHACA Press, 1996, p. 343.

③ 有学者认为，贝尔哈吉入狱期间思想逐渐转向温和，因此对罗马宣言的接受并不完全出于策略目的。阿卜杜哈米德·梅赫里也认为，贝尔哈吉变得更加政治化，“这位伊阵的第二领袖对西方思想更加开放，甚至开始学习法语”。

对于其他反对党来说，这份以自由民主为核心的和解方案标志着一次重要的政治突破，它使得伊阵这样的伊斯兰反对派也回到民主的话语下探讨问题。民族解放阵线政治局成员侯赛因·萨斯(Hocine Sassi）评论说，伊阵签署民族和解文件这一事实表明，它已完全接受基于民主与和平等原则政治解决（政治危机）的方式。社会主义力量阵线主席艾迪·艾哈迈德也认为："这一倡议的成功之处在于它将伊阵中的温和力量重新带回政治领域，从而孤立了暴力分子。"[①] 当然，对伊阵接受宣言的真实性和接受程度仍受到质疑，但总体来看，它所反映出的积极意义是无可辩驳的。

虽然与会的反对党在政治和解上达成了某种一致意见，但当这一宣言传至国内，却遭到了冲突双方的一致反对。从政府的反应来看，尽管宣言的很多内容反映了政府所倡导的价值，例如政府由选举产生、谴责暴力、尊重宪法，等等[②]，但泽鲁阿勒等高层领导人不愿意接受这样的结果。一方面，罗马会议是由反对党积极活动并由国外势力支持和赞助下筹办的，它的召集本身就是对政府权威的回避。从政府的角度来看，它不愿意仅仅作为冲突的一方而参与到和解进程，因此政府表示罗马会议的召开是对阿尔及利亚内政的干涉，这样性质的会议产生的任何文件从原则和细节上都是不能接受的。另一方面，罗马会议大大提高了伊阵在政治和解和未来政治发展中的地位，这有悖于政府长期以来对伊斯兰运动的政策。而且政府认为罗马宣言本身亦存在诸多缺陷，如它更多地是反映了伊阵的政治意愿，缺乏对恐怖主义的谴责，总理西菲甚至认为，正是那些对恐怖袭击负有不可推卸责任的人签署了这样的文件。

对伊斯兰武装力量来说，由于各派别自身所存在的意识形态与策略等方面的严重分歧，因此，他们对罗马宣言的反映并不一致。伊斯兰武装集团最初表示赞成全国和解协议，但随后却又对罗马宣

---

① Michael Willis, *The Islamist Challenge in Algeria: a Political History*, p. 344.

② 参见 William B. Quandt, *Between Ballots and Bullets: Algeria's Transition from Authoritarianism*, p. 71。

言予以强烈的批判。在其后来发布的一份声明中，伊斯兰武装集团声称："为了维护民族的利益，避免更多的战争，它准备停战，但前提是政府必须接受由反对派起草的宣言，释放伊斯兰武装集团领导人并取缔所有共产主义和无神论的政党。"[1]显然，伊斯兰武装集团对宣言的态度前后矛盾，这在一定程度上说明该集团内部正在发生分裂。另一支重要的伊斯兰武装力量——伊斯兰拯救军对宣言的立场非常的明确，接受宣言就意味着"圣战"者的斗争被否定，而且也会削弱伊阵在伊斯兰武装斗争中的地位，因此，它不会放弃将暴力作为获取权力的途径。

1995 年总统选举

与伊阵对话的失败以及拒绝罗马宣言以后，泽鲁阿勒政府决定暂缓与反对党进行和解谈判，并决心探索政治和解的其他出路。由于与反对派和伊斯兰武装在短期内无法实现和解，阿尔及利亚政府将政治重建的重心转移到政治制度合法性建设上来，希望通过恢复与民众的制度性联系，进而实现更深层次的政治和解。为此，官方宣布，将于 1995 年 11 月举行总统选举。阿尔及利亚政治制度化建设的尝试在军方政变的初期就已经开始，并建立相应的过渡性政治机构，但真正的政治制度化则是从泽鲁阿勒时代开始的。当然，泽鲁阿勒政府选择将总统选举作为政治制度合法性重建的突破口也得益于客观政治形势的逐渐成熟。在泽鲁阿勒执政两年后，政府政治权威得到巩固，虽然政治、经济和社会危机仍未能摆脱，但一切都朝着正确的方向发展，这为实现政治稳定和进行政治调整与改革创造了条件。泽鲁阿勒决定有计划地将新的政治蓝图付诸实践，并为此制定了一个分三阶段执行的计划：总统选举、通过全民公决制定新宪法、多党制议会和地方选举。

---

① Michael Willis, *The Islamist Challenge in Algeria: a Political History*, pp. 345—346.

1995 年 11 月 16 日总统选举得票情况[①]

候选人	政党	得票数	得票率（%）
拉明·泽鲁阿勒	无	7,088,616	61.0
马赫福德·纳赫纳赫	哈马斯	2,971,974	25.6
赛义德·萨迪	争取文化和民主联盟	1,115,796	9.6
努尔丁·布克鲁	阿尔及利亚复兴党	443,144	3.8

投票人数：12,087,281（75.7%）

有效票数：11,619,532（72.5%）

Source: Algerian radio, Summary of World Broadcast ME/2470 MED/16, 25.11.95

在政府宣布将会举行总统大选以后，曾在罗马宣言上签字的反对派政党立即表示反对。他们认为真正的总统选举应该在实现和平以后才能举行，在国家仍为战争困扰的情况下进行大选，将会限制民众和反对党的政治参与程度，因而这样的选举及其结果都没有任何意义。为了应对反对派对选举的抵制，政府规定凡在 10 月以前能够收集到 7.5 万个选民签名的候选人，经内政部审核通过，都可以参加本次总统选举。除了以独立候选人身份参加的泽鲁阿勒以外，最终获得竞选资格的还有争取文化和民主联盟领袖赛义德·萨迪、阿尔及利亚复兴党领袖努尔丁·布克鲁以及哈马斯领导人马赫福德·纳赫纳赫。赛义德·萨迪虽然长期与政府不合，但他对伊斯兰拯救阵线和罗马宣言更无好感。[②]努尔丁·布克鲁是一个学者型的伊斯兰现代主义者，他从开始就怀疑罗马会议的真正动机，但因其曾在政府任职，这样的经历使很多人认为，他可能是政府用来操纵总统选举的工具。而纳赫纳赫是阿尔及利亚政坛上最有历史背景的伊斯兰反对派领导人之一，他虽然标榜自己的政治理念是介于政府和伊斯兰武装之间的中间道路，但仍遭到世俗政党和伊斯兰政党两方面的诟病。他的伊斯兰反对者认为，纳赫纳赫为了个人利益而与政

① 参见 Michael Willis, *The Islamist Challenge in Algeria: a Political History*, p. 395。

② 争取进步和民主联盟曾收到罗马会议的邀请，但赛义德·萨迪明确予以拒绝。

府策划阴谋，企图分裂伊阵的支持群体；世俗的反对者则指责纳赫纳赫参与选举实际上是伊斯兰主义的“特洛伊木马”，他虽然以能被政府所接受的伊斯兰主义面孔出现，但其政治理念与伊阵并无多大差别。[①]有学者认为，泽鲁阿勒、赛义德·萨迪和努尔丁·布克鲁恰恰反映了阿尔及利亚社会三种不同的观念和利益——民族主义、柏柏尔主义和伊斯兰主义。这三个候选人实际上覆盖了罗马宣言的三个签字反对党——民族解放阵线、社会主义力量阵线和伊斯兰拯救阵线的选民和利益。1995年11月16日，泽鲁阿勒赢得了阿尔及利亚历史上首次自由选举，他也是该国第一个未经政府干预，由民选产生的国家领导人。

泽鲁阿勒的当选当属意料之中，一方面他拥有强大的军方作为后盾，另一方面，从选票的分布情况来看，泽鲁阿勒的主要支持者与阿尔及利亚以往的领导人没有太大的变化，当选总统仍是民族主义传统的合法继承者。尽管泽鲁阿勒的当选并不能说明阿尔及利亚社会政治重新整合的完成，但却反映了绝大多数民众的意愿，这是政治破裂以来阿尔及利亚民众第一次团结在一起。所以当选举结果公布之后，阿尔及尔街头回响起阵阵庆祝的枪声和妇女喜悦的哭泣声。[②]有人认为：“泽鲁阿勒的胜利证明，阿尔及利亚人们已经抛弃了困扰国家政治的伊斯兰的和世俗的极端主义。”[③]更为重要的是，很多在1992年曾投票给伊阵的民众这次将选票投给了泽鲁阿勒。的确，泽鲁阿勒是自本·贝拉和布迈丁时代以后，第一位享有真正民众合法性的国家元首，这在一定程度上加强了泽鲁阿勒的地位，也为其进一步进行政治改革创造了条件。泽鲁阿勒温和的政治立场也更多地向群众传达了和平解决暴力冲突的愿望，可以说群众对总统选举的广泛参与更多地是表达对和平的期盼。总之，这次选举反映了社会各阶层对正常政治秩序的渴望，特别是对军方来讲，

① 参见 Michael Willis, *The Islamist Challenge in Algeria: a Political History*, p. 358。

② 参见 James Ciment, *Algeria: the Fundamentalist Challenge*, p. 192。

③ Martin Stone, *The Agony of Algeria*, p. 120.

它再次从政治的前台退居幕后，这“标志着向民主制度转变的重要一步”。[①]

总统选举的成功为政府进一步的政治改革增添了信心，于是泽鲁阿勒又开启了他政治制度化的第二步计划——修订新宪法和议会选举改革。当然，作为国家的根本性大法，宪法本身就是为国家政治发展提供基础的制度保障，是政府依法治国的重要标志，宪法修订是对政治发展本身不断完善的过程，反映了政治发展的时代性特征。阿尔及利亚新宪法修订草案的核心内容突出了稳定优先的原则，其目标之一是趋利避害，规避1989年以来的各种政治动荡因素，防止类似的暴力现象再次发生；目标之二则是继往开来，为当前乃至未来的政治稳定发展提供切实可行的制度保障，因此这一宪法修订即包含了保守因素，也体现了进步精神。1996年11月28日举行全民公决，通过了新的宪法修正案。除了重申人民主权和民主等原则外，这部宪法体现出了许多创新，主要包括以下几点：第一次将柏柏尔属性写入宪法，确认阿尔及利亚的民族属性由阿拉伯、伊斯兰和柏柏尔三种属性组成；限定总统任期五年，连任不得超过两届；议会实行比例代表制，以体现政治观念的多元性，防止胜者全赢的局面发生。这部宪法最主要的特点在于极大地加强了总统的权力。宪法不但赋予总统发布紧急法令的权力，而且总统还能够通过其权力对议会形成有力的制约。阿尔及利亚新的议会由两院——国民议会和民族院组成，民族院议员的三分之一由总统任命，其余由选举产生，国民议会通过的法案须经民族院的3/4多数通过后才能生效[②]，这样总统就可以通过其任命的代表很容易牵制议会立法。[③]总之，1996年宪法就是为此后的政治发展提供一个制度性框架，使政治改革在一个相对稳定的结构下发生。

---

① Martin Stone, *The Agony of Algeria*, p. 121.

② 参见赵慧杰编著：《阿尔及利亚》，社会科学文献出版社2006年版，第115页。

③ 参见 Steven A. Cook, *Ruling But Not Governing: the Military and Political Development in Egypt, Algeria, and Turkey*, p. 59。

多党制议会选举

1997年6月5日，多党制议会如期选举，这是阿尔及利亚历史上的第一次多党制选举，也是举行多党制选举的第三个阿拉伯国家（另外两个国家分别是约旦和也门）。由总理乌叶海亚（Ouyahia）在选举前四个月成立的全国民主联盟（National Democratic Rally）获得了32%的选票，占据380议会席位中156个。纳赫纳赫领导的哈马斯于1997年4月更名为争取和平社会运动（Movement for a Peaceful Society），获得69个议会席位，成为第二大党。民族解放阵线获得62席，伊斯兰复兴党获得34席，社会主义力量阵线和争取文化和民主联盟两个柏柏尔政党分别获得20席和19席。

1997年议会选举结果[①]

政党	席位	得票数（百万）	席位百分比（%）	得票率（%）
全国民主联盟	156	3.53	41	32
争取和平社会运动	69	1.53	18	14
民族解放阵线	62	1.49	16	14
伊斯兰复兴党	34	0.92	9	8
社会主义力量阵线	20	0.53	5	5
争取文化和民主联盟	19	0.44	5	4
独立候选人	11	0.48	3	4
自由主义政党	4	0.19	1	2
其他	5	0.15	1	2

（投票率为65%）

选举结果公布以后，多数政党都谴责这次选举有失公允：刚刚

① 参见 William B. Quandt, *Between Ballots and Bullets: Algeria's Transition from Authoritarianism*, p. 140。

成立不久的全国民主联盟超越其他老牌政党异军突起，因此很多民众认为该党是政府自己扶植的代理人。特别是全国民主联盟可以通过国家控制的媒体进行选举宣传，而其他政党则受到诸多限制，因此国际联合监察团也认为很难对这次选举做出恰当的评价。当然，这次选举比以往也取得了一定的进步，几乎所有拒绝参加总统选举的"圣艾迪吉奥"政党都参加了此次立法议会选举。[①] 尽管所有反对党都抱怨选举过程有失偏颇，但获得席位的政党都没有拒绝参加新的议会。随后，乌叶海亚再次被任命为总理，他组建了由全国民主联盟、争取和平社会运动和民族解放阵线为基础的联合政府，并按照政党实力进行部长任命。在全部部长职位中，七个职位分配给了争取和平社会运动和民族解放阵线，当然这些部门都属于政府中的次要职能部门。

1997 年 10 月，阿尔及利亚举行了地区和省级选举，这次选举仍有大量的舞弊传闻，这也说明这一时期政治转型的保守性。这次选举标志着泽鲁阿勒总统三阶段计划实施的完毕，阿尔及利亚的政治制度化也初步走上正轨。1998 年 9 月，泽鲁阿勒在电视讲话上宣布，提前结束自己的任期（距其任期结束还有一年半的时间），将在 1999 年 2 月举行新的总统选举，而他本人将不再作为候选人参加。这一消息的突然性令很多阿尔及利亚人感到震惊，人们纷纷猜测个中缘由。其实在 1997 年以后，泽鲁阿勒的政治生涯便逐渐转入低谷，国际社会不断地指责阿尔及利亚在内战中存在违反人权的行为，这迫使泽鲁阿勒不得不允许联合国进入阿尔及利亚进行相应的调查。这一方面使阿尔及利亚的国家形象受损，另一方面阿国内的多数民众拒绝接受外部势力的干预，这一政策导致泽鲁阿勒大失人心。更为雪上加霜的是，对政府腐败的指责也越来越多，有些流言蜚语甚至与总统相关联。当然，这些指责还并不足以构成对泽鲁阿勒去职的最大压力，统治集团内部的矛盾似乎是总统离职的最根本原因。

① 参见 John Ruedy, *Modern Algeria: the Origins and Development of a Nation*, Second Edition, p. 269。

多数观察家认为，以总参谋长穆罕默德·拉马里为代表的军方强硬派迫使他辞职，而双方矛盾的焦点很可能是泽鲁阿勒表现出越来越强的自主性引起了军方的担忧。1999年4月[①]，阿卜杜拉齐兹·布特弗利卡（Abdelaziz Bouteflika）在总统选举中胜出，这宣告了泽鲁阿勒时代的结束了。

三、危机时代的经济发展

经济停滞的主要原因和表现

沙德利时代进行的经济和政治改革最终将阿尔及利亚带入了深重的危机之中。在整个20世纪90年代，经济发展遭遇到诸多因素的影响，危机中的阿尔及利亚经济发展几乎举步维艰。首先，1987年和1988年沙德利接受巴黎俱乐部（Paris Club）和国际货币基金组织的建议，开始进行经济自由化改革。政府推行的改革增加了失业率，减少了社会福利和补贴，加之日益恶化的政治形势，到20世纪90年代初期改革已经停止。其次，人口快速增长带来了沉重的社会压力。这一时期阿尔及利亚人口出生率相较1981年的4.5%，已经下降到2.7%，但是同期人口死亡率也下降明显，这导致到20世纪90年代中期，超过人口总数30%的人还未到工作年龄。再次，通货膨胀率居高不下，成为长时间困扰阿尔及利亚的重要问题。按照国际货币基金组织的建议，阿尔及利亚通过贬值第纳尔的方式增强其产品在国际市场的竞争力，在1989年到1991年期间，第纳尔贬值三分之二，结果并未刺激非碳化氢类产品的出口，反而导致日用品价格暴涨，影响了原本就在恶化中的经济发展。最后，动荡的政治局势破坏了经济改革所需的稳定国内环境，特别是阿尔及利亚安全评估的结果使外国投资的风险增加，内战对经济的破坏是这一

① 总统选举原定于2月举行，但由于几个政党要求更多的准备时间，于是选举被推迟至4月。

时期经济停滞不前的最主要原因。

从1990年到1995年，阿尔及利亚工业和投资处于负增长状态，农业、服务业和出口等方面的增长也徘徊在1%左右。随着GDP增长率的不断下降，阿尔及利亚只能通过举借外债的方式来缓解经济上遇到的困难。1989年，阿尔及利亚的外债为264亿美元，到1994年增加到287亿美元，负债率为67.8%[①]，到1995年，外债总额增加到329.4亿美元，还本付息占收入的41.8%。如何解决债务问题在统治集团内部引起争论。以穆鲁德·哈姆鲁什（Mouloud Hamrouche）和里达·马利克（Redha Malek）为代表的改革派认为，阿尔及利亚应该与国际货币基金组织合作，推行自由化改革，实现债务重组。以贝莱德·阿卜杜萨拉姆为首的保守派则继续坚持布迈丁时代的模式，主张通过举借短期债务的方式来度过危机，反对将阿尔及利亚经济置于国际货币基金组织、巴黎俱乐部和世界银行等国际组织干预之下。

对危机经济的调整

1992年7月，贝莱德·阿卜杜萨拉姆接替安萨里成为总理，他宣布阿尔及利亚处于“战时经济”之中，需要恢复阿尔及利亚的国家主权和国际地位，因此，他要求停止第纳尔贬值，保护国内市场，恢复生产以满足国内需求。然而，贝莱德的政策并未改变阿尔及利亚的经济形势，阿尔及利亚国家油气公司也遭遇了极低的开采率。[②]在外债的压力下，1993年8月，里达·马利克取代他成为新的总理。马利克加快推进市场化改革，重启与巴黎俱乐部和国际货币基金组织的谈判，结果是1994年第纳尔贬值40%，与1990年相比，第纳尔官方价值贬值达90%。一些主要食品，包括面粉、面包和牛奶等，

① 参见John Ruedy, *Modern Algeria: the Origins and Development of a Nation*, Second Edition, p. 271。

② 参见“Nostalgic about the Bad Old Days”, *The Middle East*, July 1993。

价格上涨幅度在25%到100%之间。[①]由此也引发了工会发起的抗议活动。4月15日，马利克辞职，穆克达德·西菲接任总理。6月1日，阿尔及利亚与巴黎俱乐部达成备用协议，开始进行债务重组。主要国际债权方同意减少本息50亿美元，并提供超过30亿美元的初期现金援助。1995年3月，阿尔及利亚政府得到更多的援助后，着手稳定经济，降低通货膨胀，减少政府财政预算赤字，并确定了将经济增长率恢复到6%的水平。在1994年到1998年，由于政府的财政紧缩政策以及原油价格的回升，使经济止住了下滑状态，通货膨胀率也从1995年的30%下降到2000年的0.3%。[②]在与西方进行自由贸易谈判的同时，阿尔及利亚也有其长远策略，那就是减少对欧洲贸易伙伴的依赖，并成功拓展了其与加拿大、日本和美国的经贸关系。[③]

国营经济部门的转型

由于整个20世纪90年代宏观经济的变化以及内战的影响，阿尔及利亚的经济转型和生产的发展面临诸多新问题。与此前沙德利政府相比，国家向私营部门的资源倾斜现阶段开始收缩，政府推行财政紧缩政策，减少了基础设施投资，降低了工资水平，削减了社会福利，并将关注的重点放在国有部门的改组和清偿债务。从政府财政收入构成来看，碳化氢工业所占比重在1990年至1997年间几乎逐年升高，除1990年外（48%），基本都在60%上下浮动。由于恶劣的政治经济环境，政府只能高度依赖于对石油资源的开发和利用。自由化委员会负责人阿卜杜拉赫曼·迈布图尔（Abderrahhmane Mebtoul）指出，1998年，阿尔及利亚硬通货收入的97%来自于碳化氢部门，这也意味着国家油气公司及其附属企业可以被视为银行

① 参见“Algeria: a Liitle Late in the Day”, *The Middle East*, June 1994。

② 参见 Karshenas, Social policy in the Middle East, Palgrave Macmillan, 2006, p. 87。

③ 参见“Algeria Pursues Foreign Investment”, *The Middle East*, February 1997。

了。[①] 即使如此，国家用于投资的可支配资金非常有限，财政预算的资金支出方向主要是水利、基础设施和城市发展相关的项目。另外，从 1991 年到 1997 年，国家预算投入大量资金用于清理国有企业资产，其中 1994 年，国有企业从中央银行新增 860 亿第纳尔的债务，然而其表现却不尽如人意，国有企业（除阿尔及利亚国家油气公司外）的亏损情况不见好转，从 1996 年的 140 亿第纳尔增加到 1997 年的 300 亿第纳尔。总体来看，这一时期国有企业产品所占市场份额逐年缩小，其生产能力也在衰退。从 1989 年至 1994 年，非碳化氢部门国有工业的生产能力下降 20%，其中机械和电子部门下降最为明显（32%），这也就导致国有部门的实际 GDP 处于负增长状态。自 1994 年以后，815 个国有公司被关闭，幸存的工业也大幅裁员，因国有企业重组或关停，50 万工人失去了工作。[②]

私营经济部门的缓慢发展

与国有企业相似的是，在 20 世纪 90 年代私营部门的发展也不乐观。从 1989 年到 1994 年，私营部门对非碳化氢部门的生产附加值贡献比重从 27% 下降到 16%。私营企业多分布于轻工业部门，除了少部分生产有所增加外，基本都处于下滑状态。因此，从 1993 年到 1996 年，私营部门实际 GDP 也处于负增长（年均 -1.3%）。到 1998 年形势发生了明显的改观，这主要源于在电子、钢铁、纺织和建材等行业的进口商品竞争减少。即使阿尔及利亚政府从 1994 年开始接受国际货币基金组织和世界银行的建议，对经济结构进行调整，通过减少国家对经济活动的干预，减弱国家在生产经营中扮演的角色，来推动资本的自由流通，发挥市场的调节作用，但实际上，私营企业并未得到快速发展。这主要是因为：第一，国家取消对进出

---

① 参见 Bradford L. Dillman, *State and Private Sector in Algeria: the Politics of Rent-seeking and Failed Development*, Westview Press, 2000, p. 32。

② 参见 David E. Long, Bernard Reich, Mark Gasiorowski, *The Government and Politics of the Middle East and North Africa*, Westview Press, 2007, p. 498。

口贸易的控制后，进口国外廉价商品成为最有利可图的买卖，大量资本涌向这种非生产性商业活动中，不利于产业资本积累；第二，阿尔及利亚缺乏工业生产技术，对国外机器和设备具有依赖性，使得工业产品在国际市场没有竞争力；第三，私营经济缺乏必要的整合，无法形成规模，特别是在内战背景下，雇员在40人以内的中小规模企业数量急剧减少，且存在部门分布不协调的现象。

四、内战中的外交

外交陷入“孤立”局面的原因

阿尔及利亚内战对国家的政治、经济和社会生活造成了极大的破坏，而这种破坏性也影响了这一时期阿尔及利亚对外关系的发展，导致其在国际舞台上出现被“孤立”的局面。首先，1992年1月，军方介入政治选举，民主选举进程被打断，随后建立的军方掌控的政府长期不被其他国家接受，政府的合法性遭到国际社会质疑，因此，阿尔及利亚政府面临国际信誉缺失的危机。其次，内战爆发后，阿尔及利亚政府面临国内伊斯兰武装力量的挑战，处理国内矛盾尚且分身无术，对外交的关注度明显不足，这就导致国际社会无法准确了解阿尔及利亚的国内动态及其外交取向。再次，内战期间，阿尔及利亚政府内部存在多元权力中心，造成阿尔及利亚外交官员对本国外交政策都充满不确定性①，这也导致阿尔及利亚这一时期的外交缺乏一致性和连续性。最后，随着阿尔及利亚忙于内战，地区竞争国家利用其弱化的国际地位，趁机削弱其在非洲和中东事务中所扮演的角色。总体来看，20世纪90年代阿尔及利亚的外交政策基本处于收缩和防御状态，外交和内政无法形成有机的互补，内外交困的局面使其外交活动显得支离破碎。

① 参见 Yahia H. Zoubir, “The Resurgence of Algeria’s Foreign Policy in the Twenty-first Century”, *The Journal of North African Studies*, Sep. 2004。

与邻国的关系

处理与邻国的关系，是这一时期阿尔及利亚外交活动的主要内容。阿尔及利亚与邻国的边界领土划分在此前都已经接近完成，与摩洛哥恢复外交关系后，两国关系得到明显改善。1992 年 6 月，摩洛哥批准了两国的边界协议，至此，因殖民统治而产生的边界问题都得到解决。随后，阿尔及利亚因选举进程终止引发的内战在马格里布邻国中造成了分化，像突尼斯这样同样面临伊斯兰运动威胁的国家，支持阿尔及利亚政府对伊斯兰拯救阵线采取的行为。利比亚则公开表达对伊斯兰拯救阵线的同情，两国关系随之趋于冷淡。摩洛哥虽然明确表示支持阿尔及利亚现政权，但 1994 年 8 月，摩洛哥因马拉喀什发生枪击案而宣布阿尔及利亚人入境必须办理签证，引发阿抗议，两国边境暂时关闭。直到 1998 年 7 月，阿尔及利亚与摩洛哥才重新进行对话，两国关系有所缓和。在马格里布一体化进程问题上，阿尔及利亚与摩洛哥也出现了分歧，阿拉伯马格里布联盟在整个 20 世纪 90 年代也几乎陷于停滞。从 1990 年到 1994 年，马格里布联盟共成功举行了四次峰会，在传统文化习俗、保险业、通信与邮政、自由贸易、环境保护、动物健康保护、文化合作、驾驶执照跨国认可、采购和贸易关税、海事管理和司法合作等领域取得重大进展。[①]1995 年 2 月，利比亚因洛克比空难危机无法接替阿尔及利亚出任联盟主席国，阿尔及利亚继续出任联盟主席国。同年 12 月，摩洛哥指责阿尔及利亚直接干预西撒哈拉问题，要求停止马格里布联盟的一切活动，并拒绝担任下一轮的主席国。阿尔及利亚对此表示反对，但只能继续担任主席国，联盟此后再未举行首脑峰会，也就意味着其活动基本停顿。

与西方大国的关系

阿尔及利亚与西方大国的关系在这一时期出现波折。20 世纪 90

---

① 参见《阿拉伯马格里布联盟 (AMU)》，《中国投资》，2014 年第 4 期。

年代初期，国际秩序发生重大变革，苏联解体，两极格局结束，世界各主要国家都在调整其外交政策，阿尔及利亚因忙于内战，只能在这一国际关系剧变的时期被动地改变应对策略。对西方国家，特别是法国和美国来说，伊斯兰拯救阵线对阿尔及利亚政治体系的挑战在最初是符合西方推进民主化策略的，它们也要求阿尔及利亚政府与伊阵进行谈判解决争端。后来随着恐怖主义向西方的渗透，西方对阿尔及利亚政府的政策也发生了变化。1993 年 1 月，法国总理皮埃尔·贝雷戈瓦（Pierre Bérégovoy）改变其推动阿政府与伊斯兰运动主流的妥协，坚决支持阿政府的根绝行动。1994 年 9 月，爱德华·巴拉迪尔（Édouard Balladur）为总理的右翼政府又改变了之前的态度，鼓吹调解政策。1995 年 10 月，法国总理阿兰·朱佩（Alain Marie Juppé）又从支持调解转向呼吁阿尔及利亚当局完成政治体系民主化。[①] 总的来看，阿尔及利亚和法国的外交关系进入了新的调整期，过去的反殖民主义话语下建立的双边关系逐渐淡化。希拉克成为法国总统后，两国关系得到改善，双方同意在相互尊重、互利和磋商的基础上重新启动两国关系，建立新型法阿合作关系。

---

① 参见 Camille Bonora-Waisman, *France and the Algerian Conflict: Issues in Democracy and Political Stability, 1988—1995*, Ashgate, 2003, p. 213。

第十章　布特弗利卡时期的阿尔及利亚

历经十年混乱后，布特弗利卡在一场充满争议的选举中当选阿尔及利亚总统，他的当选开启了阿尔及利亚由乱而治的转折。布特弗利卡借助新一轮的改革杠杆，在阿尔及利亚国内积极推进民族和解进程，同时利用国际反恐形势，将阿尔及利亚打击伊斯兰武装组织的斗争纳入全球反恐日程，改变了阿尔及利亚在国际舞台上的“孤立”局面；另一方面，他制定新的经济发展计划，着力推动阿尔及利亚经济的多元化和市场化，为政府更深入的改革奠定基础。布特弗利卡政府对国家的治理，使阿尔及利亚走出了噩梦般的十年，国家正常的政治、经济和社会生活得以恢复。然而，布特弗利卡政府的政策也在很大程度上助长了个人权威的升温，威权主义政治在未来的阿尔及利亚充满不确定性；而在经济上，国家对碳氢产业的依赖程度有增无减，政府始终无法从经济结构层面根本性解决失业问题。2010 年中东剧变以来，阿尔及利亚社会中隐匿的各种矛盾再度显现，布特弗利卡政府在民众的抗议声中惨淡落幕。

一、布特弗利卡时期的政治变革

1999 年总统选举

泽鲁阿勒最初宣布的总统选举时间是 1999 年 2 月，但由于一些党派要求一定的准备时间，因此选举的期限被推迟到4月15日。共有48个独立候选人声明准备参加选举，其中12人获得7.5万个选民签名后提交了参选申请。最终经过宪法委员会进行资格审查，7人获得了候选资格。这7人分别是：前政府总理穆鲁德·哈姆鲁什和穆克达德·西菲、社会主义力量阵线领导人侯赛因·艾特·艾哈迈德、原反对派罗马会议主席优素福·哈特布（Youssef Khateb）、温和伊斯兰主义者阿卜杜拉·贾巴拉赫（Abdallah Djaballah）和艾哈迈德·塔里布·艾尔·伊布拉希米（Ahmed Taleb al Ibrahimi）以及前外交部长阿卜杜拉齐兹·布特弗利卡。竞选活动的官方开始时间是3月25日，各位候选人分别到全国各地去争取选票。4月13日，703个移动投票站开始收集撒哈拉地区牧民和偏远山区居民的选票，随后由军警负责保护选票的安全。随着投票的开始，除布特弗利卡外，其他六位候选人认为这些投票站存在违规行为，要求在计票时将上述选票排除在外，并请求就上述问题面见总统。4月14日，泽鲁阿勒回绝了他们的请求。于是，他们发表声明，由于总统不能倾听他们的意见，他们决定集体退出选举，并且拒绝承认本次选举结果的合法性。这次集体退出选举事件在国内外引起轩然大波，然而，这并未能阻止竞选活动如期举行。4月15日，根据官方统计结果，共计有60.3%的已登记选民参加投票，其中布特弗利卡以获得73.79%的选票赢得了总统选举的胜利。4月27日，布特弗利卡宣誓就职，成为阿尔及利亚新的总统。

阿卜杜拉齐兹·布特弗利卡，1937年3月2日出生于摩洛哥边境小镇乌季达，1956年中学毕业后参加了民族解放军。1957年至1958年，任第五军区总检察官，并担任第五军区第四纵队和第七纵队指挥官，后又成为第五军区指挥部成员。后来担任布迈丁参谋部的少校秘书长，成为布迈丁最亲近的助手之一。1962年阿尔及利亚独立后，作为乌季达集团核心成员，布特弗利卡与布迈丁一样，支持本·贝拉对抗临时政府，并获得最终的胜利。本·贝拉政府成立后，布特弗利卡任青年与体育部长，1963年改任外交部长，

1964年当选为民族解放阵线中央委员会委员和政治局成员。1965年支持布迈丁发动政变，在推翻本·贝拉的统治后，继续担任外交部长，并在该岗位上工作长达15年之久。在担任外交部长期间，阿尔及利亚推行第三世界外交，成为不结盟运动的领导者，为阿尔及利亚赢得了广泛的国际赞誉。布迈丁逝世后，他在与沙德利的总统职位竞争中失败，后被指控在外交部任职期间资金管理不善，遂被开除出政治局，流亡海外。1984年11月，沙德利为其恢复名誉，1987年再次返回祖国，1989年重新入选民族解放阵线中央委员会。在内战期间，布特弗利卡深居简出，很少出现在公众面前，并几次拒绝出任政府职务。1998年12月，他决定以独立候选人的身份参加1999年的总统选举。

布特弗利卡当选为总统，对于独立后的阿尔及利亚来说是一次重要的历史转折。阿尔及利亚历经八年内战，对国家建设、经济发展和社会安全都造成了极大的破坏。泽鲁阿勒执政时期，逐渐恢复了稳定的政治秩序，因此，阿尔及利亚亟须完成一次转型，实现政治上的民族和解，恢复发展经济，并摆脱外交上的孤立局面。自1992年军人直接干政以来，军队始终是政治生活的最终决策者。军人干政的任务是恢复政治秩序，阻止伊斯兰拯救阵线可能对政治体系的改造，当其使命完成后，就需要从前台退居幕后，将政治权力交还给民选政府。布特弗利卡恰恰具备实现上述转型的全部条件。他出身于独立后阿尔及利亚政治体系，了解军人与政府之间的权力关系，同时，他又具备多年的外交经验，能够改变阿尔及利亚在国际舞台上的形象。在竞选过程中，布特弗利卡拥有更多可以利用的资源，他通过国家电视台和电台以及新闻报纸等平面媒体进行广泛的政治宣传。[①] 另外，他还得到议会的主要政党、工会以及与官僚体系相关的职业组织的支持，其获得多数选票也在预料之中。

---

① 参见 John Ruedy, *Modern Algeria: the Origins and Development of a Nation*, Indiana University Press, Second Edition, 2005, p. 275。

《民族和解法》的出台

内战除了造成极大的物质损失外，对人民的生命安全也造成了威胁。因为暴力冲突持续时间过长，对内战受害者人数的统计变得非常困难，官方估计的数字也发生了多次改动。1998 年 2 月以前，估算遇害人数为 26,563 人；1999 年总统选举前，官方将数字修订为 10 万人；到布特弗利卡任总统时期，这一数字又增加到 15 万人。[①]毫无疑问，尽快走出内战阴霾，实现全国和解成为布特弗利卡第一任期的核心主题之一。在 4 月 27 日的宣誓就职典礼上，布特弗利卡表示“将竭尽全力实现民族团结”，“国家政治的头等重要目标就是：实现和平、走向进步、建立民主”。[②]为了能够让仍然从事反政府活动的伊斯兰武装放下武器，布特弗利卡与一些伊斯兰主义者探讨和解的可能性，并得到了阿布杜卡德尔·梅兹拉格（Abdelkader Mezrag）、阿巴斯·马达尼和凯比尔（Kebir）的支持。7 月 13 日，布特弗利卡颁布了《民族和解法》（*Law of Civil Concord*），并宣布将于 9 月提交全民公决。这是他执政后的第一项立法提案，为此，他甚至表示，如果《民族和解法》不能通过全民公决，他将辞职以示决心。[③]

9 月 16 日，对《民族和解法》的全民公决举行。官方数据显示，参与投票人数比例为 86%，最终法案的支持率为 98.6%，这在某种程度上也说明民众对和平与安定生活的向往。该法案的第一章，详细说明了《民族和解法》颁布的目的，为了实现民族和解，政府设立特殊委员会，允许那些曾参与或被动参与恐怖活动，并真正愿意停止其犯罪活动的人向政府投诚，政府将减轻或赦免其所犯罪行，并为其重返社会提供相应便利条件。法案依据投诚者所犯罪行适用

① 参见 Rachid Tlemçani, *Algeria under Bouteflika: Civil Strife and National Reconciliation*, Carnegie Middle East Center, Feb. 2008。

② 参见赵慧杰：《布特弗利卡执政方略浅析》，《西亚非洲》2005 年第 3 期。

③ 参见 Lahouari Addi, “The New Algerian President between the Army and the Islamists”, *The International Spectator*, July-September 1999。

不同的司法标准，分别是：免除司法起诉；处以 3 到 12 年不等的缓刑；处以 10 年以下有期徒刑。对适用该法案的、处于监禁中的人也可以免除司法起诉。此外，还特别提到几种严重的犯罪类型：杀人、强奸、致人终身残疾、集体屠杀和在公共场所从事爆炸活动，其中后两种不适用减刑标准。该法案的有效期是从颁布之日起至 2000 年 1 月 13 日。在有效期截止前，布特弗利卡又颁布了一个新的大赦法令，它将可得到特赦的名单扩大到放下武器并自行解散的伊斯兰武装分子。根据该法令，包括伊斯兰拯救军在内的许多人未经审查便得到赦免。[①] 通过全民公决的《民族和解法》和总统的大赦法令，布特弗利卡试图构建一种实现民族和解的制度，将民族和解通过具体化的形式巩固下来。伊斯兰拯救军在 2000 年 1 月《和解法》截止日期前正式放下武器。据统计，共有大约 5500 名武装分子自首，另有约 5000 名囚犯因对颠覆活动和恐怖活动进行谴责而被释放。[②] 这对饱受内战之苦的阿尔及利亚来说，无疑是一个重大的标志性事件，通过法案重新树立国家权威，对恐怖分子也起到很好的分化和瓦解作用，是实现民族和解的重要一步。因此，布特弗利卡表示，即使《民族和解法》正式到期，它也仍将发挥效力。

当然，《民族和解法》的推行在不同层面也引发争议。在统治集团内部，军方强硬派反对实施《和解法》，主张继续推行根绝政策。他们将该法案视为巩固总统权力的重要手段，因此，在截止日期刚刚结束便发动了对伊斯兰反政府武装的进攻。一些亲政府的政党，如全国民主联盟和民族解放阵线则反对将法案延期的做法，认为它在截止日期后不应再发挥作用。对于伊斯兰武装分子来说，他们认为《民族和解法》在语言表述上存在问题，真正民族和解的前提是政府与之平等对话，而法案将内战的责任推卸给伊斯兰武装。

---

① 参见 Rachid Tlemçani, "Algeria Under Bouteflika: Civil Strife and National Reconciliation", *Carnegie Middle East Center*, Feb. 2008。

② 参见 John Ruedy, *Modern Algeria: the Origins and Development of a Nation*, Second Edition, p.277。

在意识到自己遭到政府的“欺骗”和“背叛”后，阿巴斯·马达尼等伊阵领导人撤回了对《民族和解法》的支持。伊斯兰武装组织的部分成员也在规定日期内投诚，但其境遇与伊斯兰拯救军大相径庭。由于担心前途生死未卜，因此数百名武装分子组建了名为“萨拉菲宣教和战斗组织”（Salafist Group of Preaching and Combat）的新的反抗组织。结果导致2000年暴力事件骤增，死亡人数飙升至约5000多人，接近1999年死亡人数的两倍。[①]那些在内战时期家人被警察或武装分子带走，此后再无音信的“失踪人口家庭”对该法案更是表达了强烈的不满。法律赦免了那些曾经的恐怖分子，却未给予他们任何的帮助和补偿。为了集体表达不满情绪，这些失踪人口家庭形成了多个组织。与此同时，国际人权组织也对该问题给予极大的关注。为了改善政府形象，2003年9月，布特弗利卡组织成立了失踪人口全国委员会（National Commission on Disappearances），负责解决失踪人口及其相关问题。但是，该特别委员会并不能取代政府和司法机关的作用去调查取证，也就意味着它并不具备法律赋予的实质权利。因此，它在关注失踪人口家庭的同时，更关注的是维护阿尔及利亚国土之上居民的整体性。[②]

巩固总统权力

布特弗利卡当选总统离不开军方的支持，军政之间所形成的特殊关系仍然影响着阿尔及利亚，因此，布特弗利卡只有两种可能的前景：其一，接受阿尔及利亚政治体系的逻辑，拥有形式上权力的总统要听命于掌握实权的军队；其二，调整这一政治逻辑体系，要求真正的实权，包括军队的权威。[③]1999年4月当选总统后，布特

① 参见 John Ruedy, *Modern Algeria: the Origins and Development of a Nation*, Second Edition, p.277。

② 参见 Valerie Arnould, “Amnesty, Peace and Reconciliation in Algeria”, *Conflict, Security & Development*, June 2007。

③ 参见 Lahouari Addi, “The New Algerian President between the Army and the Islamists”, *The International Spectator*, July-September 1999。

弗利卡迟迟无法按照自己的意愿来组织新一届政府，经过与军方的讨价还价，到12月份，军方提出了由努尔丁·泽鲁尼（Noureddine Zerhouni）担任国防部长，同时新政府的人事安排要能够反映国民议会中政党政治的构成。实际上，议会中的主要政党，包括民族解放阵线、全国民主联盟和争取文化与民主联盟的领导权都已经被军方控制。[①]这也就是说，军方制定了政府的组成规则并掌握核心权力，再通过形式上的多元民主政治体系予以粉饰，从而达到限制总统权力的目的。布特弗利卡表示，他被迫接受了一份不适合他的拼图，而他不想当一个仅拥有四分之三权力的总统。因此，在布特弗利卡的第一任期，其完成的工作之一就是重新调整总统与军队的权力，使军队回归军营，在此基础上，巩固了总统的权威。

第一，关于军队权力的竞争。布特弗利卡坚持总统兼任国防部长的政治传统。根据1996年宪法，总统是阿尔及利亚共和国军队的最高指挥官，对军队和安全部门的高级官员拥有任免权，因此，他将军方提名的努尔丁·泽鲁尼改任为内政部长。历史证明，这是布特弗利卡改变阿尔及利亚权力格局的关键一步。此后，总统作为武装部队的最高指挥官开始循序渐进地对军队进行洗牌。他将军队中的高级军方都替换为效忠于自己的人。除了军队人事变动外，军队的政治角色也发生了重大变化。在2004年总统选举前，布特弗利卡表示，军队应该在宪法框架内发挥作用，虽然军队在20世纪90年代的特殊情况中发挥了重要作用，但是，如果军队不能遵从宪法，它的行为将失去合法性。2003年6月中旬，人民军总参谋长穆罕默德·拉马里将军宣布，军队将不会在总统选举中倾向某个候选人，如果遵从并支持阿尔及利亚的民主制度，那么，哪怕是伊斯兰主义者成为总统，军队也能够接受。[②]军方的表态意味着，军队在未来的

① 参见 Hugh Roberts, “Demilitarizing Algeria”, *Carnegie Endowment for International Peace*, May 2007。

② 参见 Ulla Holm, “Algeria: President Bouteflika’s Second Term”, *Mediterranean Politics*, March 2005。

政治选举中采取中立立场，军队的作用在政治生活中逐渐降低，阿尔及利亚的政治民主化程度也在不断推进。

第二，关于政府权力的安排。布特弗利卡在新一届政府成立前，基本沿用泽鲁阿勒执政时期的框架，司玛仪·哈姆达尼（Smail Hamdani）继续出任总理。1999 年 12 月 24 日，新政府正式组成，他最终选择经济和金融专家艾哈迈德·本毕图尔（Ahmed Benbitour）出任新总理，同时，内阁成员也基本上选择了没有明确政治立场的技术专家组成，从而减少了政治派系纷争带来的阻力。2000 年 8 月 26 日，本毕图尔以总理在现有体系中作用微乎其微为由，宣布辞职。实际上，在布特弗利卡执政初期，为了推行政策的方便，将总理的地位边缘化，这种情况在阿里·本弗利斯（Ali Benflis）接替本毕图尔成为总理后有所改观。本弗利斯是 1999 年布特弗利卡竞选团队成员，竞选胜利后担任总统临时秘书长。除了总理替换成自己人以外，从中央各部到省级政府都发生了较大的人事变动。2002 年 5 月 30 日，阿尔及利亚举行了议会选举，官方统计的投票率为 46.09%，创阿议会选举历史新低。最终的选举结果是，民族解放阵线赢得了国民议会 389 席中的 199 个席位，获得绝对多数来组织政府。[①] 在 10 月 10 日的省议会选举中，民族解放阵线在 48 个省中的 43 个省获胜，在市镇议会选举中，赢得了 1541 个市镇的 668 个。本次选举虽然存在投票率低、很多政党缺席和在卡比利亚地区遭到抵制等问题，但它也宣告了民族解放阵线的强势回归，在多元民主选举中重新扮演了重要的力量。2003 年 3 月，本弗里斯在民族解放阵线第八次代表大会上当选为总书记，本弗里斯党内地位的提升使他具备了 2004 年挑战总统职位的基础，这也使他公开宣称民族解放阵线将从政府的监护下独立。布特弗利卡与本弗里斯的关系随后急转直下。5 月 5 日，总统解除了本弗里斯的总理职务，另有六位与本弗里斯关系密切的部长也在 9 月被解职，还有几位部长退出政府

① 参见 Youcef Bouandel, “Profile-Algeria: A Controversial Election”, *Mediterranean Politics*, July 2002。

以示抗议。布特弗利卡任命原司法部长、全国民主联盟总书记艾哈迈德·乌叶海亚为新一任总理。

除此以外，2001年的“9·11事件”改变了全球反恐局势，这对布特弗利卡总统权力的巩固起到了双重影响。第一，布特弗利卡作为资深外交家，善于在瞬息万变中把握国际形势的变化，他将阿尔及利亚反恐行动成功升级为全球反恐行动的一部分，为他赢得了国际社会的支持。第二，布特弗利卡又通过在国际反恐行动中的外交活动，改善了阿尔及利亚的国际形象，使其在国内拥有较高的支持率。总之，布特弗利卡改变传统军政关系，建立总统权威，既得益于自身出色的政治才能，也得益于当时国内外环境所创造的条件。

2004年总统选举与布特弗利卡第二任期的开始

在2004年的总统选举中，军方明确表示将保持中立，完全尊重民主程序，这是阿尔及利亚独立后完全没有军方干预下举行的一次总统选举。按照总统选举法，候选人首先要在25个省收集7.5万个选民签名，每个省不低于1500个，最终共有五个候选人通过了宪法委员会的资格审查，分别是民族解放阵线党总书记本弗里斯、争取民主和文化运动领导人赛义德·萨迪、伊斯兰全国改革运动（Islamist Movement of National Reform）领导人阿卜杜拉赫·贾巴拉赫、托洛茨基工人党（Trotskyite Workers Party）领袖路易莎·哈努内（Louisa Hannoune）以及一个相对不知名党派的领导人阿里·法乌兹·莱拜内（Ali Fawzi Rebaine）。在被否决的候选人中，艾哈迈德·塔里布·伊布拉希米（Ahmed Taleb Ibrahimi）的影响力最大。他是忠诚与公正党（Party of Loyalty and Justice）的领导人，也是一位温和的阿拉伯——伊斯兰主义者。虽然他成功获得了90万个签名，但因其与伊斯兰拯救阵线的密切联系，宪法委员会担心伊斯兰拯救阵线会借壳重生，因此取消其竞选资格。[①] 在五位候选人中，最

---

① 参见 Ulla Holm, “Algeria: President Bouteflika’s Second Term”, *Mediterranean Politics*, March 2005。

有机会挑战布特弗利卡的是前总理本弗里斯，而路易莎·萨努内是候选人中唯一的一位女性。在这次竞选活动中，几位候选人吸取了以往的经验教训，利用各种媒体进行宣传造势。为公平起见，阿尔及利亚国家电视台为每一位候选人都提供了相应的节目档，方便其向选民陈述自己的施政理念。本弗里斯、贾巴拉赫和萨迪拒绝使用国家电视台，认为它是布特弗利卡掌控的竞选工具，因此，他们使用在阿尔及利亚拥有大量观众的外国卫星电视台作为竞选宣传的平台。此外，一些私营报纸也在此期间发挥了重要作用。从竞选策略角度看，几位总统候选人对阿尔及利亚社会所面临的主要问题判断比较准确，都将安全与经济问题作为施政核心。但在实际宣传中，每个人的策略又有所不同。除了布特弗利卡和路易莎·哈努内以外，其余几位候选人基本都采用否定式竞选策略，通过批评竞争对手来获取选民的支持，而这种负面宣传发挥的效果并不理想。特别是本弗利斯在批评和指责布特弗利卡的同时，作为曾经总统团队的成员，他也曾参与了许多布特弗利卡任职期间的决策，因此，民众认为他在否定布特弗利卡的同时，也否定了他自己。况且，通过贬损旧友的方式来提高自己，本身就意味着一种背叛。为了能够获得柏柏尔人的支持，他还提议为 1963 年柏柏尔人起义的牺牲者默哀，而阿尔及利亚独立后最重要的领导人——布迈丁恰恰是这次起义的“平叛者”，本弗利斯此举招致老兵们的不满。与之相反，布特弗利卡列举了自己第一任期所取得了主要成就，除了民族和解和外交领域的成就外，还包括国家经济发展条件得到改善，硬通货储备有所增加，失业率逐年下降，经济保持年均 6% 的增长速度等方面的经济成就。[①] 对于民众关心的何时取消国家紧急状态的禁令，布特弗利卡也给予详尽的解释，而对于民众关心的住房问题，也都纳入到下一个五年计划之中。

---

① 参见 Youcef Bouandel, “Algeria’s Presidential Election of April 2004: a Backward Step in the Democratisation Process or a Forward Step towards Stability?”, *Third World Quarterly*, Vol. 25, No. 8, 2004。

2004年4月8日，阿卜杜拉齐兹·布特弗利卡以84.99%的支持率再次赢得总统选举的胜利。这次总统选举官方公布的投票率仅为58.07%，这说明阿尔及利亚民众对待政治生活的参与度较低。但是，从布特弗利卡的得票率来看，接近85%的支持率是阿尔及利亚政治选举中最高的一次，这也说明民众对布特弗利卡第一任期所推行政策的认可程度。从选票分布区域看，布特弗利卡赢得了48个省中的46个，其中有18个省的投票率高于90%。在卡比利亚地区，由于柏柏尔人政党社会主义力量阵线等组织号召抵制大选，柏柏尔人投票率仅为17%。贝贾亚和提济乌祖这两个行政区投票率最低，分别为16.7%和18.34%。它们也是布特弗利卡落后于萨迪和本弗利斯，得票较少的两个省份。在内政部公布选举结果后，只有路易莎·萨努内向布特弗利卡表示祝贺，其他几位候选人认为选举存在舞弊行为，拒绝承认选举结果。国际组织派遣的监察员认定，此次选举过程公平公正，不存在任何严重问题。①

2004年阿尔及利亚总统选举结果

候选人	得票数	得票率（%）
阿卜杜拉齐兹·布特弗利卡	8,651,723	84.99
阿里·本弗利斯	653,951	6.42
阿卜杜拉赫·贾巴拉赫	511,526	5.02
赛义德·萨迪	197,111	1.94
路易莎·哈努内	101,630	1.00
阿里·法乌兹·莱拜内	63,761	0.63

Source：《“圣战”者报》（2004年4月13日）

这次选举在阿尔及利亚政治发展进程中具有重要意义。首先，军方正式宣布中立，政治生活正式回归民主程序，这成为政府重新

① 参见 Ulla Holm, “Algeria: President Bouteflika’s Second Term”, *Mediterranean Politics*, March 2005。

赢得民众支持的基础。其次，布特弗利卡以压倒性优势当选，这肯定了政府此前工作所取得的成绩，他获得较高支持率也赋予了新政府此前不具备的统治合法性。[①]再次，通过这次民主实践，确立了总统权威，为重构军队与政治的关系创造了条件。最后，这次总统选举的核心问题——安全与经济，为政治生活确立了新的发展逻辑，那就是只有真正关心民众切身相关的利益，才能赢得选举进程，也才能真正推动国家事业向前发展。

《和平与全国和解宪章》的提出

2004 年 7 月末，阿尔及利亚人民军总参谋长穆罕默德·拉马里将军辞职，官方给出的原因是健康问题。拉马里将军参与取消 1992 年的议会选举，坚决执行对伊斯兰武装的根绝政策，反对布特弗利卡推行民族和解，他的辞职对总统权力的加强以及军政关系的调整都是良好的契机。萨拉赫·艾哈迈德·盖得将军（Salah Ahmed Gaid）成为新一任总参谋长。与曾经叱咤风云的拉马里将军相比，盖得无疑不具有类似的政治资历，对政治生活的影响力也非常有限。2005 年 4 月，布特弗利卡趁机提出了新的民族和解方案——《和平与全国和解宪章》（*Charter for Peace and National Reconciliation*）。新起草的和解方案既是对此前《民族和解法》所暴露出来的问题的反思，也为进一步推动民族和解做出了长远的规划。该法案草案计划在 9 月交由全民公决，但实际上在 8 月 14 日便以总统法令（05-278）的形式予以颁行。新宪章共分为四部分，分别是：巩固和平、巩固民族和解、解决失踪人口问题和增强民族凝聚力。具体内容是在 1999 年《民族和解法》的基础上进行了延伸，包括自愿放弃暴力，向政府投诚后，对其罪行进行赦免或削减所要遵循的司法程序，对屠杀、强奸和爆炸等特定犯罪行为给予了特殊说明，恢复那些因支持恐怖活动而受到惩罚的人的公民权利，对失

---

① 参见 Youcef Bouandel & Mohammed Redha Bougherira, “Election or referendum? Algeria Chooses a President”, *Representation*, Vol. 41, No. 2, 2005。

踪人口及战争受害者家庭提出了补偿方案。

9月29日，正式举行了对《和平与全国和解宪章》的全民公决。根据官方数据，投票率为78%，最终新的和解方案得到了96%的支持率，予以正式通过，2006年2月28日正式以立法的形式颁行。新的宪章共分为七章。第一章是大赦的核心规则。那些寻求赦免者应于2006年8月28日前向安全部队自首；如身处国外，则向阿尔及利亚大使馆自首，坦陈自身所犯罪行，否则不予赦免。第二章规定，宪章不适用以宗教名义所实施的政治暴力犯罪行为者，以及对自己的暴力行为拒不负责者。第三章规定，对被安全部队打死的恐怖分子家庭给予每月1万第纳尔或一次性给予100万到120万第纳尔的补偿，该补偿由民族团结特别基金支付，该基金还负责此后的其他相关补偿事宜。第五章的第44条和46条对安全部队在内战中的过错行为给予司法豁免权，并对其错误予以适当的批判。

在新的和解宪章通过两个月后，将近500人被从监狱中释放，随后几个月，又有很多人被释放，其中就包括伊斯兰拯救阵线创始人之一的阿里·贝尔哈吉和伊斯兰武装集团创始人阿卜杜哈克·拉亚达（Abdelhak Layada），最终根据半岛电视台统计的数据（2006年3月5日），共有2629人被释放。[①]自宪章生效到2006年3月末，仅有100名不同政见者向政府投诚。内政部长亚兹德·泽鲁尼（Yazid Zerhouni）承认，尽管军方仍在清剿，但仍有700至800名持不同政见者处于活跃状态。随着这些被释放者和投诚者回归社会，很多人担心伊斯兰主义者会回归政治，从而对国家发展造成新的冲击，于是总统又颁布法令，禁止一些重要人物，如贝尔哈吉等参与政治活动。这些不愿放弃武器的活跃分子逐渐与其他国家的极端主义分子建立联系，2006年9月，萨拉菲宣教和战斗组织宣布加入基地组织，后更名为伊斯兰马格里布基地组织（al-Qaeda in the Islamic

---

① 参见 George Joffé, “National Reconciliation and General Amnesty in Algeria”, *Mediterranean Politics*, July 2008。

Maghrib）。由此可见，布特弗利卡提出的《和平与全国和解宪章》收效甚微，除了少数人回归社会外，其余激进分子走向极端化，阿尔及利亚也真正成为全球反恐的重要战场。除此以外，宪章还受到人权组织的批评，特别是使安全部队的违法行为免于受到法律惩罚。对那些失踪人口家庭和受害者家属来说，他们更希望得到失踪家人的下落，而不仅仅是从政府那里领到补偿。在实现和解之前，正义必须到场。

新的政治改革

布特弗利卡在第二任期有序推进政治、经济和外交层面的改革并取得了显著成果：政治上继续推进民族和解；经济上利用国际原油价格上涨，努力清偿债务，通过基础设施建设项目增进就业；在外交上摆脱“孤立”局面，与欧洲国家多条航线重新开通。因此，在布特弗利卡第二任期尚未结束的时候，社会便有修改1996年宪法，改变总统任期限制条款的呼声。2008年11月12日，阿尔及利亚国民议会以超过四分之三的支持率通过了宪法第74条修正案，取消了总统连任限制，这为布特弗利卡参加下一届总统选举铺平了道路。议会此举遭到了社会主义力量阵线和争取文化与民主联盟等反对党的抗议，并对接下来的总统选举进行抵制。2009年4月，布特弗利卡与路易莎·哈努内等其他五位候选人共同角逐总统职位，竞选的结果也在预料之中。布特弗利卡在这场投票率为74.56%的选举中赢得了90.24%的选票[①]，获得了空前的胜利，开始了他的第三任期。随后政府宣布了新的发展计划，并颁布了一系列改革新政来应对国际金融危机，刺激国内经济发展，区域之间的经济合作也取得了显著成果。

2010年12月末，阿尔及尔的一些贫困社区发生骚乱，人们封锁主要街道，焚烧轮胎，向警察投掷石块，以表达未分到住房的愤

① 参见 Youcef Bouandel, “Algeria’s Presidential Election of April 2009”, *Mediterranean Politics*, Vol. 14, No. 2, July 2009。

溃。2011年1月5日，奥兰和第巴扎等地出现了因面粉和食用油等基本生活必需品涨价而进行的示威游行[①]，并在一些城市引发骚乱，许多公共设施和商店遭到砸抢。随后几天，骚乱迅速扩散到全国多个城市，年轻人设立路障，冲击学校、银行、医院和商店，一些城市的公共基础设施毁坏严重。到1月9日，全国主要大城市的骚乱基本都已平息，截至1月10日，骚乱共造成5人死亡（其中1名警察），1100多名示威者被抓捕。[②]与其他发生骚乱的阿拉伯国家不同，阿尔及利亚发生的骚乱并没有要求颠覆现政权，特别是阿尔及尔市的示威活动基本是在和平情况下进行，其口号是要求政府开展真正的改革。1月21日，包括争取文化与民主联盟、社会主义与民主运动（Socialist and Democratic Movement）和阿尔及利亚保卫人权联盟（Algerian League for the Defense of Human Rights）在内的一些政党和市民社会组织成立了“全国变革和民主协调”联盟（National Coordination for Change and Democracy），对阿尔及尔当局施压，要求进一步开放政治空间，并计划每周六举行和平示威活动，直至其要求得到满足。2月12日，该联盟举行了第一次示威活动，并提出其主要要求：民主与变革、解除国家紧急状态、释放在骚乱中的被逮捕者、建立一个民主与社会化的阿尔及利亚、政治与传媒领域的开放和就业与社会公正等。[③]面对危机局面，阿尔及利亚政府采取了相应策略予以应对。第一，部署警力，有效控制局势。协调联盟的集会场所是阿尔及尔的五一广场，这次示威活动只有几百人参加，但政府派遣了超过三万名警察封锁了整个广场，互联网被关闭，通往阿尔及尔的公共交通也被调整。针对网络上呼吁暴力斗争的行为，

---

① 2010年12月，食用油和糖的价格上涨了30%。

② 参见《阿尔及利亚骚乱趋于稳定》，见中国驻阿尔及利亚使馆经商处网站：http://dz.mofcom.gov.cn/aarticle/jmxw/201101/20110107356247.html.

③ 参见童燕：《西亚北非动荡前后阿尔及利亚经济政策的变迁》，《经济研究导刊》2012年第27期。

警方在示威开始前就已经查抄了武器，没有出现严重事件。[①]第二，政府通过基本食品补助和增加工资等方式平抑民众不满。1月26日，阿尔及利亚粮食局紧急从国际市场采购小麦85万吨，防止出现粮食短缺，确保百姓基本商品供应。[②]国家向年轻人贷款的条件也变得宽松，以保障失业青年顺利就业。第三，进行政治改革，满足群众呼声。2月22日，阿尔及利亚部长会议通过了取消自1992年2月以来一直执行的紧急状态的政府法令。

随着国内紧张局势的缓解，4月15日，布特弗利卡发表电视讲话，承诺将会进行全面、深入的政治改革。[③]布特弗利卡说，阿尔及利亚已恢复安全与和平，启动了雄心勃勃的经济发展规划，并解除了实行长达19年的紧急状态法。现在，国家将启动政治改革，加快民主进程。他表示，阿尔及利亚将组建由各不同政党、专家组成的宪法委员会，进行宪法修改。此外，他还要求议会对选举法等进行修改。他强调，建立新选举制度的进程将由阿各政治力量共同参与、协商，并许诺，下届总统选举时将允许外国观察员来监督。布特弗利卡表示，国家将坚决清除贪污腐败、铺张浪费、官僚主义等社会弊病，这一“战役”需要全民参与。一些重要措施将在近期出台，以增强国家机构活力，打击官僚主义等。总统还就有关物价、住房等民生问题以及就业、投资等问题表明了政府将继续加大支持的决心。[④]8月28日，布特弗利卡主持内阁会议，审议并通过了其在电话讲话中所宣布的改革法案。2012年4月15日，阿尔及利亚立法选举正式开始，23个老党派与21个新成立的党派角逐国民议会的462个席位。5月16日，阿尔及利亚内政部公布选举结果，执政党民族解

① 参见 Clement Henry and Jang Ji-Hyang, *The Arab Spring: Will It Lead to Democratic Transition?*, Palgrave Macmillan, 2013, p.110。

② 参见《阿尔及利亚将进行“全面、深入”的政治改革》，见中国驻阿尔及利亚使馆经商处网站，http://dz.mofcom.gov.cn/aarticle/i/jyjl/k/201104/20110407501343.html.

③ 参见“Algeria Leader Bouteflika Pledges Constitutional Reform”，http://www.bbc.com/news/world-africa-13102157。

④ 参见《阿尔及利亚将进行“全面、深入”的政治改革》，见中国驻阿尔及利亚使馆经商处网站，http://dz.mofcom.gov.cn/aarticle/i/jyjl/k/201104/20110407501343.html。

放阵线获得221个席位，继续保持议会第一大党的地位；绿色阿尔及利亚联盟是获得席位最多的伊斯兰政党，它得到47席，仅次于民阵和全国民主联盟，排在第三。当其他遭到颜色革命席卷的国家正在通过议会对国家政权进行改革的时候，阿尔及利亚的议会选举却赋予政权以更多的合法性。

2013年11月，民族解放阵线提名76岁高龄的布特弗利卡作为其候选人参加2014年总统选举[①]，阿里·本弗里斯和路易莎·哈努内等其他五位候选人也在2014年通过了竞选资格审查。布特弗利卡宣布第四次参加总统选举遭到了一些党派的反对和抵制，伊斯兰政党争取和平社会运动和伊斯兰复兴党发表声明，抵制选举投票。柏柏尔人政党争取文化与民主联盟也加入抵制行列。这些政党组成了所谓的“巴拉卡特”（Barakat）运动，使用其他国家反对派的斗争策略，通过社交媒体在国内外组织示威活动，其目标是反对布特弗利卡连任，要求在阿尔及利亚建立新的民主政治秩序。这些要求得到了阿尔及利亚部分城市精英阶层的响应。2014年3月，阿尔及尔几所大学的教授举行示威予以回应。[②]但由于其呼唤民主的目标与民众渴望改善生活的需求无法取得一致，该运动逐渐失去影响力。2014年3月22日，竞选活动开始。因健康原因，布特弗利卡在竞选过程中只公开出现两次。4月18日，内政部长塔伊布·贝莱兹宣布了竞选结果，经独立的最高选举委员会统计，本次总统大选投票率为51.7%，符合法定的超过半数选民投出有效票的规定，而现任总统布特弗利卡以81.53%的得票率再次赢得总统大选，成功的第三次蝉联总统职位。[③]

大选过后，阿进行了政府改组，总理阿卜杜勒马立克·塞拉

---

① 参见“Algeria’s President Nominated for Fourth Term”, http://www.aljazeera.com/news/africa/2013/11/algeria-president-nominated-fourth-term-201311161528233623 75.html。

② 参见Larbi Sadiki and Youcef Bouandel, “The Post Arab Spring Reform: The Maghreb at a Cross Roads”, *Digest of Middle East Studies*, Season 2016。

③ 参见《2014年阿尔及利亚总统大选结果正式公布》，http://world.people.com.cn/n/2014/0419/c1002-24916209.html。

勒（Abdelmalek Sellal）继续留任，多数部长被更换，这也说明在布特弗利卡的第四任期，面临的国内政治经济形势依然严峻。2016年2月，阿尔及利亚国民议会通过宪法修正案，规定总统任期限制最多两任，取消了2008年总统可以连选连任的规定。2017年5月4日，阿尔及利亚举行国民议会选举，共有近60个政党和100多个候选人参与议会席位角逐。5日，阿内政部公布选举结果，民族解放阵线党和全国民主联盟分别获得164席和97席，继续保持议会中多数席位。此外，参选的伊斯兰政党及政党联盟共获得67个议席，成为议会中第三大力量。①在随后的组阁过程中，塞拉勒与争取文化与民主联盟未能达成一致，组阁失败并于24日辞去总理职务。原住房、城市规划和城市部长阿卜杜勒马吉德·特本（Abdelmadjid Tebboune）出任新的内阁总理。6月14日，在布特弗利卡的主持下，召开了新一届政府内阁会议，会议讨论并通过了新政府的行动纲领，主要内容有：第一，国家治理：保护公民权利和自由，推行民主化；提高国家治理水平；加强国民认同感；铭记国家历史。第二，经济和财政：推行公共财政和银行系统现代化；改善经济环境、鼓励投资；加大开发国家各种资源。第三，人文：通过提供住房、用水、用电、用气等方面的便利，改善人民生活水平；发展国家教育和培训体系，支持科研；推行国家医疗体系现代化。第四，社会：维持现有社会保障体系和退休制度；增加就业；加强国民互助机制建设；对特殊人群提供扶持。②新政府希望将行动纲领与此前的国家发展计划相统一，来应对当前的政治、经济和社会局面。8月15日，阿尔及利亚总统府发表声明，罢免特本总理职务，并任命原总理阿赫迈德·乌叶海亚为总理，官方并未给出具体罢免原因。

---

① 参见《阿尔及利亚公布国民议会选举结果》，http://news.xinhuanet.com/2017-05/06/c_1120927275.html。

② 参见《阿尔及利亚内阁会议通过新政府纲领》，见中国驻阿尔及利亚使馆经商处网站，http://dz.mofcom.gov.cn/article/i/jyjl/k/201706/20170602594771.shtml。

二、布特弗利卡时期的经济发展

国家宏观经济政策的调整

内战时期，阿尔及利亚在国际货币基金组织和世界银行的指导下，对经济体系进行调整和改革。在20世纪90年代末期，阿尔及利亚宏观经济基本保持稳定，并且建立了市场机制。考虑到国内动荡的政治环境，这样的成绩已经非常难得。1999年布特弗利卡当选为总统以后，面临着一系列的经济挑战。在其第一任期的五年中，他在稳定国家形势的同时，大力推进改革，在总结历史经验教训的同时，坚持“以经济改革为先导，逐步带动政治改革”的方针。他采取的改革方略是：深化经济领域的改革，恢复和促进国民经济的发展，让国民从经济改革中受益，以此促进民族团结和社会稳定。[①]就宏观经济的改革内容而言，与此前相比没有发生大的变化，阿尔及利亚经济改革战略仍是以保证经济高速可持续增长和减少失业问题为主，但推进经济自由化和市场化的策略则大相径庭。从1999年到2019年，布特弗利卡在其四个总统任期内，根据国内经济建设的需要，制定了四个经济发展计划。2001年，布特弗利卡政府推出了新的经济发展规划，即三年经济振兴计划。根据该计划，阿尔及利亚将投资110亿美元，用于进行重点基础设施的建设，调整经济结构，改善经济环境，解决日益严重的就业问题。2004年，内阁总理乌叶海亚提交了五年政府工作计划，涉及经济方面主要是继续推进经济领域改革，促进国民经济合理、协调及可持续发展。2009年5月，乌叶海亚向国民议会宣布了下一个政府五年工作计划，投资2860亿美元用于完成在建项目，并投资新项目，加强国家发展，摆脱对石

① 参见赵慧杰：《布特弗利卡执政方略浅析》，《西亚非洲》2005年第3期。

油的依赖，实现经济多元化。[①]这主要包括消除失业，增加农业灌溉面积，建立国家投资基金，完善交通运输体系，改善人民生活条件等。2014 年 8 月，布特弗利卡又责成政府推出了第四个国家投资计划，政府将投资 2625 亿美元用于发展具有竞争力和多元化的经济，在过去的基础上继续加大投资、持续发展方案，并整合来自所有国家利益相关者的建议，总结经验，改善规划的执行和效果。[②]政府围绕发展计划，制定年度目标和投资预算，国民生产总值从 1999 年的 486.4 亿美元，增加到 2014 年的 2139.8 亿美元，15 年增加了 4.4 倍。2014 年以后，受国际原油价格波动的影响，数字出现下滑，2016 年下降到 1560.8 亿美元。[③]

加快国有企业改革

国有企业改革是阿尔及利亚向市场经济转型和实现经济自由化的重要步骤，也是经济改革最重要的内容。同年 8 月，政府出台了关于国有企业改革的 01—04 号法令，废除了 1995 年制定的国有企业私有化法律框架，对国有企业私有化做出了新的规定，推进经营管理的股份制改造。根据 2002 年阿尔及利亚参股与投资促进部发布的报告，在阿 1170 家国营企业中，53% 的企业经济状况良好，15% 至 20% 濒临倒闭，需要开放资本，或进行合资合作。其余 30% 的企业虽然处于难以为继的状态，但尚未破产，所面临的处境各不相同，政府将会一事一议予以处理。[④]阿尔及利亚政府对国有企业改革并非全部都执行私有化，而是具体问题具体分析。第一，对于国家石油天然气公司这样的关系国计民生的支柱性企业，它一方面影响着国

① 参见“Algeria: Five-Year Plan”, *Africa Research Bulletin Economic Financial & Technical*, Vol. 47, Issue 6, Sep. 1, 2010。

② 参见《阿尔及利亚第四个五年计划将投资 2620 亿美元》，见中国驻阿尔及利亚使馆经商处网站：http://dz.mofcom.gov.cn/article/i/jyjl/k/201408/20140800712770.shtml。

③ 参见世界银行网站数据，https://data.worldbank.org/country/algeria?view=chart。

④ 参见《阿尔及利亚经济状况良好的国营企业过半》，见中国驻阿尔及利亚使馆经商处网站：http://dz.mofcom.gov.cn/aarticle/jmxw/200211/20021100046180.shtml。

家的经济主权安全，另一方面又涉及工人的就业问题，政府对这样的企业非常谨慎。根据政府与阿总工会达成的协议，大型战略性企业不会进行私有化。第二，对于经营情况较好的国有企业，则主要涉及国家注入资金，进行企业的升级改造，完善科学管理。2010年议会的财政法案将斥资3330亿第纳尔用于扶植国有企业。第三，对于生产效率低下，债务负担沉重的国有企业，则需要进行改组改造，私有化是完成改组改造的重要手段。从2003年到2005年，共有238家国有企业完成私有制改造，私有化方式较为多样化，其中124家国有企业转售给私营公司，81家由单位职工购买，21家由外国资本购置。国家控制经济发展的命脉，特别是国有企业的发展更关系到政府经济战略的全局，因此，阿尔及利亚国有企业始终在经济领域占据重要地位，它是国家控制经济发展走向的主要手段。在阿尔及利亚十个最大的企业中，有七个是国有企业，其中国家石油天然气公司独领风骚。在银行体系中，六大国有银行占据超过80%的市场份额，其中阿尔及利亚对外银行占据半壁江山。① 阿尔及利亚国有经济经过沙德利时期的初步自由化改革和20世纪90年代的经济调整，到布特弗利卡时期，国有经济重新成为国家关注的重点，这也是这一时期经济发展的特点之一。

确保碳化氢产业的快速增长

碳化氢产业是阿尔及利亚经济的支柱产业，自20世纪90年代末以来，石油和天然气的出口始终占阿尔及利亚出口收入的97%—98%，因此，碳化氢产业在国民经济中的重要性首当其冲，是调控阿尔及利亚宏观经济平衡的重要变量。在布特弗利卡执政时期，碳化氢产品出口收入的再分配能够为国家投资注入资金，缓解国家债务压力，石油美元带来的红利还是政府维护稳定的重要手段。另外，石油和天然气作为一种战略资源，还是调节国家间关系的有利杠杆。

① 参见 Mohsin Khan and Karim Mezran, “No Arab Spring for Algeria”, *Atlantic Council*, May 2014。

虽然阿尔及利亚政府始终强调要摆脱对碳化氢产业的依赖，实现经济增长和产品出口的多元化，但是客观经济形势导致阿的经济发展仍然具有较强的局限性，国际原油价格的波动往往就是阿尔及利亚国内经济的晴雨表。2005 年世界经合组织发布的报告评价，阿国经济目前仍主要依靠石油产品出口，碳化氢行业对国民经济尤其是政府预算仍起决定性作用。从 2000 年至 2009 年，除“9 · 11 事件”带来短期冲击外，国际原油价格持续走高，这也给阿尔及利亚带来了发展机遇，政府通过立法和投资双重手段，加快碳化氢产业发展。2005 年，阿政府制定了《新碳化氢法》（05—07 号）。能矿部长哈利勒表示，该法令会提升阿尔及利亚国民经济的整体竞争力，有效地迎接世界其他产油国的挑战。通过实施该法，将会推动油气矿的勘探，规范油气市场行为，提高部门效率，扩大引资规模，国家石油天然气公司也将获得更大的自主经营权。2012 年 10 月，国际原油价格下降，阿政府修订了 2005 年的 05—07 号法令，使之更好地服务于产业的布局和发展。2006 年，哈利勒表示，今后五年，阿碳化氢领域的总投资预计将高达 330 亿美元，其中 80 亿美元来自外国直接投资，主要用于建设一批新的油气勘探、炼化和运输设施，进一步提升油气产量。[①] 同年 12 月，阿政府提出的《阿尔及利亚工业振兴发展战略和政策》中，也将促进发展初级资源的加工业作为首要内容。2009 年以后，国际油价下降，对阿尔及利亚经济产生直接影响，阿政府开始重视可再生能源的开发和利用，计划到 2030 年可再生能源发电量达到 2.2 万兆瓦，除满足国内需求外，还可用于出口。[②] 但是，2012 年国家石油天然气公司继续加大投资，将原计划的 680 亿美元增加至 800 亿美元。然而此后原油价格并未出现反弹，阿尔及利亚经济逐渐陷入危机，财政赤字严重，出口下降，通货膨

① 参见《阿尔及利亚将在今后五年斥巨资进行油气开发建设》，见中国驻阿尔及利亚使馆经商处网站：http://dz.mofcom.gov.cn/aarticle/jmxw/200601/20060101355225.html.

② 参见 A. Ghezlouna , A. Saidaneb, N.Ouchera and H. Merabeta, “Actual case of energy strategy In Algeria and Tunisia”, *Energy Procedia*, Vol. 74, Aug. 2015, p. 1564。

胀压力增加。2017 年 6 月，阿尔及利亚总统主持召开内阁会议，通过了新的政府行动纲领。布特弗利卡强调，鉴于石油价格短期内不会回升，政府必须抓紧推进各项改革来应对挑战，落实 2016 年 7 月制定的“新经济增长模式”，实现国家经济多元化和战略转型。[①]

鼓励私营企业和中小企业的发展

由于国有企业在国民经济中的比重和影响力，在布特弗利卡时期，私营企业基本都处于政策的边缘，不能发挥太大的作用。布特弗利卡政府对私营企业没有任何兴趣，而且施加了名目繁多的规则和高税收阻碍其发展。根据国际货币基金组织的估算，对私营部门种种限制导致非正式经济不断发展，这一部门雇用了 46% 的劳动力。[②]阿尔及利亚大企业私有化程度较低，因此，私营部门基本上是以中小企业和手工业为主。在实际发展中，私营企业需要克服资金和政策等诸多难题。但是作为宏观经济的组成部分，政府也会出台相应的政策，将私营企业和中小企业纳入国民经济的整体框架。第一，平台建设。根据 2003 年 2 月 25 日颁布的 03—80 号法令，政府成立了促进中小企业国家咨询委员会，目的在于鼓励投资，为阿企业建立一个良好的经济环境和一个可以互相交流的渠道，巩固其作为经济发展动力的角色。[③]在委员会的第一次全体会议上，总理乌叶海亚、政府相关部长和私营业主代表等悉数出席，这为私营企业与政府的沟通和协调构建了稳定的平台。第二，政策指导。为了推动中小企业的发展，国家通过贷款、投资基金和政策咨询等方式为其提供相应的促进机制，2005 年还启动了中小企业升级改造计划，加大对中

---

① 参见《阿尔及利亚内阁会议通过新政府行动纲领》，见中国驻阿尔及利亚使馆经商处网站：http://dz.mofcom.gov.cn/article/jmxw/201706/20170602594771.shtml。

② 参见 IMF, “Algeria: 2012 Article IV Consultation”, *IMF Country Report No.13/47*, Feb. 2013, p. 42, https://www.imf.org/en/Publications/CR/Issues/2016/12/31/Algeria-2012-Article-IV-Consultation-40334。

③ 参见《阿尔及利亚政府重视发展中小企业》，见中国驻阿尔及利亚使馆经商处网站：http://dz.mofcom.gov.cn/aarticle/jmxw/200309/20030900126754.html。

小企业的政策帮扶。第三，资金支持。以2005年国家财政预算为例，政府为手工业提供42亿第纳尔的资金支持其发展，经济信贷支持的47%投向了私营部门。到2010年，政府更是通过向银行贴息3%的方式为中小企业贷款提供便利条件。第四，招商引资。根据阿尔及利亚投资发展局统计，从2002年到2009年，阿尔及利亚投资项目总数为71,185个，外商直接投资项目仅为694个，而且投资项目绝大多数为私营企业。2009年出台了财政补充法案，规定任何共同投资的项目中，阿方股份至少应占51%，它一方面保护了本国中小企业的发展，另一方面却也限制了外商投资的积极性。

农业发展缓慢

阿尔及利亚农业发展相对滞后，能够容纳25%的劳动力就业，对国内生产总值的贡献比为10%[①]，而且，国内对农产品的需求与农业生产滞后的矛盾给国民经济发展造成极大压力。阿尔及利亚是地中海世界粮食进口最多的国家，平均每年用于农产品和食品进口的花费在35亿美元到50亿美元之间。[②] 2000年，国家发起了“全国农业发展计划”，到2002年又升级为“全国农业和农村发展计划”。该计划的主要目标是实现农业现代化，增加灌溉土地面积，通过持续投资提高农业生产力和农业产量，合理、可持续地利用自然资源等。该计划实施以后，阿尔及利亚农业保持年均6.5%的比率持续增长，从2000年到2004年，农业就业人口增加了120%，创造出90万个就业机会。[③] 布特弗利卡在第二任期加大了对南部地区的投入，其中塔曼哈塞特引水工程是政府投资的大型项目之一。2009年发布的新

① 参见Laoubi, K. and Yamao, M., “A Typology of Irrigated Farms as a Tool for Sustainable Agricultural Development in Irrigation Schemes: the Case of the East Mitidja Scheme, Algeria”, *International Journal of Social Economics*, Vol. 36(8), 2009。

② 参见Zoubir Sahli, “Agriculture and Rural Development in Algeria: Status, Risks and Challenges”, *Bulletin UASVM Horticulture*, Vol. 67, Issue 2, 2010。

③ 参见Laoubil, Khaled and Yamao Masahiro, “The Challenge of Agriculture in Algeria: Are Policies Effective?”，《農業水産経済研究》第12号，2012年第3期。

五年行动计划也强调修建100个水坝，增加灌溉面积，增加农业投入。从2009年到2011年，阿尔及利亚农业连续三年丰收，特别是2011年农业增长率达到10%，农业生产各部门都取得了较好的成绩。然而，这并没有改变阿尔及利亚粮食进口国的地位，2016年食品类进口总额为40.4亿美元。

经济发展中存在的主要问题

阿尔及利亚经济在21世纪的前十年取得了一定的成绩，借助于石油美元为经济增长不断注入资金，国家制定雄心勃勃的经济发展计划并坚决地执行，在通货紧缩和外汇储备增加的前提下，2012年阿尔及利亚成西亚北非地区外债最少的国家。但是自西亚北非地区动荡以来，阿尔及利亚经济随之陷入低迷，许多经济发展中的沉疴积弊也逐渐显露出来。首先，国民经济结构不合理，产业发展不平衡。布特弗利卡初期试图改变“唯石油发展战略”，但国际油价走高使碳化氢产业仍然成为最重要的支柱产业，工业基础薄弱，农业和服务业增长缓慢的情况并没有得到缓解，反而因对国际原油市场的依赖给经济带来高度的不确定性。其次，国家对经济生活干预过多，行政壁垒对私营企业发展和外商投资构成阻碍。在2014年国际研究机构联合发布的《阿拉伯世界经济自由度报告》中，阿尔及利亚在20个阿拉伯国家中被置于最末一位①，同时，阿加入世贸组织的多轮谈判也没有取得太大的成果。再次，失业问题严重，影响社会稳定。布特弗利卡执政时期，试图通过大规模基础社会建设，吸纳更多社会劳动力，失业率从2000年的29.8%下降到2010年的10%，这说明该政策取得了一定的成就。但是根据阿尔及利亚统计局数据，年龄在20—24岁和25—29岁的年轻人是失业比例最大的群体，分

① 参见《阿尔及利亚经济自由度在阿拉伯国家中排名最末》，见中国驻阿尔及利亚使馆经商处网站：http://dz.mofcom.gov.cn/article/jmxw/201412/20141200820874.shtml。

别为 21% 和 16.5%。[①] 大规模失业为政治动荡留下了隐患。最后，贫富分化严重，社会分配鸿沟加大。阿尔及利亚 30% 的人口处于贫困线以下，20% 的富裕阶层年均家庭支出占全国人口年均家庭支出的 40%。2013 年阿尔及利亚国家统计局的数据显示，富人家庭支出是穷人家庭支出的 7.4 倍。总体来看，当前阿尔及利亚经济受国际原油市场影响，第纳尔贬值严重，通货膨胀率居高不下，正是这些问题迸发的显现。

三、布特弗利卡时期的外交政策

积极参与非洲事务

1999 年 4 月，布特弗利卡成为阿尔及利亚总统，面临的是长期内战遗留的各层面问题，这种国内层面的问题也投射到外交层面，就是国家在国际社会缺乏合法的代表，因而遭遇外交上的冷遇。因此，布特弗利卡在理顺国内政治和经济关系，恢复国家发展的同时，在外交层面，凭借其娴熟的外交艺术和宽广的国际视野，积极主动去改善国家的形象，并吸引国外投资。由于内战的破坏，阿尔及利亚也从第三世界的领导者转变成了地区核心国家。外交身份的变化也意味着外交政策需要及时调整，布特弗利卡政府把握国际社会提供的各种机遇，为国家发展创造了良好的外部环境。

1999 年 7 月，阿尔及利亚承办非洲统一组织第 35 届首脑会议，42 个国家的元首应邀出席，这是改变国家外交形象的良机。布特弗利卡以东道主的身份成为峰会主席，他利用代表非洲统一组织的机会，调解埃塞俄比亚与厄立特里亚的冲突和大湖地区的冲突。在埃塞俄比亚与厄立特里亚的冲突问题上，通过阿尔及利亚的沟通，峰

① 参见 Abdelaziz Testas and Nikolaos Karagiannis, “Towards an Alternative Industrial and Trade Profile for Algeria: the Challenge of the Developmental State Model”, *The Journal of North African Studies*, Vol. 17, No. 4, September 2012。

会通过了埃厄双方冲突框架协议执行方案，要求双方全面执行非统框架协议。后阿尔及利亚又与非洲统一组织、美国和联合国共同制定了执行上述方案的技术细节，冲突两国接受了阿尔及利亚提出的和平计划。2000 年 12 月 12 日，联合国秘书长科菲·安南和美国国务卿奥尔布赖特出席了在阿尔及尔举行的签字仪式。通过此次会议，阿尔及利亚得到国际社会的认可，并重新返回非洲事务的中心。

鉴于阿尔及利亚在非洲外交的成功以及重要意义，布特弗利卡在内阁中设立非洲事务部，并任命阿布杜卡德尔·迈萨赫勒（Abdelkader Messahel）为部长，将非洲事务上升到内阁部长级层次。此后，布特弗利卡积极发展与非洲国家的关系，他与同时执政的尼日利亚总统奥巴桑乔和南非总统姆贝基共同发起了非洲发展新伙伴计划（New Partnership for Africa's Development），并在 2001 年第 37 届非洲统一组织首脑会议获一致通过。该计划是为 21 世纪的非洲制定政治、经济和社会发展蓝图，开辟了非洲国家间合作的新路径。通过三国努力，这一计划也成为调解非洲国家间冲突，在国际舞台上发出非洲声音的平台。2002 年 6 月，在加拿大的八国集团峰会上，阿尔及利亚、南非、尼日利亚、塞内加尔和八国集团成员国签署了非洲行动计划（Africa Action Plan），成为八国集团支持非洲发展新伙伴计划的行动框架。

2001 年“9·11 事件”发生后，恐怖主义上升为国际社会共同关注的问题。2002 年 9 月 11 日至 14 日，阿尔及利亚召开了非洲联盟成员国政府间高级别反恐会议。布特弗利卡在开幕式上强调，国际社会必须加强合作，动用一切人力和物力来对付恐怖主义。国际反恐斗争不应仅仅局限于消灭恐怖主义，而应该消除产生恐怖主义的根源。[①] 随着恐怖主义在跨撒哈拉地区的渗透，阿尔及利亚在反恐方面加强与其他非洲毗邻国家合作。2010 年 3 月，阿与马里、毛里塔尼亚和尼日尔在图阿雷格省首府塔曼拉塞特成立了参谋长联

---

① 参见《非洲联盟成员国政府间高级别反恐会议举行》，《光明日报》，2002 年 9 月 14 日。

席会议共同行动中心（Joint Chiefs-of-Staff Common Operational Centre），四国军事领导人定期就边界安全问题进行磋商。萨赫勒地区的紧张局势源于马里北方图阿雷格人的分离运动。2006 年，阿尔及利亚调解马里政府与其北方图阿雷格人之间的冲突，双方在阿尔及尔签署协议，马里的图阿雷格人结束叛乱，政府则在北方地区推行改革。后由于双方的协议没有得到认真履行，2011 年 10 月末，马里总统阿马杜·图马尼·杜尔再次来到阿尔及尔，请求阿尔及利亚帮助应对卡扎菲政权倒台后，部分图阿雷格雇佣兵流入马里北方所挑起的叛乱。马里北部与阿尔及利亚相邻，因此阿方对此给予高度关注，但始终主张政治解决该国内部冲突。同时，图阿雷格人也进行了力量整合，建立了一个名为阿扎瓦德民族解放运动的组织，在马里北方攻城略地，势力逐渐壮大。2013 年 6 月，阿尔及利亚参加了该组织与马里政府间在布基纳法索的和谈，双方签订了《瓦加杜古协定》，这体现了阿尔及利亚坚持通过对话方式解决争端的态度。2014 年 1 月，马里新任总统易卜拉欣·凯塔访问阿尔及尔，宣布双方将在安全等领域进行合作，阿尔及利亚也将继续调解马里国内冲突。7 月，一些图阿雷格派别与马里政府在阿尔及尔签署了停止敌对的协议。

马格里布外交的新调整

在马格里布地区的外交政策上，布特弗利卡政府也进行了相应的调整。第一，积极推进马格里布一体化。在 20 世纪 90 年代中期以后，阿拉伯马格里布联盟首脑会议就已经不再举行，马格里布一体化进程受挫。布特弗利卡当选为总统后，表示阿尔及利亚愿意努力通过马格里布联盟恢复地区一体化进程。摩洛哥国王哈桑二世也宣布，摩洛哥已经准备好巩固与阿尔及利亚的关系，支持两国的合作与团结。[①] 然而，哈桑二世在 7 月突然逝世，8 月在阿摩边界发生

① 参见 Yahia H. Zoubir, “The Resurgence of Algeria’s Foreign Policy in the Twenty-first Century”, *The Journal of North African Studies*, Sep. 2004。

伊斯兰武装集团屠杀事件，导致双方关系紧张。2000 年 4 月，首届非洲——欧洲首脑会议在埃及召开。会议期间阿尔及利亚、摩洛哥、利比亚和突尼斯四国元首举行会晤，重申马格里布一体化的必要性。2002 年 6 月，马格里布联盟首脑会议原计划在阿尔及尔召开，会议最终取消，其根本原因在于阿尔及利亚与摩洛哥在西撒哈拉问题上的龃龉。2003 年，突尼斯接任马格里布联盟主席国，此后，联盟活动基本恢复正常，但也未取得任何根本性进展。第二，加强地区国家间反恐合作。进入 21 世纪以后，随着全球恐怖主义的崛起，阿尔及利亚的恐怖主义发生了新的转向，萨拉菲宣教与战斗组织出现分化，一部分受布特弗利卡民族和解政策影响，向政府投诚，另一部分则走向极端化。2007 年 1 月，其领导人阿卜杜马利克·德罗克戴尔（Abdelmalek Droukdel）正式将该组织改组为伊斯兰马格里布基地组织。伊斯兰马格里布基地组织将其行动的范围向外扩大，特别是利用阿拉伯地区震荡，从利比亚获得大量武器装备，阿尔及利亚东部地区和南部萨赫勒地区的恐怖主义活动不断升级。为应对日益紧张的马里北部局势及日益严峻的次地区安全局势，在阿尔及利亚的提议下，阿拉伯马格里布联盟国家外长会议于 2012 年 7 月 9 日在阿首都阿尔及尔召开，马里北部局势及次地区安全局势成为会议主要议题。[①] 2013 年至 2015 年，随着伊斯兰马格里布基地组织向北非地中海沿线收缩势力，它一方面加强了在阿尔及利亚的人员招募，另一方面也积极吸收来自突尼斯、利比亚等国的“新鲜血液”。[②] 这意味地区反恐合作将面临更大挑战。第三，双边国家关系的改善。阿尔及利亚与利比亚和突尼斯的关系在这一时期都得到改善，2011 年以后，阿与两国新政府都重新建立了外交关系。突尼斯剧变后，阿尔及利亚表示尊重突人民选择，后又提供 1 亿美元财政援助，帮

① 参见《阿拉伯马格里布联盟国家外长会议在阿尔及利亚召开》，见中国驻阿尔及利亚使馆经商处网站：http://dz.mofcom.gov.cn/article/jmxw/201207/20120708225964.shtml。

② 参见王涛、曹峰毓：《伊斯兰马格里布基地组织产生的背景、特点及影响》，《西亚非洲》2016 年第 3 期。

助突尼斯恢复局势。2012 年，布特弗利卡访问突尼斯，此后两国间高层互访频繁。在利比亚剧变中，阿尔及利亚坚决反对外部力量干涉利比亚内政，并拒绝承认利反对派。2011 年 9 月 16 日，联合国投票通过了利比亚过渡委员会的代表席位后，阿尔及利亚选择接受了现实。[①]阿外长梅德西多次会见过渡委员会执行局前主席吉卜里勒，并与过渡委建立了关系。2014 年，利比亚内部爆发冲突，阿尔及利亚主张通过对话解决。2015 年 3 月 10 日，利比亚冲突各方在阿尔及尔举行对话会议，商讨如何共同解决利比亚当前困境。阿尔及利亚与摩洛哥的关系在哈桑二世去世后基本处于"冻结"状态，官方的互动也仅限于表面。2007 年，阿尔及利亚宣布斥资 75 亿美元更换冷战时期的武器装备，2012 年摩洛哥则通过订购 200 辆 M1 坦克予以回应，两国的军备竞赛不断加剧。2014 年，摩洛哥以防范毒品走私和非法移民为由，在双方共同边界南端修建了 100 公里长的隔离墙，2016 年 8 月，阿尔及利亚则在双方边界北段修筑隔离墙予以回应。[②]

反恐背景下的对美外交

阿尔及利亚与美国关系发生实质性改变是在 2001 年 9 月 11 日纽约和华盛顿遭到恐怖袭击以后，双方在反恐领域的双边合作逐渐增多。对阿尔及利亚来说，创建一个国际社会认可的跨国反恐机制，更有利于从国内外斩断恐怖主义的跨国流动，另一方面也能够使其国内反恐行动合法化，恢复阿尔及利亚在国际社会的形象。因此，阿尔及利亚调整外交政策的方向，成为美国全球反恐战争的重要合作伙伴。当然，阿尔及利亚成熟的反恐经验也是美国所急需的。2001 年，阿美两国互动频繁，布特弗利卡于 7 月和 11 月两次访问

---

① 参见 Anouar Boukhars, "Algerian Foreign Policy in the Context of the Arab Spring", *Carnegie Endowment for International Peace*, 2016。

② 参见 Raphaël Lefèvre, "Morocco, Algeria and the Maghreb's Cold War", *The Journal of North African Studies*, Vol. 21, No. 5, 2016。

美国，他是“9·11事件”后第一个与乔治·W.布什见面的阿拉伯国家领导人。阿尔及利亚通过其建立的关于世界伊斯兰恐怖主义网络，与美国安全情报部门分享有关情报。2002年，美国副国务卿威廉·伯恩斯访问阿尔及利亚，称赞阿与恐怖主义斗争的经验，宣布将限量向阿军方出售武器装备。[①]此外，美国还在多所军事学院和大学中为阿方进行人员培训，双方合作更加深入。据统计，从2001年到2008年，美国对阿军事援助从12.1万美元增加到80万美元。[②]从2010年到2012年，阿外交部长梅德西连续三年访问美国。同年10月，首轮阿美战略对话会议在华盛顿举行，政治和军事对话成为推动双边关系的重要手段。2014年，阿美第二轮战略对话会议在阿尔及尔举行，美国国务卿克里出席，两国发表联合声明，重申对全球反恐论坛的支持，共同与恐怖主义进行斗争，增加情报共享，打击走私和绑架，以及其他方面的合作。[③] 2016年，阿尔及利亚驻美大使马吉德·布盖拉表示，阿尔及利亚将继续加强与美国在安全领域的全面合作。7月，美国主办了与阿尔及利亚的联合军事对话。

除了双边合作外，阿美两国还在多边反恐机制内保持紧密合作。第一，与北大西洋公约组织的合作。2000年3月，布特弗利卡决定参加北约举办的地中海对话论坛，并邀请“北约”秘书长乔治·罗伯特森访问阿尔及利亚，这是阿国与“北约”进行合作的开始。2001年和2002年，布特弗利卡两次访问“北约”总部，他认为阿尔及利亚的安全与欧洲息息相关，与“北约”的合作是一种战略选择。此后，阿尔及利亚始终参与地中海对话论坛，但双方的合作始终维持在较低层次，特别是2008年底以色列在加沙的行动和2011年“北约”打击利比亚的行动，违背了阿尔及利亚外交中不干涉内政的原

① 参见“Washington Has Much to Learn from Algeria on Ways to Fight Terrorism' Declared Burns”, *New York Times*, December 10, 2002。

② 参见 M Berkouk, “U.S.-Algerian Security Cooperation and the War on Terror”, *Carnegie Endowment for International Peace*, 2013。

③ 参见 Joint Communique-U.S.-Algeria Strategic Dialogue, https://2009-2017.state.gov/r/pa/prs/ps/2014/04/224441.htm。

则。2013年1月，阿尔及利亚派出由几位部长组成的高层次代表团访问布鲁塞尔，与“北约”探讨了在地中海对话框架内的合作问题，以及危机管理、反恐等领域合作的可能性。[①]第二，跨撒哈拉反恐合作。2005年，美国将泛萨赫勒倡议升级为跨撒哈拉反恐倡议，阿尔及利亚等非洲国家参与其中，美国提供800万美元资金援助，帮助跨撒哈拉国家打击恐怖主义。同年6月，阿尔及利亚参与了美国组织的名为“燧发枪行动”的训练演习，这是跨撒哈拉反恐倡议框架下的第一次军事演习。[②]此后，阿尔及利亚总参谋长几次参加该框架下的国家间协调会议。2010年，跨撒哈拉反恐倡议更名为跨撒哈拉反恐伙伴计划，阿尔及利亚因其在非洲，特别是在撒哈拉地区不可替代的地缘战略位置，在地区反恐中扮演重要角色。2012年10月，美国国务卿希拉里·克林顿访问阿尔及尔，双方讨论了在撒哈拉地区建立战略反恐合作机制问题，美国希望阿尔及利亚能够成为其北非反恐布局的战略支撑，并探讨了阿方军事介入马里问题的可能性。

与法国关系的改善

2000年6月14日至17日，布特弗利卡对法国进行了为期四天的访问。他强调阿尔及利亚与法国关系的特殊性，以及法国在调解阿与欧盟关系中给予的帮助。布特弗利卡还邀请法国商界人士到阿尔及利亚投资，并承诺进行相应的改革。法阿双方都对这次访问给予高度评价。希拉克表示，布特弗利卡的访问“为复兴法阿关系发挥了关键的推动作用”。布特弗利卡则称此次访问“揭开了阿法关系的新篇章”。[③]2001年12月1日，法国总统希拉克访问阿尔及利亚，法阿将加强情报合作以面对新的挑战。2003年，布特弗利卡四次访

---

① 参见 Algerian High-level Delegation Visits NATO to Discuss NATO-Algeria Cooperation, https://www.nato.int/cps/en/natolive/news_100880.htm。

② 参见 Robert A. Mortimer, “Algerian Foreign Policy: From Revolution to National Interest, *The Journal of North African Studies*, Vol. 20, No. 3, 2015。

③ 王敬诚：《综述：法国与阿尔及利亚关系的新发展》，http://www.people.com.cn/GB/channel2/18/20000618/108029.html。

问法国。同年，希拉克正式访问阿尔及利亚，两国宣布建立“特殊伙伴关系”。2005 年 2 月 13 日，希拉克签署法令，要求大学历史研究和中学历史教学中承认殖民体系的积极作用，法阿关系再次恶化。2007 年，萨科齐当选法国总统后，两次访问阿尔及利亚，2011 年还举办了第一届阿法经济伙伴关系论坛。2012 年 12 月，新任法国总统奥朗德访问阿尔及利亚，此行解决了许多长期困扰双边关系的关键问题。奥朗德承认法国殖民统治时期所犯的一些“错误”，支持阿尔及利亚在地区层面发挥更积极的作用，这有助于改善两国之间的关系氛围。[①] 2013 年 12 月，法国总理让 - 马克 · 艾罗访问阿尔及利亚，两国间成立了高级别政府间委员会，并签署了包括政治对话、经济合作等内容的双边协议。2015 年 6 月，奥朗德第二次访问阿尔及利亚，打击恐怖主义，维护地区安全成为两国会谈的主要内容。

四、阿尔及利亚的文化发展

文学

自马格里布地区被征服以后，阿拉伯语便成为这一地区文学作品使用的主要语言，由于受当地土著居民柏柏尔人语言的影响，这一地区的阿拉伯语又形成了具有地域特征的方言。到 11 世纪以后，阿拉伯人从安达卢西亚撤离到伊非里基亚，并将其文学等技艺带到了马格里布地区。此后，阿尔及利亚地区的文学与阿拉伯世界其他地区的交流更为频繁，并形成了特雷姆森、贝贾亚、梅地亚和安纳巴等知名的文学中心。这一时期阿尔及利亚文学的主要形式是诗歌和散文，但这些诗歌和散文并不仅仅是以语言艺术形式呈现的审美意识，还是记录这一时期阿尔及利亚社会生活的重要载体。其内容

① 参见 Raphaël Lefèvre, “A New Chapter in Relations between Algeria and France?”, *The Journal of North African Studies*, Vol. 20, No. 3, 2015。

较为庞杂，包罗万象，既有编年史和回忆录，也包括游记和宣教诗歌等。其中，著名阿拉伯历史学家伊本·赫勒敦曾任职于特雷姆森、君士坦丁和贝贾亚等王朝，在从政之余，也进行了大量的学术创作活动。特别是从 1374 年至 1378 年间，伊本·赫勒敦隐居于现阿尔及利亚提亚雷特附近一个名为伊本·萨勒麦（Qal'at ibn Salama）的城堡。在隐居期间，伊本·赫勒敦专心著书立说，完成了其最重要的史学著作《历史绪论》。这部著作对世界社会学和历史学的发展产生了重要影响，而且对世界文学的发展也具有深远的意义。正如我们所看到的，伊本·赫勒敦的思想在布鲁斯·查特文的小说《歌之版图》中得到引用，它还构成了弗兰克·赫伯特《沙丘》系列小说以及纳吉布·马赫福兹的杰作《平民史诗》的基础。[①] 此外，出生于特雷姆森的艾哈迈德·穆罕默德·玛恰里（Ahmed Mohammed al-Maqqari）的名著《香料的气息》分为两部分，第一部分是安达卢西亚历史学家及其著作汇编，第二部分是关于伊本·哈提布（Ibn al-Khatib）的传记。这一时期的阿尔及利亚并不是一个统一的政治实体，而是分成多个小的王朝，因此，学者在马格里布地区的流动性比较大，这也使这一时期的阿尔及利亚文学成为马格里布文学的重要组成部分。

1830 年以后，法国开启了阿尔及利亚的殖民化进程，随着有限占领政策向同化政策的转变，法国殖民当局开始有计划地鼓励欧洲人到阿尔及利亚定居，在用法国文化改造当地文化的同时，有意识地淡化或消除阿尔及利亚土著居民的民族文化特征。受法国文化殖民政策的影响，阿尔及利亚多数人口无法接受学校教育，只存在少量法语教育系统培育出来的精英。殖民地时期，阿尔及利亚穆斯林作家面临着双重困境，他们的教育是由宗主国培养的，但他们被排

① 参见 Robert Irwin, *Ibn Khaldun: an Intellectual Biography*, Princeton University Press, 2018, p.ix。

斥在殖民机构之外。[①]他们的作品受宗主国的影响，主要面向法语读者。作为对殖民统治的反抗，阿尔及利亚民族主义主题的文学作品在这一时期也开始出现。19世纪中期，反抗法国殖民统治的斗争领袖、民族英雄阿卜杜勒·卡德尔（1807—1883）所创作的诗篇，是阿尔及利亚近代文学的先声。[②]卡德尔自幼接受过良好的教育，在其悲壮的戎马生涯中，创作了大量的诗篇，20世纪60年代被结集出版。“阿卜杜·卡迪尔的诗在艺术形式上严格遵循传统古诗的格律，题旨亦包括恋情、悼亡、矜夸、描状等。在诗中，他歌颂了昔日和平宁静的草原游牧生活，痛责法国侵略者带来的所谓‘西方文明’。他擅长描写雄鹰、战马和军旅生活，颇似古代的穆太奈比或近代埃及诗人巴鲁迪，以矜夸诗见长。”[③]受卡德尔和毛克拉尼领导的反抗运动的影响，19世纪阿尔及利亚诗歌的重要主题便是爱国主义。除此以外，关于部落日常生活、习俗和传统的诗歌往往通过口头的方式世代相传，其中一些诗歌的作者甚至都无从考证。

第一次世界大战以后，阿拉伯世界出现文学复兴的局面，阿尔及利亚也是如此。这一时期阿尔及利亚文学的主题从质朴的爱国主义向民族主义转向，短篇小说是最主要的文学体裁。1925年，阿尔及利亚伊斯兰改革主义者本·巴迪斯（Ben Badis）创立了《批评家》周刊，批判阿尔及利亚的“非伊斯兰”问题，在该刊发行18期后被禁。随后，他又创办了内容相对温和的《流星》杂志。1931年5月，本·巴迪斯领导成立了阿尔及利亚乌里玛协会，此后，协会创办了一系列报纸和杂志。直到阿尔及利亚革命爆发以前，这些报刊成阿尔及利亚的作家、诗人和历史学家发表作品的主要平台。艾哈迈德·里达·侯侯（Ahmed Reda Houhou）是这一时期阿尔及利亚文学的杰出代表，他的短篇小说集在1947年和1955年出版，他的作品表达了对法国

---

① 参见 Thomas Lyons, “The Ethnographic Novel and Ethnography in Colonial Algeria”, *Modern Philology*, Vol. 100, No. 4, May 2003, p. 577。

② 参见赵慧杰编著：《阿尔及利亚》，社会科学文献出版社2006年版，第320—321页。

③ 仲跻昆：《阿拉伯文学通史》（下），译林出版社2010年版，第941页。

殖民统治下阿尔及利亚社会、政治和宗教等方面的批判。1954年，革命者打响了奥雷斯枪声，直到1958年，以民族解放战争为主题的文学作品才出现。马莱克·哈达德（Malek Haddad）在《最后的印象》（*La Dernière Impression*）中第一次将阿尔及利亚战争引入其作品。哈达德是阿尔及利亚著名的诗人和作家，还是阿尔及利亚民族解放军战士，他发表的诗集《垂危的不幸》（1956）和两部小说《最后的印象》和《我将献给你一只羚羊》（1959），“献给那些编织着祖国旗帜的人们”。[①] 穆罕默德·狄布（Mohammed Dib）在此期间出版了他著名的阿尔及利亚三部曲——《大房子》《火灾》和《织布机》。

阿尔及利亚独立后，文学作品的主题仍然延续了民族解放斗争以来的革命话语，对殖民主义的批判和对革命斗争的歌颂是最主要的内容。独立初期的文学作品仍然以短篇文学为主，《“圣战”者报》等刊物发表了大量年轻一代作家的作品。这些文学作品虽然不乏想象力，但是由于内容充斥豪言壮语，叙事方式刻板教条，因此优秀的作品寥寥无几。1971年，阿卜杜·哈米德·本·海杜卡（Abdelhamid Benhedouga）的《南风》（*Wind from the South*）发表。《南风》被认为是阿尔及利亚历史上第一部用阿拉伯语创作的长篇小说，其主要内容是描绘了独立后阿尔及利亚农村所经历的新旧势力的斗争，不仅反映了参加革命的年轻人想要改变农村面貌的愿望，也刻画了农村女性悲惨的命运。因此，有学者认为，《南风》不仅标志着阿拉伯语阿尔及利亚小说的诞生，也标志着阿尔及利亚女性在阿拉伯语文学中的出现。这不再是一个以谨慎的方式描绘激进或传统妇女的问题，而是考虑到妇女的自身，她的社会和性别压迫。[②] 这部著作后被译为多种语言，在世界上多个国家出版。

---

① 〔阿尔及利亚〕马莱克·哈达德：《最后的印象》，上海文艺出版社1962年版，第148页。

② 参见 Marcel Bois and Richard Bjornson, “Arabic-language Algerian Literature”, *Research in African Literatures*, Vol. 23, No. 2, Summer 1992, p. 105。

20世纪70年代以后，一大批新的作家成长起来，如伊兹梅尔·贾姆卡特（Ismail Ghamouqat）、穆罕默德·迈夫拉赫（Mohammed Meflah）、穆罕默德·艾尔·阿里、阿卜杜·马利克·穆尔塔德（Abdelmalek Mourtad）、拉腊基·乌塞尼（La'radj Ouassini）、梅尔扎克·巴格塔齐（Merzak Bagtache）、理查德·布吉德拉（Rachid Boudjedra）和塔赫尔·乌塔尔（Tahar Ouettar）等。阿拉伯语文学作品的数量不断增加，但具有重大影响力的作品较为鲜见，反而以法语写作的作家和作品却赢得了更多的赞誉。狄布和布吉德拉的作品就被译为中文，并拥有广泛的读者。在诸多法语作家中，最负盛名的当属阿尔及利亚女作家阿西娅·杰巴尔（Assia Djebar）。杰巴尔的作品更多地关注阿尔及利亚女性，特别是女性在社会中的地位问题，因此其作品大多以此为主题。1962年发表了《新世界的儿女》，1967年发表了长篇小说《天真的百灵鸟》，1980年发表了《房间里的阿尔及利亚女人》等，直到2015年去世。杰巴尔对女性的关注在世界上引起了巨大反响，被称为北非最具影响力的作家。

柏柏尔传统诗歌大体分为三种类型：第一种是被称为“伊斯弗拉”的九行诗；第二种是被称为“爱斯弗洛”的双韵诗；第三种是表达爱情的对歌。[①]独立后阿尔及利亚的柏柏尔语文学发展则相对比较迟缓，这主要是由于阿尔及利亚推行了阿拉伯化政策，政府否认柏柏尔民族的存在，因此，柏柏尔语不被承认为国家的官方语言。1980年阿尔及利亚发生了“柏柏尔之春”，柏柏尔人民族意识重新复兴。塔哈尔·德贾乌特（Tahar Djaout）是柏柏尔民族复兴的重要推动者，他还是著名的记者、诗人和作家。作为出生于卡比尔地区的柏柏尔人，1975年他出版了第一本诗集《带刺的夏至》（*Solstice Barbelé*），1981年出版了小说《被剥夺者》（*L'exproprié*），这些作品在阿尔及利亚柏柏尔人中造成很大影响，此后，他又先后出版了多部诗集和小说。德贾乌特在1993年被伊斯兰武装集团暗杀。1998年以后，

① 参见周顺贤：《阿尔及利亚柏柏尔人的诗歌》，《阿拉伯世界》1996年第2期，第60页。

柏柏尔人民族问题进一步凸显，到2016年，阿尔及利亚正式承认柏柏尔语为官方语言之一。总体来看，这一时期柏柏尔语更多是被作为一种确定民族身份的政治斗争武器，作为一种文学载体，相关的作品尚不充足。

音乐

阿尔及利亚艺术在多种文明的交汇中形成了其独特特征。就音乐艺术而言，阿尔及利亚是多种音乐相互影响的重要地区，它既保留了阿拉伯人和柏柏尔人民族音乐传统，又吸收了安达卢西亚、撒哈拉以南非洲、阿拉伯东方的音乐风格，在阿拉伯文化中占有独特的地位。为了在某种程度上简化这一复杂的音乐格局，阿尔及利亚不同的音乐传统大体可以分为五种类型：安达卢西亚传统、城市流行音乐传统、阿拉伯民间音乐传统、柏柏尔和撒哈拉音乐传统和现代“籁乐”传统。[①]

阿尔及利亚拥有悠久的音乐历史传统。早在公元200年，阿尔及利亚的努米迪亚族（即柏柏尔人）就有了自己的音乐，那时涌现出了许多音乐演奏家，流行着各种古代民族乐器，主要有手鼓、古琴和双管笛等。[②]后来，罗马、拜占庭和阿拉伯帝国先后统治这片区域，将各种音乐元素带到了阿尔及利亚，使这里的音乐风格更加丰富多彩。从12世纪初开始，阿尔及利亚地区与安达卢西亚的文化交流更为频繁。到15世纪，离开西班牙的穆斯林和犹太人在马格里布地区找到了流亡的避难所，安达卢西亚音乐开始在这一地区进一步发展和传播。君士坦丁和特雷姆森是安达卢西亚古典音乐的两个中心，后来在特雷姆森的影响下，阿尔及尔的安达卢西亚音乐发展成为第三个中心。这种音乐风格是将马格里布的传统诗歌与不同节奏的器乐相结合，融会于古典旋律之中，是马格里布本土文化

① 参见Dwight Reynolds, “Musics of Algeria: Selected Recordings”, *Middle East Studies Association Bulletin*, Vol. 29, No. 1, July 1995, p. 16。

② 参见刘亚平：《阿尔及利亚民族音乐》，《阿拉伯世界》1986年第1期。

元素与西班牙风格的有机结合。例如特雷姆森的霍兹传统（Hawzi tradition）就被认为是一种用阿尔及利亚西北地区方言表演的安达卢西亚音乐。20 世纪安达卢西亚风格音乐中最有影响力的是犹太女歌手雷内特·瓦赫兰尼娅（Reinette al-Wahraniyya），在其 1988 年发行的唱片中，她演唱了从 16 世纪到 19 世纪各种类型的安达卢西亚风格的歌曲。

在阿尔及利亚城市中还流行另外一种类型的音乐——沙阿比音乐（Sha'bi）。在多数阿拉伯国家，沙阿比音乐是指民间音乐，但在阿尔及利亚则是指在阿尔及尔等城市中出现的流行音乐。这种音乐原属于安达卢西亚音乐的一种，后受马格里布音乐的影响，而逐渐成为一种独立的音乐类型。沙阿比音乐曲调朗朗上口，旋律清新自然，歌词充斥着大量马格里布方言俚语，因而受到欢迎。阿尔及利亚的民间音乐则不属于流行音乐的范畴，而且民间音乐的传播是通过口耳相传的方式，包含丰富的民族文化信息。比如卡比尔地区的柏柏尔人音乐雄浑高亢，节奏感强，是马格里布民歌的丰富遗产。

阿尔及利亚的籁乐（Rai）则源于贝都因部落中谢赫表演的以历史、宗教、英雄或爱情为题材的诗歌，传统认为所谓“Rai”是人们寻求谢赫帮助时得到的观点或建议。谢赫的演唱结合了民谣的伤感和苏菲主义的神秘感于一体，使用鼓、笛或使用双手拍打节拍，观众亦可以通过舞蹈参与其中。到法国殖民统治时期，阿尔及利亚人生活困苦，反抗法国殖民统治的斗争从未停息，谢赫通过音乐的方式向年轻人传递关于传统文化和价值观念等，籁乐也因此成为传承民族精神的重要载体。到民族解放战争时期，歌颂民族解放成为籁乐的重要内容。第二次世界大战期间，盟军进驻阿尔及利亚，将西方的音乐风格如爵士乐和摇摆乐带到了奥兰等地，钢琴、小提琴、手风琴和吉他等西方乐器也被引进。到 20 世纪 50 年代以后，西方音乐与本土音乐相结合，这标志着现代籁乐的诞生。布拉乌伊·胡阿里（Blaoui Houari）是一位多产的歌手、词曲作家，他演奏过许多乐器，无疑被认为是现代籁乐的先驱。[①] 20 世纪 70 年代随着廉价的录音带的流行，籁乐进一步融合摇滚乐等东西方音乐元素，并演变为一种走上世界舞台的流行音乐。

绘画

阿尔及利亚的绘画艺术可以追溯到史前时代的岩画艺术。阿尔及利亚拥有非洲，乃至世界上最为丰富的岩画艺术资源，这些岩画主要分布在阿尔及利亚南部山区，特别是东南撒哈拉山区的安杰尔高原地区。这是一个八万平方公里的静谧峡谷，1986 年被联合国教科文组织列入世界遗产名录的国家公园。这里的大多数岩画艺术大约可以追溯到 4000 年至 9000 年前，是世界上最大的史前艺术博物馆。到阿拉伯人征服以后，将阿拉伯书法艺术带到了马格里布，并形成了伊非里基亚体书法。西班牙的阿拉伯王朝灭亡后，安达卢西亚体书法随着阿拉伯人的流散，传播到了马格里布。根据伊本·赫勒敦的《历史绪论》记载，随着柏柏尔人建立的穆瓦希德王朝和马林王朝走向衰落，书法艺术水平也不断下降，文明发展出现萎缩。[②]

法国在阿尔及利亚建立殖民统治以后，本土文化艺术遭到毁灭性打击，宗主国的绘画流派在殖民地成为主导，当时阿籍的艺术家只能屈居法国人的手下，当木匠或油漆匠。法国人占领阿以后，曾在阿尔及尔创办了一所建筑工艺美术学校。据记载，从 1942 年至 1945 年间仅培养了三名阿尔及利亚学生。[③] 阿尔及利亚独立后，本土绘画艺术人才的培养才得以继续。目前阿尔及利亚绘画艺术成果大多数属于写实主义艺术风格，另外一部分画家受西方绘画艺术的影响，形成了以立体派和抽象派为特征的现代艺术风格。在阿尔及利亚国家美术馆，陈列了上述两种艺术风格的作品。写实艺术作品

---

① 参见 Hana Noor Al-Deen, “The Evolution of Rai Music”, *Journal of Black Studies*, Vol. 35, No. 5, May. 2005, p. 602。

② 参见〔突尼斯〕伊本·赫勒敦：《历史绪论》，李振中译，宁夏人民出版社 2015 年版，第 591 页。

③ 参见张迈进：《近代阿尔及利亚文化浅述》，《阿拉伯世界》1991 年第 2 期。

中有 1981 年收集展出的穆罕默德·拉希姆的瓷画。作品反映了拉希姆于 20 世纪三四十年代的艺术创作，内容是本国及邻国摩洛哥的历史或民族英雄题材，以及当地民俗庆典场面。此外，还有一些具有马格里布传统特色的瓷画，这是穆罕默德·哈密姆奈、艾布·塔里布、塔马姆·马格丹尼和艾卡蒙等艺术大师的作品。他们的画风凝聚了阿拉伯、波斯和奥斯曼的民间艺术特色。阿尔及利亚现代派画坛上五彩缤纷，人才济济。特别是在 20 世纪 70 年代，阿尔及利亚涌现出一批具有“现代人意识”的年轻画家，其中希拉姆、祖比尔·哈拉勒、伊本·叶海亚、穆克拉尼和马立克·马哈祖比等最为著名，他们以自己的独特风格自成一家。[①]

① 参见石铁：《阿尔及利亚的艺术宝殿——国家美术馆》，《阿拉伯世界》1991 年第 3 期。

参考文献

一、中文文献

1. 著译作

《马克思恩格斯全集》（第 14 卷），人民出版社 2013 年版。

《马克思恩格斯全集》（第 42 卷），人民出版社 1979 年版。

〔阿尔及利亚〕阿卜杜·哈米德·本·海杜卡：《南风》，陶自强、吴茴萱译，上海译文出版社 1984 年版。

《阿尔及利亚国民宪章》，中共中央对外联络三局译，内部资料，1984 年版。

《阿尔及利亚民族解放阵线党第一次代表大会文件集》，世界知识出版社 1965 年版。

〔美〕埃斯波西托：《伊斯兰威胁——神话还是现实？》，东方晓等译，社会科学文献出版社 1999 年版。

〔英〕保罗·约翰逊：《现代——从 1919 年到 2000 年的世界》下卷，李建波等译，江苏人民出版社 2001 年版。

《本·贝拉言论集（1962 年 9 月—1965 年 2 月）》，世界知识出版社 1965 年版。

〔澳〕布赖恩·克罗泽：《戴高乐传》上册，西安外语学院英语系等合译，商务印书馆 1995 年版。

《布迈丁言论选编》，上海人民出版社 1974 年版。

蔡佳禾：《当代伊斯兰原教旨主义运动》，宁夏人民出版社 2003 年版。

〔美〕查尔斯·蒂利：《集体暴力的政治》，谢岳译，上海世纪出版集团，2006 年版。

陈晓红：《戴高乐与非洲的非殖民化研究》，中国社会科学出版社 2003 年版。

〔法〕戴高乐：《戴高乐言论集（1958 年 5 月—1964 年 1 月）》，国际关系研究所编译，世界知识出版社 1964 年版。
〔美〕戴维·奥塔维、玛丽娜·奥塔维：《非洲共产主义》，魏塔忠译，东方出版社 1986 年版。
〔美〕戴维·E. 阿普特：《现代化的政治》，陈尧译，上海人民出版社 2011 年版。
〔德〕恩·巴尔奇：《印第安人、黑人和阿拉伯人》，刘昭明、许昌菊译，中国青年出版社 1962 年版。
〔法〕弗朗兹·法农：《全世界受苦的人》，万冰译，译林出版社 2005 年版。
〔苏联〕古柏尔等：《殖民地保护国新历史》上卷第 2 册，吴清友译，新中国书局 1949 年版。
郭华榕：《法兰西第二帝国史》，北京大学出版社 1991 年版。
〔美〕汉斯·摩根索：《国家间政治——权力斗争与和平》，徐昕、郝望、李保平译，北京大学出版社 2006 年版。
〔法〕亨利·克劳德：《戴高乐主义与大资本》，李元明、林立译，世界知识出版社 1963 年版。
黄慧：《阿尔及利亚柏柏尔主义研究》，社会科学文献出版社 2015 年版。
〔法〕加布里埃尔·埃斯凯：《阿尔及利亚史》，上海人民出版社 1974 年版。
〔阿尔及利亚〕卡迪尔·阿里：《阿尔及利亚地理：自然、人文、经济》，唐裕生等译，商务印书馆 1978 年版。
李琮：《当代资本主义世界经济发展史略》，社会科学文献出版社 1989 年版。
李丹慧主编：《冷战国际史研究》第 14 辑，世界知识出版社 2012 年版。
刘竞主编：《伊斯兰复兴运动论集》，中国亚非学会、中国中东学会、中国社会科学院西亚非洲研究所，1989 年版。
陆庭恩、彭坤元主编：《非洲通史·古代卷》，华东师范大学出版社 1995 年版。
吕一民：《法国通史》，上海社会科学院出版社 2002 年版。
〔法〕马塞尔·佩鲁东：《马格里布通史》，上海师范大学《马格里布通史》翻译组译，上海人民出版社 1974 年版。
潘光、朱威烈主编：《阿拉伯非洲历史文选》，华东师范大学出版社 1992 年版。
彭树智：《东方民族主义思潮》，人民出版社 2013 年版。
〔拜占庭〕普洛科皮乌斯：《普洛科皮乌斯战争史》，王以铸、崔妙因译，商务印书馆 2010 年版。
〔法〕让·莫里亚克：《戴高乐将军之死》，张芝联译，商务印书馆 1973 年版。
〔法〕让-弗朗索瓦·西里奈利：《知识分子与法兰西激情——20 世纪的声明和请愿书》，刘云虹译，江苏人民出版社 2001 年版。
任凤阁：《外国著名战争》，商务印书馆 1993 年版。

〔埃及〕萨阿德·扎格卢勒：《阿拉伯马格里布史》第一卷下册，上海外国语学院翻译组译，上海人民出版社 1975 年版。

沈敏华、程栋：《十字军东征》，上海书店出版社 2009 年版。

《世界知识年鉴》编辑委员会：《世界知识年鉴：（1983）》，世界知识出版社 1983 年版。

《石油、原料和发展：阿尔及利亚提交联合国大会特别会议的备忘录》，许乃炯、郑汝箴、李雨时译，生活·读书·新知三联书店 1975 年版。

〔加拿大〕提姆·特拉弗斯：《海盗史》，李晖译，海南出版社 2010 年版。

王绳祖主编：《国际关系史》第 7 卷，世界知识出版社 1995 年版。

王伟光主编：《社会主义通史》，人民出版社 2011 年版。

吴国庆：《战后法国政治史》，社会科学文献出版社 2004 年版。

吴治清，沈立邦等：《亚非拉各种社会主义》，求实出版社 1983 年版。

〔美〕西·内·费希尔：《中东史》上册，姚梓良译，商务印书馆 1979 年版。

〔法〕夏尔·戴高乐：《希望回忆录》，《希望回忆录》翻译组译，中国人民大学出版社 2005 年版。

〔法〕夏尔－安德烈·朱利安：《北非史》第二卷上册，上海新闻出版系统“五·七”干校翻译组译，上海人民出版社 1974 年版。

〔法〕雅克·夏普萨尔、〔法〕阿兰·朗斯洛：《1940 年以来的法国政治生活》，全康康等译，上海译文出版社 1981 年版。

张锡昌、周剑卿：《战后法国外交史》，世界知识出版社 1993 年版。

赵慧杰编著：《阿尔及利亚》，社会科学文献出版社 2006 年版。

中华人民共和国外交部、中共中央文献研究室编：《周恩来外交文选》，中央文献出版社 1990 年版。

周时奋：《地中海的秩序》，华东师范大学出版社 2007 年版。

2. 论文

阿尔及利亚驻华大使哈桑拿·拉贝希：《阿尔及利亚：一带一路开拓阿中合作新未来》，《中国投资》2016 年第 1 期。

陈和丰：《团结战斗未穷期——巴勒斯坦全国委员会第 18 次会议初析》，《国际展望》1987 年第 9 期。

慈志刚、钟艳萍：《阿尔及利亚伊斯兰运动“非殖民化”的双重语境》，《宁夏社会科学》2009 年第 4 期。

慈志刚：《阿尔及利亚的柏柏尔人问题》，《阿拉伯世界研究》2015 年第 1 期。

关培凤：《摩洛哥与阿尔及利亚领土争端及其解决探析》，《西亚非洲》2011

年第 2 期。
季国兴：《阿尔及利亚总统沙德利》，《阿拉伯世界》1985 年第 2 期。
凯德里·盖勒阿吉：《西撒哈拉问题的历史由来》，李成仁摘译，《西亚非洲》1980 年第 1 期。
李宏军:《阿尔及利亚战争与美国的反应和政策》，兰州大学硕士论文，2010 年。
李荣建：《戴高乐将军的胆略与阿尔及利亚的独立》，《阿拉伯世界》1990 年第 3 期。
柳门：《法阿会谈所在地埃维昂》，《世界知识》1961 年第 12 期。
罗洪彰：《阿尔及利亚民族解放战争的几个问题》，《西南师范学院学报》1984 年第 4 期。
马彤：《阿尔及利亚的民族解放斗争》，《历史教学》1959 年第 1 期。
潘培英：《从〈的黎波里纲领〉到〈国民宪章〉——“阿尔及利亚社会主义”的理论与实践》，《西亚非洲》1981 年第 5 期。
童燕：《西亚北非动荡前后阿尔及利亚经济政策的变迁》，《经济研究导刊》2012 年第 27 期。
王涛、曹峰毓：《伊斯兰马格里布基地组织产生的背景、特点及影响》，《西亚非洲》2016 年第 3 期。
许永璋：《1832—1847 年阿尔及利亚的阿卜杜拉·卡德尔起义》，《史学月刊》1980 年第 1 期。
翟象乾：《法国侵占下的阿尔及利亚》，《历史研究》1958 年第 6 期。
赵慧杰：《阿尔及利亚与美国关系的发展变化》，《西亚非洲》2003 年第 4 期。
赵慧杰：《布特弗利卡执政方略浅析》，《西亚非洲》2005 年第 3 期。
《中华人民共和国政府和阿尔及利亚共和国临时政府联合公报》，《中华人民共和国国务院公报》1960 年第 31 期。
朱州：《法国与阿尔及利亚》，《世界知识》1982 年第 4 期。

二、外文文献

1. 著作

〔阿尔及利亚〕阿慕尔·奥马尔：《阿尔及利亚简史》，雷哈纳出版社 2002 年版。
〔阿尔及利亚〕穆巴拉克·本·穆罕默德·米利：《阿尔及利亚古代与近代史》上卷，阿尔及利亚“纳赫多书店”2004 年版。
〔阿尔及利亚〕穆巴拉克·米利亚：《阿尔及利亚古今史》第三卷，阿尔及利亚复兴书店 1964 年版。

A. H. Merrills, *Vandals, Romans and Berbers: New Perspectives on Late Antique North Africa*, Ashgate, 2004.

Abdelmajid Hannoum, *Violent Modernity: France in Algeria*, Harvard University Press, 2010.

Abder Rahmane Derraji, *A Concise History of Political Violence in Algeria, 1954—2000: Brothers in Faith, Enemies in Arms*, The Edwin Mellen Press, 2002.

Alexander Harrison, *Challenging de Gaulle: the O. A. S. and the Counter-revolution in Algeria, 1954—1962*, Gailer Publishing, 1989.

Alexis de Tocqueville, *Writing on Empire and Slavery*, The Johns Hopkins University Press, 2001.

Ali Abdullatif Ahmida, *Beyond Colonialism and Nationalism in the Maghrib*, Palgrave, 2000.

Alistair Horne, *A Savage War of Peace: Algeria 1954—1962*. Viking Press, 2006.

Allan Christelow, *Muslim Law Courts and the French Colonial State in Algeria*, Princeton University Press, 1985.

Andrea Liverani, *Civil Society in Algeria: the Political Functions of Associational Life*, Routledge, 2008.

Andrew Merrills, Richard Miles, *The Vandals (The Peoples of Europe)*, Wiley-Blackwell, 2010.

Benjamin Stora, *Algeria, 1830—2000: a Short History*, translated by Jane Marie Todd, Ithaca, Cornell University Press, 2006.

Benjamin Stora, *Algeria, 1830—2000: a Short History*, Cornell University Press, 2001.

Bradford L. Dillman, *State and Private Sector in Algeria: the Politics of Rent-seeking and Failed Development*, Westview Press, 2000.

Camille Bonora-Waisman, *France and the Algerian Conflict: Issues in Democracy and Political Stability*, 1988—1995, Ashgate Publishing, 2003.

Charles Tilly, *The Politics of Collective Violence*, Cambridge University Press, 2003.

Clement Henry and Jang Ji-Hyang, *The Arab Spring: Will It Lead to Democratic Transitions*?, Palgrave Macmillan, 2013.

Crawford Young, “Decolonization in Africa” , in L. H. Gann & Peter Duignan (eds), *The History and Politics of Colonialism, 1914—1960*, Cambridge University Press, 1970.

David and Marina Ottaway, *Algeria: the Politics of a Socialist Revolution*, University of California Press, 1970.

David E. Long, ich, Mark Gasiorowski, *The Government and Politics of the Middle East and North Africa*, Westview Press, 2007.

David Prochaska, *Making Algeria French: Colonialism in Bone, 1870—1920*, Cambridge University Press, 1990.

David S. Powers, *Law, Society, and Culture in the Maghrib, 1300—1500*, Cambridge University Press, 2002.

Edgar O'Balance, *The Algerian Insurrection, 1954—1962*, Archon Books, 1967.

François Burgat and William Dowell, *The Islamic Movement in North Africa*, University of Texas Press, 1993.

Frantz Fanon, *The Wretched of the Earth*, Grove Press, 2005.

Frederic Volpi, *Islam and Democracy: the Failure of Dialogue in Algeria*, Pluto Press, 2003.

George R. Trumbull IV, *An Empire of Facts: Colonial Power, Cultural Knowledge, and Islam in Algeria, 1870—1914*, Cambridge University Press, 2009.

Hans D. Seibel and Ukandi G. Damachi, *Slef-management in Yugoslavia and Developing World*, The Macmillan Press LTD, 1982.

Harold Nelson, *Algeria: a Country Study*, The American University, 1986.

Hassan Sayed Suliman, *The Nationalist Movements in the Maghrib: a Comparative Approach*, The Scandinvian Institute of African Studies, 1987.

Helen Chapin Metz, *Algeria: a Country Study*, 5th ed, U. S. Government Printing Office, 1994.

Irwin M. Wall, *France, the United States, and the Algerian War*, University of California Press, 2001.

Isabelle Werenfels, *Managing Instability in Algeria: Elites and Political Change since 1995*, Routledge, 2007.

J. N. C. Hill, *Identity in Algerian Politics: the Legacy of Colonial Rule*, Lynne Rienner Publishers, 2009.

James Ciment, *Algeria: the Fundamentalist Challenge*, Facts On File, 1997.

James D. LE Sueur, *Uncivil War: Intellectuals and Identity Politics During the*

Decolonization of Algeria, University of Pennsylvania Press, 2001.

Jamil M. Abun-Nasr, *A History of the Maghrib in the Islamic Period*, Cambridge University Press, 1987.

John B. Wolf, *The Barbary Coast: Algiers Under the Turks 1500 to 1830*, Murray Printing Company, 1979.

John Nellis, *Worker's Participation in Algeria's Nationalized Industries: La Gestion Socialiste des Entreprises*, Occasional Papers, The Norman Paterson School of International Affairs, 1976.

John P. Entelis and Phillip C. Naylor, *State and Society in Algeria*, Westview Press, 1992.

John P. Entelis, *Algeria: the Revolution Institutionalized*, Westview Press, 1986.

John Ruddy, *Islamism and Secularism in North Africa*, St. Martin's Press, 1994.

John Ruedy, *Land Policy in Colonial Algeria: the Origins of the Rural Public Domain*, University of California Press, 1967.

John Ruedy, *Modem Algeria: the Origins and Development of a Nation*, Indiana University Press, 1992.

John Ruedy, *Modem Algeria: the Origins and Development of a Nation*, Indiana University Press, 2005.

John W. Kiser, *Commander of the Faithful: the Life and Times of Emir Abd El-Kader*, Monkfish Book Publishing Company, 2008.

John Zarobell, *Empire of Landscape: Space and Ideology in French Colonial Algeria*, The Pennsylvania Press, 2010.

Jonathan K. Gosnell, *The Politics of Frenchness in Colonial Algeria, 1930—1954*, University of Rochester Press, 2002.

Joshua Schreier, *Arabs of the Jewish Faith: the Civilizing Mission in Colonial Algeria*, Rutger University Press, 2010.

Judith Scheele, *Village Matters: Knowledge, Politics & Community in Kabylia, Algeria*, James Currey, 2009.

Julia Clancy-Smith, *North Africa, Islam and the Mediterranean World: From the Almoravids to the Algerian War*, Frank Cass, 2001.

Karen Pfeifer, *Agrarian Reform under State Capitalism in Algeria*, Westview Press, 1985.

Karshenas, *Social Policy in the Middle East*, Palgrave Macmillan, 2006.

Katherine E. Hoffman and Susan Gilson Miller, *Berbers and Others: Beyond*

Tribe and Nation in the Maghrib, Indiana University Press, 2010.

Kay Adamson, *Establishing Utopia: Exploring the Political Origins of Economic Policy in Algeria*, Ed. Margaret A. Majumdar and Mohammed Saad, transition and development in Algeria: economic, social and cultural challenges, Intellect Books, 2005.

Keith Sutton and Ahmed Aghrout, "Agricultural Policy in Algeria in the 1980s: Progress Towards Liberalization" , *Canadian Journal of African Studies*, Vol. 26, Issue 2, March 1992.

Laurie A. Brand, *Official Stories: Political and National Narratives in Egypt and Algeria*, Stanford University Press, 2014.

Luis Martinez, *The Algerian Civil War 1990—1998*, Columbia University Press, 1998.

Mahfoud Bennoune, *The Making of Contemporary Algeria, 1830—1987: Colonial Upheavals and Post-independence Development*, Cambridge University Press, 1988.

Mamia Lazreg, *The Emergence of Classes in Algeria: a Study of Colonialism and Socio-Political Change*, Westview Press, 1976.

Martha Crenshaw Hutchinson, *Revolutionary Terrorism: the FLN in Algeria 1954—1962*, Hoover Institution Press, 1978.

Martin Evans and John Phillips, *Algeria: Anger of the Dispossessed*, Yale University Press, 2007.

Martin Stone, *The Agony of Algeria*, Hurst & Company, 1997.

Massoud Karshinas and Valentine M. Moghadam, *Social Policy in the Middle East: Economic, Political, and Gender Dynamics*, Palgrave Macmillan, 2006.

Michael Willis, *The Islamist Challenge in Algeria: a Political History*, Ithaca Press, 1996.

Michele Penner Angrist, *Politics & Society in the Contemporary Middle East*, Lynne Rienner Publishers, 2010.

Michael K. Clark, *Algeria in Turmoil: a History of the Rebellion*, Frederick A. Praeger Publishers, 1959.

Monir S. Girgis, *Mediterranean Africa*, University Press of America, 1987.

Mordechai Nisan, *Minorities in the Middle East: a History of Struggle and Self-Expression*, McFarland & Company, Inc., 2002.

Neil MacMaster, *Colonial Migrants and Racism: Algerians in France, 1900—62*, Macmillan Press, 1997.

Omar Bougara, *The Theory and Practice of Self-management in Algeria*, North London Polytechnic, 1998.

Patricia M. E. Lorcin, *Algeria & France, 1800—2000: Identity · Memory · Nostalgia*, Syracuse University Press, 2006.

Phillip C. Naylor, *France and Algeria: a History of Decolonization and Transformation*, University Press of Florida, 2000.

Rabah Boudebaba, *Urban Growth and Housing Policy in Algeria: a Case Study of a Migrant Community in the City of Constantine*, Avebury, 1992.

Rachid Tlemcani, *State and Revolution in Algeria*, Westview Press, 1986.

Radia Kesseiri, *The Evolution of Algerian Political Thought: Origins, Colonial Rule and Post-independence*, Lap Lambert Academic Publishing, 2013.

Ramond F. Betts, *France and Decolonization:1900—1960*, Macmillan Publishers Limited, 1991.

Richard Brace, Joan Brace, *Ordeal in Algeria*, Peinceton, D. Van Nostrand Co., 1960.

Richard I. Lawless and Allan M. Findlay edited, *North Africa: Contemporary Politics and Economic Development*, St. Martin's Press, 1984.

Robert Malley, *The Call form Algeria*, University of California Press, 1996.

Said Amir Arjomand, *From Nationalism to Revolutionary Islam*, State University of New York Press, 1984.

Salwa Ismail, *Rethinking Islamist Politics: Culture, the State and Islamism*, I. B. Tauris, 2003.

Steven A. Cook, *Ruling but Not Governing: the Military and Political Development in Egypt, Algeria, and Turkey*, The Johns Hopkins University Press, 2007.

Thomas J. Craughwell, *How the Barbarian Invasions Shaped the Modern World: The Vikings, Vandals, Huns, Mongols, Goths, and Tartars who Razed the Old World and Formed the New*, Fair Winds Press,2008.

Thomas L. Blair, *The Land to Those Who Work it: Algeria's Experiment in Worker's Management*, Anchor Books, 1969.

Tlemcani, *State and Revolution in Algeria*, Westview Press, 1986.

William B. Quandt, *Between Ballots and Bullets: Algeria's Transition from Authoritarianism*, Brookings Institution Press, 1998.

World Bank, *Algeria: The 1985—1989 Development Plan and the Medium-and Long-Term Prospects*, Report No. 6607-AL, 1987.

World Infopaedia: Algeria, Pragun Publication, 2007.

2. 论文

〔法〕雷蒙·巴尔勃：《阿尔及利亚真相》，《国际问题译丛》1955 年第 5 期。

A. Ghezlouna, A. Saidaneb, N. Ouchera and H. Merabeta, “Actual Case of Energy Strategy in Algeria and Tunisia”, *Energy Procedia*, Vol. 75, Aug. 2015.

Abdallah Zouache, “Socialism, Liberalism and Inequality: the Colonial Economics of the Saint-Simonians in the 19th-century Algeria”, *Review of Social Economy*, December 2009.

Abdelaziz Testas and Nikolaos Karagiannis, “Towards an Alternative Industrial and Trade Profile for Algeria: the Challenge of the Developmental State Model”, *The Journal of North African Studies*, Vol. 17, No. 4, September 2012.

Adel Darwish, “Divisions with Divisions”, *The Middle East*, August 1998.

“Algeria Pursues Foreign Investment”, *The Middle East*, February 1997.

“Algeria: A Little Late in the Day”, *The Middle East*, June 1994.

Anouar Boukhars, “Algerian Foreign Policy in the Context of the Arab Spring”, *Carnegie Endowment for International Peace*, 2016.

Belkacem Saadallah, “The Rise of the Algerian Elite, 1900—1914”, *The Journal of Modem African Studies*, Vol. 5., No. 1, May 1967.

George Jofffi, “National Reconciliation and General Amnesty in Algeria”, *Mediterranean Politics*, July 2008.

Hugh Roberts, “Demilitarizing Algeria”, *Carnegie Endowment for International Peace*, May 2007.

Human Rights Watch / Middle East, “Human Rights Abuses in Algeria: No One Is Spared”, *Human Rights Watch*, January 1994.

IMF, “Algeria: 2012 Article IV Consultation”, *IMF Country Report No. 13/47*, Feb. 2013.

Jacob Abadi, “Algeria’s Policy toward Israel: Pragmatism and Rhetoric”, *Middle East Journal*, Vol. 56, No. 4, Autumn 2002.

Jane Goodman, “Berber Associations and Cultural Change in Algeria”, *Middle East Report*, July-September 1996.

JE Goodman, “Writing Empire, Underwriting Nation: Discursive Histories of Kabyle Berber Oral Texts”, *American Ethnologist*, Vol. 29, No. 1, Feb. 2002.

Jeffrey James Byrne, “Our Own Special Brand of Socialism: Algeria and the Contest of Modernities in the 1960s”, *Diplomatic History*, Vol. 33, No. 3,

June 2009.

John R. Nellis, "Algerian Socialism and its Critics", *Canadian Journal of Political Science*, Vol. 13, No. 3, Sep. 1980.

K. Laoubi and M. Yamao, "A Typology of Irrigated Farms as a Tool for Sustainable Agricultural Development in Irrigation Schemes: The Case of the East Mitidja Scheme, Algeria", *International Journal of Social Economics*, Vol. 36 (8), 2009.

Keith Sutton and Ahmed Aghrout, "Agricultural Policy in Algeria in the 1980s: Progress towards Liberalization", *Canadian Journal of African Studies*, Vol. 26, Issue 2, March 1992.

Keith Sutton, "Algeria's Socialist Villages—A Reassessment", *The Journal of Modern African Studies*, Vol. 22, No. 2, Jun. 1984.

Kyle Haddad-Fonda, "An Illusory Alliance: Revolutionary Legitimacy and Sino-Algerian Relations, 1958—1962", *The Journal of North African Studies*, Vol. 19, No. 3, 2014.

Lahouari Addi, "The New Algerian President between the Army and the Islamists", *The International Spectator*, July-September 1999.

Laoubil, Khaled and Yamao Masahiro, "The Challenge of Agriculture in Algeria: Are Policies Effective?",《经济》第 12 号, 2012 年第 3 期。

Larbi Sadiki and Youcef Bouandel, "The Post Arab Spring Reform: The Maghreb at a Cross Roads", *Digest of Middle East Studies*, Season 2016.

М. А. Сапронова, "СтраныМагрибаввоенныхобзорахипутевыхзаметкахрусскихпутешественников XIX века", *Российская история*, 2009, № 2, с.3 5.

M. Berkouk, "U. S.-Algerian Security Cooperation and the War on Terror", *Carnegie Endowment for International Peace*, 2013.

M. R. Vaufrey, "Chronological Problems in the Prehistory of North Africa", *Nature*, Volume 139, Issue 3515, 1937.

Mahfoud Bennoune, "Algerian Peasants and National Politics", *MERIP Report*, Jun. 1976.

Mahfoud Bennoune, "Origins of the Algerian Proletariat", *Middle East Research and Information Project*, February 1981.

Mahmud A. Faksh, "The Future of Islam in the Middle East,: Fundamentalism in Egypt, Algeria, and Saudi Arabia", *Praeger*, 1997.

Mamia Lazreg, "Islamism and the Recolonization of Algeria", *Arab Studies Quarterly*, Spring, 1998.

Mary-Jane Deeb, "Islam and National Identity in Algeria" , *The Muslim World*, April 1997.

Mohamed Benrabah, "Language and Politics in Algeria" , *Nationalism and Ethnic Politics*, Aug 10, 2010.

Mohamed Benrabah, "The Language Planning Situation in Algeria" , *Current Issues in Language Planning*, Mar 12, 2014.

Mohamed Sahnouni, "The Site of Ain Hanech Revisited: New Investigations at this Lower Pleistocene Site in Northern Algeria" , *Journal of Archaeological Science*, Vol. 25, Issue 11, Nov. 1998.

Mohsin Khan and Karim Mezran, "No Arab Spring for Algeria" , *Atlantic Council*, May 2014.

Nico Kielstra, "The Place of the Agrarian Revolution in the Algerian Approach to Socialism" , *Social Scientist*, Vol. 7, No. 1/2, Aug. -Sep. 1978.

"Nostalgic about the Bad Old Days" , *The Middle East*, July 1993.

Paul Silverstein, "Realizing Myth: Berbers in France and Algeria" , *Middle East Report*, July-September 1996.

Paul Silverstein, "States of Fragmentation in North Africa" , *Middle East Report*, Winter 2005.

"Peace Hopes Dim" , *The Middle East*, November 1997.

Peter St. John, "Independent Algeria from Ben Bella to Boumedienne II: Foreign Policy" , *The World Today*, Vol. 24, No. 8, Aug. 1968.

Piero Gleijeses, "Cuba's First Venture in Africa: Algeria, 1961—1965" , *Journal of Latin American Studies*, Vol. 28, No. 1, Feb. 1996.

Rachid Tlemgani, "Algeria Under Bouteflika: Civil Strife and National Reconciliation" , *Carnegie Middle East Center*, Feb. 2008.

Raphael Lefevre, "A New Chapter in Relations between Algeria and France? " , *The Journal of North African Studies*, Vol. 20, No. 3, 2015.

Raphael Lefevre, "Morocco, Algeria and the Maghreb's Cold War" , *The Journal of North African Studies*, Vol. 21, No. 5, 2016.

Robert A. Mortimer, "Algerian Foreign Policy: from Revolution to National Interest" , *The Journal of North African Studies*, Vol. 20, No. 3, 2015.

Robert B. Revere, "Revolutionary Ideology in Algeria" , *Polity*, Vol. 5, No. 4, Summer 1973.

Robert Motimer, "Islam and Multiparty Politics" , *Middle East Journal*, Autumn

1991.

Roddy Scott, “A War without Mercy” , *The Middle East*, December 1995.

Sam Younger, “Ideology and Pragmatism in Algerian Foreign Policy” , *The World Today*, Vol. 34, No. 3, Mar. 1978.

Schofield Coryell, “Algeria: Zigzag Path to Socialism” , *Nation*, Vol. 200, Issue 11, March 15, 1965.

Susan Morgan, “Berbers in Distress” , *The Middle East*, July 1994.

“The Algerian Constitution” , *Middle East Journal*, Autumn 1963.

“The Resolutions of the Revolutionary Council” , published in El-Moujahid, December 1, 1965.

Ulla Holm, “Algeria: President Bouteflika’s Second Term” , *Mediterranean Politics*, March 2005.

Valerie Amould, “Amnesty, Peace and Reconciliation in Algeria” , *Conflict, Security & Development*, June 2007.

Yahia H. Zoubir, “Algerian-Moroccan Relations and Their Impact on Maghribi Integration” , *The Journal of North African Studies*, Mar 29, 2007.

Yahia H. Zoubir, “The Resurgence of Algeria’s Foreign Policy in the Twenty-first Century” , *The Journal of North African Studies*, Sep. 2004.

Yahia H. Zoubir, “The Western Sahara Conflict: Regional and International Dimensions” , *The Journal of Modern African Studies*, Vol. 28, No. 2, Jun. 1990.

Yahia Zoubir, “The United States and Algeria: The Cautious Road to Partnership?”, *Journal of Middle Eastern and Islamic Studies (in Asia)*, Vol. 5, No. 4, 2011.

Youcef Bouandel, “Algeria’s Presidential Election of April 2004: a Backward Step in the Democratization Process or a Forward Step towards Stability?” , *Third World Quarterly*, Vol. 25, No. 8, 2004.

Youcef Bouandel, “Algeria’s Presidential Election of April 2009” , *Mediterranean Politics*, Vol. 14, No. 2, July 2009.

Youcef Bouandel, “Profile Algeria: A Controversial Election” , *Mediterranean Politics*, July 2002.

Zoubir Sahli, “Agriculture and Rural Development in Algeria: Status, Risks and Challenges” , *Bulletin UASVM Horticulture*, Vol. 67, Issue 2, 2010.

译名对照表

A

Abbas, Ferhat　费尔哈特·阿巴斯
Abbasids　阿巴斯王朝
Abdelghani, Mohammed Ben Ahmed　穆罕默德·本·艾哈迈德·阿卜杜勒加尼
Abdelkader, Meiz　梅兹·阿布杜卡德尔
Abduh, Muhammad　穆罕默德·阿卜杜
Abdvard Kingdom　阿卜德瓦德王国
Abu 'Abdallah Muhammad XII　穆罕默德十二世
Abylumlian civilization　阿比鲁姆利亚文明
Acheulian　阿舍利文化
Acre　阿卡
Adjerid, Abderrahmane　阿卜杜拉赫曼·阿杰里德
Adrar　阿德拉尔
Afghans　阿富汗人
Africa Action Plan　非洲行动计划
Africa-Europe Summit　非洲—欧洲首脑会议
African Union　非洲联盟
Agricultural Revolution　农业革命
Ahaggar　阿哈加尔高原
Ahmed, Hocine Ait　侯赛因·艾特·艾哈迈德
Ain M'Lila　艾因·玛丽莱
Ainhanish site　艾因哈奈什遗址
Al Qiyam　“价值”组织
Alamberg, Kamil　卡米勒·阿拉姆伯格
Al-Azhar University　爱资哈尔大学
Albright, Madeleine Korbel　奥尔布赖特
Algerian Assembly　阿尔及利亚议会
Algerian Communist Party, PCA　阿尔及利亚共产党
Algerian Democratic Movement, MDA　阿尔及利亚民主运动
Algerian Front for the Defence and Respect of Liberties　全阿尔及利亚保卫与尊重自由阵线
Algerian Islamic Armed Movement, MIA　阿尔及利亚伊斯兰武装运动
Algerian League for the Defense of Human Rights　阿尔及利亚保卫人权联盟
Algerian People's Party, PPA　阿尔及利亚人民党

Algeria's Policy of Self-determination “阿尔及利亚自决”政策
Algers Republicain Association 阿尔及尔共和派协会
Algiers 阿尔及尔
Algiers authority 阿尔及尔事务管理局
Algiers Charter 《阿尔及尔宪章》
Algiers Commission 阿尔及尔委员会
Algiers University 阿尔及尔大学
Ali, 'Ar'Ar Mohammed 穆罕默德·艾尔·阿里
Ali, Zine El Abidine 本·阿里
Almeria 阿尔梅里亚港
Almohad Dynasty 穆瓦希德帝国
Almoravids Dynasty 穆拉比特帝国
Alpha 阿尔法卢
Al-Qaeda in the Islamic Maghrib 伊斯兰马格里布基地组织
Alsace-Lorraine 阿尔萨斯－洛林
Amazigh 阿马齐格人
Amin, Samir 萨米尔·阿明
Amir 埃米尔
Andalusia 安达卢西亚
Angola 安哥拉
Annaba 安纳巴
Annaba Plain 安纳巴平原
An-Nahda 伊斯兰复兴运动党
Annan, Kofi Atta 安南
Arab Empire 阿拉伯帝国
Arab Islamic socialism 阿拉伯—伊斯兰社会主义
Arab Spring 阿拉伯之春
Aramaean 阿拉米人
Arianism 阿里乌斯派
Armed Berber Movement 柏柏尔武装运动
Armed Islamic Groups 伊斯兰武装集团
Armed Islamic Movement 武装伊斯兰运动
Armee De Liberation Nationale, ALN 民族解放军
Aruj 阿鲁杰
Aryan 雅利安人
Arziw 阿尔泽
Asian-African Conference 万隆会议
Association of Algerian Ulema 伊斯兰贤哲会
Assyrians 亚述人
Atalia 阿塔利亚文明
Atar 阿塔尔井
Atlant 亚特兰山
Aures 奥雷斯山
Ayrault, Jean-Marc 让－马克·艾罗
Azawad National Liberation Mouvement 阿扎瓦德民族解放运动
Aziz, Abd 阿卜杜·阿齐兹

B

Badis, Ben 本·巴迪斯
Bagtache, Merzak 梅尔扎克·巴格塔齐
Balanis 巴拉尼斯人
Baleares 巴利阿里群岛
Balladur, Édouard 爱德华·巴拉迪尔
Banu Hashim 哈希姆部落
Barakat 巴拉卡特运动
Barbarossa Brothers 巴巴罗萨兄弟

Barca, Hannibal 汉尼拔·本·阿米尔卡
Barcelona Olympic Games，巴塞罗那奥运会
Barka, Mehdi Ben 马赫迪·本·巴卡
Basiliscus 巴西利斯库斯
Batna 巴特纳
Bechar 贝沙尔
Beida, Ain 艾因·贝达
Beirut 贝鲁特
Bejaia 贝贾亚
Belhadj, Ali 阿里·贝尔哈吉
Belhouchet, Omar 奥马尔·贝尔胡切特
Belkacem, Cherif 谢里夫·贝尔卡西姆
Belkacem, Krim 克里姆·贝勒卡塞姆
Belkhir 贝尔克海尔
Bella, Ahmed Ben 本·贝拉
Belloucif, Mustepha 穆斯塔法·贝鲁切夫
Bemdedid, Chadli Beh 沙德利·本·杰迪德
Benaneur, Anissa 阿尼萨·拜纳努
Benbitour, Ahmed 艾哈迈德·本毕图尔
Benflis, Ali 阿里·本弗利斯
Benhedouga, Abdelhamid 阿卜杜·哈米德·本·海杜卡
Bennabi, Malek 马利克·本那比
Berber 柏柏尔人
Berber Spring 柏柏尔之春
Berberism 柏柏尔主义
Bérégovoy, Pierre 皮埃尔·贝雷戈瓦
Berlin Crisis 柏林危机
Bernis, Gerard Destanne de 博尼斯
Beylerbey 贝勒贝伊
Bido 比多
Bir El Ater 比尔阿提尔
Bitat 比塔特
Bizerte 宾泽特
Blida 卜利达
Blum 勃鲁姆
Blum-Viollette Bill 《勃鲁姆－维奥莱特法案》
Bonaparte, Louis 路易·波拿巴
Boudaf, Mohammed 穆罕默德·布迪亚夫
Boudjedra, Rachid 理查德·布吉德拉
Bougherra, Madjid 马吉德·布盖拉
Boukharouba, Mohamed Ben Abraham 穆罕默德·本·卜拉欣·布哈鲁巴
Boumaarafi 布马拉非
Boumachra, Abdelhak 阿布杜哈克·布马奇拉
Boumaza, Bachir 巴希尔·布马扎
Boumedienne, Houari 胡阿里·布迈丁
Bourguiba, Habib Ben Ali 布尔吉巴
Bourmont 布尔蒙
Bouteflika, Abdelaziz 布特弗利卡
Bouyali, Mustapha 穆斯塔法·布亚力
Brahimi, Abdel Hamid 阿卜杜·哈米德·布拉希米
Brazzaville 布拉柴维尔
Brussels 布鲁塞尔
Bu Mezrag, Mustafa 穆斯塔法·布玛兹拉格
Buna 布纳
Burkina Faso 布基纳法索

Burns, William 威廉·伯恩斯
Bush, George W. 乔治·W. 布什
Byzantine 拜占庭人
Byzantine Empire 拜占庭帝国

C

Cadiz 迦底斯
Cairo 开罗
Calama 卡拉玛
Camp David Accords 戴维营协议
Canaanite 迦南人
Cango 刚果
Capsian culture 卡普萨文化
Carthage 迦太基帝国
Carthaginians 迦太基人
Casablanca 卡萨布兰卡
Castilla 卡斯蒂利亚
Castro, Fidel 菲德尔·卡斯特罗
Cavaignac, Louis-Eugene 路易·卡芬雅克
Cent-Jours 百日王朝
Charles V 查理五世
Charles X 查理十世
Charlle, Maurice 莫里斯·夏尔
Charter for Peace and National Reconciliation 《和平与全国和解宪章》
Chatwin, Bruce 布鲁斯·查特文
Chelif 谢利夫河
Cherchell 舍尔沙勒
Cherif, Abderrahmane M. 阿卜杜拉赫曼·M. 谢里夫
Chibane, Abderahman 阿卜杜拉赫曼·切巴尼
Chirac, Jacques René 希拉克
Churchill, Winston Leonard Spencer 丘吉尔
Civil disobedience 非暴力反抗策略
Clinton, Hillary Diane Rodham 希拉里·克林顿
Colon 科洛
Color Revolution 颜色革命
Commercialization and Service Cooperative 商业和服务合作社
Communism 共产主义
Communist International 共产国际
Conference of Asian African Countries 亚非会议
Confucius Institute 孔子学院
Constantine 君士坦丁
Cordoba 科尔多瓦
Corsica 科西嘉岛
Coty 勒内·科蒂
Crocell 克洛塞尔
Cuba 古巴

D

Dahlab, Saad 沙阿德·达列伯
Dairas 省级
Damascus 大马士革
Debre, Michel 米歇尔·德勃雷
Delbecque 德尔贝克
Delouvrier 德鲁瑞尔
Democratic National Rally, RND 全国民主联盟
Democratic Union of the Algerian Manifesto, UDMA 拥护阿尔及利亚宣言民主联盟

Deshy 迪歇
Desmichel 德米歇尔
D'Estaing, Valery Giscard 吉斯卡尔·德斯坦
Deval, Pierre 德瓦尔
Dey 德伊
Dib, Mohammed 穆罕默德·狄布
Dinar 第纳尔
Djaout, Tahar 塔哈尔·德贾乌特
Djazara 贾扎拉派
Djebar, Assia 阿西娅·杰巴尔
Djemaoun, Mohamed 穆罕默德·贾姆恩
Djemila 杰米勒
Djoudi, Hashem Nait 哈希姆·奈特·朱迪
Domaines Agricoles Socialistes 社会主义农业区
Draia, Ahmed 艾哈迈德·德来亚
Dries 德利斯
Droukdel, Abdelmalek 阿卜杜马利克·德罗克戴尔
Duke of Omar 奥马尔公爵
Dune 《沙丘》
Duperre 迪佩雷

E

Egypt 埃及
Eisenhower, Dwight David 艾森豪威尔
El Djazair 阿尔·贾扎伊尔
El Moudjahid 《"圣战"者报》
Elissa 艾丽萨
Emir Abdelkader University of Islam Sciences 埃米尔阿卜杜·卡德尔伊斯兰科学大学
Eritrea 厄立特里亚
Ethiopia 埃塞俄比亚
Eudoxia 欧多西亚
Evian Conference 埃维昂会谈
Exxon Mobil Corporation 艾克森石油公司

F

Fanon, Frantz 弗朗兹·法农
Fatiha 法提哈
Fatimid Dynasty 法蒂玛王朝
Fatwa 宗教法令
Faure, Edgar 埃德加·富尔
Fauzi, Mohammed 穆罕默德·法乌齐
February Revolution 二月革命
Feminism 女权主义者
Ferando 斐迪南
Fes 非斯
Fighting France 战斗法国
Figuig 菲吉格
Fourteen point peace principle 十四点和平原则
France, Mendes 皮埃尔·孟戴斯-弗朗斯
Francis, Ahmed 艾哈迈德·弗朗西斯
Francisco I 弗朗西斯一世
Franco-Prussian War 普法战争
Free France Movement "自由法国"运动
Free mosques 自由清真寺
French Communist Party, PCF 法国共产党
French National Committee 法兰西

民族委员会
French National Front, F.N.F. 法兰西民族阵线
French National Liberation Committee 法兰西民族解放委员会
French Republic 法兰西共和国
French Republican Party 人民共和党
Friends of the Manifesto and Freedom, AML 宣言和自由之友
Fundamentalism 原教旨主义

G

G8 Summit 八国集团峰会
Gaid, Salah Ahmed 萨拉赫・艾哈迈德・盖得
Gascony 加斯科尼省
Gaulle, Charles de 戴高乐
Gaza 加沙
Gbato 格卜托
Geiseric 盖萨里克
General Union of Algerian Workers, UGTA 阿尔及利亚总工会
Gerard, Etienne Maurice 希拉尔
Ghafa, Brahim 布拉西姆・加法
Ghamouqat, Ismail 伊兹梅尔・贾姆卡特
Ghardimaou 加尔迪马
Ghassanid 加萨尼
Ghazali, Sheikh Mohammed 谢赫・穆罕默德・安萨里
Ghozali, Said Ahmed 赛义德・艾哈迈德・安萨里
Ghozali, Sid Ahmed 格扎利
Gibraltar 直布罗陀
Giraud, Greneral Henri 吉罗
Goeman 戈曼
Gourara 吉拉拉
Gousmi, Cherif 谢里夫・古斯米
Granada 格拉纳达
Grande Mosquée de Paris 巴黎大清真寺
Great Algiers communes 大阿尔及尔地区
Grid, Ahamd Bin 艾哈迈德・本・格底
Griess 格里斯
Group for Defense against the Illicit 反违法行为组织
Guechi, Said 赛义德・古齐
Guelma 盖勒马
Guennez, Mahmoud 马哈茂德・古恩内兹
Guizot 基佐

H

Haas Empire 哈斯帝国
Haddad, Malek 马莱克・哈达德
Haddam, Tijani 提贾尼・哈达姆
Hadj, Messali 梅萨里・哈吉
Hafs Dynasty 哈夫斯王国
Hamdani, Smail 司玛仪・哈姆达尼
Hamrouche 哈姆鲁什
Hannoune, Louisa 路易莎・哈努内
Harash Estuary 哈拉什河口
Harbi, Mohamed 穆罕默德・哈尔比
Hargey 哈尔格勒
Haroun, Ali 阿里・哈鲁恩
Hasnaoua University 哈斯纳乌亚大学
Hassan Ⅱ 哈桑二世
Hassi-Messaoud 哈西－麦萨乌
Hawzi tradition 霍兹传统

Hayder, Mohamed　穆罕默德・海德尔
Hayreddin　赫尔丁
Hejaz　希贾兹
Herbert, Frank　弗兰克・赫伯特
Hermida　赫米达
Herodotus　希罗多德
Hiram　希拉姆
Hollande, François Gerard Georges Nicolas　奥朗德
Homer era　荷马时期
Houari, Blaoui　布拉乌伊・胡阿里
Houhou, Ahmed Reda　艾哈迈德・里达・侯侯
House of Bourbon or Bourbon Dynasty　波旁王朝
Huneric　胡内里克
Husayn, Abu Abdullah　阿布・阿卜杜拉・侯赛因
Husayn, Sa'id Ibn　赛义德・伊本・侯赛因
Hussein, Saddam　萨达姆・侯赛因

I

Ibadiyyah　伊巴迪亚派
Iberian Peninsula　伊比利亚半岛
ibn-Affan, Uthman　奥斯曼
ibn-al-As, Amy　阿穆尔
Ibrahimi　易卜拉希姆
Ibrahimi, Ahmed Taleb　艾哈迈德・塔里布・伊布拉希米
Ibrahimi, Bachir　巴希尔・伊布拉希米
Idrisid Dynasty　伊德里斯王朝
Ifriqiya　伊非里基亚
Ilvatar　卢瓦塔
Ilyas　伊勒亚斯
Iraq　伊拉克
Isabella I　伊莎贝拉
Ishak　伊斯哈格
Islam　伊斯兰教
Islamic Salvation Army　伊斯兰拯救军
Islamic Salvation Front, FIS　伊斯兰拯救阵线
Islamic socialism　伊斯兰社会主义
Islamic State Movement, MEI　伊斯兰国家运动
Islamist Movement of National Reform　伊斯兰全国改革运动
Isma 'iliyya　伊斯玛仪派
Israel　以色列
Istanbul　伊斯坦布尔

J

Jacquinot, Louis　路易・亚基诺
Jarbah　杰尔巴岛
Jews　犹太人
Jibril, Mahmoud　吉卜里勒
Jihad　吉哈德
Jijel　吉杰勒
Joint Chiefs-of-Staff Common Operational Centre　参谋长联席会议共同行动中心
Jouhaud　儒奥
Joxe, Louis　路易・若克斯
Jugutha War　朱古达战争
July Monarchy　奥尔良王朝
July Revolution　七月革命
Juppé, Alain Marie　阿兰・朱佩
Jura　汝拉省

Jurjura mountains　朱尔朱腊山脉

K

Kabilia Mountains　卡比利亚山脉
Kabylia　卡比利亚
Kader, Abd　阿卜杜拉·卡德尔
Kafi , Ali　阿里·卡非
Kaid, Ahmed　艾哈迈德·凯德
Kasmas　区级
Kassim, Mouloud　穆鲁德·卡西姆
Katerina　卡塔丽娜
Katrou　卡特鲁
Keaton　基顿
Kebir　凯比尔
Keita, Ibrahim Boubacar　易卜拉欣·凯塔
Kemal's Revolution　土耳其凯末尔革命
Kennedy, John F.　肯尼迪
Kerry, John Forbes　克里
Khaldun, Ibn　伊本·赫勒敦
Khalij Surt　苏尔特湾
Khateb, Youssef　优素福·哈特布
Khatib, Ibn　伊本·哈提布
Khattab, Umar ibn　欧麦尔
Khawarij　哈瓦利吉派
Khedda, Youcef Ben　优素福·本·赫达
Khemisti, Mohamed　穆罕默德·凯米斯第
Khrushchev, Nikita Sergeyevich　赫鲁晓夫
Kingdom of Numidia　努米底亚
Koutamma　库塔马
Krim　科里姆
Kuchuk-Kainarji　《库楚克－凯纳吉条约》
Kudyet　库德耶

L

La Dernière Impression　《最后的印象》
La Television Algerienne　阿尔及利亚国家电视台
Lacoste, Robel　罗贝尔·拉科斯特
Lagaillard, Paul　保罗·拉加亚尔德
Lake Geneva　莱蒙湖
Lamari, Mohamed　穆罕默德·拉马里
Lamouri, Sassi　萨斯·拉姆里
Laniel　拉尼埃
Laval　拉瓦尔
Law of Civil Concord　《民族和解法》
Layada, Abdelhak，阿卜杜哈克·拉亚达
League of Arab States　阿拉伯国家联盟
Lebanon　黎巴嫩
Lebanon War　第五次中东战争
Leo I　利奥一世
Les Rousses　莱鲁斯
Lesbos　列斯博斯
Libya　利比亚
Lloyd　劳埃德
Lounes, Matoub　马特卜·鲁纳斯
Luiz, Andre　安德烈·鲁意斯

M

Madagascar　马达加斯加
Madani, Abass　阿巴斯·马达尼

Madani, Tewfik　陶菲克·马达尼
Madrid　马德里
Maghrib　马格里布
Mahfouz, Naguib　纳吉布·马赫福兹
Mahmud II　马哈茂德二世
Makek, Redhe　里达·马利克
Makhloufi, Said　赛义德·马赫鲁非
Malaga　马拉加
Mali　马里
Malta　马耳他岛
Mammeri, Mouloud　毛路德·马默里
Manifesto of the Algerian People　《阿尔及利亚人民宣言》
Maqqari, Ahmed Mohammed　艾哈迈德·穆罕默德·玛恰里
Marceline　马赛林
March Decrees　三月法令
Marin Dynasty　马林王国
Marrakech　马拉喀什
Marseille　马赛
Marx, Karl Heinrich　马克思
Mascara　马斯卡拉省
Mashrek　马什里克
Masili Dynasty　马西利王国
Masinissa　马西尼萨
Massu, Jacques　雅克·马素
Masudi, Harida　哈里达·马苏迪
Matoub, Lounès　鲁那斯·马特布
Mauri　摩尔人
Mauritania　毛里塔尼亚
Maximus, Petronius　佩特罗尼乌斯
Mazouzi, Mohamed　穆罕默德·马祖齐
Mbeki, Thabo Mvuyelwa　姆贝基
Mebtoul, Abderrahhmane　阿卜杜拉赫曼·迈布图尔
Mecca　麦加
Medeghri, Ahmed　艾哈迈德·梅德格里
Medelci　梅德西
Medina　麦地那
Mediterranean Dialogue Forum　地中海对话论坛
Meflah, Mohammed　穆罕默德·迈夫拉赫
Melun Conference　默伦会谈
Mers-el-Kebir　米尔斯克比尔
Mers-elkobir Mosque　米尔斯－克比尔清真寺
Messaadia, Mohammed Cherif　穆罕默德·谢里夫·迈萨迪亚
Messahel, Abdelkader　阿布杜卡德尔·迈萨赫勒
Messaoudi, Khalida　哈里达·马苏迪
Mezrag, Abdelkader　阿布杜卡德尔·梅兹拉格
Mitidja Plain　米蒂贾平原
Mitterrand, François　密特朗
Mohamed Ali Reform　穆罕默德·阿里改革
Mohammed, Abu Abdullah　阿布·穆罕默德·阿卜杜拉
Mohieddin　毛希丁
Mokrani, Mohamed　穆罕默德·莫卡拉尼
Mollet, Guy　居伊·摩勒
Montagnac　蒙塔尼亚克
Moors　摩尔人
Morgenthau, Hans J.　汉斯·摩根索

Morice, Andrie 安德烈·莫里斯
Morocco 摩洛哥
Mosque of Ben Achour 本·阿舒尔清真寺
Mostaganem 穆斯塔加纳姆
Mouana 穆阿纳
Mouila 穆依拉
Moulin, Jean 让·穆兰
Mourtad, Abdelmalek 阿卜杜·马利克·穆尔塔德
Moussa 穆萨
Moustafa, Hadji 哈吉·穆斯塔法
Movement for a Peaceful Society 争取和平社会运动
Movement for Islamic Society, HAMAS 哈马斯
Movement for the Triumph of Democratic Freedoms, MTLD 争取民主自由胜利党
Muawiyah 穆阿维叶
Mubarak, Muhammed Hosni 穆巴拉克
Muchdebated Algerian Statute 迪布鲁计划
Muslim Brotherhood Emblem 穆斯林兄弟会
Muto 穆托
Mysticism 神秘主义
Mzab 姆扎卜

N

Nahanah, Mahfoud 马赫福德·纳赫纳赫
Nasser, Gamal Abdel 纳赛尔
National Commission on disappearances 失踪人口全国委员会
National Consultative Council 国家协商委员会
National Coordination for Change and Democracy 全国变革和民主协调联盟
National Democratic Rally 全国民主联盟
National Liberation Front, FLN 阿尔及利亚民族解放阵线
National Newspaper 《民族报》
National People's Army, ANP 国家人民军
Native Code 土著法典
Navarro, Pedro 佩德罗·纳瓦罗
Nazzar 尼扎尔
New Caledonia 新喀里多尼亚岛
New Partnership for Africa's Development 非洲发展新伙伴计划
Niger 尼日尔
Noah 诺亚
Non Alignment Policy 不结盟政策
North African Star, ENA 北非之星
North Atlantic Treaty Organization 北大西洋公约组织
Novatus 诺瓦图斯
Numidians 努米底亚人
Nwan 迪万

O

Obasanjo, Olusegun 奥巴桑乔
Obscurantism 蒙昧主义
Oil-Only Strategy 唯石油发展战略
Oran 奥兰

Organisation de la Resistance Populaire 人民抵抗组织
Organisation of African Unity 非洲统一组织
Organization of Free Algerians 自由阿尔及利亚组织
Ortiz 奥提斯
Ottoman Empire 奥斯曼帝国
Ottoman Turks 奥斯曼土耳其人
Ouahran Plain 瓦赫兰平原
Ouargla 瓦尔格拉
Ouassini, La'radj 拉腊基·乌塞尼
Ouettar, Tahar 塔赫尔·乌塔尔
Oujda 乌季达
Oujda clan 乌季达集团
Ouyahia, Ahmed 艾哈迈德·乌叶海亚

P

Pacha 帕夏
Palestine Liberation Organization 巴勒斯坦解放组织
Palestinian National Council 巴勒斯坦全国委员会
Pan-Arabism 泛阿拉伯主义
Pan-Berberism 泛柏柏尔主义
Pan-Maghribism 泛马格里布主义
Paris Club 巴黎俱乐部
Party of Loyalty and Justice 忠诚与公正党
People's mosques 人民清真寺
Perroux, François 弗朗索瓦·佩鲁
Persian 波斯人
Petain, Henri Philippe 贝当
Peter I 彼得一世
Petra 佩特拉人
Pflimlin, Pierre 皮埃尔·弗林姆兰
Phanariote Fortress 法纳尔要塞
Philippe, Louis 路易·菲利普
Philippeville 菲利普维尔
Phoenician 腓尼基语
Piconnerie, Bugeaud de la 毕若
Pinault 皮诺
Polisario Front 波利萨里奥阵线
Poljak 波利亚克
Populism 民粹主义
Possidius 波斯迪乌斯
Prague Spring 布拉格之春
Private mosques 私人清真寺
Procopius 普罗柯比
Provisional Government of the Algerian Republic, GPRA 阿尔及利亚临时政府
Punici 布匿人
Pygmalion 皮格马利昂

Q

Qaeda 基地组织
Quraysh 古莱氏
Qutb, Sayyid 赛义德·库特卜

R

Rabat 拉巴特
Rahamania 拉哈马尼亚
Rahim, Muhammad 穆罕默德·拉希姆
Rai 籁乐
Rally for Culture and Democracy, RCD 争取文化和民主联盟
Raptis, Michel 米歇尔·拉普迪斯

Rasheed, Akram 阿克拉姆·拉希德
Rebaine, Ali Fawzi 阿里·法乌兹·莱拜内
Regent of Algiers 阿尔及尔摄政国
Republican Defense Commission 共和派国防委员会
Revolutionary Committee for Unity and Action,CRUA 统一行动革命委员会
Reynaud, Paul 保尔·雷诺
Rhodesia 罗德西亚
Robertson, George 乔治·罗伯特森
Roman 罗马人
Roman Empire 罗马帝国
Rostum Dynasty 罗斯图姆王朝
Royal 罗亚尔

S

Saadi, Said 赛义德·萨迪
Saadi, Selim 塞里姆·萨阿迪
Sadat, Mohamed Anwar 萨达特
Sahara 撒哈拉沙漠
Saharien Atlas 撒哈拉阿特拉斯山脉
Sahil 萨赫勒地区
Sahnoun, Ahmed 阿赫迈德·萨努恩
Sahnouni, Hachami 哈查米·萨努恩
Saida 塞伊达
Salafis 萨拉菲派
Salafist Group of Preaching and Combat 萨拉菲宣教和战斗组织
Salama, Qal'at ibn 伊本·萨勒麦
Salan 萨朗
Salim I 塞里姆一世
Sant Egidio Community 圣艾迪吉奥社团
Sardinia，萨丁尼亚
Sardinien 撒丁岛
Sarkozy, Nicolas 萨科齐
Sartre, Jean-Paul 让·保罗·萨特
Sassi, Hocine 侯赛因·萨斯
Sayyid 赛伊德
Scorched earth policy “焦土”政策
Sebdou 塞卜杜
Second France Empire 法兰西第二帝国
Secret Organization of Safeguard the Algerian Republic 保卫阿尔及利亚共和国秘密组织
Sellal, Abdelmalek 阿卜杜勒马立克·塞拉勒
Semiten 闪米特人
Semito-Hamitic languages 闪含语系
Senegal 塞内加尔
Setif 塞提夫
Setif Uprising 塞提夫起义
Severianus 塞沃利安努斯
Sha'bi 沙阿比音乐
Sham 沙姆
Shari'ah law 沙里亚法
Sharif, Mahmud 马哈茂德·谢里夫
Shawia 沙维亚人
Shia 什叶派
Shikotan 色当
Shura 舒拉
Sicily 西西里岛
Siddiq, Abu Bakr 伯克尔
Sidi Kata 西迪卡塔
Sidi-Fredj 西迪-法拉吉

Sifi, Mokdad 穆克达德·西菲
Sirata 西拉塔城
Skikda 斯基克达
Social Democratic Party 社会民主党
Socialist and Democratic Movement 社会主义与民主运动
Socialist Force Front, FFS 社会主义力量阵线
Socialist Villages 社会主义村庄
Soltani, Abdellatif 阿卜杜拉提夫·苏尔塔尼
SONATRACH 阿尔及利亚国家石油公司
Souf 苏夫
Sousse 苏斯
Soustelle, Jacques 雅克·苏斯戴尔
South-South Cooperation 南南合作
State High Committee 最高国家委员会
Suez Crisis 苏伊士运河战争
Sufi Brotherhood 苏菲兄弟会
Sufyan, Abu 阿布·絮福扬
Suleiman 苏莱曼
Sultani, Abdelatif 阿卜杜拉提夫·苏尔坦尼
Supreme Court 最高法院
Susini 苏斯尼
Suwar 苏瓦尔
Syphax 西法克斯

T

Tahat 塔哈特山
Takfir wal-Hijra 赎罪与迁徙组织
Takhar 塔哈尔特
Taleb, Ahmed 艾赫迈德·塔勒布
Talib, Abu 艾布·塔里布
Tamanrasset 塔曼拉塞特
Tassili Rock paintings 塔西利岩画
Tassili-n-Ajjer 阿杰尔高原
Taza 塔扎
Tebboune, Abdelmadjid 阿卜杜勒马吉德·特本
Tebessa 泰贝萨
Tell Atlas 泰勒阿特拉斯山区
The Afghanistan Wars 阿富汗战争
The Aglaib Dynasty 阿格拉布王朝
The Arab Maghreb Union 阿拉伯马格里布联盟
The Association of Algerian Muslim ‘ulama, AUMA 阿尔及利亚乌里马协会
The Baltic 波罗的海
The Belt and Road “一带一路”
The Charter of the Agrarian Revolution 《农业革命宪章》
The Constantine Plan 君士坦丁计划
The Council of the Revolution 革命委员会
The Crimean War 克里木战争
The Elysee Palace 爱丽舍宫
The Évian Accords 《埃维昂协议》
The Fourth International 第四国际
The Fourth Republic of France 法兰西第四共和国
The Gulf Crisis 海湾危机
The Harafish 《平民史诗》
The Italian War 意大利战争
The Lockerbie Bombing 洛克比空难危机

The Managing Committee 管理委员会
The Marshall Plan 马歇尔计划
The National Charter 《阿尔及利亚国民宪章》
The National Constituent Assembly 制宪国民议会
The Pan-Arab 2nd International Congress 第二届泛阿拉伯会议
The Paris Commune Revolution 巴黎公社革命
The People's Democratic Republic of Algeria 阿尔及利亚民主人民共和国
The Political Bureau 政治局
The Popular National Assembly 国民议会
The Punic War 布匿战争
The Roman Catholic Church 天主教会
The Russian Revolution 十月革命
The Sahrawi Arab Democratic Republic 撒哈拉阿拉伯民主共和国
The Second Republic of Francec 法兰西第二共和国
The Secret Army Organisation,OAS 秘密军队组织
The Socialist Party 社会党
The Socialist Revolutionary Party, PRS 社会主义革命党
the Suez Canal 苏伊士运河
The Third Middle East War 六五战争
The Third Republic of France 法兰西第三共和国
The Vandal 汪达尔王国
The Workers' Council 工人理事会
The Workers' General Assembly 全体劳动者大会
The World Bank 世界银行
Tiaret 提阿雷特城
Tidichlet Oasis 提迪克勒特绿洲
Tijani, Hachemi 哈希米·提贾尼
Tindouf 廷杜夫
Titteri 提特里
Tizi Ouzou group 提济乌祖集团
Tlemcen 特莱姆森
Tlemcen group 特雷姆森集团
Toledo 托莱多
Total War 总体战思想
Touat 图瓦特
Touggourt 图古尔特
Toulon 土伦
Toure, Amadou Toumani 阿马杜·图马尼·杜尔
Traite De Tafna 《塔夫纳条约》
Traite Desmichel 《德米歇尔合约》
Trans-Saharan Counterterrorism Partnership 跨撒哈拉反恐伙伴计划
Tripoli 的黎波里
Tripoli Programme 《的黎波里纲领》
Trotskyist Faction 托洛茨基派
Trotskyite Workers Party 托洛茨基工人党
Tuareg 图阿雷格族
Tunisia 突尼斯
Turks 土耳其人
Tyer 蒂尔王国

U

Ukraine 乌克兰
Ultiqa 奥提卡

Umayyad Caliphate 倭马亚帝国
United Nations Audiovisual Library of International Law 《非殖民化宣言》
United Nations Educational, Scientific and Cultural Organization 联合国教科文组织
Uraba 乌拉巴
Uthman, Muhammad 穆罕默德·奥斯曼
Uzurian civilization 乌苏里亚文明

V

Valentinianus, Placidius 瓦伦提尼安三世
Vallee 瓦莱
Vandalic 汪达尔人
Vichy 维希
Vichy France 维希法国
Viollette 维奥莱特
Visigothic Kingdom 西哥特王国
Voice of Cairo 开罗之声
Voice of North Africa 北非之声
Vuillermoz 维耶尔莫兹

W

Wahraniyya, Reinette 雷内特·瓦赫兰尼娅
Waldenstroms macroglobulinemia 华氏巨球蛋白血症
War History 《战史》
Warsaw Pact 华约
Washington 华盛顿
Western Roman Empire 西罗马帝国
Western Sahara 西撒哈拉
Wilson, Thomas Woodrow 威尔逊
Wind from the South 《南风》

Y

Yahiaoui, Mohamed Salah 穆罕默德·萨拉赫·叶海亚维
Yahya, Abd Al-Nur Ali 阿卜杜·努尔·阿里·叶海亚
Yahya, Ibn 伊本·叶海亚
Yakup 雅各布
Yalta System 雅尔塔体系
Yazid 亚齐德
Young Algerians 阿尔及利亚青年党
Younger, Sam 山姆·扬格
Yousfi 尤斯菲
Yugoslavia 南斯拉夫

Z

Zahouane, Hocine 侯赛因·扎胡阿尼
Zahra, Fatimah 法蒂玛
Zakaria, Mufti 姆夫迪·扎卡里亚
Zanatta 扎纳塔
Zawraa 萨乌拉
Zebda, Benazouz 本纳祖兹·泽比达
Zerhouni, Noureddine 努尔丁·泽鲁尼
Zerhouni, Nourredine Y. 努里丁·Y. 泽胡尼
Zerhouni, Yazid 亚兹德·泽鲁尼
Zéroual, Liamine 泽鲁阿勒
Zibiri, Tahar 塔哈尔·兹比里
Zionism 犹太复国主义
Ziyad, Tarig ibn 塔立克

后　记

本书是王铁铮教授作为首席专家主持的国家社科基金重大项目八卷本《非洲阿拉伯国家通史研究》之子项目《非洲阿拉伯国家通史·阿尔及利亚史》的最终成果。本书主要由慈志刚（内蒙古民族大学法学与历史学院教授）和邵丽英（西北大学中东研究所副教授）撰写。慈志刚教授负责全书的统稿，以及参考文献和译名对照表的整理。在写作过程中，中国外交部的戴新平先生和西北大学中东研究所的博士研究生梁道远翻译了一些有关阿尔及利亚古代史的阿拉伯语文献资料，在此一并致谢。本书最后由王铁铮教授审定。

具体分工：

绪论：邵丽英、慈志刚

第一、二、三、四、五章：邵丽英，其中邵丽英的硕士研究生金丹妮参与了第四和第五章的撰写

第六、七、八、九、十章：慈志刚